AF747756

www.ingramcontent.com/pod-product-compliance
Lightning Source LLC
LaVergne TN
LVHW050625051026
849532LV00002B/277
9788196077747

ڈاکٹر شیلا راج

کی تاریخی و ادبی خدمات

ڈاکٹر محمد عبد العزیز سہیل

© Taemeer Publications

Dr. Sheela Raj ki Tareeqi wo Adabi Khidmaat

by: Dr. M.A. Azeez Sohail

Edition: December '2022

Publisher & Printer:

Taemeer Publications, Hyderabad.

ISBN 978-81-960777-4-7

9 788196 077747

کتاب	:	**ڈاکٹر شیلاراج کی تاریخی وادبی خدمات**
مصنف	:	**ڈاکٹر محمد عبدالعزیز سہیل**
صنف	:	تحقیق
ناشر	:	تعمیر پبلی کیشنز (حیدرآباد، انڈیا)
زیر اہتمام	:	نرہری پرشاد چیارٹیبل ٹرسٹ، حیدرآباد
سالِ اشاعت	:	۲۰۲۲ء
تعداد	:	(پرنٹ آن ڈیمانڈ)
طابع	:	تعمیر پبلی کیشنز، حیدرآباد - ۲۴
صفحات	:	۳۵۰
سرورق	:	جینئس گرافکس، نظام آباد، فون:09966939332
ملنے کے پتے	:	ڈاکٹر محمد عبدالعزیز سہیل، فون:09299655396
		4-2-75، مجید منزل، لطیف بازار، نظام آباد۔ 503001

انتساب!

پروفیسر فاطمہ پروین کے نام

جن کے فیض تربیت سے میں نے ڈاکٹریٹ کی شکل میں اپنے زندگی کے ایک عظیم خواب کی تکمیل کی!

ڈاکٹر محمد عبدالعزیز سہیل

فہرستِ ابواب

پیش گفتار

ڈاکٹر محمد عبدالعزیز جو ادبی دنیا میں ڈاکٹر عزیز سہیل کے قلمی نام سے جانے جاتے ہیں ایک منفرد شخصیت ہیں۔ ایک ایسے دور میں جبکہ والدین اپنی اولاد کی بہتر تعلیم و تربیت کے خواب سجائے انہیں اعلیٰ دنیاوی تعلیم کی ترغیب دینے اور انہیں دنیاوی مراتب میں آگے بڑھانے کیلئے اپنے آپ کو داؤ پر لگاتے نظر آتے ہیں، عزیز کے والدین نے انہیں ایک بہتر انسان بنانے کی طرف زیادہ غور و فکر سے کام لیا، دینی و معاشرتی اقدار سے مزین کیا، اپنے کاروبار کا حصہ بنایا، بہتر تربیت اور دینی ماحول نے ایک سلجھے ہوئے انسان کی تشکیل کی۔ دنیاوی تعلیم کا سفر بھی جاری رہا۔ علم و ادب سے فطری لگاؤ کے رجحان نے عزیز کو دین و دنیا کے علم کے حصول میں ہمہ تن منہمک رکھا۔

جامعہ عثمانیہ سے ایم اے اردو اور کاکتیہ یونیورسٹی سے ایم اے نظم و نسق عامہ کی تکمیل کے بعد جب عزیز نے یو جی سی نیٹ (اردو) میں کامیابی حاصل کی تو انہیں اسی کی بنیاد پر پی ایچ ڈی اردو میں داخلہ کا حق حاصل ہوگیا۔ عزیز نے معینہ وقت سے کچھ عرصہ قبل ہی اپنے تحقیقی مقالے کی تکمیل کرلی اور مختلف و متعدد مضامین، رپورتاژ اور تبصروں کے ساتھ اپنی مخصوص پہچان بنالی۔ علمی و ادبی طبقے ان کے قلم کی جولانیوں سے بخوبی واقف ہیں۔ گورنمنٹ ڈگری کالج محبوب نگر میں تدریسی سفر کے ساتھ ساتھ خوب سے خوب تر کی تلاش جاری ہے۔ ''ادبی نگینے'' (پہلی تصنیف) کی دمک ابھی نظروں کو خیرہ کر رہی ہے کہ وہ اپنے تخلیقی مقالے کو نئی آب و تاب کے ساتھ قارئین کی خدمت میں پیش کرنے جا رہے ہیں۔

''ڈاکٹر شیلا راج کی تاریخی وادبی خدمات'' میں عزیز نے سرزمین دکن کی ایک ایسی

شخصیت کا احاطہ کیا ہے جو کائستھ برادری سے تعلق رکھتی تھی۔ ڈاکٹر شیلا راج حیدرآباد کے ایک ذی علم گھرانے کی نمائندہ تاریخ داں، مترجم، مضمون نگار، ادیب، سخن سنج وسخن فہم شیلا راج نے تاریخ کو حرف واقعات کا ہی کھاتہ نہیں سمجھا بلکہ اس کی تہذیبی وتمدنی اہمیت کو نہ صرف خود محسوس کیا بلکہ اپنی شخصیت میں رچا بسا کر، گھلا ملا کر اپنے وطنِ عزیز کی رواداری، بھائی چارگی، اتفاق، اتحاد سے ایک عالم کو روشناس کرنے کا بیڑہ اٹھایا۔ صدیوں پر محیط حیدرآبادی روایات کو نئی نسل تک منتقل کرنے کی سعی وکاوش کی۔ اردو تحریروں کو انگریزی کا قالب دیا اور فارسی نگارشات کو اردو میں منتقل کیا۔ اردو، فارسی، انگریزی زبانوں پر یکساں دسترس رکھنے والی اس شخصیت نے اپنی ساری زندگی اسی کی نذر کردی۔ برسوں پہلے کی بات ہے جب میں یونیورسٹی کے زنانہ (اناث) کالج میں کارگذار تھی ادارہ ادبیاتِ اردو میں محترم پروفیسر مغنی تبسم صاحب نے ایک تیکھے نین نقش والی خاتون نے تعارف کروایا کہ یہ ڈاکٹر شیلا راج ہیں۔ مل کر خوشی ہوئی انہوں نے اپنی مترجمہ کتابیں ''شاہی شادی'' اور ''توشۂ عاقبت'' عنایت کیں۔

کچھ ہی دن ہوئے ہوں گے کہ ان کی ایک اور مرتبہ کتاب ''دیوانِ محبوب'' پر اظہارِ خیال کی دعوت اور اس کا ایک نسخہ حاصل ہوا۔ وقتِ مقررہ پر گذرے حیدرآباد کا ایک خوش رنگ منظر میرے سامنے تھا۔ بزرگ، جوان، بچے شگفتہ چہروں کے ساتھ ماضی کو حال میں دیکھ رہے تھے۔ نرہری پرشاد چیاریٹیبل ٹرسٹ کے زیر اہتمام منعقدہ اس تقریب میں حیدرآباد کے علمی وادبی ماحول کی بھرپور عکاسی نظر آرہی تھی۔ مختلف مقررین نے اپنے خیالات کا اظہار کیا۔ ڈاکٹر شیلا راج کے شریکِ حیات ڈاکٹر نارائن راج صاحب سے بھی ملاقات ہوئی اور میں ایک خوشگوار تاثر کے ساتھ واپس ہوئی۔ اس کے بعد ڈاکٹر شیلا راج اور ان کی ادبی نگارشات میرے لئے ہمیشہ ہی اہمیت کی حامل رہیں۔ ان کی حرکیاتی شخصیت اور ان کے تاریخی وادبی کارنامے مجھے متاثر کرتے رہے۔ زنانہ (اناث) کالج سے آرٹس کالج آنے کے بعد ڈاکٹر تاتار خاں صاحب کی ایک

ریسرچ اسکالر کو کائستھ گھرانے کے بارے میں کچھ معلومات درکار تھیں میں نے فون ملایا ڈاکٹر شیلا راج کے بجائے ڈاکٹر نارائن راج صاحب سے بات ہوئی اور جب انہوں نے یہ بتایا کہ ڈاکٹر شیلا راج نہیں رہیں تو میں ایک لمحہ کیلئے سن ہوگئی۔ یقین ہی نہیں ہوا کہ انہوں نے اتنی جلد اس دنیائے فانی سے رشتہ توڑ لیا۔ ڈاکٹر نارائن راج نے بڑے ہی حوصلے سے اس صدمہ کو برداشت کیا اور اپنی بیگم کیلئے عہدِ حاضر کے شاہ جہاں بن گئے اپنے غم کو نئی شکل دے دی۔ نظام ٹرسٹ کے زیر اہتمام سالانہ ''ڈاکٹر شیلا راج میموریل لکچر'' کی ابتداء کی۔

حیدرآباد سنٹرل یونیورسٹی و ایس این ڈی ٹی یونیورسٹی ممبئی میں ان کے نام سے سونے کے تمغے (گولڈ میڈل) کا آغاز کیا۔ ان کے بکھرے کام کو سمیٹا اور ان کی نامکمل خواہشات کی تکمیل میں جٹ گئے۔ ڈاکٹر نارائن راج ہی کے عزم و حوصلہ نے اردو اکیڈیمی آندھرا پردیش کے توسط سے مہاراجہ کشن پرشاد کی نگارشات کو نیا رنگ و نکھار عطا کیا۔ مہاراجہ کے اردو و فارسی کارناموں کو زیورِ طباعت سے آراستہ کرانا۔ ان پر سمینار کا انعقاد غرض ڈاکٹر صاحب اپنی بیگم کے خواب، حقیقت میں بدلنے میں جٹ گئے۔ اس کے ساتھ ان کا اصرار رہا کہ ان کی بیگم پر عثمانیہ یونیورسٹی میں تحقیقی کام کرایا جائے۔ ڈاکٹر محمد عبدالعزیز سہیل نے اسی بے مثال شخصیت کا بھرپور جائزہ اپنی اس تصنیف میں پیش کیا ہے۔ ماضی اور حال کی اس روایت کا ادراک مستقبل کی صورت گری میں مددگار ثابت ہوسکتا ہے۔ انسان، انسانیت، آفاقیت یہ الفاظ ہر دور میں اہمیت کے حامل رہے ہیں اور ان کی قدر و قیمت کو ایک عالم پر عیاں کرنا ہر صاحبِ سمجھ کا فریضہ ہے۔

ڈاکٹر عزیز اس فرض کی ادائیگی میں منہمک نظر آتے ہیں۔ اس تصنیف میں ڈاکٹر شیلا راج کی تحریروں کے ذریعہ انہوں نے دکن کی ان روایات کا تذکرہ کیا ہے، جو صدیوں پر محیط ہیں۔ مصنفہ کے خاندانی حالات کے توسط سے کائستھ گھرانے کا تعارف ملتا ہے۔ آصف جاہی خاندان کے بارے میں تقریباً تمام معلومات حاصل ہوتی ہیں۔ شاندار ماضی جہاں اس خطِ ارض

کی سیاسی، ادبی اور تہذیبی ترقی پر روشنی ڈال رہا ہے، وہیں حال کو سنوارنے اور مستقبل کو درخشاں بنانے کا سندیسہ بھی اپنے جلو میں لئے نظر آتا ہے۔ حرف چشمِ بینا کی ضرورت ہے۔ آج کے اس مادی دور میں یہ پیغام ضروری ہے۔

تاریخ اور ادب کا یہ سنگم عام تحریروں سے مختلف اور منفرد ہے۔ ڈاکٹر عزیز سہیل نے اس کارِ دشوار کو اپنے سلیس، رواں اور سادہ اسلوب سے خوشگوار اور پرتاثر بنادیا ہے۔ خاندانِ آصفیہ کی تاریخ، تہذیب ان کی علمی و ادبی خدمات، ان کا عہد اس کی روایات، اس دور کا ماحول، طور طریقے ذہن ودل کو متاثر کرتے ہیں۔

میں ڈاکٹر عزیز سہیل کو اس تصنیف پر دل کی گہرائیوں سے مبارکباد دیتی ہوں اور ان کے کامیاب اور روشن علمی و ادبی سفر کیلئے دعا کرتی ہوں۔

والسلام

فاطمہ بیگم پروین

سابق صدر شعبۂ اردو، جامعہ عثمانیہ حیدرآباد

☆☆☆☆☆

پیش رس

اردو زبان ،شعر وادب کی ترقی میں کائستھ گھرانوں نے بہت ہی اہم حصہ ادا کیا ہے،ریاست حیدرآباد میں تو اس گھرانے کی سرگرمیاں نمایاں اور روشن ہیں،شاعری،مضمون نویسی،انشائیہ نگاری میں اورادھر تاریخ نویسی میں ان کی کاوشوں کو نظرانداز نہیں کیا جاسکتا۔نظم ونثر اور تاریخ لکھ کر اس گھرانے کے اہل قلم نے جہاں اپنی تخلیقی صلاحیتوں کا ثبوت دیا ہے،وہیں ان کی تخلیقات کا تنقیدی زاویہ سے جائزہ بھی لیا گیا ہے،ایسے قلمکار اور بھی ہوں گے ،لیکن جن کو امتیاز اور اولیت حاصل ہے وہ ہے ڈاکٹر شیلا راج ۔ڈاکٹر شیلا راج کائستھ گھرانے کی وہ نامور خاتون ہیں، جو تخلیق کار بھی ہیں،مورخ بھی،ناقد بھی اور مترجم بھی،انہوں نے لکھا بہت لکھا اوران کی شخصیت ۔اورادبی کارناموں کا بھی جائزلیا گیا۔ڈاکٹر شیلا راج نے جس خوبی اور اہتمام کے ساتھ یہ کام کیا ہے،اس کی جس قدر بھی داددی جائے کم ہے۔

ڈاکٹر عزیز سہیل نے تحقیقی تنقیدی اور تحقیقی وسائل کو کام میں لایا ہے۔ظاہر ہے حیدرآباد میں انہیں تحقیق کے لئے خاصا مواد مل گیا،ادارہ ادبیات اردو،سالار جنگ میوزیم،نظام ٹرسٹ، کتب خانہ آصفیہ اور بھی کئی اداروں سے انہوں استفادہ کیا ہے،ان کے حالات زندگی کو اکھٹا کیا۔ان کی اس تصنیف میں ڈاکٹر شیلا راج کے خاندانی پس منظر کے تحت راجہ گردھاری پرشاد باقیؔ (بنسی راجہ)،راجہ کیشو پرشاد حسابؔ،راجہ نرسنگ راج عالیؔ،راجہ محبوب راج محبوبؔ،نرہرراج ساقیؔ کے حالات زندگی اوران کی شخصیت کے امتیازی پہلوؤں پر روایاتی اہم پہووں کو نمایاں کیا گیا ہے، جو امتیازی حیثیت رکھتے ہیں۔اس تصنیف میں ڈاکٹر شیلا راج کی حیات وشخصیت کو تفصیل سے بیان کیا گیا ہے،خصوصاً تعلیم،ملازمت،ادبی وابستگی، پسندید

لباس ،غذا، عادتیں ،فطرت ،اور انعامات واعزازت کا بھی تذکرہ کیا گیا ہے۔

ڈاکٹر شیلا راج نے بڑی جاں فشانی سے دیوان محبوبؔ، دیوان عالیؔ کو مرتب کیا ساتھ ہی فارسی کے مخطوطات کو اردو میں اپنے ترجمہ کے ذریعے روشناس کروایا ہے۔

اردو زبان شعر وادب کے فروغ میں کائستھ وں کی خدمات نا قابل فراموش ہے جو اپنا جواب آپ ہیں ۔ڈاکٹر شیلا راج کی مضمون نگاری کے تحت ان کے مضامین مرزا غالبؔ ،جگرؔ مراد آبادی ،آصف جاہی عہد ،حیدرآبادی تہذیب اور ہند مسلم روایات پر خیالات کو پیش کیا گیا ہے۔

ڈاکٹر عزیز سہیل نے نہایت دلجمعی کے ساتھ شیلا راج کی زندگی کے حالات کو سمیٹ لیا ہے۔بعض مقامات پر تفصیل سے روشنی ڈالی ہے،ان کی یہ تفصیل مزہ دے جاتی ہے۔آصف جاہی سلاطین کے معاملات ان کے روز وشب کے احوال ، رعایا پرواری ،سخاوت ،ادب دوستی اور وسیع القلبی ورواداری ، ہندو مسلم اتحاد اور یکجہتی اور مخلصی کے کارناموں کو دیکھیں تو صورت حال واضح ہوگی ۔شیلا راج نے بنسی راجہ کی رہبرانہ انتظامی صلاحیتوں کو تفصیل کے ساتھ سراہا ہے۔یہ بات واضح ہوتی ہے کہ شیلا راج کے ہاتھ میں قلم ہے جہاں ضرورت ہو وہ تفصیل اور اجمال کے ساتھ کام لیتی ہیں ،شیلا راج اپنے طرز نگارش کے باعث ادبی حلقوں میں زیاد سے زیادہ پڑھی جاتی ہیں ۔ان کی کتابیں ناقدین کی نظروں سے گزر چکی ہیں اور دادِ تحسین پا چکی ہیں ،ڈاکٹر شیلا راج کا طرز نگارش اپنی ندرت کے باعث بڑے حلقوں میں پڑھی جاتی ہیں ،انہوں نے اپنی تحریروں میں ادبی ،تہذیبی اور تاریخی اقدار سے کام لیا ہے۔حیدرآباد کے اردو روزناموں میں اپنے مضامین کے ذریعہ تہذیبی وتاریخی مواد کو تحقیق کے ذریعے پیش کیا ہے۔

ڈاکٹر عزیز سہیل جس طرح میعاری گفتگو کرتے ہیں ۔آپ کی تحریر بھی کانوں میں رس گھولتی ہوئی ہونگی ۔اس سلسلہ میں اپنے مطالعہ کو جاری رکھنا ضروری ہے۔شعر وادب کے مطالعہ ہی سے قلم میں مضبوطی آتی ہے۔

آپ نے جس موضوع پر قلم کے ذریعہ اپنی تنقیدی صلاحیتوں کو استعمال میں لایا وہ قابل مبارکباد ہے۔ ڈاکٹر شیلا راج پر تحقیق کے ذریعہ کائستھ خاندان کی خدمات، آصف جاہوں کی رواداری، حیدرآباد کی قدیم تہذیب روایات کے نمایاں پہلوؤں کو بیان کیا ہے۔ یہ اردو کے سرمایہ میں قیمتی اضافہ ہے۔ آپ کو مبارکباد دیتا ہوں۔

پروفیسر سلیمان اطہر جاوید
(سابق صدر شعبۂ اردو ایس۔ وی یونیورسٹی تروپتی)
اروناکالونی، ٹولی چوکی حیدرآباد۔500008

☆☆☆☆☆

عزیز نامہ

ڈاکٹر محمد عبدالعزیز سہیل دور حاضر کے مقبول مبصر اور ابھرتے ہوئے محقق، نقاد اور ادیب ہیں، اردو اخبارات کے ادبی صفحات ادبی رسائل اور انٹرنیٹ کے مشہور عام صفحات اور ویب سائٹس میں اردو شعرا اور ادیبوں کی کتابوں پر لکھے گئے، ان کے تعارفی تبصرے مسلسل شائع ہورہے ہیں۔ اوران کے قلم میں نکھار پیدا ہورہا ہے، ان کے ادبی مضامین پر مشتمل کتاب ''ادبی نگینے'' اسی سال شائع ہوئی اور اپنے اساتذہ اور اردو حلقوں سے داد تحسین حاصل کرچکی ہے۔ زیر نظر کتاب کے علاوہ ان کی مزید دو تین کتابیں منظر عام پر آنے والی ہیں، ڈاکٹر محمد عبدالعزیز سہیل کا تعلق نظام آباد کے ایک علمی و دینی گھرانے سے ہے۔ ان کے والد مولوی محمد عبدالغفار صاحب شہر کی معروف دینی و سماجی شخصیت ہیں۔ اوران کے ایک بھائی عبداللہ ندیم شاعر بھی ہیں، علمی گھرانے کے ماحول سے استفادہ کرتے ہوئے تجارت اور تعلیم کو ساتھ لے کر ڈاکٹر محمد عبدالعزیز سہیل نے اپنا علمی سفر طے کیا اور معروف علمی دانش گاہ جامعہ عثمانیہ سے پروفیسر فاطمہ پروین کے زیر نگرانی حال ہی میں اردو میں ڈاکٹریٹ کی ڈگری حاصل کی، ان کے تحقیقی مقالہ کا موضوع '' ڈاکٹر شیلا راج حیات اور خدمات'' ہے۔ اپنی تحقیق کے دوران ڈاکٹر محمد عبدالعزیز سہیل نے حیدرآباد سے تعلق رکھنے والی نامور تاریخ داں اور ادیب ڈاکٹر شیلا راج کی تاریخی، علمی وادبی خدمات کو اجاگر کیا، اوراب اپنے تحقیقی مقالہ کو بعد ترمیم واضافہ کتابی شکل میں ''ڈاکٹر شیلا راج کی تاریخی وادبی خدمات'' کے عنوان سے پیش کررہے ہیں۔

ڈاکٹر محمد عبدالعزیز سہیل میں سیکھنے کی جستجو بہت ہے، اور وہ ادب کے میدان میں اپنے رفقاء اور اساتذہ سے اکتساب کرتے رہتے ہیں، چنانچہ انہوں نے دوران تحقیق ہی ادبی و معلوماتی

مضامین لکھنے شروع کیے، جس کا فائدہ انہیں اپنے مقالے کی تکمیل کے دوران ہوا، وہ ایک محنتی طالب علم واقع ہوئے ہیں۔ ڈاکٹر شیلا راج کی تصانیف اور دیگر مواد کے حصول کے لئے انہوں نے بہت جستجو کی اور اپنے مقالے کے لئے درکار مواد حاصل کیا اور اسے سلیقے سے پیش کیا۔

ڈاکٹر شیلا راج سے متعلق اس کتاب میں حیدرآباد کی گنگا جمنی تہذیب کی جھلک دکھائی دے گی اور سابقہ نظام دور حکومت کے کارنامے بھی نظر آئیں گے، ڈاکٹر شیلا راج حیدرآباد کے ایک کائستھ گھرانے سے تعلق رکھتی تھیں اور ان کا گھرانہ آصفیہ حکمرانوں سے قربت رکھتا تھا، حیدرآبادی تہذیب سے انہیں بہت پیار تھا، چنانچہ ڈاکٹر شیلا راج نے اپنے مضامین اور کتابوں کے ذریعے آصف سابع اور دیگر حکمرانوں کی مذہبی رواداری' عوامی خدمت اور انتظام حکومت کے اعلی معیار سے متعلق تفصیلات اس انداز میں پیش کیں کہ دور آصفی کی یادیں تازہ ہوجاتی ہیں۔ ڈاکٹر شیلا راج کی تحریروں کے تعارف پر مبنی ڈاکٹر محمد عبدالعزیز سہیل کی یہ کتاب دور آصفی کے کارناموں کو یاد دلانے اور حکمرانی کی اعلیٰ مثال قائم کرنے میں معاون ثابت ہوگی، فاضل محقق نے اپنی اس کتاب میں ڈاکٹر شیلا راج کی حیات اور ان کی علمی و ادبی خدمات کا مختلف حوالوں سے جائزہ پیش کیا ہے، اور ایک اعتدال پسند نقاد کی طرح اپنے موضوع پر توصیفی وتنقیدی نظر ڈالی ہے، ڈاکٹر محمد عبدالعزیز سہیل کا اسلوب نگارش رواں اور دلچسپ ہے، سلیس اردو میں وہ اپنی بات پیش کرتے ہیں۔ اس طرح یہ کتاب حیدرآبادی تہذیب کی یادگار اور اردو میں معیاری تحقیقی کام کے لئے مشہور ہوگی، اس کتاب کے انگریزی اور تلگو تراجم بھی ہوں تو ڈاکٹر شیلا راج اور سلاطین آصفیہ کی رواداری کی باتیں ان لوگوں تک بھی پہنچ سکتی ہیں جو نظام دور حکومت کو منفی انداز میں پیش کرتے ہوئے فرقہ پرستی کا بیج بو رہے ہیں، امید ہے کہ اردو اکیڈیمی یا دیگر ادارے اس کام کی طرف توجہ دیں گے۔

اس کتاب کی اشاعت پر ڈاکٹر محمد عبدالعزیز سہیل کو دل کی گہرائیوں سے مبارک باد

پیش ہے، امید ہے کہ اردو کے ادبی حلقے اس کتاب کی پذیرائی کریں گے جس سے نوجوان ادیب کو حوصلہ ملے گا، اور ان کا قلم مزید نکھرے گا، امید ہے کہ ڈاکٹر محمد عبدالعزیز سہیل اردو کی نئی نسل کی نمائندگی کرتے ہوئے میر کارواں بنیں گے اور اپنے ساتھیوں کے لئے ایک اچھی مثال قائم کریں گے۔

ڈاکٹر محمد اسلم فاروقی

صدر شعبہ اردو گری راج گورنمنٹ کالج نظام آباد

☆☆☆☆☆

بِسۡمِ اللهِ الرَّحۡمٰنِ الرَّحِیۡم

دیباچہ

تمام تعریف یقیں اللہ رب العزت کے لئے جس نے مجھے حیات بخشی، ایمان اور علم کی دولت سے نوازا اور علم کے سمندر سے کچھ موتی چننے کا سلیقہ دیا، درود وسلام ہو ہمارے پیارے نبی حضرت محمد ﷺ پر، جن کے ارشاد مبارک کی روشنی میں علم کے سفر پر رواں دواں ہوں۔

دنیاوی علوم میں پی ایچ ڈی کی تکمیل کے بعد ڈاکٹریٹ کی ڈگری کا حصول جامعاتی تعلیم کا آخری مرحلہ سمجھا جاتا ہے، اور اللہ کے فضل سے مجھے اس مرحلے سے گذرنے کا موقع ملا، عثمانیہ یونیورسٹی (حیدرآباد دکن) کے شعبہ اردو سے حال ہی میں' میں نے پروفیسر فاطمہ پروین کی زیرنگرانی حیدرآباد دکن کی نامور محقق' مورخ اور ادیبہ خاتون ڈاکٹر شیلا راج کی شخصیت اور فن سے متعلق موضوع پر پی ایچ ڈی کی تکمیل کی، ڈاکٹر شیلا راج نے حیدرآباد کی گنگا جمنی تہذیب کی علمبردار اور آصف جاہی دور حکومت کے کارناموں کو اپنی تحریروں کے ذریعے نمایاں کرنے میں اہم حصہ ادا کیا ہے، ادھر کچھ عرصے سے تلنگانہ تحریک کے دوران چند مفاد پرستوں نے نظام حیدرآباد کی مذہبی رواداری کو غلط انداز میں پیش کرنا شروع کیا تھا اور انہیں غیر جانبدار قرار دینے کی کوشش کی تھی، جب کہ تاریخ اور سرزمین دکن پر آصف جاہی سلاطین کی چھوڑی ہوئی بے مثال یادگاریں خود گواہ ہیں کہ آصف جاہی سلاطین نے انسانی تہذیب وتمدن کو پروان چڑھانے میں جو کارہائے نمایاں انجام دئے تھے، ان کی نقل کرنے اور انہیں پھر سے پیش کرنے کے لئے لوگوں کو صدیاں بیت جائیں گی، چنانچہ آصف جاہی سلاطین کے کارناموں کو اجاگر کرنے والی مورخہ اور اردو کی ایک معتبر ادیبہ ڈاکٹر شیلا راج کے کارناموں پر مشتمل میرے تحقیقی مقالہ کو پی ایچ ڈی

کی ڈگری ملنے کے بعد بعد مزید کچھ ترمیم و تنسیخ اور حذف واضافہ کر کے اسے کتابی شکل دگئی ہے۔
اسطرح یہ کتاب ''ڈاکٹر شیلا راج کی تاریخی وادبی خدمات'' کے عنوان سے پیش کی جارہی ہے۔
حیدرآباد دکن اردو زبان وادب کا گہوارہ اور گنگا جمنی تہذیب کا علمبردار قدیم شہر ہے اور اس شہر نے اپنی تاسیس کے چارسو سال تکمیل کرلئے ہیں، علاقہ دکن اور شہر حیدرآباد کو تہذیبی اعتبار سے مالا مال کرنے میں قطب شاہی سلاطین اور آصف جاہی حکمرانوں نے اہم کردار ادا کیا ہے، آج حیدرآباد میں جو کچھ بھی تہذیبی یادگاریں ہیں، ان یادگاروں کا تعلق قطب شاہی سلاطین کے ساتھ آصف جاہی سلاطین سے بھی جڑا ہوا ہے، جس طرح آصف جاہی حکمرانوں نے تاریخی یادگاریں تعمیر کروائیں، اسی طرح انہوں نے اپنی بے مثال عوامی خدمات کی وجہہ سے عوام کا دل جیت لیا اور ان کا خصوصی وصف رعایا پروری، قومی یکجہتی اور رواداری تھا، جس کے باعث آصف جاہی حکمرانوں نے دکن (حیدرآباد) پر ۲۲۵ سال تک کامیاب حکمرانی کی، آصف جاہی حکمرانوں نے حیدرآباد دکن میں اپنے دور حکمرانی میں اپنی رواداری، بھائی چارہ اور قومی یکجہتی کے ذریعہ بے مثال حکمرانی کی، آج آصف جاہی عہد کے زوال کے ۶۵ سال بعد بھی عوام کے دلوں میں اپنی رواداری کی وجہہ سے وہ عالمی سطح پر مقبول عام ہیں۔
آصف سابع نے اپنے مورث اعلی کی وصیت پر عمل کرتے ہوئے ریاست حیدرآباد میں عوام کی فلاح و بہبود کے بہتر سے بہتر انتظامات انجام دیئے، امن وامان اور سلامتی کو قائم رکھا اور آنے والی نسلوں کے سامنے اپنی بہتر حکمرانی و روداری کے ذریعہ قابل تقلید نمونہ چھوڑا ہے اور انسانی مساوات کا عظیم درس دیا ہے۔

آصف جاہوں کی ایسی ہی تاریخ کو ایک کائستھ خاندان کی خاتون مورخ ڈاکٹر شیلا راج نے اپنی تحقیق کا موضوع بنایا ہے، جس کے نتیجہ میں بیشتر مضامین اور شہرہ آفاق تصنیف ''شاہان آصفیہ کی رواداری اور ہندو مسلم روایت'' وجود میں آئی، حیدرآباد کی گنگا جمنی تہذیب اور

اردو تہذیب کی علمبردار ڈاکٹر شیلا راج نے یہاں کی آصف جاہی حکومت اور اردو زبان کی خدمات سے متعلق اپنے تحقیقی کام کو پیش کیا، حیدرآباد کے کائستھ گھرانوں سے تعلق رکھنے والی ڈاکٹر شیلاراج ایک عظیم اسکالر، تاریخ داں، اور آصفجاہی عہد کی تاریخ پر عبور رکھنے والی دکن کی نامور مثالی خاتون تھیں، ڈاکٹر شیلا راج کے اس غیر معمولی تحقیقی کام اور قومی یکجہتی کے تناظر میں میں نے ڈاکٹر شیلا راج کی تاریخی اور ادبی خدمات کو اپنی تحقیق کا موضوع بنایا۔

میں نے اپنی تحقیقی کتاب ''ڈاکٹر شیلا راج کی تاریخی وادبی خدمات'' کونو ابواب میں تقسیم کیا ہے، جن کے عناوین اس طرح ہیں:

بابِ اول	:	خاندانی پس منظر
بابِ دوم	:	حیات وشخصیت
بابِ سوم	:	تاریخی وادبی کارنامے
باب چہارم	:	بہ حیثیت مرتب
باب پنجم	:	بہ حیثیت مترجم
باب ششم	:	بہ حیثیت مضمون نگار
باب ہفتم	:	آصف جاہی عہداور ڈاکٹر شیلا راج
باب ہشتم	:	مشاہیر ادب کی آراء
باب نہم	:	مجموعی جائزہ

کتابیات :

کتاب میں شامل ابواب کا مختصر تعارف اس طرح ہے:

پہلا باب۔خاندانی پس منظر: اس باب میں ڈاکٹر شیلا راج کے خاندان سے متعلق معلومات فراہم

کی گئی ہیں، ساتھ ہی ڈاکٹر شیلا راج اور انکے شوہر ڈاکٹر نارائن راج کے خاندان کا شجرہ بھی دیا گیا ہے، ان کے خاندان کے جن شعراء نے آصف جاہی عہد میں شعروادب کی خدمات انجام دی ہیں، ان کے متعلق تفصیلی معلومات اوران کے کلام کو پیش کیا گیا ہے، جن شعراء کو اس باب میں شامل کیا گیا ہے انکے اسم گرامی اس طرح ہیں:

سوامی پرشادؔ، نرہری پرشادؔ، راجہ گردھاری پرشاد باقیؔ، راجہ کیشو پرشاد حسابؔ، راجہ نرسنگ راج عالیؔ، راجہ محبوب راج محبوبؔ، رائے نرہرراج ساقیؔ، یہ باب ڈاکٹر شیلا راج کے خاندان اوراس دور کی اہم شخصیات کا تعارف پیش کرتا ہے۔

☆ **دوسرا باب۔حیات وشخصیت:** دوسرے باب میں ڈاکٹر شیلا راج کے حالات زندگی اور شخصیت سے متعلق تفصیلی معلومات پیش کی گئی ہیں اوراس باب میں ذیل کی سرخیوں کو شامل کیا گیا ہے:

تاریخ ولادت، مقام پیدائش، ابتدائی تعلیم ،اعلیٰ تعلیم ،ملازمت، شادی، اولاد، انعامات واعزازت، ادبی زندگی کا آغاز، شوہر ڈاکٹر نارائن راج، شخصیت وسیرت، معمولات زندگی، لباس، غذا، شوق سفر، عادتیں، زبانوں سے واقفیت، فطرت وخود داری، حافظہ، ادبی سرگرمیاں، مختلف انجمنوں کی رکنیت ،تدریسی خدمات، خصوصیات، رفقاء، غریبوں کی امداد، پروجیکٹ، وفات، تصانیف کی رسم اجرائی وغیرہ، اس باب میں پیش کردہ معلومات سے ڈاکٹر شیلا راج کا بھرپور تعارف حاصل ہوتا ہے جوان کے فکروفن کو سمجھنے میں معاون ثابت ہوگا۔

☆ **تیسرا باب۔ڈاکٹر شیلا راج کے تاریخی وادبی کارنامے:**

کے تحت اس تصنیف میں شامل ہیں۔اس باب میں ڈاکٹر شیلا راج کی تمام تصانیف:

(۱) عہد وسطیٰ سے عہد حاضر تک: حیدرآباد کی معاشی وتہذیبی تاریخ ۱۸۶۹ءتا۱۹۱۱ء (انگریزی)

(۲) ایک عہد کی کہانی: حیدرآباد نظاموں کے دور میں ۱۸۲۸ءتا۱۸۹۶ء (انگریزی)

(۳) شاہانِ آصفیہ کی رواداری اور ہندو مسلم روایات

(۴) غیر مطبوعہ تصنیف کا تعارف

کا تنقیدی جائزہ پیش کیا گیا ہے، یہ باب کافی اہمیت کا حامل ہے، اس لئے کہ اس باب میں ڈاکٹر شیلا راج کی تصنیفی زندگی کا مکمل احاطہ کیا گیا ہے، اور غیر مطبوعہ تصنیف کا تعارف بھی پیش کیا گیا ہے۔

☆ **چوتھا باب۔ بہ حیثیت مرتب**: کے شامل کیا گیا ہے، جس میں ان کے مرتب کردہ دیوان:

(۱) دیوانِ محبوبؔ (مجموعہ کلام، راجہ محبوب راج محبوبؔ)

(۲) دیوانِ عالیؔ (مجموعہ کلام، راجہ نرسنگ راج عالیؔ)

کا تنقیدی و تحقیقی جائزہ پیش کیا گیا ہے اور اردو ادب میں ڈاکٹر شیلا راج کے اس عظیم کام کی اہمیت کو اجاگر کیا گیا ہے۔

☆ **پانچواں باب۔۔ڈاکٹر شیلا راج بہ حیثیت مترجم:**

اس باب میں ترجمہ نگاری کے معنی و مفہوم، تاریخ و روایت اردو میں ترجمہ کی روایت سے متعلق معلومات پیش کی گئی ہیں۔ ساتھ ہی ڈاکٹر شیلا راج کی ترجمہ نگاری اور ترجمہ کردہ تصانیف کا مختصر تعارف پیش کیا گیا ہے، ساتھ ہی ڈاکٹر شیلا راج کے تراجم کا تنقیدی جائزہ لیا گیا ہے، اس باب میں ڈاکٹر شیلا راج کی ترجمہ کردہ تصانیف ترجمے: (۱) توشہ عاقبت (سفرنامے) (۲) شاہی شادی (رپورتاژ) (۳) مملکت آصفیہ (تاریخی تصنیف) کا تنقیدی جائزہ لیا گیا ہے۔

☆ **چھٹا باب۔: ڈاکٹر شیلا راج بہ حیثیت مضمون نگار**:۔ اس باب میں ڈاکٹر شیلا راج کی مضمون نگاری، اردو مضامین کی فہرست، انگریزی مضامین کی فہرست اور مراسلوں کی فہرست، تحقیقی مقالوں کی نہ صرف فہرست دی گئی ہے۔ بلکہ ان مضامین کا تنقیدی جائزہ بھی پیش کیا گیا ہے، ڈاکٹر شیلا راج نے یہ تحقیقی مقالے مختلف سمیناروں اور ریسرچ جرنلس میں پیش کیے تھے، اس

باب کے مطالعے سے اندازہ ہوگا کہ ڈاکٹر شیلا راج نے حیدرآباد کی تہذیب وثقافت کو اجاگر کرنے کے لئے مضمون نگاری کو استعمال کیا تھا، ان کے مضامین حیدرآباد کی گنگا جمنی تہذیب کے علمبردار ہیں اور ان مضامین سے آصف جاہی حکمرانوں کی رواداری اور سماجی خدمات عیاں ہوتی ہیں، اس باب کے آخر میں ڈاکٹر شیلا راج کے نو دریافت شدہ غیر مطبوعہ مضامین کو بھی شامل کیا گیا ہے۔

☆ **ساتواں باب: آصف جاہی عہد اور ڈاکٹر شیلا راج:** اس باب میں دکن کی تاریخ، آصف جاہی عہد کی تاریخ اور آصف جاہی حکمرانوں سے متعلق معلومات فراہم کی گئی ہیں، نیز آصف جاہی عہد سے ڈاکٹر شیلا راج کی وابستگی کو اجاگر کیا گیا ہے، اس لئے کہ ان کی تصنیفی زندگی کا محور دور آصفی رہا ہے۔

☆ **آٹھواں باب۔ مشاہیر ادب کی آراء۔** کے عنوان سے شامل تصنیف ہے، جس میں ڈاکٹر شیلا راج کی شخصیت پر مختلف شخصیات کی آراء کو پیش کرتے ہوئے ان کے فن پر روشنی ڈالی گئی ہے۔

☆ **نواں باب۔ عمومی جائزہ:** اس باب میں ڈاکٹر شیلا راج کی حیات اور کارناموں کا تفصیلی جائزہ پیش کیا گیا ہے۔

نادر تصاویر ڈاکٹر شیلا راج: اس عنوان کے تحت ڈاکٹر شیلا راج کی اہم اور نادر تصاویر کو شامل کیا گیا ہے۔

☆ **کتابیات:** کتاب کے اس آخری حصے میں ان کتابوں، رسائل اور اخبارات کے نام دیئے گئے ہیں جن سے اس تصنیف کی تیاری میں مدد لی گئی ہے، ڈاکٹر شیلا راج کی تصانیفکے علاوہ دیگر قدیم ادبی رسائل، اخبارات، تحقیقی وتنقیدی اور تاریخی کتابوں کی تفصیل کتابیات کے باب میں دی گئی ہیں۔ اور ساتھ ہی شخصی انٹرویو کی تفصیل بھی دی گئی ہے۔

زیر نظر تصنیف کمپیوٹر پران پیج کے ذریعہ کمپوز کی گئی ہے، اس لئے اقتباسات وغیرہ کے حوالے روایتی طرز پر ہر صفحے کے نیچے درج کرنے کے بجائے ہر باب کے آخر میں ''حوالے'' کے عنوان سے درج کیے گئے ہیں۔

میری اس تحقیقی تصنیف کی تکمیل میں میرے اساتذہ کی رہبری، دوست احباب کے مخلص مشورے وتعاون، والدین کی دعائیں اورعزیز واقارب کی نیک تمنائیں شامل حال رہی ہیں اس لیے میں ان سبھی حضرات کا شکریہ باری باری ادا کرنا ضروری سمجھتا ہوں۔

سب سے پہلے میں اللہ رب العزت کی بارگاہ میں سجدہ شکر ادا کرتا ہوں کہ اس نے مجھے یہ کام کرنے کی توفیق دی، ورنہ یہ کام میرے بس کا نہیں تھا، میں اپنی اس تصنیف کی تکمیل پر پروفیسر فاطمہ پروین صاحبہ کا بے حد ممنون ومشکور ہوں، جنہوں نے دوران تحقیق نہ صرف اپنا بھر پور وقت دیا بلکہ اپنا دست تعاون ہمیشہ شامل رکھا، انہوں نے میری ہر موقع پر ہمت افزائی کی۔ اس کتاب کا پیش لفظ لکھا، میں ان کا تہہ دل سے شکر گزار ہوں۔

میں پروفیسر سلیمان اطہر جاوید صاحب کا بھی شکریہ ادا کرتا ہوں کہ انہوں نے ناسازیِ طبیعت کے باوجود اس کتاب کے بارے میں اپنی قیمتی آراء پیش رس کے عنوان سے رقم کی۔ میں ڈاکٹر اسلم فاروقی کا بھی شکریہ ادا کرتا ہوں کہ انہوں نے اس کتاب کا اور ساتھ ہی میرا تعارف ''عزیز نامہ'' کے عنوان سے پیش کیا ہے۔

میں سابق صدر شعبہ پروفیسر مجید بیدار صاحب اور صدر شعبہ پروفیسر عطیہ بیگم صاحبہ کا بھی شکر گزار ہوں جنہوں نے دوران تحقیق میری ہمت افزائی کی اور رہنمائی فرمائی، میں ڈاکٹر معید جاوید صاحب کا بھی شکریہ ادا کرنا ضروری سمجھتا ہوں کیوں کہ میرے پی۔ایچ۔ڈی میں داخلہ سے قبل وہ میری ہمت افزائی اور رہنمائی کرتے آرہے ہیں۔

میں شعبہ اردو عثمانیہ یونیورسٹی کے دیگر اساتذہ پروفیسر میمونہ صاحبہ اور پروفیسر تاتار

خان صاحب کا بھی شکریہ ادا کرتا ہوں کہ انہوں نے میرے ساتھ ہمیشہ مشفقانہ ومخلصانہ برتاؤ روا رکھا۔

میں ڈاکٹر شیلا راج صاحبہ کے شوہر ڈاکٹر نارائن راج صاحب کا بہت بہت ممنون ہوں کہ انہوں نے مواد کی فراہمی کے لئے میری توقع سے زیادہ تعاون کیا اور مخلصانہ برتاؤ کیا، میں بھی دوران تحقیق ان کے خلوص کا قائل ہوگیا۔ انہوں نے مجھے ہمیشہ متحرک رکھا اور وقفہ وقفہ سے میرے کام کے متعلق معلومات حاصل کرتے رہے، اگر ان کا تعاون میرے ساتھ نہ ہوتا تو آج یہ کتاب تکمیل کے مراحل طئے نہیں کر پاتی، ساتھ ہی میں ان کے افراد خاندان کا بھی میرے کام کے دوران تعاون اور نیک تمناؤں کے اظہار کی بنا پر شکریہ ادا کرتا ہوں، **میں نرہری پرشاد چیارٹیبل ٹرسٹ حیدرآباد کا تہہ دل سے شکریہ ادا کرتا ہوں کہ ٹرسٹ نے میری اس کتاب کی اشاعت میں مالی اعانت کی۔**

میں اپنے ان تمام احباب خاص طور سے ڈاکٹر محمد اسلم فاروقی (صدر شعبہ اردو گری راج ڈگری کالج، نظام آباد)، ڈاکٹر ضامن علی حسرت، واحد نظام آبادی، سید اسمٰعیل طارق (گورنمنٹ ٹیچر کاماریڈی ہائی اسکول)، عبدالملک شارق (انجینئر حیدرآباد)، اختر امتیاز صاحب (سنئیر جرنلسٹ نظام آباد) و برادرم عامر جابری (جنیس گرافکس نظام آباد) محمد عبدالقیوم محمد عبیداللہ کا دل کی گہرائیوں کے ساتھ شکریہ ادا کرتا ہوں، جن کی مدد اور نیک خواہشات اس تحقیقی سفر کے دوران ہر وقت میرے ساتھ رہیں۔

میں آخر میں اپنے تمام افراد خاندان خصوصاً اپنے والد مولوی محمد عبدالغفار صاحب و واالدہ، بھائیوں اور شریکِ حیات کا بھی شکر گزار ہوں، جنہوں نے میری تحقیق کے دوران میری ہمت افزائی کی اور ہر طرح کا تعاون فرمایا اور میرے حق میں دعا کی۔

زیر نظر تصنیف بھی اس موضوع پر حرف آخر نہیں ہے، تاہم راقم الحروف نے دستیاب وسائل

اور ذرائع استعمال کرتے ہوئے حتی المقدور کوشش کی ہے کہ اس کتاب کے ہر باب اور ہر موضوع سے بھر پور انصاف کیا جائے، موضوع سے متعلق کوئی اہم بات چھوٹنے نہ پائے اور نہ ہی کسی پہلو میں تشنگی باقی رہے، تاہم امکان ہے کہ ''انسان ہی سے غلطی ہوتی ہے'' اس نکتہ کے پیش نظر اس کتاب کے کسی موضوع سے متعلق کوئی بات چھوٹ گئی یا ادھوری رہ گئی ہو تو اس کے لئے میں معذرت خواہ ہوں۔ اور امید کرتا ہوں کہ اس تصنیف کے مثبت پہلوؤں کو ضرور پسند کیا جائے گا۔

ڈاکٹر محمد عبدالعزیز سہیل

ایم۔اے۔بی۔ایڈ، NET

پی۔ایچ۔ڈی (عثمانیہ یونیورسٹی حیدرآباد،)

☆☆☆☆☆

بابِ اول

خاندانی پس منظر

شجرہ

ڈاکٹر شیلا راج

دادیہال ۔ گنپت لال

↓

جنڈولال

↓

کملاپت

↓

بالاپرشاد

↓

یادوراج (دادا)

للیتا رانی (دادی) دختر راجہ گردھاری پرشاد محبوب نواز ونت عرف بنسی راجہ

↓

سرسوتی دیوی	رائے پرتھوراج	بھیشم راج	دھروپتی دیوی	اندر راج
	والد	(چچا)	پھوپی	(چچا)
لاولد		مجرد	کم عمری میں ہی انتقال کرگئیں	لاولد

↓ (رائے پرتھوراج)

پوشپا رانی	وامن راج	شیوکماری	ڈاکٹر شیلا راج	جیون راج	امرت راج
(بہن)	بھائی	بہن	لاولد	بھائی	بھائی
لاولد	۳ لڑکے	ایک لڑکا		ایک لڑکا	ایک لڑکا
	۱ لڑکی	ایک لڑکی		دو لڑکیاں	دو لڑکیاں

مختصر حالات خاندان (کوائف)

یہ خاندان جلال آباد سے اورنگ آباد ہوتے ہوئے حیدرآباد منتقل ہوا۔

۱۔ یادوراج :۔ مقطعہ دار ۔ زمین دار و معتمد اسٹیٹ راجہ گردھاری پرشاد باقی عرف بنسی راجہ

۲۔ پرتھوراج :۔ ناظم زراعت حکومت آندھراپردیش و مشیر کورومنڈل فرٹیلائزر لمیٹڈ ۔

۳۔ بھیشم راج :۔ اپنے موروثی مقطعہ میں زراعتی سرگرمیوں میں مصروف رہے ۔

۴۔ اندر راج :۔ محکمہ اکاونٹنٹ جنرل آفس حکومت حیدرآباد میں ملازم تھے ۔ اور ان کا نوجوانی میں ہی انتقال ہوگیا۔

شجرہ ڈاکٹر نارائن راج (اہلیہ ڈاکٹر شیلا راج)

رائے دولت رائے

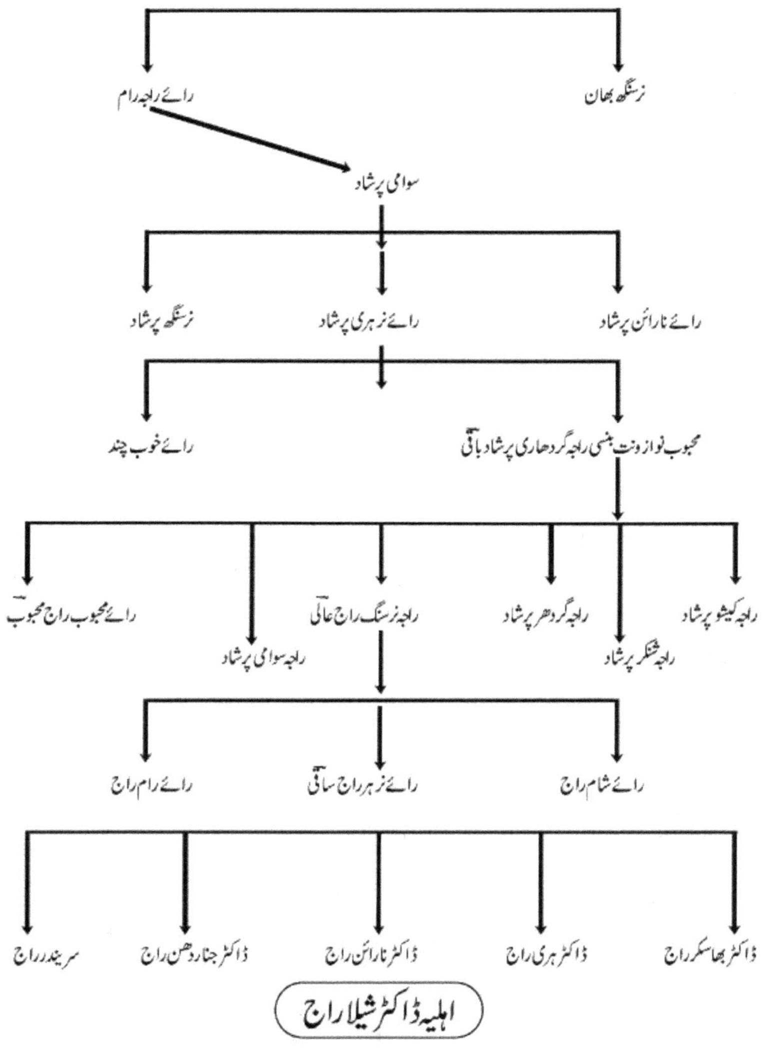

بابِ اول

خاندانی پس منظر

ڈاکٹر شیلا راج حیدرآباد کے قدیم وممتاز علمی ورئیس گھرانے سے تعلق رکھتی ہیں، راجہ نرسنگ راج عالیؔ کی پوتی بہواور راجہ گردھاری پرشاد باقیؔ کی پڑپوتی بہواور رائے پرتھوی راج (ناظم زراعت) کی صاحبزادی تھیں، اعلیٰ تعلیم حاصل کی اور تاریخ کے موضوع پر کئی کتابیں لکھیں، ریاست حیدرآباد، اس کی تہذیب اور معاشرت ان کے تحقیقی مقالوں کا موضوع رہا ہے، حیدرآباد پر ڈاکٹر شیلا راج نے متعدد کتابیں اور کئی مضامین لکھے، جس کی بنا پر ڈاکٹر شیلا راج اردو کی ایک عظیم محققہ اور، قومی یکجہتی کی علمبردار کہلائیں، وہ حیدرآباد میں پیدا ہوئیں، ان کے شوہر ڈاکٹر نارائن راج کا تعلق راجہ گردھاری پرشاد باقیؔ عرف بنسی راجہ کے خاندان سے ہے، وہ ڈاکٹر نارائن راج کی اہلیہ ہیں، ان کا خاندان آصفجاہی دربار سے وابستہ تھا اور وہ اردو شعر وادب کے خادم تھے، دکن میں اردو اور فارسی ادب کو فروغ دینے میں اس خاندان کے افراد نے نمایاں کردار ادا کیا ہے۔

1724ء میں نواب قمرالدین خاں کو مغل بادشاہ محمد شاہ نے دکن کا صوبہ دار مقرر کیا تھا جو بعد میں نظام الملک آصف جاہ اول کہلائے، انہوں نے دہلی سے اورنگ آباد کے لئے کوچ کیا اور بہت سے تجربہ کار اور قابل اعتماد عہدہ داروں کو اپنے ساتھ دکن لیتے آئے، ان میں سے کئی لوگوں نے شہر حیدرآباد کو مستقل طور پر اپنا وطن بنالیا کیونکہ حیدرآباد نظام سرکار کی راجدھانی بن گئی تھی اور ریاست میں ہر طرف امن وامان تھا، دولت رائے کا شمار بھی ان چند اہم شخصیتوں میں سے تھا جو دہلی کے کائستھ گھرانے کے چشم و چراغ تھے، دولت رائے نظام کی فوج میں کمانڈر تھے،

انہوں نے جگتیال ضلع کریم نگر کا قلعہ اور علاقہ نظام کے لئے فتح کیا تھا، دولت رائے کے دوفرزند تھے، نرسنگ بھان اور راجا رام، 1789ء میں نرسنگ بھان نے جنگ پنگل میں نظام آصف جاہ ثانی کے ساتھ میدان جنگ میں شانہ بہ شانہ لڑتے ہوئے اپنی جان نثار کردی۔

راجہ رام قابل ذہین اور منتظم تھے ہی ساتھ ہی ساتھ فارسی اور ہندی کے عالم بھی تھے ،انہوں نے ہندی کویتا میں چتر گپت جی مہاراج کی سوانح لکھی۔ راجارام کے بعد ادبی خدمت کا سلسلہ پشتینی شروع ہوا۔

1884ء میں ریاست حیدرآباد میں اردو زبان کو سرکاری زبان کا موقف دیا گیا۔ اور اردو زبان و ادب کی خدمت کے لئے ادبی محفلوں اور مشاعروں کا آغاز ہوا۔ مہاراجہ کشن پرشاد شؔاد کا ایوانِ شاد بھی مشاعروں کے لئے سازگار رہا، اس ادبی ماحول میں حیدرآباد کے ایک کائستھ خاندان کی اردو دوستی کا سلسلہ شروع ہوا جس کا آغاز سوامی پرشاد اصؔغر 1813ء سے شروع ہوتا ہے اور یہ سلسلہ پانچ پشتوں تک جاری رہا، جس سے اندازہ ہوتا ہے کہ اس خاندان کا ادب سے بہت گہرا اور اٹوٹ رشتہ رہا۔

بنسی راجہ کی خدمات سے متعلق ذہانت علی بیگ رقمطراز ہیں:

> ''نظام کے دور حکومت میں امور سلطنت کی انجام دہی کے لیے جو معزز ہستیاں دل وجان سے جٹی ہوئی تھیں ان میں کائستھ صاحبان سرفہرست ہیں، جنہوں نے بادشاہوں کے ساتھ اس سرزمین کے چپہ چپہ پر اپنی روایتوں اور تہذیب کے انمٹ نقوش چھوڑے ہیں، حیدرآبادی تہذیب آج بھی کائستھ برادران میں زندہ ہے اور دکنی تہذیب ورسوم کی علامت آج بھی باقی ہے۔ ۲۰۰ سال قبل نواب میر محبوب علی خان کے عہد میں امور خانہ ودعوت شاہانہ اور دیگر انتظامی امور کے نگران بنسی راجہ کی خدمت بھی دکنی تاریخ کا ایک جزو ہے۔'' [1]

راجہ گردھاری پرشاد باقؔی کے آباواجداد آصف جاہ اول کے دربار سے ہی وابستہ رہے ہیں اور انہوں نے امور حکومت کی انجام دہی میں اپنا قابل قدر تعاون پیش کیا تھا، ڈاکٹر شیلا راج کے خاندان کے تعلق سے سلیمان اطہر جاوید رقم طراز ہیں:

''نظام الملک آصف جاہ اول کے ہمراہ جو سر برآوردہ شخصیات دہلی سے اورنگ آباد اور پھر اورنگ آباد سے حیدرآباد آئیں، ان میں ایک برگزیدہ شخصیت ہے ''رائے دولت رائے''۔ رائے دولت رائے وضعداری، حب الوطنی اور دیانت داری کے علاوہ بادشاہ کے تئیں اپنی بہی خواہی اور وفاداری کے لئے معروف تھے، وہ بادشاہ کے جانثاروں میں تھے، بادشاہ کے بااعتماد لوگوں میں ان کا شمار ہوتا تھا، آصف جاہ اول نے انہیں شاہی محلات کی خدمات خاص، خانسامانی سونپی تھی، جس کو انہوں نے مزاج شاہانہ کے مطابق انجام دیا اور بادشاہ کا مزید تقرب حاصل کیا، رائے دولت رائے کے انتقال کے بعد ان کے صاحبزادے رائے راجہ رام کو نواب نظام علی خاں آصف جاہ دوم نے ان کے والد کی خدمت ہی پر مامور کیا، ۴۰ رسال تک خدمات انجام دینے کے بعد انہوں نے بھی اس دارفانی سے کوچ کیا، یہ نواب سکندر جاہ بہادر کا زمانہ تھا۔ نواب سکندر جاہ نے رائے راجہ رام کے صاحبزادے سوامی پرشاد کو ان کے والد کے منصب پر ہی فائز رکھا، یہی نہیں ان کی خاندانی وفاداری اور دیانت داری کو ملحوظ رکھتے ہوئے انہیں صرف خاص کی سررشتہ داری سے بھی سرفراز کیا، رائے نرہری پرشاد خرابی صحت کے باعث مفوضہ خدمات انجام دینے سے مجبور ہوتے گئے، چنانچہ انہوں نے نواب ناصر الدولہ بہادر سے اجازت چاہی اور اپنی خدمات اپنے بڑے صاحبزادے رائے گردھاری پرشاد کو سونپ دی۔'' ۲

ڈاکٹر حبیب نثار نے دیوان عالی پر تبصرہ کرتے ہوئے ڈاکٹر شیلا راج کے خاندان کی تفصیلات یوں بیان کی ہیں:

> ''راجہ نرسنگ راج عالؔی کے خاندان میں اردو شاعری کی شمع پانچ پشتوں سے روشن تھی ،سکندر جاہ کے دورحکومت میں سوامی پرشاد اصؔغر، ناصر الدولہ اور افضل الدولہ کے عہد میں راجہ نرہری پرشاد،نواب میر محبوب علی خاں کے زمانہ حکومت میں راجہ گردھاری پرشاد باقؔی بنسی راجہ اورنواب میر عثمان علی خان کے زمانہ اقتدار میں راجہ نرسنگ راج عالؔی اوران کے بھائی راجہ محبوب راج محبوؔب نے دربار آصفی میں اس شمع کوفروزاں رکھا۔'' ۳؎

ڈاکٹر شیلا راج کے خاندان کے جن شعراء نے آصف جاہی حکمرانوں کی خدمت انجام دی اور ساتھ ہی اردو شعروادب کوفروغ دینے میں اپنا بیش بہا تعاون پیش کیا ان شعراء کا مختصر تعارف مع تفصیلات یہاں پیش کیا جا رہا ہے۔

سوامی پرشاد اصؔغر (وفات 1823ء):

سوامی پرشاد اصؔغر راجہ رام کے اکلوتے فرزند تھے،سوامی پرشاد کی تاریخ پیدائش تو معلوم نہ ہوسکی، البتہ سنہ وفات 1823ء ہے، والد کے انتقال کے بعد تعلیم وتربیت ان کے نانا رائے چمن لال منشی نے کی، جوایک عالم وفاضل انسان تھے،انہوں نے اپنے نواسے سوامی پرشاد کی شادی کماری لال کی دختر سے کی جونواب ناصر الدولہ نظام کے ماموں نواب ہمت یارخاں کی اسٹیٹ میں پیشکار تھے۔

1789ء میں سوامی پرشاد کونظام وقت نے رائے کے خطاب اور پانچ صدی منصب سے سرفراز کیا تھا،سوامی پرشاد کوتین لڑکے تھے،لیکن ان کے دوفرزندان نرسنگ پرشاد اور نارائن

پرشاد کا انتقال کم عمری میں ہو گیا تھا، سوامی پرشاد کے دوسرے فرزند نرہری پرشاد 1808ء میں پیدا ہوئے۔

''جناب کالی داس گپتا رضا نے اپنی تصنیف ''سہو وسراغ'' میں لکھا ہے کہ سوامی پرشاد کا تخلص اصغؔر تھا۔ اصغؔر کے استاد تھے نواب بدرالدین خاں، امیر الدولہ لائقؔ، بدرالدین خاں جو سکندر جاہ نظام سوم کے خانساماں تھے۔

''سوامی پرشاد ہندی فارسی اور اردو کے عالم تھے، انہوں نے تینوں زبانوں میں شعر کہے تھے، اصغؔر کی اردو فارسی غزلیات اور کلام کے مجموعے مرتب ہوئے تھے جو کتب خانہ آصفیہ میں تھے، جس کا ذکر نصیرالدین ہاشمی نے اپنی کتاب ''دکنی ہندو اور اردو'' میں کیا ہے، اصغؔر کا مرثیہ لندن کے کتب خانے میں دکنی مخطوطات کے صفحہ 653 پر درج ہے۔'' [۴]

سوامی پرشاد اصغؔر کا دیوان 1813ء میں مرتب ہو چکا تھا، لیکن طبع نہیں ہوا تھا، اس کا قلمی نسخہ آصفیہ لائبریری میں ہے اس کا ذکر کالی داس رضا گپتا نے اپنی تصنیف ''سہو وسراغ'' 1980ء میں کیا ہے۔

اصغؔر کا انتخاب کلام:۔

یہہ دل جب آ کے محبت میں جا فراغ لگا
یقین و ہوش سے غفلت کو تب چراغ لگا
حقیر اصغؔر ناداں فقیر ہو دل سے
وہ بوئے گل سے عجب دم بدم دماغ لگا

پایا نہ کبھی یہہ دل دیوانہ کسونے
حسرت میں کوئی رہ گیا ویرانہ کسونے
کہتے ہیں کوئی دور رہے نزدیک و لیکن
ٹک چھوڑ خودی عشق کو جانا نہ کسونے
سب آکے مسافر گئے اس فانی سرا سے
اس جاء میں ہرگز نہ کیا ٹھکانہ کسونے
کونین سے دھو ہاتھ چکا ہو اۓ اصغرؔ
بولا جو ہو مضمون یہہ مستانہ کسونے
درد دل جسے کہیں اپنا ہم سنتے سنتے
سنتے ہی جاتے دیوانہ پھرے رستے رستے ۵

رائے نرہری پرشاد ''نرہریؔ'' (1808ء تا 1880ء):-

نرہری پرشاد رائے سوامی پرشاد اصغرؔ کے دوسرے فرزند تھے، ان کے یوم پیدائش کا علم نہیں، البتہ سنہ ولادت غالباً 1808ء کے آس پاس ہے، ان کے والد سوامی پرشاد کے انتقال کے وقت 1823ء میں ان کی عمر قریب 14 سال تھی، سکندر جاہ نظام سوم نے اس کم سن ہونہار کو ان کے مرحوم والد کی موروثی خدمات پر مامور کر دیا، موروثی خدمات تھیں صدر خانساماں اور سررشتہ دار مشعل خانہ۔

نواب ناصر الدولہ کے دور حکومت میں نرہری پرشاد کے ذمہ فوج صرفِ خاص کی تنظیم کی ذمہ داری تھی، نظام نے ان کا سررشتہ دار فوج صرف خاص کے عہدے پر تقرر کیا، ان کی کارکردگی کے اعتراف میں ناصر الدولہ نے انہیں خلعت اور جواہرات تحفہ میں دیئے تھے

1861ء میں نظام نے انہیں رائے کے خطاب سے سرفراز کیا تھا اور پانچ صدی منصب بھی عطا کیا تھا۔

باقیؔ، ڈاکٹر زورؔ اور نرسنگ راج عالیؔ کی تحریرات سے پتہ چلتا ہے کہ نرہری پرشاد سنسکرت، ہندی اور فارسی کے عالم تھے، انہیں بھی علم وادب اور شاعری کا مذاق ورثے میں ملا تھا، سنسکرت زبان پر اس قدر مہارت تھی کہ سنسکرت میں گفتگو فرماتے تھے، عالم ہی نہ تھے بلکہ عامل بھی تھے۔

سنسکرت کی مشہور گرنتھ (کتاب) ''یوگ وشٹ'' جو سارے عالم میں شہرت رکھتی ہے، اس کا منظوم ترجمہ سن 1858ء میں ہندی میں کیا تھا اور اس کو ''نرہری پرکاش'' کے نام سے موسوم کیا، اس ترجمے کا ذکر منشی دوارکا پرشاد افقؔ (لکھنوی) نے ان کی تصنیف حیات باقیؔ میں اشعار کے ذریعہ کیا۔

> ''نرہری پرکاش کا ہندی میں منظوم ترجمہ تقریباً 1170 صفحات پر مشتمل ہے، جس کا اصل قلمی نسخہ ڈاکٹر بھاسکر راج سکسینہ کے پاس محفوظ ہے، اس کے علاوہ نرہری پرشاد کی دو اور تصانیف ہیں، نرہری مال، بھجنوں اور کبت کا مجموعہ نرہری گیان اپدیش۔ یہہ بھی گیان یعنی معرفت کے مضامین پر مشتمل ہے، نرہری پرشاد نے اپنی وفات سے 15 سال قبل گوشہ نشینی اختیار کرلی تھی، ان کا انتقال 1880ء میں ہوا۔
>
> نرہری پرشاد ایک قابل عالم اور شاعر ہی نہیں تھے بلکہ اچھے اڈمنسٹریٹر بھی تھے، انہوں نے تین آصف جاہی فرمارواؤں کے دور حکومت دیکھے جو سن 1823ء سے 1880ء تک جاری رہا، یعنی نواب سکندر جاہ نواب ناصر الدولہ اور نواب افضل الدولہ کے چشم دید گواہ ہی نہیں تھے بلکہ ان کے نظم ونسق میں جو

بھی ذمہ داری ان کے سپرد کی گئی اسے بہ احسن الوجوہ پوری کی، اس طرح وہ سیاسی اور سماجی نشیب و فراز بھی دیکھے لیکن ان کی تصانیف صرف روحانی اور معرفت کے مضامین سے بھری پڑی ہیں، انہوں نے کسی فرماروا یا وزیر اعظم کی ستائش میں ایک لفظ بھی نہیں لکھا البتہ ایک سچے ہندو کے ناطے اپنی تصنیف کے خاتمے پر شہر حیدرآباد اور فرماں روائے وقت کی عمر درازی اور عوام کی بھلائی کے لئے دعا ضرور مانگی۔" ۶

بھاگیہ نگر بڑھ بھاگی اتی نام حیدرآباد
آصف کی سرکار جو رہے سدا آباد

راجہ گردھاری پرشاد باقیؔ (بنسی راجہ):

جولائی 1828ء۔ جولائی 1896ء

راجہ گردھاری پرشاد عرف بنسی راجہ محبوب نواز ونت المتخلص بہ باقیؔ، بتاریخ غزہ رجب ۱۲۴۴ھ بمقام حیدرآباد دکن میں پیدا ہوئے، زمانے کے رواج کے مطابق راجہ گردھاری پرشاد باقیؔ نے حضرت محمد علی صاحب سے فارسی پڑھی، فارسی شاعری میں عاشقؔ اور اردو شاعری میں حضرت میر شمس الدین فیضؔ سے تلمذ تھا، باقیؔ بچپن سے ہی بڑے ذکی اور ذہین اور کم عمری میں ہی فارغ التحصیل ہوگئے تھے، مطالعہ اور علماء کی صحبت کی وجہ سے ابتداء سے آپ شعر و سخن کے بڑے شائق تھے اور کم عمری میں تصنیف و تالیف میں مشغول ہوگئے تھے اور ان کا انتقال سنہ ۱۳۱۴ھ میں ہوا۔

راجہ گردھاری پرشاد باقیؔ کی شخصیت اور حالات زندگی سے متعلق مختلف احباب کے اقتباسات پیش کیے جارہے ہیں تاکہ ان کے متعلق تفصیلی معلومات حاصل ہوں:

''راجہ گردھاری پرشاد باقی سنسکرت، ہندی اور فارسی کے عالم تھے، اس خاندان میں فن شاعری اور تصوف کا مذاق وراثتاً چلا آرہا ہے، ان کو نواب میر محبوب علی خاں کے اتالیق بھی ہونے کا شرف حاصل رہا، بنسی راجہ کی جدت پسند طبیعت نے کئی کارخانوں کو جنم دیا، ان میں کارخانہ بنادیق، کارخانہ بارودسازی، کارخانہ چرم اور کارخانہ کاغذ سازی نمایاں اہمیت رکھتے ہیں، وہ سررشتہ دار فوج بھی رہ چکے ہیں، محل سے متعلق تمام امور کی انجام دہی کے لئے سرسالار جنگ اول کی نظر انتخاب آپ پر پڑی، انگریزی و مغلائی دربار میں پاندان وعطردان کی سربراہی نے صرف حیدرآباد بلکہ دہلی اور کلکتہ کے تاریخی دربار کے موقعہ پر بھی نبھانی پڑی یہ ایک بڑا اعزاز اور ماہرانہ صلاحیتوں اور اعلیٰ ذہن کی آزمائش بھی تھی، نیاز ونذر کی تقسیم بھی ان ہی کے ذمہ تھی، عید وتہوار سے متعلق اشیاء کی تقسیم کا بوجھ بھی ان پر ہی تھا۔ بنسی راجہ باقیؔ تخلص کرتے تھے، وہ ادب نواز وقدر شناس تھے، حضرت داغؔ کو اعلیٰ حضرت کے یہاں انہوں نے ہی باریاب کرایا، حضرت امیرؔ مینائی بھی انہیں کے توسط سے یہاں پہنچے تھے۔'' ۷

''راجہ گردھاری پرشاد کائستھ گھرانے کے نامور سپوت اور سنسکرت زبان کے ساتھ ساتھ فارسی زبان کے علاوہ دیگر زبانوں کے ممتاز عالم تھے، وہ ایک وسیع القلب اور روشن ضمیر انسان تھے، فرقہ وارانہ ہم آہنگی اور قومی یکجہتی ان کا مطمحِ نظر رہا ہے، وہ میر محبوب علی خان آصف جاہ سادس کے مقربین میں سے تھے۔

راجہ گردھاری پرشاد محبوب نواز ونت باقیؔ عرف بنسی راجہ کا نام اہلیان حیدرآباد دکن کے لئے محتاج تعارف نہیں، اگرچہ انہیں اس دنیا سے گزرے 100 سے زائد سال بیت گئے ہیں، لیکن ان کا نام اب بھی حیدرآبادیوں کے

ذہن میں تازہ ہے، بنسی راجہ کا آصف جاہی سلطنت کے سنہرے دور سے یعنی نظام سادس نواب میر محبوب علی خان بہادر کے دور سے انتہائی قریبی تعلق رہا ہے اور انہوں نے اس دور میں مختلف حیثیتوں سے نمایاں خدمات انجام دیں اور حیدرآباد کی تہذیب وتاریخ پر اپنے نقوش چھوڑے ہیں۔'' ۸؎

بنسی راجہ نے اپنی برادری اور عوام کی فلاح و بہبود کے لئے کئی کارنامے انجام دیئے، انہوں نے 1850ء تا 1896ء تک ہندوستان کے گوشے گوشے کا دورہ کیا اور تفصیلی طور پر سفر کے حالات بھی قلمبند کئے، وہ جہاں بھی جاتے نظام کی طرف سے منادر اور درگاہوں پر چڑھاوا چڑھاتے، وہ ایک اچھے اسکالر ادیب اور شاعر بھی تھے اور باقیؔ تخلص کرتے تھے، فارسی اور اردو میں مختلف اصناف سخن جیسے غزل قصیدہ، مثنوی، سلام، حمد، نعت، قطعہ اور رباعی میں انہوں نے مشق سخن کی ہے، انہوں نے مرصع و مسجع نثر بھی لکھی وہ ان حیدرآبادیوں میں شامل تھے جنہوں نے اپنی تحریروں میں بیباکانہ طور پر مخالف برطانیہ احساسات ونظریات کا اظہار کیا ہے، 1877ء کے سامراجی دربار کے موقع پر انہوں نے ایک انتہائی تنقیدی نظم لکھی اور اسے تقسیم کیا۔ ۹؎

''حیدرآباد میں گنگا جمنی تہذیب کے دلدادگان میں جن معتبر اشخاص کے نام سرفہرست آتے ہیں ان میں ایک نہایت اہم شخصیت راجہ گردھاری پرشاد باقیؔ کی ہے، شاعری میں انہیں، حضرت شمس الدین فیضؔ سے تلمذ حاصل تھا، وہ حضرت فیضؔ کے خاص الخاص شاگردوں میں شمار ہوتے ہیں، یہ شائد فیضؔ ہی کی تربیت کا اثر تھا کہ ان کے مزاج میں تصوف کا رنگ رچ بس گیا تھا، صدر اعظم مہاراجہ کشن پرشاد شادؔ سے بھی ان کے گہرے مراسم تھے...... انہوں نے

اپنی شاعری کے علاوہ اپنے طرز حیات کے وسیلے سے بھی انسانیت اور یکجہتی کا پیغام دیا ہے...... وہ ایک حساس انسان ہونے کے ساتھ ساتھ ایک قادرالکلام شاعر بھی تھے، وہ شعروسخن کی دنیا کے شہسواروں میں حضرت خواجہ میر دردؔ کے انداز بیاں سے بہت متاثر تھے، انہوں نے خواجہ میر دردؔ کی فارسی رباعیوں کا اردو میں بڑا ہی صاف اور شستہ ترجمہ کیا، باقیؔ کی شخصیت وہ شخصیت تھی کہ آصف سادس غفران مکان نواب میر محبوب علی خان بہادر بھی ان پر دل و جان سے مہربان رہا کرتے تھے۔'' ۱۰؎

بنسی راجہ باقیؔ کو ملازمت کی گوناں گوں مصروفیتوں کے باوجود مطالعہ، تصنیف و تالیف اور شاعری کا بہت ذوق تھا، اس وقت کی سرکاری زبان فارسی کے تو وہ مشہور اور معیاری شاعر تھے، چنانچہ آپ نے جملہ (۳۱) عدد کتابیں لکھی ہیں، جن میں فارسی نظم میں (۲۰) کتب، فارسی نثر میں (۳) اردو نظم میں (۴) اور ہندی میں (۴) کتابیں ہیں۔

اردو کی حسب ذیل چار تصانیف ہیں:

(۱) پتی چرتر (سوانح عمری بھاسکر آنند سرسوتی) (۲) تحقیقات سپاس باقی

(۳) بقائے باقی (اردو دیوان) (۴) دردِ باقی و دردِ ساقی ۱۱؎

راجہ گردھاری پرشاد باقیؔ کا انتخابِ کلام

تو بھی سنتا ہے کہ یہ سب تجھے کیا کہتے ہیں
کتنے بت کہتے ہیں اور کتنے خدا کہتے ہیں

حق یہ ہے زلف کو جو لوگ بلا کہتے ہیں
وہ خطا کرتے ہیں جو اس کو خطا کہتے ہیں

شیخ جی اتنی بھی شیخی نہ کرو تم کہ یہ رند
تم سے گمراہوں کو کب راہ نما کہتے ہیں
جیتے جی مرگیا جو زندہ و جاوید ہوا
وہ جو عارف ہیں فنا ہی کو بقاء کہتے ہیں
دوستو میں نے یہ مانا کہ شریعت والے
کفر و ایماں کو برا اور بھلا کہتے ہیں
لیکن از راہ طریقت ہے مرا سب سے سوال
جو کہ دونوں سے بری ہو اسے کیا کہتے ہیں ۱۲

راجہ کیشو پرشاد حسابؔ (1865 تا 1888ء):

بنسی راجہ کے فرزند اکبر تھے، مہاراجہ کشن پرشاد شادؔ اور سالار جنگ دوم کے مدرسہ عالیہ میں ہم جماعت تھے مددگار محاسب کی خدمت پر معمور تھے، راجہ بہادر کا خطاب بھی عطا ہوا تھا، مہاراجہ کشن پرشاد کے دیوان باغ شادؔ میں ان کی وفات پر شادؔ نے جو تاریخ نکالی تھی اس بناء پر یہ پتہ چلتا ہے کہ کیشو پرشاد بھی شاعر تھے، یوں تو ان کا کلام دستیاب نہیں ہے، ۵؍محرم سن ۱۳۰۵ھ (۱۸۸۸ء) کو ہاتھی پر سے گر گئے تھے اور یہی ان کی موت کا سبب تھا، باقیؔ کو ان کی ناگہانی موت سے بہت صدمہ پہنچا تھا۔ تخلص حسابؔ غالباً اپنی خدمت سے انس کی بناء پر رکھا تھا۔ حضرت شادؔ کی نکالی ہوئی تاریخ وفات یہ ہے:

وہ میرا دوست جس کا تخلص حسابؔ تھا
وا ویلتا کہ راہی ملکِ عدم ہوا
تاریخ اس کی شادؔ نے لکھی یہ فی البدیہہ
باقیؔ کا نورِ چشم صد افسوس مرگیا (۱۳۰۵ ہجری)

راجہ نرسنگ راج عاؔلی: (1957-1889)

راجہ نرسنگ راج عاؔلی کی حیات و شخصیت سے متعلق سید رفیع الدین قادری نے اپنے مضمون ''راجہ نرسنگ راج عاؔلی'' میں جو معلومات فراہم کی ہیں، ملاحظہ ہوں:

''راجہ نرسنگ راج بہادر عالی حیدرآباد کے ایک قدیم کائستھ گھرانے میں 13/نومبر 1889ء میں پیدا ہوئے، آپ راجہ گردھاری پرشاد باقؔی کے چوتھے فرزند تھے، کم عمری میں ہی والد کے سایہ سے محروم ہوگئے، آپ کی تعلیم مدرسہ عالیہ میں ہوئی اور السنہ فارسی، ہندی، مرہٹی خانگی طور پر گھر ہی پر سیکھے، آپ کی شادی کنہیالال ساکن بھوپال کی دختر سے ہوئی تھی، جس میں راجہ کاشی نریش مہاراجہ نسویلہ نے بھی شرکت کی تھی۔

راجہ گردھاری پرشاد باقؔی کے اچانک انتقال سے اعلیٰ حضرت غفران مکان نواب میر محبوب علی خان بہادر کو بہت صدمہ پہنچا تھا، اس لئے انہوں نے راجہ نرسنگ راج عاؔلی کو برحم خسروانہ رسم پرسہ میں سفید دوشالہ سے سرفراز فرمایا تھا نیز اسٹیٹ کورٹ آف وارڈ علاقہ صرف خاص کی نگرانی پر مقرر فرمایا اور بہ الطاف شاہانہ تمام خدمات دیوانی و علاقہ صرف خاص مبارک بحال فرمایا، آپ کو بموقع دربار جشن غفران مکان 1905ء پیشگاہ خسروی راجہ بہادر کا خطاب عطا ہوا، آپ کی اعلیٰ ذہانت کو دیکھتے ہوئے، 1905ء میں دفتر معتمد افواج سرکاری عالی میں بطور مددگار اعزاز مقرر کیا گیا اور پھر حقوق خاندانی مددگار محلات کے عہدہ جلیلہ پر فائز رہے، آپ کو علم وادب ورثہ میں ملا تھا، آپ نے جو بھی اشعار لکھے، اس میں حدیث دل کی ترجمانی کی۔'' ۱۳

راجہ نرسنگ راج عاؔلی کو مہاراجہ کشن پرشاد شاد نہایت عزیز رکھتے تھے، عاؔلی بھی

مہاراجہ کی قدر و منزلت اپنے حقیقی بزرگوں کی طرح کیا کرتے تھے، مہاراجہ شاد اس حد تک عالی کو عزیز رکھتے تھے کہ ایوان شاد کا کوئی مشاعرہ ان کی شرکت کے بغیر مکمل خیال نہ کرتے تھے۔

راجہ نرسنگ راج عالی ایک ایسے دور میں پیدا ہوئے جب تعصب و تنگ نظری نے ہندوستان کے مطلع کو زہر آلود نہیں کیا تھا، ہندوؤں اور مسلمانوں کی متحدہ کوششیں ایک ایسے ادب کی تیاری میں مصروف تھیں جو دونوں قوموں کی فکر اور اتحاد و اتفاق کا آئینہ دار ہو اور اس دور کے دانشوران علم و ادب ان کوششوں کو اصل رنگ یعنی صداقت اور حق کی نظر سے دیکھتے تھے۔

''بہر حال راجہ نرسنگ راج عالی ایک علم دوست شاعر، ملی جلی تہذیب اور ہندو مسلم اتحاد کے ایک بہترین نمونہ تھے۔ آپ کے کلام میں سادگی اور صوفیانہ زندگی کی جھلک تھی، آپ کے متعلق کسی شاعر نے خوب کہا ہے کہ

راجہ نرسنگ راج کو شیریں زباں دیکھا کیئے

حضرت عالی میں کیا کیا خوبیاں دیکھا کیئے [۱۴]

آخری زمانے میں آپ ذیابیطس کے مرض میں مبتلا ہوئے اور مختصر سی علالت کے بعد بتاریخ ۲۳/جون سنہ ۱۹۵۷ء کو بروز ایکادسی جو ہندوؤں کے لئے ایک مبارک دن ہے آپ کا انتقال ہوا، راجہ نرسنگ راج عالی کے انتقال کے بعد ان کی پوتی بہو ڈاکٹر شیلا راج نے ان کے کلام کو اکٹھا کیا اور ''دیوانِ عالی'' کے نام سے شائع کیا۔

راجہ نرسنگ راج عالی کا انتخاب کلام:

ان کی ایک مشہور نظم جو جشن آزادی کے سلسلہ میں 9/اگست 1950ء کو ہندوستانی کلچر سوسائٹی کے مشاعرے میں پڑھی گئی تھی:

مبارک ہند والو آپ کو یہ جشن آزادی

دلوں پر جوش عشرت ہے لبوں پر نغمہء شادی
مبارک سارے نیتاؤں کو اب امید برآئی
ہوئے خوش پارسی ہندو مسلماں اور عیسائی
سلامت رہ تو آزادی کہ سب تجھ سے سلامت ہیں
غلامی ٹل گئی آزاد اب ہم تاقیامت ہیں
بہت محنت سے برسوں کی بہت کاوش سے صدیوں کی
بجھی ہے پیاس بھارت کی امیروں کی غریبوں کی
ہر اک دل میں ہے جذبہ اور اس کا ولولہ باقی
ہر اک نازاں ہے قسمت پر رہے گا یہ صلہ باقی
وقار اپنا بڑھاتا ہے بھروسہ کرکے ہمت پر
وہ کچھ پاتے نہیں تکیہ جو کرلیتے ہیں قسمت پر
نہ بل بوتہ پر اترانا نہ ہرگز تم ہوس کرنا
ہوا و حرص کو بھولے سے دامن میں نہ تم بھرنا
نہ ہوگا کام باتوں سے عمل کرکے دکھا دینا
یہی ہے نفس سچا سارے جگ کو تم بتا دینا
دعا ہے اور یہ عالؔی صمیم قلب سے یارب
پھلے پھولیں رہیں خوش اور خرم ہند والے سب

۱۵

راجہ محبوب راج محبوب: (1893-1931)

راجہ نرسنگ راج عالؔی کے چھوٹے بھائی راجہ محبوب راج محبوب کے حالات زندگی سے متعلق

پون کماری نے اپنی کتاب ''راجہ گردھاری پرشاد باقؔی کے خاندان کی ادبی خدمات'' میں جو معلومات فراہم کی ہیں، وہ اس طرح ہیں۔

''راجہ گردھاری پرشاد باقؔی کے چھوٹے بیٹے راجہ محبوب راج 1312ھ کو حیدرآباد میں پیدا ہوئے، اپنے بچپن کا زمانہ اپنے بھائی راجہ نرسنگ راج عالؔی کے ساتھ گذارا ان کی ابتدائی تعلیم مدرسہ عالیہ و گورنمنٹ ہائی اسکول میں ہوئی، ملازمت اختیار کرنے سے قبل زراعت کی جانب مائل تھے اور اس کے بعد صنعت وحرفت کی طرف رجوع ہوئے اور کارخانہ صنائع دکن قائم کر کے اس کو بے انتہا فروغ دیا، اپنے بڑے بھائی کے اصرار پر ملازمت اختیار کر لی اور سررشتہ کروڑ گیری کی خدمت پر فائز ہوئے، منصب داری میں بھی ان کو اپنی خاندانی شہرت کے لحاظ سے ایک خاص اعزاز حاصل تھا، قومی کاموں میں یہ کائستھ سبھا کے سکریٹری منتخب ہوئے، ابتداء میں حضرت کشن پرشاد شادؔ کی شاگردی اختیار کی، بعد میں نواب فصاحت جنگ بہادر جلیؔل کے شاگرد ہوئے، دیوڑھی عالی جناب سر مہاراجہ بہادر میں جو مشاعرے ہوتے تھے ان میں راجہ صاحب ہمیشہ اپنی غزل سناتے اور ہر شعر پر داد و تحسین حاصل کرتے۔'' ۱۶؎

''شعر وادب کا ذوق فطری تھا ماحول بھی ادبی اور شاعرانہ ملا، مہاراجہ کشن پرشاد شادؔ کی حوصلہ افزائی اور سرپرستی بھی کام آئی اور فصاحت جنگ جلیؔل کی شاگردی نے سونے پہ سہاگہ کا کام کیا، ان کا ذوق شعری اور نکھرا ہوا ہے، ان کا دیوان پڑھیں تو اندازہ ہوگا کہ وہ کتنے پرگو اور قادرالکلام شاعر تھے، ان کے موضوعات میں کتنا تنوع تھا اور زبان و بیان پر انہیں کیسی بے اندازہ گرفت تھی۔'' ۱۷؎

راجہ محبوب راج کو اپنی خاندانی وجاہت آباواجداد اور اپنے والد بزرگوار راجہ گردھاری پرشاد محبوب نوازونت باقی پر بڑا فخر وناز تھا اور ہمیشہ اس کا پاس ولحاظ رکھتے تھے

محبوب جس قدر بھی کرو ناز ہے بجا
تم ان کی یادگار ہو جو نام کر گئے

راجہ محبوب راج محبوب کا عین عالم شباب میں 1930ء کو انتقال ہوگیا، ان کے انتقال پر ڈاکٹر محی الدین قادری زور داستان ادب اردو میں تحریر فرماتے ہیں:

''افسوس ہے کہ محبوب کی جواں مرگی نے حیدرآباد کو ایک عمدہ شاعر اور قومی کارکن سے محروم کردیا، عالی اور محبوب دونوں کے حالات اور نمونہ کلام مرقع سخن میں درج ہیں، ان کے افراد خاندان بھی شعروسخن اور حیدرآباد کی شائستگی کے بہترین نمائندے ہیں۔

راجہ محبوب راج محبوب کو شعروادب کا ذوق فطری تھا۔ ماحول بھی ادبی اور شاعرانہ ملا تھا، مہاراجہ کشن پرشاد شاد کی حوصلہ افزائی اور سرپرستی بھی کام آئی وہ فصاحت جنگ جلیل کے شاگرد تھے، ان کے موضوعات میں تنوع تھا اور وہ زبان و بیان پر قدرت رکھتے تھے۔ بہرحال راجہ محبوب راج محبوب کی شخصیت منفرد تھی اور وہ پرکشش شخصیت کے مالک تھے، شعروادب سے بہت زیادہ لگاؤ تھا وہ ایک ملنسار شخصیت کے مالک تھے۔'' ۱۸

راجہ محبوب راج محبوب کا انتخاب کلام

نہیں ہے کھیل کسی کا دل و جگر لینا
سمجھ کے سوچ کے لینا انہیں اگر لینا
جو وقت گزرے غنیمت ہے کیا خبر کل کی

جو کام کل تجھے کرنا ہو آج کرلینا
جگہ نہ دل میں عداوت کو دے محبت کر
کہ چار دن کو عبث ہے بگاڑ کرلینا
لیا ہے عشق کا سودا تو درد سر ہی سہی
علاج سنگِ درِیار ہی سے کرلینا
جو روز حشر ہو پرسش جواب کیا دو گے
کچھ آخرت کا بھی سودا ضرور کرلینا
سمجھ کے دل کو لگانا کسی حسین سے تم
نہ مول بیٹھے بٹھائے یہ درد کرلینا
جو زندگی میں نہ پوچھو تو خیر بعد فنا
کبھی کبھی ہمیں بھولے سے یاد کرلینا
خدا وہ دن نہ دکھائے مگر خیال رہے
پڑے جو وقت تو محبوبؔ کی خبر لینا

۱۹

رائے نرہر راج ساقیؔ:(1908-1985)

رائے نرہر راج ساقیؔ راجہ نرسنگ راج بہادر عالیؔ کے سب سے بڑے فرزند ہیں۔ یہ راجہ گردھاری پرشاد باقیؔ کے پوتے اور راجہ محبوب راج محبوب کے بھتیجے ہیں،۲رجنوری ۱۹۱۰ءکوشہر حیدرآباد میں پیدا ہوئے اور ابتدائی تعلیم مدرسہ کائستہ پاٹھ شالہ واقع دیوڑھی بنسی راجہ، بارہ گلی، حسینی علم میں حاصل کی،اس مدرسہ میں ان کے ساتھی ڈاکٹر سید محی الدین قادری زورؔ اور ڈاکٹر آر آر سکسینہ تھے،بعد میں آپ نیو انگلش اسکول پونہ میں زیر تعلیم رہے۔پھر پنجاب سے میٹرک کیا

اور آخر میں نظام کالج میں انٹرمیڈیٹ کی تعلیم پائی، تحصیل علم کے بعد یہ اپنے اسٹیٹ کے کاروبار میں مشغول ہوگئے ،سنہ 1928ء میں آپ کی شادی حیدرآباد ہی میں رائے مرلی دھر صاحب منصب دار کی دختر نیک اختر سے انجام پائی، سرمہاراجہ یمین السلطنت مہاراجہ سرکشن پرشاد بہادر شاؔد صدر اعظم مملکت آصفیہ نے اپنے خاندانی تعلقات کا خیال رکھتے ہوئے بہ نفس نفیس تشریف لاکر اپنے مبارک ہاتھوں سے انہیں سہرا باندھا اور ان کو عزت بخشی۔

رائے نرہر راج ساؔقی کے پانچ صاحبزادے اور دو صاحبزادیاں ہیں، جنہوں نے اعلیٰ تعلیم حاصل کی ہے۔

''سنہ 1936ء میں ساؔقی نے محکمہ آبکاری میں اپنے والد محترم کی خواہش پر ملازمت شروع کی اور ابتدائی ملازمت تعلقہ جگتیال ضلع کریم نگر سے شروع کی اور بعد ازاں مددگار مہتممی سے ترقی کرتے ہوئے 1958ء میں بحیثیت مہتمم کرنول بھیجے گئے اور کچھ عرصہ بعد کارگذاری کی بناء پر منصرم جنرل منیجر گورنمنٹ ڈسٹلریز کے عہدہ پر مقرر کئے گئے اور جلد ہی مستقل طور پر مہتمم آبکاری نظام آباد پر تقرر کر کے ان کا تبادلہ کیا گیا، جہاں ان کے حسن انتظام کی وجہ سے ہر کس و ناکس ان سے خوش تھا۔

رائے نرہر راج کو اپنے والد محترم کے ساتھ شاؔد کی محفلوں اور مشاعروں میں شریک ہونے کا موقع ملا، حضرت شاؔد کے دربار کے علاوہ دیگر امرائے دکن کی شعر و سخن کی محفلوں میں بھی آپ برابر شریک رہتے تھے۔

رائے نرہر راج ساؔقی کے شاعرانہ ذوق نے ان کو حضرت جلیؔل کی شاگردی کا شرف بخشا اور ان کے انتقال کے بعد ان کے فرزند اکبر مولوی صدیق احمد صاحب آثؔر نے ان کو اپنے شرف تلمذ سے نوازا، ساؔقی اردو ادب کے بے لوث

پرستار ہیں، بہ زمانہ قیام نظام آباد ان کی زیر صدارت انجمن ترقی اردو کی جانب سے ۱۵/اگست 1960ء یوم آزادی ہند کا یادگار مشاعرہ ترتیب دیا گیا جو بے حد کامیاب رہا، انہوں نے بہ زمانہ قیام نظام آباد مقامی شعراء اور عوام کے اصرار پر کئی ادبی محفلیں ترتیب دیں، جن سے عوام کے ادبی ذوق میں اضافہ ہوا۔" ۲۰

راجہ صاحب نے فطری طور پر ایک شاعر کا دل پایا تھا۔ آپ نہ صرف علم دوست بلکہ علم پرور بھی تھے۔ آپ عجز وانکسار اور اخلاق کا مجسمہ تھے، راجہ صاحب کے کلام میں تصوف اور معرفت کی جھلک پائی جاتی ہے، ان کی غزلیات میں بھی بعض جگہ حضرت داغؔ کا رنگ نمایاں ہے:

رائے نرہر راج ساقیؔ کا انتخاب کلام۔

کعبے میں چلے جاؤ یا بت خانے میں جاؤ
جز نامِ خدا اور کوئی نام نہیں ہے
آخر دبا سکا نہ میں جذباتِ عشق کو
جو بات دل میں اپنے تھی وہ لب پر آ گئی
مزہ آئے گا اب کچھ گمر ہی کا
میں پیچھے رہ گیا ہوں کارواں سے

۲۱

رہ رہ کے بس خیال اسی کا بندھا رہا
آ آ کے یاد ہر گھڑی مجھ کو رلا گئی
وہ بگڑنے لگے جب میں نے کہا جانے دو
ہوں میں انسان خطا ہوتی ہے انسانوں سے ۲۲

............(حوالے)............

(۱) ''ذہانت علی بیگ، تنقید و تبصرہ'' روزنامہ سیاست حیدرآباد 1984ء

(۲) سلیمان اطہر جاوید، پیش رس ''راجہ گردھاری پرشاد کے خاندان کی ادبی خدمات'' پون کماری۔ص 5

(۳) ڈاکٹر حبیب نثار ''تبصرہ دیوان عالی'' روزنامہ سیاست 16 رمئی 2009ء

(۴) ڈاکٹر بھاسکر راج، مرتب، حیدرآباد کے ادبی رتن، صفحہ نمبر 22-21

(۵) ڈاکٹر بھاسکر راج، مرتب، حیدرآباد کے ادبی رتن، صفحہ نمبر 23-22

(۶) ڈاکٹر بھاسکر راج، مرتب، حیدرآباد کے ادبی رتن، صفحہ نمبر 28-25

(۷) ذہانت علی بیگ ''تبصرہ توشہ عاقبت'' روزنامہ سیاست حیدرآباد

(۸) ''تبصرہ ایک عہد کی کہانی'' روزنامہ سیاست حیدرآباد، 12 رفروری 1997ء

(۹) ''تبصرہ ایک عہد کی کہانی'' روزنامہ سیاست حیدرآباد، 12 رفروری 1997ء

(۱۰) جلال الدین اکبر ''حیدرآبادی شعراء'' مطبع، ایس۔اے گرافکس حیدرآباد، 2009ء، ص 19

(۱۱) مترجم عابد انصاری ''باغ رزاق''، اعجاز پرنٹنگ پریس، حیدرآباد، 1983ء ص 18

(۱۲) جلال الدین اکبر، حیدرآبادی شعراء، مطبع، ایس۔اے گرافکس حیدرآباد، 2009 ص 21

(۱۳) سید رفیع الدین قادری ''اوراق ادب'' روزنامہ اعتماد حیدرآباد، 7 رمارچ 2011ء

(۱۴) پون کماری، راجہ گردھاری پرشاد باقی کے خاندان کی ادبی خدمات، نرہری پرشاد چیاریٹیبل ٹرسٹ حیدرآباد، 2009۔ص 134

(۱۵) پون کماری، راجہ گردھاری پرشاد باقی کے خاندان کی ادبی خدمات، نرہری پرشاد چیاریٹیبل ٹرسٹ حیدرآباد، 2009, ص 130

(۱۶) پون کماری، راجہ گردھاری پرشاد باقی کے خاندان کی ادبی خدمات ,نرہری پرشاد چیاریٹیبل ٹرسٹ حیدرآباد، 2009۔ص 137

(۱۷) سلیمان اطہر جاوید، ''ادبی ڈائری دیوان محبوب'' روزنامہ سیاست حیدرآباد 27 رجنوری 2007ء
(۱۸) پون کماری ''راجہ گردھاری پرشاد باقیؔ کے خاندان کی ادبی خدمات'' ص 143-141، ڈاکٹر زور ''داستان ادب اردو'' ص 184
(۱۹) حیدرآبادی شعراء جلال الدین اکبر، مطبع، ایس۔اے گرافکس حیدرآباد، 2009، ص 61
(۲۰) پون کماری، راجہ گردھاری پرشاد کے خاندان کی ادبی خدمات، نرہری پرشاد چیارٹیبل ٹرسٹ حیدرآباد، 2009۔ ص 55-154
(۲۱) جلال الدین اکبر، حیدرآبادی شعراء، مطبع، ایس۔اے گرافکس حیدرآباد، 2009، ص 128
(۲۲) پون کماری، راجہ گردھاری پرشاد باقیؔ کے خاندان کی ادبی خدمات، نرہری پرشاد چیارٹیبل ٹرسٹ حیدرآباد، 2009 ص 61-160

☆☆☆☆☆

بابِ دوم

حیات و شخصیت

بابِ دوم

حیات و شخصیت

خاندان:

ڈاکٹر شیلا راج کا تعلق راجہ گردھاری پرشاد باقیؔ (عرف بنسی راجہ) کے خاندان سے تھا، یہ خاندان ایک صدی سے زائد عرصہ سے اردو ادب کی خدمت انجام دیتا آرہا ہے، اس کی مثال یہ ہے کہ خاندان کی پچھلی پانچ پشتوں نے نہ صرف اردو کی، خدمت کی بلکہ اردو زبان وادب میں اپنے انمٹ نقوش چھوڑے ہیں اور تا حال آخر چھٹی پشت اردو ادب کے فروغ میں اپنا رول انجام دے رہی ہے، ڈاکٹر شیلا راج کی دادی دراصل راجہ گردھاری پرشاد باقیؔ کی صاحبزادی تھیں ،ان کا نام للیتا رانی تھا اور یہ راجہ نرسنگ راج عالیؔ کی بہن تھیں، ڈاکٹر شیلا راج کے والد کا نام راج پرتھوی راج تھا جو محکمہ زراعت آندھراپردیش کے ناظم تھے اور ڈائرکٹر اگریکلچر کے عہدہ سے سبکدوش ہوئے ، سبکدوشی کے بعد وہ کورومنڈل فرٹیلائزر کمپنی میں اڈوائزر کی حیثیت سے خدمات انجام دیتے رہے، ان کا انتقال 1968ء میں ہوا۔ ڈاکٹر شیلا راج کے دادا کا نام یادو راج تھا، یہ آصف جاہی دور میں منصب دار کے عہدے پر فائز تھے۔ ڈاکٹر شیلا راج کی والدہ کا نام سمترا دیوی تھا، جن کا انتقال 1965ء میں ہوا۔

راج پرتھوی راج کو جملہ چھ اولادیں ہوئیں، جن میں 3 لڑکیاں اور 3 لڑکے تھے۔ جن کے نام اس طرح سے ہیں۔ پشپا رانی، شیو کماری اور ڈاکٹر شیلا راج۔ لڑکوں کے نام وامن راج، جیون راج اور امرت راج تھے۔

ڈاکٹر شیلا راج کے بڑے بھائی وامن راج آندھراپردیش ویر ہاؤزنگ کارپوریشن میں

سکریٹری کے عہدے سے سبکدوش ہوئے، دوسرے بھائی جیون راج کورومنڈل فرٹیلائزر کمپنی سے منیجر کی حیثیت سے سبکدوش ہوئے اور تیسرے بھائی امرت راج Bayer انڈیا لمیٹڈ میں منیجر کے عہدے پر فائز ہیں، ڈاکٹر شیلا راج کے دو چچا تھے ایک بھیشم راج دوسرے اندرا راج، بھیشم راج ذاتی زمینات پر زراعت کرتے تھے اور اندرا راج اکاؤنٹنٹ جنرل آفس میں کام کیا کرتے تھے۔

ولادت ومقام پیدائش:

ڈاکٹر شیلا راج 9 رجنوری 1940ء کو حیدرآباد کے محلّہ حسینی علم میں پیدا ہوئیں۔ ان کا آبائی وطن حیدرآباد تھا۔

ابتدائی تعلیم:

ڈاکٹر شیلا راج کی ابتدائی تعلیم حیدر گوڑہ ہائی اسکول حیدر باغ حیدرآباد میں ہوئی اور انہوں نے 1957ء میں میٹرک کا امتحان کامیاب کیا۔

اعلیٰ تعلیم:

میٹرک کی تعلیم کے بعد ڈاکٹر شیلا راج نے اپنے تعلیمی سفر کو جاری رکھتے ہوئے ویمنس کالج کوٹھی کے پی یو سی Pre University Course میں داخلہ لیا اور 1958ء میں کامیابی کے ساتھ تکمیل کیا، پی یو سی کی تکمیل کے بعد انہوں نے ویمنس ڈگری کالج کوٹھی سے ہی ڈگری بی اے میں داخلہ لیا، جہاں ان کے مضامین اردو، معاشیات اور تاریخ تھے۔ 1961ء میں انہوں نے ڈگری کا امتحان کامیاب کیا، ڈاکٹر شیلا راج کو بچپن سے ہی تعلیم کا بہت شوق تھا اور وہ ذہین طالبہ تھیں، انہوں نے اپنے تعلیمی سفر کو جاری رکھتے ہوئے 1961ء میں عثمانیہ یونیورسٹی کے ایم اے اردو لٹریچر میں داخلہ لیا، 1964ء میں پوسٹ گریجویشن کی تکمیل کی۔ اور 1965ء میں

عثمانیہ یونیورسٹی سے بیچلر آف ایجوکیشن بھی کامیاب کیا، انہوں نے عثمانیہ یونیورسٹی سے 1970ء میں پرائیوٹ سے ایم اے (تاریخ) کامیاب کیا۔

ڈاکٹر شیلا راج کو اعلیٰ تعلیم کا بہت شوق تھا، چنانچہ انہوں نے پی ایچ ڈی کے کورس (تاریخ) میں شریمتی ناتھی بائی دامودر ٹھاکرسی ویمنس یونیورسٹی جوکہ ہندوستان کی پہلی ویمنس یونیورسٹی میں 1977ء میں داخلہ لیا، جہاں ان کے مقالہ کا عنوان ''ہسٹری آف دی سوشیل اکنامکس اینڈ کلچر ڈیولپمنٹ اِن حیدرآباد 1911-1869 '' تھا، وہ اس یونیورسٹی کی شعبہ تاریخ کی پہلی خاتون اسکالر تھیں۔ 1982ء میں انہوں نے پی ایچ ڈی کی تکمیل کی۔

ملازمت:

1964ء میں ایم اے اردو کی تکمیل کے بعد اعلیٰ تعلیمی قابلیت کی وجہ سے ڈاکٹر شیلا راج کا تقرر بہ حیثیت اردو لکچرر محبوبیہ جونیر کالج عابڈس پر عمل میں آیا، ڈاکٹر شیلا راج محبوبیہ کالج میں نہ صرف اردو لٹریچر کا درس دیتی رہیں بلکہ وہ تاریخ کے مضمون بھی پڑھانے لگیں، دوران تدریس ہی انہوں نے ایم اے تاریخ عثمانیہ یونیورسٹی سے مکمل کیا، لیکن ان کی ملازمت کا یہ سفر زیادہ عرصہ تک جاری نہیں رہ سکا، کیونکہ 1972ء میں ان کی شادی ہوگئی، شادی کے بعد انہیں ممبئی منتقل ہونا پڑا، جس کی وجہ سے ملازمت سے استعفیٰ دینا پڑا۔

شادی:

ڈاکٹر شیلا راج کی شادی 1972ء میں ہوئی، جبکہ وہ بحیثیت لکچرر محبوبیہ جونیئر کالج پر اپنی خدمت انجام دے رہی تھیں، ان کی شادی حیدرآباد کے معزز گھرانے (بنسی راجہ کے خاندان کے ہونہار فرزند ڈاکٹر نارائن راج) سے ہوئی، ڈاکٹر نارائن راج دراصل دکن کے مشہور شاعر راجہ نرسنگھ راج عالیؔ کے پوتے اور راجہ نرہر راج ساقیؔ کے فرزند تھے، ڈاکٹر نارائن راج نے 1971ء میں مہاتما کولے کرشی ودیاپیٹھ یونیورسٹی مہاراشٹرا سے ڈیری سائنس کے مضمون میں پی

ایچ ڈی کیا، ان کا تقرر بہ حیثیت اسسٹنٹ ایگزیکیٹو ڈیری ڈیولپمنٹ بورڈ آف انڈین ڈیری کارپوریشن ممبئی میں عمل میں آیا اور وہ وہیں سے بطور ڈائرکٹر کے سبکدوش ہوئے۔

اولاد:

ڈاکٹر شیلا راج کی شادی 1972ء میں ڈاکٹر نارائن راج سے حیدرآباد میں انجام پائی۔ڈاکٹر شیلا راج کو کوئی اولاد نہیں تھی۔

انعامات و اعزازات:

1981ء میں ڈاکٹر شیلا راج کی پی ایچ ڈی کی تکمیل اور بہترین مقالہ پر انہیں ڈاکٹر شریمتی پرمیلا ٹھاکرسی ایوارڈ سے نوازا گیا، یونیورسٹی گرانٹس کمیشن (UGC) کی جانب سے ڈاکٹر شیلا راج کو تاریخ کے مضمون میں جونیئر اور سینئر فیلوشپ 81-1977ء UGC کی جانب سے عطا کی گئی، اردو اکیڈیمی آندھرا پردیش کی جانب سے ڈاکٹر شیلا راج کی کتاب ''شاہانِ آصفیہ کی رواداری ہندو مسلم روایت'' پر پہلا انعام دیا گیا۔

ادبی زندگی کا آغاز:

ڈاکٹر شیلا راج نے 1961ء میں جبکہ عثمانیہ یونیورسٹی میں داخلہ لیا تھا تبھی سے وہ ادبی زندگی سے وابستہ ہوگئیں (زمانہ طالب علمی) میں ہی ان کا پہلا مضمون ''مرزا غالب'' کے عنوان سے 17رجولائی 1966ء میں روزنامہ سیاست حیدرآباد سے شائع ہوا، ڈاکٹر شیلا راج نہ صرف اردو زبان وادب سے واقف تھیں بلکہ وہ فارسی، انگریزی، تلگو، ہندی زبانوں میں بھی مہارت رکھتی تھیں، ڈاکٹر شیلا راج کے مضامین مختلف زبانوں کے اخبارات و رسائل میں شائع ہوئے ہیں، اور مختلف سمیناروں میں پڑھے گئے، جن کی تعداد 43 سے زائد ہے اور تصنیف کردہ، ترجمہ اور مرتب کلام جملہ 8 کتابوں پر مشتمل ہے۔

ڈاکٹر نارائن راج اور ان کا خاندان:

ڈاکٹر نارائن راج ، رائے نرہرراج ساؔقی کے تیسرے فرزند ہیں،ان کی والدہ کا نام اندرانی دیوی تھا،رائے نرہرراج ساؔقی دکن کے مشہور شاعر راجہ نرسنگھ راج عاؔلی کے فرزند ہیں، رائے نرہرراج ساؔقی بھی اردو کے شاعر تھے ان کو اردو شعروادب سے بہت زیادہ دلچسپی تھی وہ مہاراجہ کشن پرشاد شاؔداور فصاحت جنگ جلیؔل کے یادگار مشاعروں میں اپنا کلام سنایا کرتے تھے، انہوں نے اپنے استاد فصاحت جنگ جلیؔل کی یاد میں ایک آل انڈیا مشاعرہ شہرنظام آباد میں منعقد کروایا تھا۔جس کی صدارت مشہور شاعر عرش ملسیاؔنی نے کی،جس میں ہندوستان بھر سے مشہور شعراءکرام نے اپنا کلام سنایا تھا۔رائے نرہرراج ساؔقی کا مجموعہ کلام شہرکریم نگر سے ہی شائع ہوا، دراصل وہ اسٹیٹ گورنمنٹ محکمہ آبکاری میں مہتمم کے عہدہ پر فائز تھے انہوں نے اپنی ملازمت حیدرآباد،نظام آباداور کریم نگر میں انجام دی۔

رائے نرہرراج ساؔقی کو جملہ 7/اولادیں تھیں،جن میں 5 لڑکےاور 2 لڑکیاں شامل تھیں۔

(i)رائے نرہراج ساؔقی کے بڑے فرزند ڈاکٹر بھاسکر راج سکینہ نے ملٹی نیشنل کمپنی Main Baker میں ملازمت کی،بعدمیں انڈین انلوجیکل کمپنی میں ملازمت سے سبکدوش ہوئے ہیں۔

(ii)ڈاکٹر ہریرراج جو پلانٹ Bacterology میں Ph.D ہیں وہ BSF ملٹی نیشنل کمپنی میں ریسرچ ڈیولپمنٹ میں کام انجام دے کر سبکدوش ہوئے۔

(iii)ڈاکٹر نارائن راج (جوڈاکٹر شیلا راج کے شوہر ہیں)ڈائری سائنس Microbiology میں Ph.D کیے ہیں،نیشنل ڈیری ڈیولپمنٹ بورڈ اور انڈین ڈیری کارپوریشن میں خدمات انجام دے کر سبکدوش ہوئے ہیں۔

(iv)چوتھے لڑکے ڈاکٹر جنار دھن راج سکسینہ ہیں جو کہ MBBS اور DCH ہیں اور کنٹومنٹ

ہاسپٹل بولارم میں ہاسپٹل انچارج رہتے ہوئے سبکدوش ہوچکے ہیں۔

(v) آخری لڑکے کا نام سریندر راج ہے جو بزنس مین ہے۔

دولڑکیاں مینا استھانا جنہوں نے عثمانیہ یونیورسٹی سے .M.A تاریخ کیا ہے، نوینا سکسینہ عثمانیہ یونیورسٹی سے (.M.A) پبلک ایڈمنسٹریشن کیا ہے۔

خاندان کی خصوصیات:

ڈاکٹر نارائن راج کے خاندان کی خصوصیت یہ ہیں کہ وہ پچھلی ایک صدی سے زائد عرصہ سے اردو ادب کی خدمت انجام دئے رہے ہیں، اس خاندان کی پچھلی پانچ پشتوں نے اردو کی خدمت انجام دی اور چھٹی پشت بھی اردو کی آبیاری وفروغ میں برابر کی شریک ہے۔ سکندر جاہ کے عہد میں سوامی پرشآد، ناصر الدولہ کے عہد میں نرہری پرشاد، افضل الدولہ، محبوب علی باشاہ کے دور میں راجہ گردھاری پرشاد باقؔی عثمان علی خاں بہادر کے دور میں راجہ نرسنگھ راج عالؔی، محبوب راج محبوؔب، رائے نرہر راج ساقؔی نے اردو کی خدمت انجام دی اور اردو زبان وادب کی خاندانی روایت کو آگے بڑھایا۔

موجودہ دور میں بھاسکرراج سکسینہ اور ڈاکٹر شیلا راج نے اردو کی خدمات انجام دیں، ڈاکٹر بھاسکرراج سکسینہ کی اردو میں دو کتابیں شائع ہوچکی ہیں، جو یہ ہیں:

(i) حیدرآباد کے بنسی راجہ　　　(ii) حیدرآباد کے پانچ رتن

شخصیت اور سیرت:

ڈاکٹر شیلا راج کی شخصیت متحرک اور فعال تھی وہ ابتداء ہی سے مطالعہ کی عادی تھیں اور تعلیم کے حصول کے لئے جدوجہد کیا کرتی تھیں، وہ نہ صرف گھر کے کام کاج میں حصہ لیتی تھیں، بلکہ علم وہنر کی شیدائی بھی تھیں، اور ہمہ وقت مطالعہ اور علمی مضامین تحریر کرنے میں مصروف

رہتیں۔

معمولات زندگی:

ڈاکٹر شیلا راج صبح جلد جاگ جاتی تھیں، ہاتھ منہ دھوکر پوجا پاٹ میں لگ جاتیں بعد میں باورچی خانہ سنبھالتیں اور ناشتہ تیار کرتیں، ناشتہ کے بعد کتابوں کے مطالعہ اور تحریری مصروفیات میں لگی رہتیں، بقول ڈاکٹر نارائن راج کے جب وہ ممبئی میں قیام پذیر تھے، اس وقت اپنے شوہر کی ملازمت سے گھر واپسی پر وہ کتابوں میں ہی مشغول رہتیں اور اپنے کام کو پایہ تکمیل کر کے ہی شوہر سے بات کرتیں، ان کے شوہر بھی اس وقت ان کے کام میں خلل نہیں ڈالتے تھے۔

لباس:

ڈاکٹر شیلا راج لباس کی بہت شوقین تھیں، ان کا پسندیدہ لباس صرف ساڑی تھا اور وہ ساڑی زیب تن فرماتی تھیں، ان کا نظریہ تھا کہ عورت شادی کے بعد صرف ساڑی ہی زیب تن کرے کیونکہ ساڑی میں عورت رعب دار لگتی ہے وہ دوسرے لباس کو ناپسند فرماتی اور اکثر یہ کہا کرتی تھی کہ عورت کو ایسا لباس زیب تن کرنا چاہئے، جس سے اس کی عظمت وعفت محفوظ ہو۔ وہ جب بھی زیور پہنتی ساڑی بھی زیور پر جچنے والا زیب تن کرتیں اور تقریب کے نوعیت کے اعتبار سے زیور اور ساڑی پہنتی تھی، ان کو زیور بہت زیادہ پسند تھا وہ ہر قسم کا زیور پہنتی اور مغلائی طرز کو پسند کرتی تھیں، سوائے سونے، چاندی کے کوئی اور زیور انہیں پسند نہیں تھے۔ موجودہ دور کے مغربی لباس کو ناپسند کرتی تھیں، اپنی زندگی میں انہوں نے کبھی بھی نیل پالش، لپ اسٹک اور میک اپ نہیں کیا، البتہ تقریب وتہواروں کے موقع پر وہ ضرور مہندی لگایا کرتی تھیں۔

غذا:

ڈاکٹر شیلا راج جہاں علم وفنون میں ماہر تھیں، وہیں امور خانہ داری میں بھی بہت دلچسپی

لیتی تھیں، ان کی مرغوب غذا دم کے پسندے، میتھی کا قیمہ، کباب، کچے قیمہ کے کٹ لیٹ، دم کا مرغ، تمام قسم کی بریانی پسند تھی، مغلائی پکوان کو بہت پسند فرماتی تھیں۔

شوق سفر:

ڈاکٹر شیلا راج کو سیر و سیاحت سے بھی دلچسپی تھی، وہ اکثر تاریخی مقامات کا سفر کرنا پسند کرتی تھیں، انہوں نے اودے پور، جے پور، اور میسور کے محلات کا سفر کیا، یہ سفر ان کے لئے بہ حیثیت ریسرچ اسکالر بہت کامیاب رہا، جب وہ ممبئی میں تھیں تو اکثر اپنے شوہر کے ساتھ اتوار کے دن سیر و تفریح کو جاتی تھیں، انہوں نے کبھی کوئی بیرونِ ملک کا سفر نہیں کیا۔

عادتیں:

ڈاکٹر شیلا راج بہترین پینٹنگ کیا کرتی تھیں، ان کی پینٹنگ اکثر پیپل کے پتوں، کوشن کورس، ٹیبل کلاتھ اور ٹی وی کورس پر ہوتی، کروشیا کا کام بھی وہ عمدہ طریقہ سے انجام دیتی تھیں، اس کے علاوہ وہ Tatning کے کام کی بھی ماہر تھیں، لذیذ ذائقہ دار کھانے بنانا ان کا خصوصی شوق تھا، وہ بریانی یا کچے قیمہ کے کٹ لیٹ، میتھی کباب اور نورتن قورمہ خصوصی دلچسپی سے بنایا کرتیں، وہ میٹھے بھی بناتیں جن میں خاص کر قوبانی کا میٹھا، ڈبل کا میٹھا شامل رہتا، ان کی سب سے بڑی خوبی یہ تھی کہ وہ ایک بگونے میں چار قسم کی بریانی دم دیتی تھیں۔ جن میں گوشت، مچھلی، کوفتہ اور مرغ شامل رہتا، یہ پکوان اکثر وہ دسہرہ و دیوالی کے موقعہ پر بنایا کرتی تھیں، شعر و شاعری سے بھی دلچسپی رکھتی تھیں اور زمانہ طالب علمی میں بیت بازی کے مقابلوں میں حصہ لیتی تھیں اور وہ مطالعہ کی شوقین تھیں، لکھنا، پڑھنا ان کی زندگی کا اوڑھنا بچھونا تھا۔

زبانوں سے واقفیت:

ڈاکٹر شیلا راج مختلف زبانوں سے واقف تھیں، وہ اردو، تلگو، انگریزی اور فارسی کی ماہر تھیں، اس کے ساتھ ساتھ وہ ہندی اور دیگر زبانوں سے بھی واقفیت رکھتی تھیں، ان کی تصانیف

اور مضامین اردو انگریزی زبانوں پر مشتمل ہیں ان کی ترجمہ کردہ کتابیں جن میں دو فارسی سے اردو زبان میں ترجمہ کردہ ہیں، وہ اردو اور فارسی کو پسند فرماتی تھیں اور اردو زبان کی ہمیشہ تعریف کرتی رہتی تھیں اور اردو کو RICH لینگویج کہتی تھیں۔

فطرت و خودداری:

ڈاکٹر شیلا راج فطری طور پر خاموش مزاج تھیں، وہ زیادہ گفتگو نہیں کرتیں، ان سے جو بھی سوال کیا جاتا اس کا مدلل جواب دیتیں، وہ محدود افراد سے ہی ملاقات کرتی تھیں اور زیادہ تر علم وادب میں ہی مشغول رہتیں وہ خوددار تھیں، کسی کا احسان نہ لیتیں اور خود سے فیصلے لیتی تھیں ،صبر وتحمل بھی طبیعت میں بلا کا تھا۔

حافظہ:

ڈاکٹر شیلا راج کی یاداشت پختہ اور حافظہ بھی اعلیٰ درجہ کا تھا، وہ بچپن سے ہی ذہین تھیں، ان کا حافظہ آخری عمر تک بھی صحت مند رہا وہ اکثر مطالعہ کرتیں تو مطالعہ کے دوران آنے والی تاریخ اور اہم اجزاء کو ذہن میں محفوظ کرلیتیں اور ضبط تحریر کرتیں تو پورا مواد ذہن میں تازہ رہتا، ان کا مطالعہ وسیع تھا وہ متعدد زبانیں جانتی تھیں، تحقیق ان کا خاص میدان تھا وہ آصف جاہی دور اور دکن کی تاریخ پر زیادہ تحقیقی کام انجام دیتی رہیں۔

ادبی سرگرمیاں:

ڈاکٹر شیلا راج اردو ادب کو پسند کرتی تھیں اور وہ حیدرآباد میں ادارہ ادبیات اردو کے اکثر پروگراموں میں شریک رہتیں اور وہ مولانا ابوالکلام آزاد اورینٹل ریسرچ انسٹیٹیوٹ کی اگزیکٹیو کمیٹی کی رکن تھیں وہاں بھی وہ مختلف پروگراموں میں حصہ لیتیں اور سمیناروں میں بھی شرکت کرتیں تھیں۔

مختلف سوسائٹیوں کی رکنیت:

(۱) انڈین ہسٹری کانگریس کی لائف ممبر شپ۔

(۲) انسٹی ٹیوٹ آف ہسٹوریکل اسٹڈیز کی لائف ممبر شپ۔

(۳) انڈین ہسٹری اینڈ کلچرل سوسائٹی نیو دہلی کی لائف ممبر شپ۔

(۴) ہیراسٹ انسٹی ٹیوٹ ممبئی کی ممبر شپ۔

(۵) دی ایشیاءٹک سوسائٹی آف ممبئی کی لائف ممبر شپ۔

(۶) ابوالکلام آزاد اورینٹل ریسرچ انسٹی ٹیوٹ حیدرآباد کی اگیزیکیٹو کمیٹی کی ممبر شپ۔

(۷) سوسائٹی فار پرومیش آف ٹولرینس حیدرآباد کی اگیزیکیٹو ممبر و ڈائرکٹر شپ۔

تدریسی خدمات:۔

ڈاکٹر شیلا راج 1964ء میں عثمانیہ یونیورسٹی حیدرآباد سے ایم اے اردو لٹریچر سے کامیاب کرنے کے بعد پیشہ تدریس سے وابستہ ہوگئیں، وہ بحیثیت اردو لکچرر محبوبیہ جونیئر کالج حیدرآباد میں اپنی خدمات انجام دیتی رہیں، نہ صرف وہ اردو زبان کی لکچرر تھیں بلکہ انہوں نے تاریخ کا بھی درس دیا، وہ بہ یک وقت اردو اور تاریخ کے مضامین محبوبیہ کالج میں پڑھایا کرتی، ان کی تدریسی خدمات 1964ء تا 1972ء تک ہی محدود رہیں، 1972ء میں ان کی شادی ڈاکٹر نارائن راج سے ہوگئی اور وہ شادی کے بعد ممبئی روانہ ہوگئیں، جس کی وجہ سے انہیں اپنی ملازمت سے استعفیٰ دینا پڑا۔

خصوصیت:

ڈاکٹر شیلا راج کی خصوصیت یہ تھی کہ وہ جب بھی کوئی مضمون یا تصنیف تحریر کرتیں تو کئی کتابوں کا مطالعہ کرتیں اور مضمون کے اختتام پر ان کا حوالہ دیتی تھیں، بغیر حوالہ کے کوئی بات نہیں لکھتی تھی، اگر کوئی کہہ دے کہ فلاں واقعہ ہوا تھا تو وہ سب سے پہلے حوالہ طلب کرتی تھیں۔

ایک دفعہ کا ذکر ہے کہ ڈاکٹر شیلا راج آصف جاہی حکمرانوں پر مقالہ لکھ رہیں تھیں ،ڈاکٹر نارائن راج کے والد نے ایک واقعہ نقل کرنے کو کہا، واقعہ یہ تھا کہ افضل الدولہ کی طبیعت ناساز تھی انہوں نے سالار جنگ کو طلب کیا اور ملازم سے کہا کہ ذرا ٹوپی اور دستار لیکر آؤ اور افضل الدولہ نے سالار جنگ سے ٹوپی اور دستار پہن کر ملاقات کی، وہ احترام سے ملاقات کرتے تھے اور ننگے سر رہنا بری بات سمجھتے تھے تو ڈاکٹر شیلا راج نے اس واقعہ کو نقل کرنے کے لئے حوالہ طلب کیا لیکن وہ نہیں دے سکے تو انہوں نے اسے نقل نہیں کیا لیکن بعد میں کسی کتاب میں اس واقعہ کا حوالہ تھا، ڈاکٹر شیلا راج جو بھی لکھتی تھیں مختلف کتابوں کے حوالہ سے لکھتی جس کی وجہ سے آج تک بھی ان کی کتاب پر نکتہ چینی نہیں ہوئی، ڈاکٹر شیلا راج کو تاریخ کے مضمون سے بہت لگاؤ تھا وہ آصف جاہی حکمرانوں کے متعلق غیر معمولی دلچسپی رکھتی تھی اور ان کی تقریباً تمام تصانیف آصف جاہی دور پر لکھی گئی ہیں، ان کا آصف جاہی دور سے جذباتی لگاؤ تھا اور ان کو محبوب علی بادشاہ سے خصوصی دلچسپی تھی ، وہ ان کے خلاف کوئی غلط بات سننا پسند نہیں کرتی تھیں، ڈاکٹر شیلا راج ہندو مسلم اتحاد کو پسند کرتی تھیں اور وہ قومی یکجہتی کے فروغ کے لئے کوشاں رہتی اور دیگر مذاہب کا احترام کرتی تھیں۔

ڈاکٹر شیلا راج ممبئی میں ایشیا ٹک لائبریری میں مطالعہ کرتی رہتی تھیں، وہاں ان کے لئے ایک ٹیبل مختص تھا جس پر ہمیشہ کتابیں رکھی رہتیں اور کوئی انہیں وہاں سے نہیں اٹھاتا تھا۔

رفقاء:

ڈاکٹر شیلا راج جن احباب سے ملاقات کرتیں ان میں خصوصاً پروفیسر حبیب ضیاء، پروفیسر اشرف رفیع، پروفیسر سلیمان اطہر جاوید، پروفیسر مجید بیدار، پروفیسر مغنی تبسم اور پروفیسر فاطمہ پروین شامل ہیں۔

غریبوں کی امداد:

ڈاکٹر شیلا راج کا معمول رہا ہے کہ وہ غریب افراد کی شادی بیاہ کے موقع پر امداد کرتیں ،خاص کر وہ لڑکیوں کی شادی کے لئے خصوصی امداد دیا کرتیں، انہوں نے تقریباً25 سے زائد لڑکیوں کی شادی کے لئے ہزاروں روپیئے عطیہ کے طور پر دیئے۔

پروجیکٹس:

H.E.H.دی نظامس ٹرسٹ کی جانب سے ڈاکٹر شیلا راج کو مملکتِ آصفیہ کتاب کا اردو سے انگریزی زبانوں میں ترجمہ کرنے کے لئے پراجیکٹ دیا گیا ،جس کو ڈاکٹر شیلا راج نے نہ صرف ترجمہ کیا بلکہ جو سطریں اس میں موجود نہیں تھیں، انہیں حوالوں کے ساتھ ترتیب دیا، یہ کام انہوں نے چار سال کے اندر انجام دیا، اس کی دو جلدیں 1400 صفحات پر مشتمل ہیں۔

وفات:

انسان جب پیدا ہوتا ہے تو اللہ کے نزدیک اس کی عمر متعین کر دی جاتی ہے اور وہ اپنی مقرر کردہ زندگی کو تکمیل کر کے اپنے رب حقیقی سے جا ملتا ہے، اسی طرح 9/جنوری 1940ء کو پیدا ہونے والی ڈاکٹر شیلا راج کا اچانک حرکت قلب بند ہو جانے سے 17/جولائی 2008ء کو انتقال ہو گیا، انہیں کوئی خاص بیماری نہیں تھی۔ وہ اپنے شوہر سے محو گفتگو تھیں کہ اچانک انہیں چکر آیا اور وہ گر گئیں ،بس یہی بات موت کا بہانہ بن گئی ،انتقال کے وقت ان کی عمر 68 سال تھی۔

وفات پر مختلف احباب کے تاثرات:

(i) پرنس مفخم جاہ کا پیغام

(ii) محمود بن محمد نظام ٹرسٹ کا پیغام

(iii) مولانا آزاد اورینٹل ریسرچ انسٹیٹیوٹ کا پیغام ودیگر

تصانیف ٗ علمی اور ادبی کارنامے اور خدمات:

فہرست تصانیف:

(i) توشہ عاقبت۔ سفرنامہ۔ راجہ گردھاری پرشاد باقؔی (1984)۔ فارسی سے اردو میں ترجمہ (بنسی راجہ نے محبوب علی باشاہ کے ساتھ جو سفر کئے تھے۔)

(ii) شاہی شادی۔ رپورتاژ (محبوب علی باشا کی ہمشیرہ نجیب النساء بیگم کی شادی کا تذکرہ جو کہ امام جنگ کے ساتھ ہوئی تھی۔ 1993ء)

(iii) پی ایچ ڈی کا مقالہ ''عہد وسطیٰ سے عہد حاضر تک حیدرآباد کی معاشی و تہذیبی تاریخ 1869 تا 1911 ''انگریزی زبان میں (1987ء)

(iv) مملکت آصفیہ جلد اول و دوم کا اردو سے انگریزی زبان میں ترجمہ ASIFIA DOMAINIAN جو بعد میں THE LEGACY OF NIZAM کے عنوان سے ایک جلد میں شائع ہوئی (جلداول 1995ء جلد دوم 1997ء)

(v) ''ایک عہد کی کہانی۔ حیدرآباد، نظاموں کے دور میں'' (1828-1896) انگریزی زبان میں۔ (1997ء)

(vi) دیوان محبوؔب مرتب کردہ مجموعہ کلام محبوب راج محبوؔب (2007ء)

(vii) دیوانِ عاؔلی مرتب کردہ مجموعہ کلام راجہ نرسنگ راج عاؔلی (2009ء)

(viii) شاہانِ آصفیہ کی رواداری اور ہندو مسلم روایات (2008)۔

(ix) غیر مطبوعہ تصنیف:۔ دوراندیش حکمران میر عثمان علی خان' ایک نئے دور کا ظہور

وفات کے بعد:

ڈاکٹر شیلا راج میموریل گولڈ میڈل

i) ڈاکٹر شیلا راج کے انتقال کے بعد یونیورسٹی آف حیدرآباد کی جانب سے ڈاکٹر شیلا راج میموریل گولڈ میڈل دینے کا اعلان کیا گیا جو کہ ہر سال Ph.D تاریخ کے مضمون میں اعلیٰ

نشانات حاصل کرنے والے طالب علم کو دیا جاتا ہے، اس کا سلسلہ 2009ء سے شروع ہوا۔

ii) ایشیاء ٹک سوسائٹی آف ممبئی کی جانب سے ڈاکٹر شیلا راج میموریل فیلوشپ کا آغاز 2009ء سے شروع ہوا، یہ فیلوشپ پوسٹ ڈاکٹورل ریسرچ کے لئے دی جارہی ہے۔ 2011ء سے یہ فیلوشپ ڈاکٹورل ریسرچ کے لئے دی جائے گی، یہ فیلوشپ بھی صرف تاریخ کے مضمون کے لئے دی جائے گی۔

iii) جس یونیورسٹی سے ڈاکٹر شیلا راج نے Ph.D کیا یعنی SNDT ویمنس یونیورسٹی ممبئی کی جانب سے ڈاکٹر شیلا راج گولڈ میڈل دینا شروع کیا گیا جو کہ ہر سال Ph.D تاریخ کے مضمون میں اعلیٰ نشانات حاصل کرنے والے طالب علم کو دیا جاتا ہے۔

ڈاکٹر شیلا راج میموریل لیکچر:۔

iv).H.E.H دی نظامس جوبلی پویلین ٹرسٹ کی جانب سے ڈاکٹر شیلا راج میموریل لیکچر شروع کیا گیا جو کہ آصف جاہی دور کے عنوان سے منعقد ہورہا ہے، یہ لیکچر ڈاکٹر شیلا راج کی برسی کے موقع پر یعنی 17/ جولائی کو منعقد کیا جارہا ہے، پہلا لیکچر 2009ء میں اور دوسرا لیکچر 2010ء میں 17/ جولائی کو منعقد ہوا، ایک لیکچر کو پروفیسر فاطمہ پروین (عثمانیہ یونیورسٹی) نے پیش کیا، جبکہ دوسرے لیکچر کو محترمہ ڈاکٹر کیدیشوری ایجوکیشن کیپر (سالار جنگ میوزیم) نے پیش کیا، تیسرا لیکچر 17 / جولائی 2011 کو پروفیسر ترملی (دہلی یونیورسٹی) نے پیش کیا، چوتھا لیکچر 17/ جولائی 2012 میں منعقد ہوا اس لیکچر کو ڈاکٹر زرینہ پروین (ڈائرکٹر اسٹیٹ آرکائیوز ریسرچ انسٹیٹیوٹ اے پی) نے پیش کیا تھا، اور پانچوں لیکچر 17 جولائی 2013ء منعقد ہوا، جس کو ڈاکٹر سلمہ فاروقی (اسوسیٹ پروفیسر شعبہ تاریخ مولانا آزاد نیشنل اردو یونیورسٹی حیدرآباد) نے پیش کیا ہے۔

ڈاکٹر شیلا راج کے خاندان کے نام سے گولڈ میڈل

اس خاندان کے ارکان کے نام پر کئی گولڈ میڈل دیئے جارہے ہیں جن کی تفصیلات اس طرح سے ہے:

i) راجہ نرہری پرشاد جوبنسی راجہ کے والد تھے، ان کے نام پر مولانا آزاد نیشنل اردو یونیورسٹی سے ہندی زبان میں ایم فل کے اعلیٰ نشانات حاصل کرنے والے طالب علم کو یہ گولڈ میڈل دیا جاتا ہے۔

ii) راجہ گردھاری پرشاد باقی کے نام پر عثمانیہ یونیورسٹی سے ایم اے ہندی میں اعلیٰ نشانات حاصل کرنے والے طالب علم کو یہ گولڈ میڈل دیا جاتا ہے۔

iii) راجہ نرسنگ راج عالی میموریل گولڈ میڈل ہے جو مولانا آزاد یونیورسٹی سے ایم فل ویمنس ایجوکیشن میں اعلیٰ نشانات حاصل کرنے والے طالب علم کو ہر سال یہ گولڈ میڈل دیا جاتا ہے۔

iv) رائے نرہرراج گولڈ میڈل مہاتما کو لھے کرشی ودیا پیٹھ یونیورسٹی مہاراشٹرا کی جانب سے پی ایچ ڈی (ڈیری سائنس) میں اعلیٰ نشانات حاصل کرنے والے طالب علم کو ہر سال یہ گولڈ میڈل دیا جاتا ہے۔

ڈاکٹر شیلا راج کی تصانیف کی رسم اجرائی:

ڈاکٹر شیلا راج ایک نامور مورخ خاتون تھیں، انہوں نے اپنی زندگی میں نہ صرف مضمون نگاری کی بلکہ مختلف تصانیف بھی رقم کیں، جن کی اپنی ایک تاریخی حیثیت ہے، جہاں ان کے مضامین اردو وانگریزی اخبارات میں نظر آتے ہیں، وہیں ان کی جملہ (8) تصانیف بھی شائع ہوکر مقبولیت حاصل کرچکی ہیں، جن کی رسم اجرائی کے موقع پر منعقدہ تقاریب کی تفصیلات کو

یہاں بیان کیا جارہا ہے۔

(۱) راجہ گردھاری پرشاد باقیؔ کے سفرناموں پر مشتمل فارسی تصنیف ''توشہ عاقبت'' کا ڈاکٹر شیلا راج نے بہ زبان اردو ترجمہ کا کام انجام دیا، جس کی رسم اجراء 11/اپریل 1984ء کو راج بھون میں ریاستی گورنر مسٹر رام لال کے ہاتھوں عمل میں لائی گئی۔

(۲) ڈاکٹر شیلا راج کی انگریزی تصنیف ''عہد وسطیٰ سے عہد حاضر تک، حیدرآباد کی معاشی وتہذیبی تاریخ 1869-1911'' کی رسم اجراء پرنس نواب مفخم جاہ بہادر کے ہاتھوں بروز ہفتہ 31/اکتوبر 1987ء کو اردو گھر مغل پورہ حیدرآباد میں ہوئی، جس میں جناب عابد علی خان صاحب ایڈیٹر روزنامہ سیاست حیدرآباد مہمان خصوصی کی حیثیت سے شریک تھے۔

(۳) راجہ گردھاری پرشاد باقیؔ کی فارسی تصنیف ''شاہی شادی'' جو محبوب علی پاشاہ کی ہمشیرہ نجیب النساء بیگم کی شادی سے متعلق ہے کو ڈاکٹر شیلا راج نے بہ زبان اردو ترجمہ کیا اس کتاب کی رسم اجراء 21/فروری 1993ء بروز یکشنبہ ابوالکلام آزاد اورینٹل ریسرچ انسٹی ٹیوٹ باغ عامہ حیدرآباد میں بدست جناب ایم اے ہادی صاحب آئی اے ایس (ریٹائرڈ) کے ہاتھوں عمل میں آئی۔ تقریب کی صدارت جناب ہاشم علی اختر صاحب آئی اے ایس (ریٹائرڈ) سابق وائس چانسلر عثمانیہ یونیورسٹی وعلی گڑھ یونیورسٹی نے کی، اس تقریب میں جناب محبوب حسین جگر جوائنٹ ایڈیٹر روزنامہ سیاست نے بھی شرکت کی۔

(۴) ''ایک عہد کی کہانی حیدرآباد نظاموں کے دور میں 1828ء تا 1896ء'' جو کہ ڈاکٹر شیلا راج کی انگریزی تصنیف ہے کی رسم اجراء پرنس مفخم جاہ بہادر کے ہاتھوں بروز چہارشنبہ 12/فروری 1997ء کو ابوالکلام آزاد اورینٹل انسٹی ٹیوٹ باغ عامہ حیدرآباد میں عمل میں آئی۔ ان کی یہ تصنیف 1996ء میں لندن سے شائع ہوئی۔

(۵) ''دیوان محبوبؔ'' جو کہ راجہ محبوب راج محبوبؔ کا دیوان ہے، ادبی بیاضوں میں

بکھرا پڑا تھا، ڈاکٹر شیلا راج نے اسے مرتب کیا ہے، اس کی رسم اجرائی 19 رجنوری 2007ء بروز جمعہ کو سیاست گولڈن جوبلی ہال حیدرآباد میں بدست جناب زاہد علی خان صاحب ایڈیٹر روزنامہ سیاست کے ہاتھوں عمل میں آئی، اس تقریب میں مہمانان خصوصی علامہ اعجاز فرخ، ڈاکٹر فاطمہ پروین اور جناب حسن فرخ نے اظہار خیال فرمایا۔

(٦) ''شاہانِ آصفیہ کی رواداری اور ہندو مسلم روایات'' ڈاکٹر شیلا راج کی ابوالکلام آزاد اورینٹل ریسرچ انسٹی ٹیوٹ حیدرآباد کی جانب سے منعقدہ سلسلہ وار لکچرس پر مشتمل اردو تحریری تصنیف ہے جس کی رسم اجراء 2رفروری 2008ء بروز شنبہ کو ابوالکلام آزاد اورینٹل ریسرچ انسٹی ٹیوٹ حیدرآباد میں پرنس مفخم جاہ بہادر کے ہاتھوں عمل میں آئی۔ مہمانانِ خصوصی کی حیثیت سے ایس اے ہادی، جناب محمود بن محمد IPS، ڈاکٹر اشرف رفیع، جناب عبدالقیوم، رحیم الدین انصاری اور کمال الدین علی خان نے شرکت کی۔

(٧) دیوان عالؔی جو کہ راجہ نرسنگ راج عالؔی کا دیوان ہے، ادبی بیاضوں میں بکھرا پڑا تھا، ڈاکٹر شیلا راج نے اسے مرتب کیا جس کا رسم اجراء بروز جمعرات 12رفروری 2009ء کو ابوالکلام آزاد اورینٹل ریسرچ انسٹی ٹیوٹ باغ عامہ حیدرآباد میں پرنس مفخم جاہ بہادر کے ہاتھوں عمل میں آئی۔ مہمانان خصوصی زاہد علی خان، محمود بن محمد IPS، علامہ اعجاز فرخ اور ڈاکٹر اشرف رفیع نے شرکت کی۔

(٨) مملکت آصفیہ جلد اول و دوم کا اردو سے انگریزی زبان میں ترجمہ جس کی پہلی جلد 1995ء اور دوسری جلد 1997ء کو تکمیل ہوئی۔

☆☆☆☆☆

بابِ سوم

ڈاکٹر شیلا راج کی تاریخی وادبی کارنامے

بابِ سوم

ڈاکٹر شیلا راج کی تصانیف کا تنقیدی جائزہ

ڈاکٹر شیلا راج کو دکن کی پہلی تاریخ داں خاتون کا اعزاز بھی حاصل ہے، وہ اردو کی ایک اچھی اسکالر تھیں، انہوں نے کتابیں لکھیں، انگریزی سے اردو میں کتابوں کے تراجم کیئے، فارسی کتب کا اردو میں ترجمہ کیا، شاعری کی کتابیں مرتب کیں اور انگریزی میں آصف جاہی دور کی تہذیب اور تاریخ سے متعلق مفید و معلوماتی مضامین لکھے، اس باب میں ڈاکٹر شیلا راج کی تصانیف کا جائزہ پیش کیا گیا ہے، ڈاکٹر شیلا راج کی کل آٹھ (8) تصانیف ہیں جن میں سے تین ترجمے دو مرتبہ کتابیں اور 3 تصانیف شامل ہیں، اس باب میں ان کی تین تصانیف، ایک غیر مطبوعہ تصنیف کا تنقیدی جائزہ پیش کیا جارہا ہے۔

عہدِ وسطیٰ سے عہد جدید تک حیدرآباد کی سماجی، معاشی اور تہذیبی تاریخ 1869 تا 1911

............(انگریزی تصنیف)............

''عہد وسطیٰ سے عہد جدید تک حیدرآباد کی سماجی ، معاشی اور تہذیبی تاریخ 1869 تا 1911ء''، یہ کتاب دراصل ڈاکٹر شیلا راج کے تحقیقی مقالہ پر منحصر تصنیف ہے ، جو کہ 1987ء میں منظر عام پر آئی ،اس کتاب میں ڈاکٹر شیلا راج نے عہد آصفیہ کے سنہری دور کی سماجی ، معاشی اور ثقافتی تاریخ کو بیان کیا ہے ، سلطنت آصفیہ ملک کی آزادی سے قبل ہندوستان کی تمام دیسی ریاستوں میں ایک منفرد حیثیت واہمیت کی حامل ریاست رہی ہے ، جس کی بے مثال خصوصیات تاریخی جائزہ کے دوران سامنے آتی ہیں ، اعلیٰ تہذیب وتمدن کی اس ریاست میں گنگا جمنی تہذیب نے تاریخ کے اوراق پر انمٹ نقوش چھوڑے ہیں ، سارے برصغیر ہند میں ریاست حیدرآباد ایک ایسی سلطنت تھی جہاں مسلم حکمرانوں نے کم وبیش آٹھ سو سال حکومت کی ، یہ بھی ایک اہم بات ہے کہ سلطنت آصفیہ میں 85% ہندو اور 15% مسلم آبادی تھی ، لیکن اس کے باوجود ساری ریاست میں فرقہ واریت نام کی کوئی چیز نہیں تھی مسلم حکمرانوں کی اس ریاست میں اہم ترین عہدوں بشمول وزارت عظمیٰ اور دیگر اہم وزارتوں پر ہندو فائز تھے ، 1724ء میں میر قمر الدین علی خاں آصف جاہ اول نے سلطنت آصفیہ کی بنیاد ڈالی تھی ۔ تاہم سال 1857ء کے غدر کے بعد نظام نے اپنے نام کا سکہ اور خطبہ جاری کیا ، آصفجاہ اول سے آصفجاہ سادس کے دورِ بادشاہت تک حالات کا جائزہ لیں تو یہ بات سامنے آتی ہے کہ سلطنت آصفیہ نے اپنی بے مثال خصوصیات کی وجہ سے ساری ریاست کو علم وادب ہی نہیں بلکہ مختلف

صنعتوں اور فنون کی راہ پر آگے بڑھایا اور سارے ملک میں سلطنت آصفیہ کو ایک دولتمند اور ترقی یافتہ ریاست کی حیثیت سے متعارف کروایا۔

آصفجاہوں کے دور حکومت کے تاریخی واقعات کو ڈاکٹر شیلا راج نے اپنی اس تصنیف میں تفصیل سے اور تحقیقی انداز میں مختلف حوالوں کے ساتھ بیان کیا ہے، یہ کتاب 12 ابواب اور 340 صفحات پر مشتمل ہے، جس کو پاپولر پرکاشن پرائیوٹ لمیٹڈ بمبئی نے سنگم بکس لمیٹیڈ لندن کی جانب سے شائع کیا ہے، زیر نظر کتاب کا پیش لفظ پرنس مفخم جاہ بہادر نے رقم کیا ہے اور دیباچہ ڈاکٹر شیلا راج نے لکھا ہے۔

ڈاکٹر شیلا راج نے کتاب کا انتساب اپنے والد پرتھوی راج مرحوم اور خسر رائے نرہر راج مرحوم کے نام کیا ہے، اس کتاب کا پیش لفظ لکھتے ہوئے پرنس مفخم جاہ بہادر رقمطراز ہیں:

> ''قرون وسطیٰ تا عہد حاضر'' ڈاکٹر شیلا راج کی تصنیف ایک مثالی حیثیت رکھتی ہے، جس کے ایک ایک صفحہ پر حیدرآباد ویلفر اسٹیٹ کی سماجی، سیاسی، معاشی صورتحال اور نظم ونسق وغیرہ پر بھرپور روشنی ڈالی گئی ہے، ڈاکٹر شیلا راج نے حیدرآباد کی ثقافتی وتہذیبی تاریخ 1869ء تا 1911ء کو اپنی تصنیف ''عہد وسطیٰ سے عہد حاضر تک'' میں نہایت ہی محنت اور اپنی بے مثال علمی صلاحیتوں کو روبہ عمل لاتے ہوئے سلطنت آصفیہ کی معاشی، تعلیمی اور سیاسی صورتحال کی عکاسی کی ہے۔''

وہ آگے بیان کرتی ہیں: ''قرون وسطیٰ تا عہدِ حاضر'' ڈاکٹر شیلا راج کی عظیم ترین تحقیقی صلاحیتوں کی مظہر تصنیف ہے، جس کو پڑھتے ہوئے سلطنت آصفیہ کے مختلف ادوار کے حالات کی عکاسی ہوتی ہے، انہوں نے بے شمار فارسی اور انگریزی مقالوں سے استفادہ کرتے ہوئے اس دور کے حالات اور مختلف

موضوعات پر معلوماتی مواد اخذ کیا ہے ،جس سے سلطنت آصفیہ کے مختلف ادوار میں ہوئے سماجی ،تہذیبی واقعات حقائق ،اورتبدیلیوں کا پتہ چلتا ہے۔''

ل

ڈاکٹر شیلا راج کو حیدرآبادی تہذیب ثقافت اور یہاں کی گنگا جمنی تہذیب اور کلچر سے والہانہ عقیدت تھی ،انہوں نے سلطنت آصفیہ کے مختلف دور میں ہوئی تبدیلیوں کو بڑے اچھے انداز سے اس کتاب میں سپردقلم کیا ہے، دیہی اورشہری علاقوں کی ترقیوں میں فرق صنعت و حرفت اور معدنی وسائل کی دریافت کے سلسلہ میں حکومت کی کاوشوں کی معلومات بھی اس تصنیف میں دیکھی جاسکتی ہیں۔

نواب مفخم جاہ بہادر نے''قرون وسطی تا عہد حاضر'' کی تصنیف پر پیش لفظ میں سرسالار جنگ اول کی گراں قدر خدمات کا اعتراف کرتے ہوئے یہ بھی ریمارک کیا ہے کہ انہوں نے نظم ونسق کے امور پر تمام تر توجہ صرف کی لیکن مالیاتی بحران کی یکسوئی کے سلسلہ میں وہ ناکام ہوئے لیکن یہ ایک حقیقت ہے کہ مالی مشکلات اورطغیانی ،قحط اور برطانوی پالیسیوں نے سلطنت آصفیہ کواس وقت عظیم نقصانات سے دوچار کیا تھا۔'' ۲

نواب مفخم جاہ بہادر نے کتاب کے پیش لفظ میں ایک طرف تو حیدرآباد کی تاریخ اور آصف جاہی عہد کے کارناموں پر اظہار خیال کیا ہے تو دوسری طرف انہوں نے ڈاکٹر شیلا راج کی عظیم خدمات کا اعتراف کیا ہے اوران کی اس تصنیف کوموجودہ دورکی ضرورت قرار دیا ہے۔

ڈاکٹر شیلا راج نے اس تصنیف کی ابتداء میں دیباچہ لکھا ہے،جس میں انہوں نے موضوع کی اہمیت اورغرض وغائیت پر روشنی ڈالی ہے، کتاب کے مختصر سے دیباچہ میں بہت ہی اہم باتوں کی طرف اشارہ کیا گیا ہے، دیباچہ کے مطالعہ سے ایسا محسوس ہوتا ہے کہ دریا کو کوزے

میں سمیٹا گیا ہے، ڈاکٹر شیلا راج نے اپنے مختصر دیباچہ میں 1911-1869ء کے آصف جاہی عہد کے نمایاں کارناموں کو بیان کیا ہے، وہ رقم طراز ہیں:

"1911-1869ء کا دور تاریخی اعتبار سے حیدرآباد ریاست کے لئے بہت ہی اہمیت کا حامل رہا ہے، اس دور میں آصف جاہی عہد کے اس حصہ میں ریاست حیدرآباد میں بہت زیادہ تبدیلیاں واقع ہوئی ہیں، ایک طرف تعلیمی ترقی ہو رہی تھی تو وہیں دوسری طرف انتظامی شعبوں میں اصلاحات لائی گئیں اور مواصلات اور دیگر شعبوں میں نمایاں ترقی ہوئی خاص طور سے حیدرآباد کے لوگوں کی سماجی، اقتصادی اور ثقافتی زندگیوں میں خوشحالی چھا گئی اور ترقی کے مواقع حاصل ہوئے، اس دور میں ثقافتی روایت اور سیکولرازم کی پالیسی کے تحت آصف جاہوں نے حکمرانی، کی جس کی نظیر ماضی میں نہیں ملے گی۔" ۳

ڈاکٹر شیلا راج نے آصف جاہ سادس میر محبوب علی خاں بہادر کے دور حکمرانی کو اپنے تحقیقی مقالہ کا عنوان بنایا اور اس دور کے اہم سماجی، اقتصادی اور ثقافتی تاریخ کے واقعات کو پیش کیا ہے، ساتھ ہی انیسویں صدی میں رونما ہونے والے واقعات اور برطانوی سامراج کے تسلط کو بیان کیا ہے۔

ڈاکٹر شیلا راج نے 1911-1869ء کے دوران آزاد ریاست حیدرآباد کی اپنی تصنیف میں تصویر کشی کی ہے، اس کے متعلق وہ یوں رقم طراز ہیں:

"1911-1869ء کے دوران ریاست حیدرآباد کی سماجی، اقتصادی اور ثقافتی تاریخ کو میں نے اپنی دلچسپیوں کے ساتھ مختلف حوالوں اور مخطوطات کے مطالعہ کے ذریعہ حقائق کو بیان کیا ہے اور تمام ذرائع استعمال کرتے ہوئے اس تحقیقی کام کو انجام دیا ہے اور تمام حوالوں کو اپنی اس تصنیف میں پیش کر رہی ہوں"۔ وہ آگے بیان کرتی ہیں:

''اس تحقیقی مقالہ کے سلسلہ میں، میں نے حیدرآباد اسٹیٹ کے تعلق سے معلومات حاصل کرنے کے لئے آندھرا پردیش اسٹیٹ آرکیوز، ریسیڈنسی ریکارڈ کے علاوہ فارسی، اردو اور انگلش کے مطبوعہ و غیر مطبوعہ اور یجنل پیپرس اور مختلف دستاویزات کا مطالعہ کیا اور نیشنل آرکیوز دہلی میں ریاست حیدرآباد سے متعلق معلومات بھی حاصل کی گئیں، ریاست حیدرآباد کے روزنامچوں اور غیر سرکاری دستاویزات کا بھی مطالعہ کیا، جس کے نتیجہ کے طور پر مالیاتی امور میں اہم اصلاحات وغیرہ کی تفصیلات معلوم ہوئی ہیں، صنعت وحرفت کی ترقی، کاروباری سرگرمیاں مواصلاتی نظام کی خامیوں کے بارے میں جانکاری حاصل کی۔'' ؎

غرض یہ کہ اس مختصر سے دیباچہ میں ڈاکٹر شیلا راج نے آصف جاہی عہد کے سنہرے دور کے متعلق چند ایک حقائق کو بیان کیا ہے اور برطانوی سامراج کی بڑھتی ہوئی طاقت کو بھی بیان کیا ہے۔

دراصل اس عنوان پر ڈاکٹر شیلا راج کا Ph.D. کرنے کا مقصد ان کی خصوصی دلچسپی ،آصفجاہی عہد سے ایک لگاؤ اور حیدرآبادی تہذیب و کلچر کو ملک گیر سطح پر روشناس کرنا تھا انہوں نے تحقیق کے اصولوں کو اختیار کرتے ہوئے اس عظیم تحقیقی کام کو انجام دیا ہے۔ انہوں نے اپنے مقالہ میں جگہ جگہ مختلف اور مستند حوالوں کو پیش کیا ہے، جس سے ان کے تحقیقی کام کی اہمیت اجاگر ہوتی ہے، ساتھ ہی شفافیت کا احساس بھی ہوتا ہے۔

ڈاکٹر شیلا راج کی تقریباً تمام ہی تصانیف کا محور دور آصفی تھا، انہوں نے آصف جاہی دور کے کارناموں کو اپنی تحریروں کے ذریعہ اجاگر کیا، بطور خاص انہوں نے سماجی، ثقافتی اور معاشی پہلوؤں پر بھرپور روشنی ڈالی ہے کیونکہ یہ جو عمل تھا وہ ہندوستان کی دیگر ریاستوں کے بالمقابل

حیدرآباد ریاست میں نمایاں حیثیت رکھتا تھا کیونکہ ایک طرف تعلیمی ترقی ہو رہی تھی تو دوسری طرف سماجی خدمت انجام دی جارہی تھی اور قومی یکجہتی اور امن واتحاد اس ریاست کی پہچان بن چکی تھی انہوں نے ان تمام سماجی ،تہذیبی اور معاشی اصلاحات کو مدلل انداز میں بیان کیا ہے سوال یہ نہیں کہ انہوں نے کیا لکھا ہے سوال یہ ہے کہ انہوں نے جن چیزوں کے بارے میں لکھا دراصل وہ ایک حقیقت تھی اور ایک عملی کارنامہ تھا جو اس ریاست حیدرآباد کے والیان نے انجام دیا۔ وہ آصفی حکمرانوں سے متاثر تھیں اور چاہتی یہ تھیں کہ اس ریاست کے حکمرانوں نے اپنی رعایا کے ساتھ جو سلوک روا رکھا تھا اور جو امن و یکجہتی کو برقرار رکھا تھا ہمارے اس ملک عظیم کی ہر ریاست میں اسی طرح کا ماحول پروان چڑھے اور امن واتحاد قائم ہو، ڈاکٹر شیلا راج نے اس کتاب کے پہلے باب میں حیدرآباد ریاست کی طبعی شکل اور تاریخی حالات کو بیان کیا ہے اور ساتھ ہی حیدرآباد شہر کی خصوصیات اور تاریخی اہمیت کو بیان کیا ہے، وہ رقم طراز ہیں:

''حیدرآباد کو 18ویں صدی عیسوی سے ہی اہمیت حاصل رہی ہے، آصف جاہی حکمرانوں نے حیدرآباد کو جب اپنی سلطنت کا دارالخلافہ قرار دیا، اس وقت سے سارے برصغیر ہند میں حیدرآباد کو بڑی اہمیت حاصل ہوگئی، شہر حیدرآباد موسیٰ ندی کے جنوبی کنارے پر واقع ہے، موسیٰ ندی شہر کے درمیان سے گذرتی ہے جیسا کہ K۔ کرشنا سوامی مدیر راج نے بجا طور پر لکھا ہے کہ یہ ایسا وقت تھا جبکہ جدید تمدن کی آمد تھی اور جدید قدروں سے آراستہ تہذیب کے نتیجہ میں جدید طرز کی عمارتیں اور جھونپڑپٹی والے علاقے، تمام مذاہب کے ماننے والے لوگ، امیر غریب شانہ بہ شانہ کھڑے ہوئے تھے، انتہائی بہترین سڑکیں صاف ستھرے گلی کوچے، گلیوں میں ہجوم اور مکانات کی کثرت اور بازار بھی موجود تھے، خوبصورت عمارتیں اور ان میں باغات بھی موجود تھے، 19ویں

صدی کے حیدرآباد کی کشادہ عمارتوں میں باغات اور فونٹین دلکشی میں اضافہ کرتے تھے اور اس شہر میں پٹھان روہیلہ افراد راجپوت، پارسی، پنجابی، مراٹھا، ترک، یوروپین، بنگالی، مدراسی وغیرہ سماج میں اپنی موجودگی کا احساس دلاتے تھے۔'' ۵

ڈاکٹر شیلا راج نے اس باب میں جغرافیائی اعتبار سے حیدرآباد کے طبعی حالات کو بیان کیا ہے، ساتھ ہی حیدرآباد کی تہذیب وتمدن کو بیان کیا ہے جو ملک گیر سطح پر اپنی انفرادیت لئے ہوئے تھا۔

ڈاکٹر شیلا راج نے اس باب میں قدامت پسندی سے جدید لائف اسٹائل کی تبدیلی اور عوام کے رجحانات کا جائزہ لیا ہے اور ریاست حیدرآباد کے تاریخی پس منظر کو بیان کیا ہے اور ساتھ ہی ہر آئے دن برطانوی حکومت کی جانب سے قرضہ جات کی ادائی کے لئے ڈالے جانے والے دباؤ جس سے حکومت کی پریشانیوں میں اضافہ ہورہا تھا کو بیان کرتے ہوئے رقم طراز ہیں:

''1851ء میں 78لاکھ روپیئے پر مشتمل قرضہ جات کے منجملہ 40لاکھ روپیہ بمشکل ادا کئے گئے ،مابقی رقم کا ایک ہی وقت میں ادا کرنے کا سرکاری حکام نے وعدہ کیا، برطانوی کنٹرول میں نظام کے خزانہ پر سالانہ 40لاکھ روپیہ کا بوجھ پڑ رہا تھا اور حکومت بھاری شرح سود ادا کرتے ہوئے قرضوں کو ادا کرنے کے لئے مجبور ہوگئی تھی، برطانوی سامراج کا دباؤ اس قدر شدید تھا کہ نظام کو قرضوں کی وصولی کے لئے ملٹری آپریشن کرنے کی دھمکیاں دی جانے لگیں۔آخر کار اس وقت کے گورنر جنرل لارڈ ڈلہوزی نے صورتحال کا فائدہ اٹھاتے ہوئے 1853ء میں مختلف شرائط کے تحت برطانوی سامراج کے مفادات کو یقینی بنایا، حیدرآباد میں برٹش ریذیڈنٹ، برطانوی عہدہ دار اور مسلح

فوجی دستے جن کی تعداد ہزاروں میں تھی رکھنے کی رعایت حاصل کر لی گئی جو بظاہر نظام کی فوج کا ایک حصہ بنائی گئی تھی ،فوجی اخراجات اور پرانے قرضہ جات کی ادائی کے معاوضہ میں رائچور، دوآبہ کے 16 دیہات اور دوسرے علاقے برطانوی تسلط میں آ گئے، برار کا علاقہ بھی انگریزوں کے تحت آ گیا۔" ۶

ڈاکٹر شیلا راج نے اس مضمون میں برطانوی سامراج کے حیدرآباد ریاست پر دن بدن بڑھتے اثر ورسوخ کو بیان کیا ہے اور ریاست کے قرضہ جات کی تفصیلات کو بھی بیان کیا ہے اور ساتھ ہی قرضہ جات کی ادائیگی کے لئے حکومت کی جانب سے کی جانے والی کوششوں کو بھی تفصیل سے درج کیا ہے۔

ڈاکٹر شیلا راج نے اپنی اس تصنیف میں آصف جاہی عہد کے سیاسی، سماجی اور اقتصادی حالات کو گورنمنٹ آف انڈیا کے ریکارڈ سے اخذ کردہ معلومات کی بنیاد پر بیان کیا ہے،انھوں نے ریاست حیدرآباد کا سیاسی شعبہ جو کہ انگریزوں کے دائرہ کار میں آ گیا تھا جس کی بدولت نظام حیدرآباد کے اختیارات کو محدود کر دیا گیا تھا، سے متعلق معلومات فراہم کرتے ہوئے لکھا ہے:

"نظام کو مکمل اختیارات حاصل نہیں تھے، وزراء کو مقرر کرنے یا انہیں خدمات سے برطرف کرنے کا نظام کو کوئی اختیار نہیں تھا، اس وقت نظام اور وزیر سر سالار جنگ میں اختلافات رونما ہو گئے تھے،آخر کار سر سالار جنگ نے اپنا استعفیٰ پیش کر دیا تھا، اس خصوص میں وائسرائے نے نظام کو 14 راپریل 1867ء میں ایک مکتوب لکھا تھا،جس میں اس نے بتایا تھا کہ سر سالار جنگ بڑی قابلیت سے اپنے فرائض منصبی سے عہدہ برآ ہوتے رہے ہیں۔" ۷

ڈاکٹر شیلا راج نے اس باب میں وہابی تحریک کی تفصیلات کو بیان کیا ہے اور ساتھ ہی 1847ء کے شیعہ سنی تشدد کے حالات کی بھی منظر کشی کی ہے، انہوں نے ریاست حیدرآباد پر انگریزوں کے تسلط نظام کے اختیارات کو سلب کر لینے اور ایسٹ انڈیا کمپنی کا ریاست حیدرآباد کے زرخیز علاقوں پر قبضہ جما لینے سے متعلق واقعات کو تسلسل کے ساتھ درج کیا ہے۔

مصنفہ نے اپنی اس تصنیف میں آصف جاہی عہد کے نظم ونسق اور خوشحالی کی طرف گامزن ریاست حیدرآباد کی ترقی اور سر سالار جنگ کی خدمات کا تذکرہ کرتے ہوئے یوں رقم کیا ہے:

''سر سالار جنگ نے نظم ونسق کے ہر حصہ کی تنظیم جدید عمل میں لائی، ریونیو سروے کروایا گیا اور کئی امور کی یکسوئی کروائی، سیول اور کریمنل کورٹس کا قیام عمل میں لایا گیا، علاوہ ازیں مستقل پولیس فورس کی تنظیم کی گئی، یہ اقدامات ریاست حیدرآباد میں پہلی بار عمل میں لائے گئے تھے، دیگر اہم اقدامات میں ایجوکیشن اور میڈیکل پر بھی توجہ مرکوز کی گئی، غیر متوازن معاشی صورتحال کو استحکام بخشا گیا، جو سالار جنگ کی عظیم صلاحیتوں کا مظہر تھا، سالار جنگ برار علاقہ کی بازیابی چاہتے تھے انہوں نے اس خصوص میں برطانوی اتھاریٹی کو چیالنج بھی کیا تھا لیکن ان کی یہ کوششیں رائیگاں گئیں، سالار جنگ نے معاشی بدحالیوں کا شکار ریاست حیدرآباد کو مالیاتی بھنور سے نکالا اور ترقی پسندانہ اقدامات کے لئے سماجی اصلاحات 19 ویں صدی کے نصف حصہ میں ثمرآور ثابت ہوئے، آصف جاہی حکمرانوں کی تاریخ میں پہلی بار اسی عرصہ میں عوام کی معاشی اور سماجی ترقی میں انقلاب آیا اور یہ حقیقت ہے کہ سالار جنگ نے حیدرآباد کے روشن مستقبل کا سنگ بنیاد رکھا تھا۔'' ۸

مصنفہ نے اس پورے باب میں حیدرآباد اسٹیٹ کے تاریخی پس منظر اور برطانوی حکومت کے تسلط اور حیدرآباد اسٹیٹ کی ترقی کے لئے نظام کی جانب سے کئے گئے ترقیاتی اقدامات کا تذکرہ کیا ہے اور دوسری طرف ریاست حیدرآباد کے آصف جاہی حکمرانوں کی رواداری کو بھی بیان کیا ہے کہ انہوں نے کس طرح شیعہ سنی فساداور وہابی تحریک کو ختم کیا اور کبھی بھی فرقہ پرستی کو پروان چڑھنے نہ دیا، ڈاکٹر شیلا راج نے نظام کی ترقی پسند حکمرانی کی تعریف کی ہے اور انہیں آزاد خیال شخصیت قرار دیا، وہ لکھتی ہیں کہ نظام ہمیشہ ریاست حیدرآباد اور یہاں کے عوام کی بھلائی کے خواہاں تھے۔

ڈاکٹر شیلا راج نے میر محبوب علی خاں بہادر کو باوقار شخصیت اور عوام سے محبت کرنے والا حکمران قرار دیتے ہوئے ایک واقعہ سروجنی نائیڈو کے حوالے سے یوں رقم کیا ہے:

''نظام ایک باوقار شخصیت تھے اور بڑی سوجھ بوجھ کے حامل انسان تھے اور ان کی اپنی رعایا سے محبت کا اس واقعہ سے بخوبی اندازہ لگایا جاسکتا ہے کہ 1908ء میں سیلاب کے دوران ہوئی تباہی اور پریشان حال رعایا کی مصیبتوں کا مشاہدہ کر کے نظام کو شدید صدمہ پہنچا اور ان کی آنکھوں سے آنسو بہنے لگے شدت غم کی وجہ سے وہ اپنے منہ سے کچھ الفاظ نکالنے کے موقف میں نہیں تھے ۔نظام کے اس غم کی عکاسی سروجنی نائیڈو نے آصف کے آنسو کے زیر عنوان ایک نظم میں بیان کیا ہے۔'' 9

ڈاکٹر شیلا راج نے ان کی فیاضی کا حال بھی لکھا ہے کہ وہ کبھی بھی دولتمند نہیں بن سکے ،کوئی بھی ضرورت مند ان کے پاس پہنچ کر خالی ہاتھ واپس نہیں جاتا تھا، مصنفہ نے نظام کو عظیم انسان اور ایک سیکولر حکمران قرار دیا ہے وہ کہتی ہیں کہ ہندوستان کی موجودہ کوئی بھی ریاست خواہ اس کے حکمران ہندو ہوں یا مسلمان مذہبی رواداری کی مثال پیش نہیں کرسکتی۔

ڈاکٹر شیلا راج نے اس باب میں 60 سے زائد حوالوں کے ذریعہ اپنی بات کو ثابت کیا ہے، انہوں نے اپنی تحقیق کو مختلف حوالوں کے ذریعہ مستند بنایا ہے اور ہر باب کے آخر میں حوالوں کو پیش کیا ہے تاکہ اپنی بات کی سچائی کو ثابت کرے اور آنے والے ریسرچ اسکالر کو مزید تحقیق کے لئے ان کے یہ حوالے کام آئیں، ڈاکٹر شیلا راج نے اپنی تصنیف میں ریاست حیدرآباد کی آبادی کے بارے میں سر رچرڈ ٹمپل کی پرائیوٹ ڈائیری کے حوالے سے لکھا ہے کہ حیدرآباد میں سرکاری طور پر مردم شماری کا آغاز 1881ء سے ہوا تھا، اس وقت کی آبادی 9,845,594 بتائی گئی، ڈاکٹر شیلا راج نے اس کتاب کے دوسرے باب کا عنوان ''حیدرآبادی سماج'' کو بنایا وہ رقم طراز ہیں:

> ''سوسائٹی ان حیدرآباد کے زیر عنوان اس باب میں 1899-1900ء کے دور کو انتہائی بدترین قرار دیا گیا، 1897ء میں ریاست میں پلیگ (Plague) کی وجہ سے انسانی زندگی کا اتلاف ہوا تھا۔ اعداد وشمار کی روشنی میں یہ دلچسپ انکشاف بھی کیا گیا کہ 1891ء میں آبادی میں تلنگانہ اور مرہٹواڑ 17.5% فیصد اضافہ ہوا تھا، 1901ء میں 4.6% فیصد اور 1911ء میں 24% فیصد اضافہ ہوا تھا، 40 سال کے دور کا جائزہ لیا جائے تو معلوم ہوگا کہ آبادی میں اضافہ بہتر معاشی حالات اور نارمل بارش، زرعی ترقی کی وجہ سے ہوا تھا۔ کئی دہائیوں میں آبادی کی شرح میں اضافہ اور گراوٹ کا تقابلی جائزہ لیا گیا اور آبادی کے تناسب میں کمی کی ایک وجہ یہ بتائی گئی کہ تمام طبقات سے تعلق رکھنے والے خاندانوں میں لڑکیوں کی تعداد زیادہ پائی گئی اور 5 سال تا 20 سال لڑکیوں کی تعداد میں کمی پائی گئی، اس کی وجہ لڑکیوں کے تعلق سے غفلت اور لاپرواہی تھی، پردہ کرنے والی غریب خواتین اور لڑکیاں معاشی

بدحالی کی وجہ پریشان کن صورتحال سے دوچار رہا کرتی تھیں۔'' ۱۰

مصنفہ نے اس سلسلہ میں اپنے اس نقطہ نظر کا اظہار کیا ہے کہ ہندوستان میں بچپن سے ماں بننے تک لڑکیوں کی زندگیوں میں مصائب وآلام کے سوا کچھ اور نہ تھا، خواتین کی تعداد کی کمی کا ایک سبب ان کی جلد شادیاں بھی تھا، بیماریوں اور بچے کی پیدائش کے مواقع پر وہ موت کا شکار ہوجاتی تھیں۔

ڈاکٹر شیلا راج نے اس باب میں حیدرآبادی سماج کی آبادی کے اعداد وشمار اور مختلف زبانوں کا جائزہ لیا ہے، وہ رقم طراز ہیں:

''حیدرآباد ایک ہمہ لسانی ریاست تھی جہاں تلگو، مراٹھی، کنڑی اور اردو زبانیں بولی جاتی تھیں، اس کے علاوہ بنجارہ، گونڈی، کیکاڈی، کویا، ٹامل، مارواڑی زبانیں بولی جاتی تھیں، جبکہ انگلش کا چلن شہری علاقوں میں تھا، ریاست میں تمام زبانوں میں تلگو زبان کا بھی کافی حد تک چلن تھا، تلگو زبان بولنے والوں کی کافی تعداد علاقہ تلنگانہ میں پائی جاتی ہے، 1891ء میں مرہٹواڑہ کے اضلاع کے لوگ جو تلنگانہ کے متصل علاقوں میں رہتے تھے، 10000 افراد میں 1635 کی تعداد کے تناسب سے موجود تھے، جن میں تلگو بولنے والوں کی کافی تعداد تھی حیدرآباد ریاست کے مغربی حصہ کے نصف علاقوں میں مراٹھی بولنے والے تھے جن کے بمبئی اور برار کے علاقوں سے روابط تھے، سر جارج گریسن کے مطابق کنڑی گلبرگہ اور رائچور میں بولی جاتی تھی، اس کی تفصیلات لسانی سروے آف انڈیا میں انہوں نے لکھا ہے، جبکہ کنڑی بولنے والوں کا اصل مرکز میسور تھا۔'' ۱۱

ڈاکٹر شیلا راج نے اس باب میں ریاست حیدرآباد کی لسانی اہمیت کو اجاگر کیا، جہاں

مختلف زبانیں بولی جاتی تھیں اور 1891ء کے سروے کے مطابق تلنگانہ کے علاقہ میں زیادہ تر لوگ تلگو زبان بولتے تھے ،اس کے علاوہ انہوں نے 1911-1869ء کے دوران کیئے گئے سروے کی رپورٹ کو یہاں پر درج کیا ہے۔

ڈاکٹر شیلا راج نے اس کتاب کے تیسرے باب آصف جاہی حکمرانوں کے کارناموں کو بیان کیا ہے،وہ لکھتی ہیں:

''نظام الملک آصف جاہ اول نے حیدرآباد کو مغل سلطنت سے علیحدہ کیا تھا اور ارض دکن کے انتظامیہ کو اپنے زیر کنٹرول کرتے ہوئے ذمہ دارانہ رول انجام دیا، انہوں نے جنگیں کیں اور ریاست حیدرآباد کی سرحدات کو متعین کیا نظام نے بھی مغلوں کے طرز پر منصب داروں کے تقررات عمل میں لائے ،اٹھارویں صدی کے دوسرے نصف حصہ میں ریاست حیدرآباد کے تشکیلی عہد کی تکمیل ہوئی اور صدر مقام کو اورنگ آباد سے تبدیل کر کے حیدرآباد کو صدر مقام کا رتبہ دیا گیا ،نظام دوم کا عہد 1762ء تا 1803ء رہا، جس میں فوج کا نظم، دارالخلافہ میں شاندار عمارتوں کی تعمیر، شاہی محلات اور شرفاء حیدرآباد کے عظیم ترین عمارتوں کی تعمیر کا سلسلہ جاری رہا، علاوہ ازیں شیعہ مسلم خاندان کے بھی محلات تعمیر ہوئے ،فلاحی اور ترقیاتی تعمیری کام ذرائع وسائل کے مطابق انجام دیئے جانے لگے ،نظام اور ان کے امراء شخصی فوجی طاقت کے حامل تھے۔'' ۱۲

ڈاکٹر شیلا راج نے اس باب میں آصف جاہی حکمرانوں کی جانب سے حیدرآباد ریاست کی ترقی کے لئے کیئے جانے والے اقدامات کا تفصیل سے تذکرہ کیا ہے اور ساتھ ہی ریاست حیدرآباد کے جاگیرات سے ہونے والی آمدنی کا بھی تذکرہ کیا ہے اور آصف جاہی دور

میں منصب داری کے نظام سے متعلق بھی معلومات فراہم کی ہیں۔

مصنفہ نے آصف جاہی حکومت کی خصوصیات اور تمام طبقات سے یکساں سلوک کی مثال پیش کرتے ہوئے لکھا ہے:

''نظام کی ریاست کی ایک نمایاں خصوصیت یہ تھی کہ انہوں نے رواداری کو ملحوظ رکھا اور ہر مذہب کے ماننے والوں کو آزادی دی قومی یکجہتی کی حوصلہ افزائی کی جاتی تھی اور انہیں مشروط اور غیر مشروط مذہبی گرانٹس منظور کی جاتی تھیں۔ بلالحاظ مذہب وملت تمام طبقوں کے لئے سیکولر نان سیکولر اداروں کو حکومت کی سرپرستی حاصل تھی، عطیات کو مختلف زمروں میں تقسیم کیا جاتا تھا، جن میں منادر اور مساجد کی نگہداشت، ہندو اور مسلم طبقوں کی مذہبی تقاریب کے اخراجات مثلاً اعراس اور جاتراؤں کے لئے دیئے جاتے تھے، ہندو مسلم عوام کی متعلقہ عبادتوں کے لئے گرانٹس، لنگر خانہ اور ہندوؤں کو ورشادھن کے لئے بھی گرانٹ اور ریاست کے نظم ونسق سے مربوط خدمات کے لئے بھی گرانٹ جاری کی جاتی تھی۔'' [۱۳]

مصنفہ نے اس باب میں آصف جاہی حکمرانوں کے طرز حکومت اور حیدرآباد کی تہذیب، امراء عظام کی شخصیتوں اور اثرات کا جائزہ لیا ہے اور اپنے نقطہ نظر کا اظہار کرتے ہوئے لکھا ہے کہ عہد آصفی میں ریاست میں انتظامیہ پر امراء اور جاگیرداروں کا گہرا اثر تھا اور ہندو مسلم جاگیردار، راجا اور دیشمکھ گنگا جمنی تہذیب کے علمبردار بنے ہوئے تھے، ڈاکٹر شیلا راج نے اس کتاب کے چوتھے باب کو سماجی زندگی اور تہذیبی رسم و رواج کا نام دیا ہے اس باب میں انہوں نے حیدرآبادی تہذیب کی قدیم روایات اور رسم و رواج کا تذکرہ کیا ہے۔ وہ رقم طراز ہیں:

''19 ویں صدی میں ریاست حیدرآباد کی تہذیب کافی ترقی یافتہ ہوچکی تھی حیدرآباد کی معاشرتی زندگی میں ہندو مسلمانوں کی غیر معمولی ہم آہنگی اور بھائی چارگی ایک مثالی حیثیت رکھتی تھی ،جس کی نظیر سارے ہندوستان میں اس وقت نہیں مل سکتی تھی ،سماجی زندگی میں رہن سہن، بول چال میں ہندو مسلمان یکساں دکھائی دیتے تھے،ذات پات کا کوئی بھید بھاؤ نہیں تھا۔لباس میں بھی کوئی فرق نہیں تھا،جبکہ امراء بیش قیمتی زروجواہر سے آراستہ لباس استعمال کرتے تھے ،غریب اور متوسط ہندو مسلم طبقات میں سماجی زندگی کے مشترک پہلو واضح ہوتے تھے، جبکہ زیورات کا ذوق بھی ہندو مسلم خواتین میں یکساں تھا، عام طور پر ریاست کے دیہاتوں میں دھوتی اور کمر بند کپڑے کا استعمال ہوتا تھا، مرہٹواڑہ کے علاقے میں کرتا اور قمیص کا استعمال عام تھا ساتھ ہی سفید اور لال پگڑی بھی لوگ استعمال کرتے تھے تلنگانہ کے علاقہ میں ہندو مسلمان ایک طرز کا لباس استعمال کرتے تھے ہندو خواتین ساڑی اور چولی زیب تن کرتیں اور مسلمان خواتین لہنگا اور پیٹی کوٹ پہنتی تھیں۔'' [۱۴]

ہندو مسلم خواتین کے موقف اوران کے طرز زندگی کے روشن پہلو مصنفہ نے نہایت ہی تحقیقی تفصیلات سے پیش کیئے ہیں ،ساتھ ہی لباس، وضع وقطع ، طلائی زیورات کا استعمال خواتین کے بننے سنورنے کا شوق اور بے شمار تفصیلات اس باب میں پڑھنے کوملتی ہیں اور ہندو مسلم معاشرہ کی جھلکیوں میں دسترخوان کا بھی ذکر کیا گیا ہے،جس میں بتایا گیا ہے کہ ہندواور مسلم طبقات میں مشترکہ طور پر دسترخوان کی اہمیت تھی ،انہوں نے مزید لکھا ہے:

''قدیم زمانہ سے ہی مختلف پکوانوں اور لذیذ غذاؤں کے لئے حیدرآباد کو شہرت حاصل رہی ہے ، شمالی ہندوستانی پرانے وقت میں ناشتہ میں جلیبی ، دودھ، ملائی ، حلوہ پوری

استعمال کرتے تھے، لیکن حیدرآباد کی آب و ہوا کے مطابق یہاں ناشتہ میں دہی، انڈے، مٹن، پراٹھا، روغن روٹی اور کھچڑی استعمال کی جاتی تھی، اس لئے یہ کہا گیا کہ

کھچڑی کے ہیں چار یار.......... قیمہ، پاپڑ، گھی، اچار

حیدرآبادی سماجی زندگی میں ہندو مسلم خاندانوں میں لباس اور غذا میں ہی نہیں بلکہ شادی کی رسومات میں یکسانیت ہوتی تھی، پیدائش اور اموات پر بھی یکساں صورتحال پائی جاتی تھی، منگنی، جھولہ، جوڑا، رت جگا، منجہ، مہندی، چوتھی اور کئی دوسرے مشترکہ رسم و رواج پائے جاتے تھے، یہ تمام طریقے ہندوانہ تھے جن کو حیدرآبادی مسلمانوں نے اختیار کرلیا تھا، دونوں طبقوں کے رسم و رواج ایک دوسرے پر اثر انداز ہوئے اور یکجہتی پروان چڑھی شادیوں میں بارات کا جلوس، پٹاخہ بازی، نقارہ، بیانڈ، تاشہ، مرفہ، روشن چوکی اور روشنی کا انتظام ضروری تھا۔'' ۱۵

مصنفہ نے رسم و رواج اور سماجی امور کے اس باب میں اس بات کا ذکر کیا ہے کہ ہندو مسلمان شیر و شکر کی طرح رہتے تھے، ان کے لباس، زبان اور کھانے پینے میں ایک دوسرے کا گہرا اثر تھا اور ہر دو مذاہب کے عوام خوبصورت آرائشی اشیاء، پرلطف اور ذائقہ دار کھانوں کے ساتھ ساتھ نفیس زیورات اور صاف ستھرے کپڑوں کے شوقین تھے اور اس طرح ایک دوسرے کے اثرات سے محظوظ ہوتے رہے، انہوں نے اس باب میں مختلف اقسام کے کھانوں، تقاریب اور لباس وزیورات کے استعمال کا مفصل جائزہ لیا ہے۔

اس کتاب کے پانچویں باب کا عنوان دیہی ترقیات اور زمینات و ریونیو کے تصفیات دیا گیا ہے اس باب میں عہد وسطی سے عہد حاضر تک کے سماجی، معاشی، تعلیمی موضوعات کے علاوہ اصلاحات اور اراضی، مال اور دیہی ترقیات جو کہ 1713ء تا 1856ء پر

مشتمل ہے کا جائزہ لیا گیا ہے، ڈاکٹر شیلا راج اس دور کے حالات کے متعلق رقم طراز ہیں:

''اس دور میں پنڈاریوں اور دیگر قانون شکن ٹولیوں کی سرگرمیاں بڑھ گئی تھیں، افراتفری کے ماحول میں ریاست کی آمدنی محدود ہوکر رہ گئی تھی اور صورتحال اتنی تشویشناک ہوگئی تھی کہ محصولات کی حصولی بھی ایک مسئلہ بنی ہوئی تھی ،فوجی اقدامات سے وصولی ناممکن ہوگئی تھی، ریونیو کی عدم وصولی انتظامیہ کے غیر موثر کارکردگی کا نتیجہ تھی، بدترین صورتحال اس وقت پیدا ہوگئی جبکہ برار علاقے میں واقع علاقے اور اضلاع رائچور، نلدرگ، دوآبہ ایسٹ انڈیا کمپنی سے ملحق کردیئے گئے، جس کی وجہ سے ریاست کی آمدنی محدود ہوگئی، یہاں تک کہ معاشی بحران سے نمٹنے نظام کو ہیرے جواہرات رہن رکھوانے پڑے، معاشی صورتحال کو بہتر بنانے کے لئے ریکارڈ کا سسٹم، آڈٹ آف اکاؤنٹس کی طرف توجہ مرکوز کی گئی، اس طرح بتدریج عوامی خزانہ بھرپور ہوگیا اور ریاست کی آمدنی میں اطمینان بخش اضافہ ہوا، اس کا تذکرہ اس وقت کے برٹش ریسیڈنٹ مسٹر سویندرس نے اپنی رپورٹ 70-1869ء میں کیا ہے۔[۱۶]

مصنفہ نے بڑی ایمانداری اور سخت محنت اور اپنے موضوع کا حق ادا کرتے ہوئے پورے انہماک سے تحقیق کا کام انجام دیا ہے اور ایک ایک بات کو مختلف معتبر حوالوں کے ذریعہ بیان کیا ہے، جس میں ایک طرف موضوع سے متعلق معلومات حاصل ہوتی ہیں، وہیں مصنفہ کی تحقیقی صلاحیتوں اور ذہنی نظریات کی عکاسی بھی ہوتی ہے۔

مصنفہ نے اس باب میں نظم ونسق اور انتظامیہ میں کی گئی اصلاحات اور ریاست حیدرآباد کی ترقی کے مختلف مراحل کو بھی پیش کیا ہے جو طغیانی اور قحط کے بعد انجام دیئے گئے تھے ،انہوں نے ریاست کی ترقی کے سلسلہ میں آصف جاہی حکمرانوں کی جانب سے انجام دیئے گئے

مالیاتی پہلوؤں پر بھی روشنی ڈالی ہے، جس میں انہوں نے دیہی اور شہری علاقوں کی ترقی سے متعلق بنیادی حقائق کو پیش کیا ہے اوراس باب میں اراضی کی ملکیت لینڈ ریونیواور آبپاشی کی بہتری اور ساتھ ساتھ صنعتی ترقی اور معدنی وسائل کی دریافت میں بھی کی گئی کوششوں کواجاگر کیا ہے اس سے متعلق وہ یوں رقم طراز ہیں:

''حیدرآباد اسٹیٹ میں مرہٹواڑہ میں درکار آبپاشی تلنگانہ سے کم تھی لیکن کالی مٹی اورگیلاپن کی وجہ سے زمین بڑی زرخیز تھی، جس کی وجہ سے اچھی فصل کی پیداوار ہوتی تھی، خاص کر چاول اور گنا کی فصل اگائی جاتی تھی تلنگانہ میں تالابوں ،کنٹوں اور باولیات ،کنالوں اور ڈیمس کی سہولت سارے اضلاع میں موجود تھی، 1868ء تا 1884ء کے دوران مختلف آبپاشی پراجیکٹس کی تعمیر مکمل ہوئی جن میں قابل ذکر حسین ساگر، ابراہیم پٹنم، میر عالم اور افضل ساگر مختلف وسیع آبپاشی کنالس کی تعمیر عمل میں آئی۔ وزیر اعلیٰ سر آسماں جاہ بہادر 1891ء میں عمدہ ساگر اور جلاپلی ٹینک کا قیام عمل میں لایا گیا اسکے علاوہ 19ویں صدی کے دوسرے نصف حصہ میں ریلویس کی تعمیر ہوئی جوریاست حیدرآباد میں امپورٹ ایکسپورٹ کی سہولت حاصل ہوئی اور ساتھ ہی حیدرآباد ریاست میں لینڈ سٹلمنٹ اور آبپاشی کی اسکیمات کا آغاز ہوا، جس سے زراعت کی پیداوار میں اضافہ ہوااور دیہی وشہری ترقی کا آغاز عمل میں آیا۔'' ۷؎

مصنفہ نے اس پورے باب میں ریاست حیدرآباد کی دیہی وشہری ترقی اور مختلف آبپاشی اسکیمات کاتفصیلی طور پر تذکرہ کیا ہے اور حیدرآبادی عوام کی معاشی زندگی اور دیہی وشہری علاقوں میں ان کے پیشوں کے تعلق سے تفصیلی طور پر حقائق کو بیان کیا ہے، انہوں نے ریونیواور زمینات کی تفصیلات کوبھی پیش کیا ہے، ساتھ ہی تعمیراتی پراجیکٹ سے متعلق مکمل جائزہ لیا ہے۔

اس کتاب کے آخری ابواب میں ریاست حیدرآباد میں جدید صنعتی اقدامات کے سلسلہ میں آصف جاہ ششم کی جانب سے انجام دی گئی خدمات کا تذکرہ کیا گیا ہے، ڈاکٹر شیلا راج صنعتی اقدامات سے متعلق رقم طراز ہیں:

''حیدرآباد چھوٹے پیمانہ کی صنعتوں کے سلسلہ میں کافی شہرت رکھتا ہے اور بیرون ہند بھی بازاروں میں حیدرآباد کی صنعت کی شہرت تھی، ریاست حیدرآباد میں تیار ہونے والی اشیاء بیرونی ممالک میں دستیاب ہوتی تھیں، یہاں کے ہمرو مشرو اور کم خواب کپڑے کے چرچے تھے، یوروپی سیاح مارک پولو نے دکن کا سفر کیا تھا اور یہاں کے تیار کردہ ملبوسات اور کپڑے کو ہندوستان کا سب سے اچھا اور اعلیٰ و معیاری ریشمی وسلور دھاگے سے بنا کپڑا بہترین قرار دیا تھا۔ اس کے علاوہ ورنگل کے کارپیٹس، بیدری صنعت، کریم نگر کی چاندی کی اشیاء، دولت آباد کا دستی کاغذ سنگاریڈی سدی پیٹھ آرمور اور نارائن پیٹھ کی ساڑیاں اور مٹ پلی کی کھادی کی ساری وغیرہ ہندوستان بھر میں اپنے بلند میعار کی وجہ سے مشہور و معروف تھیں۔'' ۱۸

مصنفہ نے اس پورے باب میں ریاست حیدرآباد کی صنعت اور صنعتی ترقی کی تفصیلات کو حوالوں کے ساتھ بیان کیا ہے، انہوں نے یہاں کی کپڑے کی صنعت کو ہندوستان کی بہترین صنعت قرار دیا ہے، ساتھ ہی مختلف تیار کردہ اشیاء سے متعلق معلومات کو بیان کیا ہے جو کہ ان کی صلاحیتوں کا مظہر ہے، انہوں نے اس باب میں آصف سابع میر محبوب علی خاں کی جانب سے صنعتوں کی ترقی میں کی جانے والی کوششوں کو اجاگر کیا ہے، محبوب شاہی کرنسی کی صنعت کے بارے میں تفصیلات فراہم کی ہیں، یہ پورا باب آصف جاہی دور کے اہم کارناموں اور دیہی وشہری ترقی کی تفصیلات سے بھرا ہوا ہے۔

مصنفہ نے اس کتاب کے آخری باب میں جو کہ ایک عہد کا اختتام اور جدید دور کے آغاز سے متعلق ہے آصف سادس میر محبوب علی خاں 1911-1869ء کے عہد کی ترقیات اور تعلیمی ترقی وفرقہ وارانہ ہم آہنگی کے کارناموں کو بیان کیا ہے، وہ لکھتی ہیں:

''نظام ششم میر محبوب علی خاں کے 42 سالہ دور حکمرانی میں ریاست حیدرآباد میں مختلف شعبوں بشمول تعلیمی، صنعتی، معاشی ترقیوں کے لئے حکومت کی جدوجہد کی عکاسی ہوتی ہے، اس دور میں فرقہ وارانہ ہم آہنگی، خوشحالی امن وسکون کا ماحول تھا، اس دور میں حیدرآباد کے جدید نظم ونسق کی کارکردگی میں دستوری تبدیلیوں کا آغاز ہو، کونسل آف اسٹیٹ اور قانون ساز کونسل کے اقدامات سے ظاہر ہے کہ نظام عوام کے حقوق کی اہمیت سے بخوبی واقف تھے اور انہوں نے ریاست حیدرآباد کو جدید ترقیوں سے ہمکنار کرتے ہوئے وقت کے تقاضوں کے پیش نظر سلطنت آصفیہ کو جدید اقدار سے آراستہ کرتے ہوئے جمہوریت کی سمت گامزن کر دیا تھا، جو ریاست حیدرآباد کے شہری اور دیہی عوام کے سماج پر اثر انداز ہو رہے تھے، معیار زندگی میں اضافہ اور عوام جدید پیشوں سے وابستہ ہو رہے تھے، ریاست میں کمیونیکیشن، ریلویز، ٹیلی فون، ٹیلی گرامس، موٹر کارس کی سہولتیں حاصل تھیں، میر محبوب علی خاں نظام ششم کے دور حکمرانی میں ہر شعبہ میں ترقی ہوئی، ترقی پسندانہ پالیسیوں کی عمل آوری نے سلطنت آصفیہ کو ایک متمول اور مثالی ریاست بنا دیا تھا'' 19

ڈاکٹر شیلا راج نے 12 ابواب پر مشتمل اس تصنیف میں آصف جاہی حکمرانوں اور خاص کر آصف سادس میر محبوب علی خاں کے مثالی اور سنہرے دور میں عوامی ترقی اور فلاحی خدمات وتعلیمی ترقی سے متعلق بہت ہی اہم اور مدلل باتوں کو بیان کیا ہے، ساتھ ہی انہوں نے آبپاشی اور

صنعتی ترقی سے متعلق اسکیمات کا جائزہ لیا ہے اور اپنے خیالات کو بڑے ہی دلنشین اور پرلطف اسلوب میں تحریر کیا ہے، یہ کتاب اپنے مضامین کی اہمیت اور اہم معلومات کی وجہ سے تاریخی اہمیت کی حامل اور بہترین اثاثہ ہے۔

مصنفہ نے اپنی تحقیق کے لئے جس موضوع کو منتخب کیا ہے وہ ایک تاریخی مضمون ہے جس کی اپنی ایک منفرد پہچان ہے ،موجودہ دور میں اس طرح کے کام کی سخت ضرورت تھی انہوں نے اس تصنیف کے ذریعہ جہاں حیدرآباد کی سماجی ،معاشی اور ثقافتی تاریخ کو بیان کیا ہے، وہیں آصف جاہی حکمرانوں کی رواداری اور قومی یکجہتی اور امن وسلامتی کے لئے کی جانے والی کوششوں کو بیان کر کے عوام کے سامنے ہم آہنگی اور اتحاد کا ثبوت پیش کیا ہے۔

ان کی یہ تصنیف حیدرآباد کی گنگا جمنی تہذیب کو برقرار رکھنے اور حیدرآباد کی سیکولر روایات کو مضبوط بنانے کے لئے ایک کارآمد نسخہ ہے، ساتھ ہی انگریزی پڑھنے والوں کے لئے ایک خاص، خوبصورت اور لائق تحسین تحفہ بھی ہے۔

ایک عہد کا مرقع

حیدرآباد نظاموں کے دور میں 1828ء تا 1896ء

......(انگریزی تصنیف)......

''ایک عہد کا مرقع'' ڈاکٹر شیلا راج کی مایہ ناز تصنیف ہے، یہ کتاب بڑی خوبصورتی سے نظاموں کے دور کے حیدرآباد کی سماجی، سیاسی اور تہذیبی تاریخ کی دوبارہ تجسیم کرتی ہے۔ اس میں 19 ویں صدی کے دوسرے نصف کے دوران حیدرآباد کے شاہی خانوادوں کے اعلیٰ افراد کے طرز حیات کی جھلکیاں نظر آتی ہیں، کتاب مرکزی کردار راجہ گردھاری پرشاد جو بنسی راجہ کے نام سے مشہور ہیں ان کی سوانح عمری کا احاطہ کرتی ہے، بنسی راجہ نظام کے دربار میں اعلیٰ عہدوں پر فائز رہے اور آپ نواب میر محبوب علی خاں ششم اور سر سالار جنگ اول سے نہایت قریبی تعلق رکھتے تھے، اس بناء پر وہ اس دور میں وقوع پذیر ہونے والے کئی واقعات کے چشم دید گواہ تھے، بنسی راجہ نے روز پیش آنے والے واقعات کو اپنے روزناموں، مکتوبات، مختصر تحریروں، نظموں اور اطلاع ناموں میں درج کیا ہے۔

ڈاکٹر شیلا راج نے اپنی اس تصنیف میں راجہ گردھاری پرشاد باقی بنسی راجہ کے تحریر کردہ مکتوبات، تحریروں اور نظموں کے حوالے سے قاری کے سامنے اس دور کی خوبصورت تصویر کشی کی ہے، ڈاکٹر شیلا راج کی اس تحقیقی تصنیف کو سب سے پہلے منروا پریس، لندن نے 1996ء میں شائع کیا تھا، اس کے بعد اس کی دوسری اشاعت 2002ء میں نرہری پرشاد

چیارٹیبل ٹرسٹ حیدرآباد کی جانب سے عمل میں آئی، یہ کتاب جملہ 9/ ابواب پر مشتمل ہے، کتاب میں ایک زرخیز فرہنگ Glossary ہے جو اس دور میں استعمال ہونے والے الفاظ سے تعارف کرواتی ہے، اس کے ساتھ ہی ساتھ شخصی فرہنگ بھی شامل کی گئی ہے جو اس کتاب میں تذکرہ کی گئی شخصیتوں کا تعارف کرواتی ہے۔

کتاب کا پیش لفظ ڈاکٹر منی کمریکر، پروفیسر برائے تاریخ ایس۔این۔ڈی۔ٹی ویمنس یونیورسٹی ممبئی نے لکھا، پیش لفظ میں ڈاکٹر منی کمریکر نے ڈاکٹر شیلا راج کو زبردست خراج عقیدت پیش کیا ہے، وہ لکھتے ہیں:

> ''ڈاکٹر شیلا راج 19/ویں اور 20/ویں صدی کے ابتدائی دور کے حیدرآباد کی مایہ ناز تاریخ داں ہیں، انہوں نے حیدرآباد کی سماجی تاریخ کو پیش کرکے تاریخ کی زبردست خدمت کی ہے۔ساتھ ہی 19ویں صدی کے حیدرآباد سے متعلق منفرد تحقیقی کارنامہ جو عہد وسطیٰ سے عہد جدید تک حیدرآباد کی سماجی، معاشی اور تہذیبی تاریخ پر مشتمل تھا کتاب کی شکل میں شائع کیا ہے اور راجہ گردھاری پرشاد باقی کی دو فارسی کتابوں کا ترجمہ شاہی شادی اور توشۂ عاقبت (سفرناموں) پر مشتمل قیمتی مخطوطات کو اردو کے قالب میں ڈھالا ہے جو کہ ان کے خصوصی وصف کو ظاہر کرتے ہیں اور انہوں نے باریک بینی سے یہ تحقیقی کام انجام دیا ہے۔'' [20]

درحقیقت ڈاکٹر شیلا راج نہایت غیر جانبدار اور ایماندار مورخ تھیں۔ آپ نے حیدرآباد کی تاریخ کو پیش کرتے ہوئے نپے تلے انداز میں اپنے خیالات کا اظہار کیا ہے، وہ تاریخ کو مسخ کرنے جیسی مذموم حرکتوں سے صاف پرہیز کرتی نظر آتی ہیں۔

راجہ گردھاری پرشاد کی پڑپوتی بہو ہونے کی بناء پر ڈاکٹر شیلا راج کو بنسی راجہ کے

مخطوطات، روزناچوں، اطلاع ناموں، مکتوبات اور مختصر تحریروں پر دسترس حاصل تھی، نہایت عرق ریزی سے کی گئی اس تحقیقی تصنیف کا بھرپور جائزہ لیتے ہوئے ڈاکٹر منی کمر یکر پیش لفظ میں لکھتے ہیں:

> ''گو کہ کتاب اس دور کے امراء اور عمائدین کے طرز حیات کی منظر کشی کرتی نظر آتی ہے جو کہ محدود ہے لیکن اس کے باوجود یہ کتاب حیدرآباد کی تاریخ میں ایک اہم اضافہ ہے، چونکہ سماجی رسومات، تہذیبی روایات، عقائد اور ہمہ جہت ثقافت سماج کے تمام حصوں پر پھیلی ہوئی ہے، چاہے وہ امیر ہو یا غریب، ہندو ہو یا مسلم، اس لئے یہ کہا جاسکتا ہے کہ یہ کتاب حیدرآباد کی سماجی اور تہذیبی زندگی کی مکمل تصویر پیش کرتی ہے۔'' [۲۱]

کتاب کا ٹائٹل ''ایک عہد کا مرقع...... حیدرآباد نظاموں کے دور میں'' پڑھ کر کوئی بھی قاری یہ امید کرے گا کہ یہ کتاب صرف گذرے ہوئے دور کے حیدرآباد کو پیش کرے گی، لیکن جس خوبی کے ساتھ ڈاکٹر شیلا راج نے کتاب کی مرکزی شخصیت کو پیش کیا ہے، اس سے قاری کے سامنے نہ صرف بنسی راجہ کی شخصیت کا تعارف ہوتا ہے بلکہ ایک پورا دور قاری کی نظروں کے سامنے زندہ ہو جاتا ہے، جوں جوں ہم بنسی راجہ کی ماہرانہ صلاحیتوں اور خوبیوں کو جاننے لگتے ہیں، ویسے ویسے ہم نظاموں کے دور کے حیدرآباد کے قریب ہونے لگتے ہیں، اس لئے یہ کتاب ایک سوانح عمری ہونے کے باوجود ایک پورے شہر کو، ایک سماج کو، ایک طرز حیات کو ہمارے سامنے پیش کرنے میں کامیاب ہو جاتی ہے، اس لحاظ سے کتاب کا یہ ٹائٹل کتاب کے ہیرو کے نام کے بجائے ایک عہد کا مرقع قرار پاتا ہے، ڈاکٹر شیلا راج قابل تحسین ہیں کہ انہوں نے کتاب کے ٹائٹل اور سوانح عمری کو پیش کرنے کا حق پوری طرح ادا کردیا ہے۔ پہلے باب میں جہاں ہم بنسی راجہ کو بحیثیت محل اور دربار کے منتظم کی حیثیت سے متعارف ہوتے ہیں، وہیں

ہم حیدرآباد کے پورے سماج، اس کی تہذیب وثقافت سے واقف ہوجاتے ہیں۔

ڈاکٹر منی کمر یکر اپنے پیش لفظ میں بنسی راجہ کی شخصیت کا بھرپور جائزہ لینے کے بعد اس طرح رقم طراز ہیں:

''بنسی راجہ حیدرآباد کی سیاسی، فوجی اور معاشی زندگی میں بھی متحرک تھے، بحیثیت صلح کار اور امن کے پیامبر آپ نے حضور نظام، افسران، امراء و عمائدین اور فوج کے درمیان کام کیا اور اس دور کی سیاسی تبدیلیوں، مسائل اور سیاسی حالات کے رخ کو پیش کیا، بنسی راجہ فوج اور جمعیت باقاعدہ کے علاوہ جمعیت نظام محبوب کی ترتیب و تنظیم جدید کے بھی نگران کار تھے، اس سے ہم فوج کی کمزوریوں، خامیوں اور درپیش مسائل خاص طور سے حکومت برطانیہ کی بے جا مداخلت اور فوج کو کمزور بنانے والی چالوں سے آشکار ہوتے ہیں، ان سب کے باوجود بنسی راجہ اپنی قابلیت کی بناء پر اس مہم میں کامیاب ہوئے ہیں۔'' ۲۲

بنسی راجہ کی بحیثیت صنعت کار سرگرمیاں ہمارے سامنے حیدرآباد کی معاشی صورتحال کو پیش کرتی ہیں اور ساتھ ہی ساتھ حکومت برطانیہ کی استعماری پالیسیاں، جوکہ حیدرآباد کی معاشی ترقی کو روکنے کے لئے بنائی گئی تھی، کو بھی پیش کرتی ہیں، مصنفہ نے نہایت خوبی کے ساتھ حکومت برطانیہ کی استعماری اور خودغرض پالیسیوں کو بے نقاب کیا ہے۔

ڈاکٹر منی کمر یکر آگے بیان کرتی ہیں کہ:

''بنسی راجہ اپنے عہد کے نامور شاعر تھے اور ڈاکٹر شیلا راج نے ان کی شاعرانہ صلاحیتوں اور کارناموں کو منصفانہ انداز میں پیش کیا ہے، بنسی راجہ کی شاعری سے ہندو مسلم مضبوط بین مذہبی تعلقات اور مذہبی رواداری کا پیغام

ملتا ہے، حیدرآباد ہندو مسلم اتحاد اور ہمہ رنگی تہذیب وثقافت کا گہوارہ ہے۔ بنسی راجہ اپنی شاعری میں دونوں مذاہب کے عیدوں اور تہواروں کے ذریعہ سماجی، ثقافتی اور مذہبی رواداری کو نہایت خوبی کے ساتھ پیش کرتے ہیں، بنسی راجہ کے فلسفہ میں صوفی ازم کی جھلک نظر آتی ہے۔" ۲۳

پیش لفظ کے آخر میں ڈاکٹر کمریکر لکھتے ہیں:

"یہ کتاب ضرور نہ صرف حیدرآبادی تاریخ بلکہ ہندوستانی تاریخ کے تاریخی مواد کا اہم اور قابل قدر حصہ بنیگی۔" ۲۳

ڈاکٹر شیلا راج نے کتاب کا دیباچہ نہایت مفصل اور مربوط انداز میں لکھا ہے بنسی راجہ کی سوانح عمری لکھنے کے خیال کے متعلق وہ لکھتی ہیں:

"جب میں نے بنسی راجہ کی ڈائریوں اور دیگر مخطوطات جن میں شاہی محل کی تقاریب، تہوار، شادی بیاہ اور دربار کے انتظامات کی تفصیلات کا مطالعہ کیا تو میں متاثر ہوئے بغیر نہ رہ سکی اور اسی وقت میرے دل میں بنسی راجہ کی آپ بیتی لکھنے کا خیال آیا لیکن یہ تمام مخطوطات اور روزنامچے فارسی زبان میں تھے اور انہیں انگریزی زبان میں ترجمہ کرنے میں کئی سال لگ گئے۔" ۲۴

ڈاکٹر شیلا راج واقعی قابل تعریف ہیں کہ انہوں نے ایک ایسے عہد کو قاری کی نظروں میں زندہ کیا ہے جو ان کے عہد سے 200 سال پرانا ہے اور ان کے پاس نہایت محدود ذرائع اور وسائل موجود تھے، ڈاکٹر شیلا راج واقعی خداداد صلاحیتوں کی حامل تھیں اور ساتھ ہی ساتھ انہوں نے نہایت عرق ریزی سے اس پراجیکٹ پر محنت کی ہے، کتاب کا مطالعہ کرنے کے بعد قاری کے دل سے ان کے لئے بے پناہ عقیدت وخراج کے جذبات نکلتے ہیں اور جیسا کہ علامہ اقبالؒ نے کہا ہے

نقش ہیں سب ناتمام خون جگر کے بغیر

نغمہ ہے سودائے خام خون جگر کے بغیر

ڈاکٹر شیلا راج نے چن چن کر بہترین رنگوں کا انتخاب کر کے بنسی راجہ کی سوانح عمری کے نقش میں رنگ بھرے ہیں، جس سے کہ ایک دلکش تصویر اور منظر نامہ ابھر کر آتا ہے۔

ڈاکٹر شیلا راج کی محنت کا پتہ ہمیں اس وقت چلتا ہے جب وہ اپنے دیباچہ میں بنسی راجہ کے انداز تحریر کے بارے میں لکھتی ہیں۔

''بنسی راجہ کا اندازِ قلم بہت الگ تھا پھر چاہے وہ انکا روزنامچہ ہو یا خطوط ،شائع شدہ یا غیر شائع شدہ مخطوطات کسی بھی ناخوشگوار واقعہ کی تفصیلات کو بیان نہ کرنا بنسی راجہ کی عادت تھی، چاہے وہ واقعہ محل کے متعلق ہو یا امراء یا کوئی اور جس کی وجہ سے قاری کو کسی بھی واقعہ یا جھگڑے میں کسی بھی نتیجہ پر پہنچنے یا کسی بھی فرد کی طرفداری کرنے میں مشکل پیش آتی ہے، شاید بنسی راجہ کو ان ناخوشگوار واقعات کی تفصیلات کو قلمبند کرنا اور عوام کے سامنے پیش کرنا پسند نہیں تھا، اسی لئے وہ واقعات کو تفصیل سے پیش کرنے کے بجائے قاری کو واقفیت یا تہہ تک پہنچنے کیلئے اندازے اور قیاس کرنے کیلئے چھوڑ دیتے ہیں۔ یہ بنسی راجہ کا بلند کردار ہی تھا کہ انہوں نے کئی جھگڑوں کو بحیثیت صلح کار نہایت خاموشی اور رازداری کے ساتھ حل کروایا ہے۔'' 25

ڈاکٹر شیلا راج قومی یکجہتی، ہندو مسلم اتحاد اور گنگا جمنی تہذیب کی علمبردار تھیں، بنسی راجہ کی سوانح عمری بیان کرتے ہوئے ڈاکٹر صاحبہ نے ہندو مسلم اتحاد اور مذہبی رواداری کے نکتہ اور پیغام کو پیش کیا ہے، وہ دیباچہ میں لکھتی ہیں:

''اس تمام مواد نے مجھے شاہی سماج کے مذہبی و ثقافتی رواداری پر روشنی

ڈالنے میں مدد دی ہے، خاص طور سے 19 رویں صدی کے دوسرے نصف کے حیدرآباد کے شاہی سماج کو۔'' ۲٦

وہ آگے مزید لکھتی ہیں:

''اگر ہماری تہذیب کو زندہ رکھنا ہے تو ہمیں ہندو مسلم کشمکش کو ختم کرنا ہوگا۔ اس لئے ضروری ہے کہ ہم تاریخ کی جانب دیکھیں اور پتہ کریں کہ ماضی میں اس مسئلہ کو کس طرح حل کیا گیا، ماضی کے فلسفہ، رسوم و روایت کو نئے دور میں ڈھال کر ہم اس مسئلہ کو حل کر سکتے ہیں، مذہبی جنون کو مہذب سماج میں کوئی مقام حاصل نہیں ہے، مذہبی رواداری اور ایک دوسرے کے مذہب کے تئیں عزت واحترام موجودہ وقت کی سب سے اہم ضرورت ہے، آصفجاہی حکمرانوں کی ہندو مسلم اتحاد اور مذہبی رواداری پر مبنی حکمت عملی ہمارے لئے روشن مثال ہے اور ہمارے لئے مشعل راہ ہے۔'' ۲۷

ان تمام باتوں سے یہ نتیجہ اخذ کیا جا سکتا ہے کہ ہندو مسلم شاہی افراد یا امراء کے درمیان نہایت خوشگوار تعلقات ایک دوسرے پر بھروسہ اور اعتماد اور تعاون کا جذبہ پایا جاتا تھا۔ ان خوشگوار تعلقات کے بہترین اثرات عوام کے ذہنوں اور مجموعی طور پر پورے سماج پر پڑے اور سماج نے ہندو مسلم اتحاد کا حسین امتزاج دیکھا۔ ہمیں یہ بات نہیں بھولنی چاہئے کہ ثقافت اور مذہبی رواداری قومی یکجہتی کے بنیادی ستون ہیں۔

کتاب کے تعارفی باب میں یہ دکھایا گیا کہ بنسی راجہ کس طرح ترقی کے مدارج طئے کرتے رہے اور منصب و عہدے حاصل کئے، انہیں محبوب نواز ونت کے خطاب سے بھی نوازا گیا۔

گردھاری پرشاد بنسی راجہ 1828ء میں حیدرآباد میں پیدا ہوئے، ریاست کے فوجی

معاملات سے بحیثیت سررشتہ دار وابستہ ہوئے اور امور صرفِ خاص کی نگرانی کے موروثی عہدہ پر فائز رہے، بنسی راجہ کے والد راجہ نرہری پرشاد اور ان کے آباء واجداد نظام کے دربار سے ابتداء ہی سے وابستہ تھے، اس خانوادے میں ایک اور مشہور شخصیت رائے دولت رائے کی گذری ہے جو کہ نواب نظام الملک آصفجاہ میر قمرالدین کے ساتھ 1724ء میں دہلی سے بذریعہ اورنگ آباد، حیدرآباد تشریف لائے اور جب سے ہی ان کے خاندان کے تمام لوگ نواب نظام کے وفادار ساتھیوں میں شامل رہے، نظام نے بدلے میں ان کے خاندان پر انعامات واکرام کی بارش کی۔

ڈاکٹر شیلا راج گردھاری پرشاد باقیؔ کی شخصیت کے بارے میں یوں رقم طراز ہیں:

''بنسی راجہ کی ابتدائی تعلیم کے بارے میں زیادہ معلومات فراہم نہیں ہوسکی لیکن کہا جاتا ہے کہ انہوں نے فارسی زبان کی تعلیم حضرت محمد علی اور اردو زبان کی تعلیم حضرت شمس الدین فیض سے حاصل کی، بنسی راجہ کو بچپن سے ہی لکھنے پڑھنے کا شوق تھا، ''بچپن سے ہی آدمی کی شخصیت پہچانی جاتی ہے۔'' اس کہاوت کے مطابق بنسی راجہ بچپن ہی سے ذہین وفطین تھے اور اپنے ہم عصر لڑکوں کے مقابلے میں انہوں نے بہت جلد تعلیم مکمل کی، بنسی راجہ کی پہلی تفویض 1851ء میں شروع ہوئی، جسے انہوں نے نہایت خوبی کے ساتھ ادا کیا اور نواب شہریار ملک کو اپنے کام سے متاثر کردیا، نواب شہریار ملک نے اس بناء پر بنسی راجہ کو اپنی فوج میں سررشتہ دار کی ملازمت فراہم کی۔'' ۲۸

ڈاکٹر شیلا راج آگے بیان کرتی ہیں کہ:

''راجہ گردھاری پرشاد باقیؔ اپنے والد کی خواہش پر اپنے آبائی خدمات نظام کے دربار میں پیش کیں، جہاں پر وزیر اعظم سر سالار جنگ اول کی جوہر شناس نگاہوں نے آپ کی قابلیت کو پہچانا اور اسی طرح وہ سالار جنگ کے نہایت

بااعتماد رفیق بن گئے، آصفجاہی سلطنت کے آغاز ہی سے بنسی راجہ کا خاندان محل، دربار اور دیگر محفلوں اور تقریبات کے انتظام وانصرام کو بحسن وخوبی انجام دیتا آتا رہا بنسی راجہ سرسالار جنگ کے اتنے بااعتماد رفیق کار تھے کہ ان کے ذمہ مردانہ محفلوں کے ساتھ ساتھ زنانہ محفلوں کے انتظامات کی ذمہ داری بھی سپرد تھی، نظام کو بھی بنسی راجہ پر مکمل اعتماد تھا، ہر دربار چاہے وہ مغلائی طرز کا ہو یا انگریزی طرز کا، دربار میں پاندان اور عطردان پیش کرنے کا اعزاز صرف بنسی راجہ کو حاصل تھا، واضح رہے کہ اس دور میں پان پیش کرنا نہایت ہی اونچے درجہ کی خدمات میں شمار کیا جاتا تھا۔" ۲۹

ڈاکٹر شیلا راج نے مکمل ایک باب محل اور درباروں کے انتظامات کے متعلق لکھا ہے جو کہ کتاب کا دوسرا باب ہے، اس باب میں بیرون مقامات پر سفر کے دوران سجائے گئے درباروں اور محل میں ہوئی شادی بیاہ کی تقریبات، تہوار اور دیگر خوشی کے موقع پر کئے گئے انتظامات قلمبند کئے گئے ہیں۔ کتاب کا یہ باب اس دور کی رسوم ورواج، دربار میں ہوئی مختلف کارکردگیوں بشمول انعامات کی تقسیم، برطانوی ونیز بیرونی سفیروں کی آمد اور مروجہ طور طریقوں کی ایک جھلک پیش کرتا ہے۔

اس باب میں ڈاکٹر شیلا راج نے نظاموں خاص طور سے نواب میر محبوب علی خان کی مذہبی رواداری کو اجاگر کیا ہے، وہ رقم طراز ہیں:

"نواب میر محبوب علی خان نے ہندو مسلم و دیگر مذاہب کے ماننے والوں کے درمیان کوئی فرق نہیں کیا، ان کی جانب سے انعامات واعزازات کی تقسیم کے موقع پر کوئی مذہبی تفریق نہیں کی گئی، وزیر اعظم کا اعلیٰ ترین عہدہ بھی ہندو مسلم کو قابلیت کی بناء پر دیا، ریاست کے انتظام کے بنیادی ڈھانچہ دفتر مال،

دفتر دیوان ہندو خاندان جیسے راجہ رائے رائن اور مالوا کے راجہ شیوراج دھرم ونت کے ذمہ دیئے، میر محبوب علی خان ہندو مسلم کو اپنی دو آنکھیں تصور کرتے تھے گویا ایک مذہب کو نقصان پہنچنا، خود اپنی آنکھ کو نقصان پہنچنے کے مترادف تھا۔" ۳۰

کتاب کا تیسرا باب بنسی راجہ کو بحیثیت مشیر اور صلح کار پیش کرتا ہے، بنسی راجہ کی خدمات کئی نازک مواقع پر حاصل کی گئیں، نہ صرف سر سالار جنگ اول بلکہ ان کے فرزند لائق علی خان سالار جنگ دوم نے اپنے دورِ وزارت میں کئی نازک مرحلوں میں آپ کی خدمات کو حاصل کیا۔

سر سالار جنگ اول نے بنسی راجہ کو ان کے اور شمس الامراء امیر کبیر کے درمیان خوشگوار تعلقات برقرار رکھنے کی بحیثیت درمیانی آدمی (Mediator) ذمہ داری دی، ساتھ ہی ساتھ وقار الامراء اور راجہ رائے رائن کے درمیان بھی خوشگوار تعلقات کے لئے استعمال کیا، ہر دو مواقع پر دونوں ہی فریقوں نے بنسی راجہ کے انتخاب پر اطمینان اور اعتماد کا اظہار کیا، چونکہ بنسی راجہ کے تعلقات سر سالار جنگ پائیگاہ اور راجہ رائن کے خاندان سے بہت اچھے تھے، لہٰذا ان سب کو بھروسہ تھا کہ بنسی راجہ ان کے جذبات کو ٹھیس پہنچائے بناء معاملوں کو حل کریں گے، نیز عرب اور روہیلے بھی بنسی راجہ کی بہت قدر کرتے تھے۔

بنسی راجہ کو حکومت کی جانب سے کئی کمیٹیوں میں نامزد کیا گیا جیسے خواتین کی امداد، عوامی جھگڑے اور مسائل، مذہبی رواداری وظیفہ جات کی تقسیم وغیرہ، بنسی راجہ کو میر محبوب علی خان ششم کے استاد رہنے کا بھی اعزاز حاصل ہوا، بنسی راجہ نے نظام کو مختلف مواقع پر اپنے مشوروں سے بھی نوازا۔

ڈاکٹر شیلا راج نے نظام کے متعلق ایک واقعہ رقم کیا ہے وہ بیان کرتی ہیں:

''ایک موقع پر نظام بہت پریشان تھے ،بنسی راجہ نے ''چیستانِ فکر'' نظم لکھی، اور نظام کی خدمت میں پیش کی ،اس نظم میں انہوں نے نظام کو بتایا کہ کیسے فکریں اور پریشانیاں آدمی کی صحت پر اثرانداز ہوتی ہیں اوراسے ایک ہڈیوں کے ڈھانچے میں تبدیل کرتی ہیں،بنسی راجہ نے حل کے طور پر نظام کو اپنی توجہ کسی دوسرے کام پر مرکوز کرنے کی صلاح دی،بنسی راجہ کی نظم یہاں پیش کی جارہی ہے:

ملک کے شہہ کو جان کہتے ہیں
حفظ جاں کو امان کہتے ہیں
جان کے چین سے ہے تن کا چین
آپ کے دم سے ہے دکن کا چین
وہ جو ہونا ہے اس کو ہونے دو
رہو خوش آپ عدو کو رونے دو
شاہ خوش ہوں تو سب ہوں خوش باقی
جام شادی کا بھردے ائے ساقی

۳۱ے

نظام محبوب علی خان نے ہمیشہ بنسی راجہ کے مشوروں کی قدر کی ،ان کی صلاح کئی ذاتی اور راز کے معاملات میں حاصل کی، یہاں تک کے شادی کے موقعوں پر بھی بنسی راجہ سے مشاورت کی گئی ،بنسی راجہ نے اپنے مفادات پر ہمیشہ نظام کے مفادات اور ریاست وعوام کی بھلائی کو سامنے رکھا۔اسی لئے وہ کئی نازک اور مشکل معاملات میں بھی سرخرو ہوکر نکلے،اسی لئے وہ نواب محبوب علی خان، سالار جنگ، پائیگاہ خاندان اور دیگر امراء کے چہیتے تھے اور سب پر

یکساں اثر رکھتے تھے،بنسی راجہ کی یہی انفرادیت نظام کو بہت پسند تھی۔

ڈاکٹر شیلا راج نے میر محبوب علی خاں کی جانب سے راجہ گردھاری پرشاد باقیؔ کی مزاج پرسی پر حضور کی ان کے گھر آمد کا تذکرہ کرتے ہوئے لکھا ہے:

''حتیٰ کہ ایک بار بنسی راجہ کی ناسازی صحت کے موقع پر خود نظام نے ان کے گھر پہنچ کر ان کی عیادت کی،جس پر بنسی راجہ نے نہایت خوشی کا اظہار کیا اور اسے اپنے کلام میں یوں پیش کیا۔

با قصر پست باقی ،قصر عالی مقام آمد

زہے عزت افزائی پشتانِ غلام آمد'' ۳۲

کتاب کا چوتھا باب بنسی راجہ کی رہبرانہ اور بحیثیت منتظم صلاحیتوں کو اجاگر کرتا ہے،1800ء میں سرزمین ہند پر برطانوی استعمار کا آغاز ہوااور برطانوی سامراج کی ظالمانہ پالیسیوں کے نتیجہ میں ہندوستان خانہ جنگی کا شکار رہا،حیدرآباد پر بھی اس کا اثر دیکھا گیا ان سب کے درمیان آصف جاہی مملکت نے اپنے دفاع کو مضبوط کرنے کی کوشش کی، سر سالار جنگ نے جمعیت باقاعدہ کومنظم کرنے کی ذمہ داری بنسی راجہ کے کاندھوں پر ڈالی،جس کوانھوں نے ذمہ داری کے ساتھ پورا کیااوراس کے سرشتہ دار بھی بنائے گئے۔

''نظم جمعیت نظامِ محبوب'' کا قیام عمل میں آیا جوبنسی راجہ کے دماغ کی اپج تھی سر سالار جنگ کی نگاہ میں''جمعیت محبوب''کومنظم کرنے کی قابلیت بنسی راجہ میں نظر آئی اور بنسی راجہ اس کے بھی سرشتہ دار بنائے گئے، کتاب کے اس باب میں تفصیل کے ساتھ برطانوی سامراج اور آصف جاہی سلطنت کے درمیان ہوئے معاہدوں کی تفصیلات پیش کی گئی ہیں اور ساتھ ہی ساتھ ان معاہدوں کے ریاست اورعوام پر ہونے والے اثرات پر بھی روشنی ڈالی گئی ہے۔

اس باب میں حیدرآباد کے دفاع اور آصف جاہی فوج کی تفصیلات بھی بتائی گئی ہیں، کتاب کا اگلا باب ہمیں بنسی راجہ کو بحثیت صنعت کار روشناس کرواتا ہے اور ساتھ ہی ساتھ حیدرآباد کی مجموعی معاشی صورتحال بھی سامنے لاتا ہے، بنسی راجہ نے بحثیت صنعتکار ریاست کی خدمت کرنے کی بھی کوشش کی ان کی جدت پسندی کئی صنعتوں کے قیام کا باعث بنی، اسلحہ کا کارخانہ، بندوق سازی کا کارخانہ، گن پاؤڈر، چمڑے Lather، کاغذ سازی، پارچہ سازی کا کارخانہ، بنسی راجہ کی طرف سے قائم کی گئی صنعتوں میں سے چند نام ہیں۔

ان کا اسلحہ و بارود کا کارخانہ برطانوی سامراج کیلئے خطرہ ثابت ہوا اور انہوں نے استعماری طریقوں سے اس پر تحدیدات عائد کیں اور آگے چل کر اس کارخانہ کو مکمل بند کروادیا ان تمام مراحل کی تفصیلات اس باب میں پیش کی گئی ہیں، اس باب میں ڈاکٹر شیلا راج نے مملکت آصف جاہ کی دیہی اور شہری صنعتوں کا بھرپور تفصیل کے ساتھ تعارف پیش کیا اور ساتھ ہی حکومت کی جانب سے ان کی ترقی اور ترقی کے مواقع کو فراہم کرنے کا بھی جائزہ لیا ہے، وہ بیان کرتی ہیں:

> ''صنعتی ترقی کی تاریخ اس حقیقت کی گواہ ہے کہ دیگر ہندوستانی ریاستوں کی طرح ریاست حیدرآباد نے بھی صنعتی ترقیاتی کاموں کا آغاز کیا، نہ صرف آصف جاہی حکمرانوں بلکہ امراء اور عمائدین نے بھی دیہی اور شہری صنعتوں کی ہمت افزائی کی لیکن سہولتوں اور ٹکنالوجی کی کمی کی بناء پر ترقی کی رفتار موجودہ دور سے کم رہی، ان صنعتوں کی پیداوار بلاشبہ عمدہ معیار کی ہوتی تھی اور اپنی الگ پہچان رکھتی تھی، بدقسمتی سے برطانوی استعمار کی ظالمانہ اور خود غرضانہ پالیسیوں نے ان صنعتوں کی ترقی کو خوب نقصان پہنچایا، جس کے مضر اثرات ریاست کی معاشی اور مجموعی ترقی پر پڑے۔'' ۳۳

کتاب کا چھٹا باب بنسی راجہ کی سماجی خدمات پر مبنی ہے اور ساتھ ہی ساتھ وہ اس دور کی سماجی کیفیت کو بھی پیش کرتا ہے ، یہ باب حیدرآباد کی ہندو مسلم گنگا جمنی تہذیب کو بھی پیش کرتا ہے، جہاں پر نہ صرف سماج کا اعلیٰ طبقہ بلکہ پورا سماج ایک دوسرے کے مذہب کی قدر کرتا ہے اور ایک دوسرے کے دکھ، درد میں شریک ہوتا ہے، اس باب میں ڈاکٹر شیلا راج اس طرح رقم طراز ہیں:

''حیدرآباد نے ہندو مسلم اتحاد کو خوبصورت گہوارہ کی شکل میں پیش کیا ہے۔ اس کی دفتری اور سماجی زندگی ہندو اور مسلم ثقافت کا حسین امتزاج تھی، کئی مرتبہ کسی فرد کو اس کے مذہب کے ساتھ پہچاننا نہایت ہی مشکل ہو جاتا ہے کیونکہ ان کے رہن سہن کھانے پینے اور کپڑے پہننے کے طریقے اور عادتیں، شادی بیاہ و وفات کی تقریبات اور رسومات بہت حد تک یکساں ہوتی تھیں، اردو ان کی مشترکہ زبان تھی ۔ درحقیقت انیسویں صدی کے اواخر کا حیدرآباد بہت ہی خوبصورت ریاست تھی ۔'' ۳۴

بنسی راجہ نے بھی ان روایات اور اقدار کو اپنایا تھا وہ ہر سماجی تقریب میں شریک ہونا چاہتے تھے، چاہے وہ محرم کا جلوس ہو یا کسی کا عرس یا رمضان کا افطار یا کوئی اور ہندو مذہبی تہوار۔

بنسی راجہ نہایت رحمدل اور سخی آدمی تھے، انہوں نے کئی غریب و نادار لوگوں کی شادیاں اپنے خرچ پر کروائیں، وہ تقریباً روزانہ خیرات کرتے تھے، جیسا کہ ان کے فرزند نرسنگ راج بتاتے ہیں۔ ''ان کے کئی خیراتی و امدادی کام آج تک ''باقی'' ہیں اور لفظ ''باقی'' کے ''باقی'' رہنے تک موجود رہیں گے۔'' ۳۵

راجہ گردھاری پرشاد باقیؔ کی شخصیت پر نظر ڈالتے ہوئے ڈاکٹر شیلا راج رقم طراز ہیں:

''بنسی راجہ کوفن تعمیرات سے بھی لگاؤ تھا، انہوں نے حیدرآباد اور اس کے اطراف و اکناف میں کئی منادر اور استقبالیہ کمانیں (Arches) تعمیر کروائیں، انہوں نے زراعت کے لئے تالاب بھی بنوائے، اس باب میں خاص طور سے کیشو گری پر تعمیر کردہ مندر کی تفصیلات بھی پیش کی گئی ہیں۔

ڈاکٹر شیلا راج نہایت ہی منفرد انداز میں بنسی راجہ کی خدمات کا ذکر کرتی ہیں، وہ ان کی تعریف میں زمین وآسمان کے قلابے ملانے سے بھی پرہیز کرتی ہیں، بلکہ وہ اس دور کی دیگر شخصیات کی خدمات کا تذکرہ بھی بلا جھجک کرتی ہیں، وہ لکھتی ہیں:

کتاب کے ساتویں باب میں بنسی راجہ کے محبوب علی خان کے ہمراہ اور دیگر اسفار کو پیش کیا گیا ہے، بنسی راجہ نے کئی مذہبی اہمیت کے حامل مقامات کا دورہ کیا، اس دور کی اہم مذہبی شخصیات سے ملاقات کی اور تقریباً تمام مذاہب کی عبادت گاہوں پر حاضری دی، یہ اس بات کا ثبوت ہے کہ وہ بین مذہبی، ثقافتی یکجہتی کے علمبردار تھے، انہوں نے ان مقامات پر کئی چڑھاوے چڑھائے، بنسی راجہ نے اپنے 12 سفرناموں کو فارسی زبان میں قلمبند بھی کیا ہے۔ بنسی راجہ نے اپنے سفرناموں میں مکمل تفصیلات فراہم کی ہیں، ان کے سفرنامے نہایت منظم ہوتے تھے، وہ اس مقام کی تاریخی اہمیت، پس منظر، سماجی اور معاشی زندگی، رسوم ورواج، آرٹ اور آرکٹکچر کو بھی پیش کرتے تھے، ڈاکٹر شیلا راج نے ان سفرناموں کو 1984ء میں ''توشۂ عاقبت'' کے نام سے اردو زبان میں ترجمہ کر کے شائع کیا ہے، اس باب میں انہوں نے ان سفروں کا خلاصہ پیش کیا ہے اور چند تاریخی اور دیومالائی اہمیت کے حامل اور درباری حکومتی سفروں کو پیش کیا ہے، بنسی راجہ ہر عبادت گاہ پر اپنی طرف سے کپڑے، زیور اور دیگر چیزیں بطور چڑھاوا پیش کرتے تھے اور ساتھ ہی ساتھ حکومت نظام کی جانب سے بھی نذرانہ پیش کرتے تھے، نظام نے بنسی راجہ کو اپنی جانب سے نذرانہ پیش کرنے کی مکمل آزادی دے رکھی تھی، یہ اس بات کا مظہر ہے کہ بنسی راجہ پر نظام کس

حد تک یقین اور اعتماد رکھتے تھے، اس طرح سے بنسی راجہ نظام کی مذہبی رواداری کی پالیسی کو برقرار رکھتے تھے۔

بنسی راجہ نے نظام کے ساتھ خاص طور سے دہلی، اورنگ آباد اور کلکتہ کا سفر کیا تھا۔ بنسی راجہ کے اسفار نظاموں کی ہندو مسلم یکجہتی اور رواداری کے مظہر ہیں، یہ بات روز اول سے اظہر من الشمس ہے کہ کائستھ افراد نے تلوار سے زیادہ قلم سے اپنی صلاحیتوں کا لوہا منوایا ہے، یہ بات بنسی راجہ کی ادبی خدمات پر صادق آتی ہے، وہ بیک وقت فارسی، ہندی اور اردو زبانوں کے ماہر و نامور اسکالر تھے، انہیں عربی اور سنسکرت زبانوں پر بھی عبور حاصل تھا، انہوں نے جملہ 30 کتابیں لکھیں، جن میں سے 24 طبع شدہ ہیں، دفتری مصروفیتوں اور مسلسل اسفار کے باوجود بنسی راجہ نے خود کو ادبی سرگرمیوں سے جوڑے رکھا، بنسی راجہ بہترین ادیب اور شاعر تھے، انہوں نے کئی بہترین نظمیں فارسی زبان میں لکھی ہیں، انہوں نے اپنے زور قلم سے سرسالار جنگ کو بھی متاثر کیا اور سالار جنگ کے لئے کئی مواقع پر دلنشین تقاریر بزبان فارسی لکھ کر دیں، آصف جاہی حکمرانوں نے فارسی زبان کو اسلامی حکمرانوں کی نشانی کے طور پر اپنی مملکت میں رائج کیا، تمام دفتری کام فارسی زبان ہی میں انجام دیئے جاتے تھے، بنسی راجہ نے محض اپنی قابلیت اور صلاحیت کی بنیاد پر فارسی زبان میں دیگر اسکالروں سے زیادہ نام کمایا، بنسی راجہ کی ادبی خدمات کتاب کے آٹھویں باب میں پیش کی گئی ہیں۔

ڈاکٹر شیلا راج نے راجہ گردھاری پرشاد باقیؔ کے شاعرانہ اوصاف کا جائزہ لیتے ہوئے لکھا ہے کہ:

> ''بنسی راجہ کو بچپن ہی سے ادبی مشغولیات میں دلچسپی رہی، انہوں نے یہ چیزیں اپنے استادوں حضرت محمد علی عاشقؔ اور حضرت شمس الدین فیضؔ سے حاصل کیں، بنسی راجہ اپنا تخلص ''باقی'' استعمال کرتے تھے، باقیؔ کو اپنے استادوں سے بے پناہ محبت تھی، ان کو خراج پیش کرتے ہوئے وہ کہتے ہیں

عاشق استادِ کامل باقی شر

یہ مصرعہ انہوں نے اپنے فارسی کے استاد حضرت محمد علی عاشق کے لئے کہا۔

حضرت فیض کے تعلق سے وہ کہتے ہیں۔ ؎

میسر فیضؔ صاحب سے استاد ہیں

دکن سے جائیں کیوں ہندوستاں ہم''

۳۷

وہ آگے مزید بیان کرتی ہیں کہ:

''سر سالار جنگ آپ کی صلاحیتوں سے واقف تھے، انہوں نے آپ کو نظام میر محبوب علی خان کا استاد مقرر کیا، نظام، باقیؔ سے بہت متاثر تھے، خاص طور سے انہیں بنسی راجہ کی حاضر جوابی بہت پسند تھی، ایک مرتبہ کا ذکر ہے نظام نے بنسی راجہ کو مصرعہ اولیٰ ''پوچھتے کیا ہو کہ آصفؔ ہے تخلص کس کا؟'' دے کر مصرعہ ثانی کی فرمائش کی، بنسی راجہ نے فوراً جواب دیا'' میر محبوب علی خاں کو نہیں جانتے کیا؟'' ۳۸

میر محبوب علی خان نے ہمیشہ بنسی راجہ کی رفاقت کو محترم جانا، باقیؔ نے کئی نامور شعراء کو نظام کے دربار سے جوڑا، جن میں قابل ذکر داغ دہلویؔ، افقؔ، حضرت عباسؔ، رفعت تمناؔ اور خان طائبؔ ہیں۔ مرزا داغؔ کی دعوت پر امیرؔ مینائی نے لکھنو سے حیدرآباد کا سفر طئے کیا اور یہیں مقیم رہے، باقیؔ نے شاعری کی تمام اصناف میں کلام کہا ہے، چاہے وہ غزل ہو یا قصیدہ، مثنوی ہو یا سلام یا حمد یا نعت یا قطعہ یا رباعی، بنسی راجہ نے بہت اچھی غزلیں کہی ہیں ان کے کلام سے چند اشعار یہاں پیش کئے جارہے ہیں۔

میرا چھوٹا سلام سن باقیؔ

اس معنیٔ مختصر کو دیکھ
دریا سے موج، موج سے دریا نہیں الگ
ہم سے جدا نہیں ہے خدا اور خدا سے ہم
آپ نے لطف سے آنسو جو نا پونچھے ہوتے
دیکھتے پھر یہ میرا دیدۂ تر کیا ہوتا
دل میں دنیا کا تماشہ دیکھا
موجِ زن کوزے میں دریا دیکھا
کس کا کونین ہے سمجھ لے مطلب
کیا مرگ ہے کیا زیست برابر ہیں سب
رنگ بے رنگ جب نظر میں آجائے
تب سمجھے گا نیرنگیٔ عالم کا سبب

''۳۹

باقیؔ کو ابجدی طریقہ میں بھی مہارت حاصل تھی، جسے تاریخ بھی کہا جاتا ہے انہوں نے ابجدی طریقے میں نظمیں بھی کہیں ہیں، اس طریقے میں سال اور ماہ کے برابر (ہم وزن) نمبرات والے حروف سے بننے والے الفاظ استعمال کئے جاتے ہیں۔

باقیؔ کے ابجدی طریقہ (تاریخ) پر تبصرہ کرتے ہوئے ڈاکٹر شیلا راج لکھتی ہیں:

''ابجدی طریقہ میں باقی کی اپنی الگ پہچان تھی ان کی کئی ابجدی نظمیں آج تک بھی حیدرآباد کی تاریخ کے لئے بہترین اور قیمتی گردانی جاتی ہیں، چونکہ وہ اہم مواقع کی تواریخ سے مزین ہیں،'' بنسی راجہ کی اپنی تمام لیاقتوں کی بنیاد پر نظام محبوب علی خاں نے ایسا اعزازی خطاب بخشا جو بنسی راجہ کے خاندان میں

کسی کو نہیں ملا، یعنی بنسی راجہ ''محبوب نواز ونت'' کے خطاب سے نوازے گئے، گویا نظام نے اپنے نام سے بنسی راجہ کو نوازا۔''[۴۰]

باقیؔ کو اپنی صلاحیتوں کا بھرپور اندازہ تھا، ایک جگہ وہ کہتے ہیں:

ثانی تمہارا کوئی باقیؔ نہیں دکن میں

ڈاکٹر شیلا راج باقیؔ کو خراج عقیدت پیش کرتے ہوئے رقم طراز ہیں

''بس یہ کہا جاسکتا ہے کہ باقیؔ ایک قابل ادیب تھے، انہوں نے نہ صرف صوفی ازم کے خیال کو ان کی شاعری میں پیش کیا بلکہ وہ جذبات، فلسفے اور قدرتیت Naturaalism کے بھی ماہر تھے، وہ کسی ایک میدان میں محدود نہیں تھے، انہوں نے اپنے دائرہ کو انسانی سماج، روایات، اطوار اور تہواروں تک پھیلایا وہ ایک خداداد شاعر تھے نا کہ عام شاعر۔'' باقیؔ برطانوی استعمار کے سخت خلاف تھے، 1857ء کی بغاوت کے خاتمہ کے بعد ملکہ برطانیہ نے ''قیصر ہند'' کا لقب اختیار کیا، 1877ء میں برطانوی وائسرائے نے ایک دربار منعقد کیا اور اس میں تمام راجاؤں، نوابوں اور بادشاہوں کو شرکت کی دعوت دی گئی، بنسی راجہ نے اس موقع کا فائدہ اٹھاتے ہوئے برطانوی استعمار کی غیر منصفانہ اور ظالمانہ طریقہ حکمرانی کے خلاف ایک نظم لکھی اور اسے نوابوں، راجاؤں اور دیگر افراد کے درمیان تقسیم کروایا۔''[۴۱]

ہر آدمی کو داعی اجل کو لبیک کہنا ہے چنانچہ 1896ء میں بنسی راجہ اس فانی دنیا سے ملکِ عدم کو جا پہنچے، شاید بنسی راجہ کو اپنی آنے والی موت کا پتہ چل چکا تھا، اس لئے انہوں نے ایک مرتبہ لکھا۔

عدم کو جاتا ہوں پھر مستقل رہوں گا وہاں

یہاں سے منتقلی کا جو روبہ کار آیا

عجیب جگہ یہ ملکِ عدم ہے باقیؔ

ادھر گیا سو ادھر پھرنا ظاہر ہوا

بنسی راجہ کے انتقال پر کئی ناموں لوگوں نے خراج عقیدت پیش کیا، کتاب کا نواں باب ان تمام پر مشتمل ہے، بنسی راجہ کے فرزند نرسنگ راج کا مصرعہ عقیدت اس طرح ہے:

عالیؔ نہ مٹے گا کبھی نامِ باقیؔ

ڈاکٹر شیلا راج کا شمار حیدرآباد دکن کے ایک ممتاز ادیب اور ایک نامور تاریخ داں کے طور پر ہوتا ہے، انہیں نہ صرف اردو زبان بلکہ تاریخ کے مضمون میں بھی غیر معمولی شہرت حاصل ہے، ڈاکٹر شیلا راج حیدرآباد دکن کی تاریخ دانوں میں قدر کی نگاہ سے دیکھی جاتی تھیں، انہوں نے اپنی اس تحریر میں راجہ گردھاری پرشاد باقیؔ (بنسی راجہ) کے حوالے سے حیدرآباد کے نظاموں کی قومی یکجہتی اور رواداری کو پیش کیا ہے، ساتھ ہی حیدرآباد ریاست کی سماجی، معاشی اور تہذیبی تاریخ پر بھی بھرپور روشنی ڈالی ہے، ان کی یہ تحریر اردو ادب میں ایک گراں قدر اضافہ ہے، انہوں نے راجہ گردھاری پرشاد باقیؔ کی ہمہ جہت شخصیت کی خصوصیات کو بیان کیا ہے اور اردو ادب و تاریخ کے میدانوں میں ایک منفرد اور نایاب سرمایہ کا اضافہ کیا ہے، ان کی غیر معمولی صلاحیتوں کی بدولت ایک تاریخی دستاویز آج ہمارے سامنے موجود ہے۔

شاہانِ آصفیہ کی رواداری اور ہندو مسلم روایات

اردو تصنیف

شاہان آصفیہ کی رواداری اور ہندو مسلم روایات ڈاکٹر شیلا راج کی یہ تصنیف دراصل ابوالکلام آزاد اورینٹل ریسرچ انسٹیٹیوٹ حیدرآباد کے جلسوں میں پیش کیے گئے تین محققانہ مقالوں کا مجموعہ ہے، جسے ابوالکلام آزاد اورینٹل ریسرچ انسٹیٹیوٹ حیدرآباد نے 2007ء میں شائع کیا، ڈاکٹر شیلا راج کی یہ آخری تصنیف ہے، اس سے قبل 7 کتابیں جو کہ مرتبہ ترجمہ کردہ اور تصنیف کردہ تھیں، منظر عام پر آچکی تھیں۔

زیر نظر کتاب ''شاہانِ آصفیہ کی رواداری اور ہندو مسلم روایات'' تین عنوانات پر مشتمل ہے، جس کا پہلا باب میر محبوب علی خاں آصف جاہ سادس کی رواداری، دوسرا باب میر عثمان علی خاں آصف جاہ سابع کی رواداری اور آخری

باب شاہان آصفیہ اور ہندو مسلم روایات کے عنوان سے شامل ہے۔

ان مجموعہ ہائے مضامین کے عنوانات پر ہی غور کرنے سے ہمیں اندازہ ہوتا ہے کہ ڈاکٹر شیلا راج نہ صرف اردو زبان و ادب پر قدرت رکھتی ہیں بلکہ تاریخ اور قومی یکجہتی، بھائی چارگی اور رواداری کے موضوعات پر ان کی گہری نظر ہے، اس کے علاوہ حیدرآبادی تہذیب وتمدن اور آصف جاہی عہد کے متعلق بھی ان کی متعدد تحریریں اور مضامین تصانیف کی شکل میں شائع ہو چکی ہیں، انہوں نے آصف جاہی حکمرانوں اور ان کی رواداری پر اتنے مضامین لکھے ہیں، جن کے مطالعہ سے ہمیں ان کی اس عنوان سے متعلق دلچسپی اور تحقیقی کام کا بخوبی اندازہ ہوتا ہے، انہوں نے

آصف جاہی دور کی تہذیب اور روایات پر بہت سارا تحقیقی کام انجام دیا ہے اور یہ بات حقائق کی بنیاد پر پیش کی ہے کہ قومی یکجہتی اور امن واتحاد آصف جاہی عہد کا خاص وصف تھا، جس کی بدولت حیدرآباد دکن پورے ہندوستان میں اپنی منفرد پہنچان کی بنا پر مشہور تھا۔

کتاب کا انتساب شاہانِ آصفیہ، امراء وروسا اور حیدرآبادیوں کے نام کیا گیا ہے جنھوں نے اپنے اخلاق وکردار کے ذریعہ آنے والی نسلوں کے لئے یکجہتی، بھائی چارگی اور رواداری کا درس دیا ہے۔

کتاب کے عنوان (ٹائٹل) سے ہی قاری کو کتاب کی اہمیت کا اندازہ ہوجاتا ہے، کیونکہ موجودہ دور میں فرقہ پرستی اور فسطائیت کا بیج بویا جارہا ہے، ایسے میں ڈاکٹر شیلا راج کی یہ تصنیف عہد آصفیہ کے بے مثال کارناموں اور گنگا جمنی تہذیب کو پروان چڑھانے میں سلاطین دکن کے فقید المثال رول کو اجاگر کرتے ہوئے انسانی ضمیر کو بیدار کرنے کی قابل قدر کوشش ہے۔

اس کتاب کا پیش لفظ محمود بن محمد آئی پی ایس (ریٹائرڈ) سابق سفیر ہند برائے سعودی عربیہ وٹرسٹی HEH دی نظامس ٹرسٹ حیدرآباد نے لکھا ہے، تعارف کے عنوان سے پروفیسر اشرف رفیع (نائب صدر ابوالکلام آزاد اورینٹل ریسرچ انسٹی ٹیوٹ حیدرآباد) نے مصنفہ اور تصنیف دونوں کا تعارف پیش کیا ہے، ساتھ ہی کتاب میں مصنفہ کا مختصر سا دیباچہ شامل ہے۔

کتاب کی اہمیت کے متعلق پیش لفظ میں محمود بن محمد رقم طراز ہیں:

''یہ انتہائی افسوس کی بات ہے کہ حیدرآبادیوں کی نئی نسل کے بیشتر افراد آصف جاہی خاندان کی گرانقدر میراث اور روایات سے ناواقف ہیں، کئی اوہام ہیں، جنہیں نوجوانوں کے ذہن سے نکال پھینکنا انتہائی ضروری ہے، کئی ان کہی کہانیاں ایسی ہیں، جن سے ان کو متعارف کرنا بے حد ضروری ہے، مجھے بے حد خوشی ہے کہ ممتاز اور مشہور محقق ڈاکٹر شیلا راج نے اس مہم کو انجام دینے کا

بیڑا اٹھایا۔" ۴۲؎

ڈاکٹر شیلا راج نے شاہان آصفیہ کی رواداری کے متعلق اپنی تحقیق کے ذریعہ اس کتاب میں ایسے واقعات کو قلمبند کیا ہے، جس سے آصفیہ عہد سے وابستہ لوگ خود زیادہ واقفیت نہیں رکھتے۔

موجودہ دور میں قومی یکجہتی کے تصور کو فروغ دینا اور اتحاد و بھائی چارگی کی فضاء کو قائم کرنا ایک بہت بڑا چیلنج ہے، ایسے میں ڈاکٹر شیلا راج کی یہ تحریر نئی نسل کو اتحاد و اتفاق کا درس دیتی ہے۔

اس کتاب کے پیش لفظ کو تحریر کرتے ہوئے محمود بن محمد آئی پی ایس آصف جاہی حکمرانوں کی فیاضی اور سیکولرازم کے متعلق تفصیلات کے لئے ڈاکٹر شیلا راج کی تصانیف کا مطالعہ کرنے کا مشورہ دیتے ہوئے رقم طراز ہیں:

"نظام کی فیاضی اور سیکولرازم کے بارے میں اب بھی شک کرنے والوں کے لئے بہتر ہوگا کہ ڈاکٹر شیلا راج کی تحریر کردہ دیگر کتابیں عہد وسطیٰ سے عہد حاضر تک Mediaevalism to Modernism ایک عہد کی تصویر Portrait of an Era اور نظامس کی روایات The Legacy of the Nizams کا مطالعہ کریں جواب ایچ ای ایچ دی نظامس اردو ٹرسٹ لائبریری ملک پیٹھ میں دستیاب ہیں، وہ پرانی حویلی کے نظامس میوزیم کا دورہ بھی کرسکتے ہیں۔ ۴۳؎

ہندو مسلم اتحاد، رواداری، وسیع النظری، رعایا پروری، مساوات، ہم آہنگی اور خدمت خلق آصف جاہی دور حکومت کا طرہ امتیاز تھا، ڈاکٹر شیلا راج کی تحریروں کا مقصد بھی آصف جاہی حکمرانوں کے کارناموں کو اجاگر کرنا تھا، وہ آصف جاہی عہد پر ایک اتھاریٹی سمجھی

جاتی تھیں، ان کی تحریروں کا محور بھی آصف جاہی حکمران اور حیدرآبادی تہذیب تھا۔

اس کتاب میں پیش لفظ کے بعد تعارف کے عنوان سے پروفیسر اشرف رفیع (نائب صدر ابوالکلام آزاد اورینٹل ریسرچ انسٹیٹیوٹ حیدرآباد) نے مصنفہ اور کتاب کا تعارف پیش کیا ہے، وہ ڈاکٹر شیلا راج کے متعلق رقم طراز ہیں:

''ڈاکٹر داؤد اشرف نے آرکائیوز کے ریکارڈز سے ریاست حیدرآباد کے حکمرانوں کی ہمہ جہتی خدمات پر مہر تصدیق ثبت کی ہے تو ڈاکٹر شیلا راج نے تاریخ کے مستند حوالوں سے آصفی شہریاروں کے طرز حکومت اور رعایا پروروں پر مقالے لکھ کر نئی نسل اور آج کے جمہوری حکمرانوں کو جو عوام کے نمائندے ہیں آئینہ دکھایا ہے، نہ صرف حیدرآباد بلکہ ہندوستان بھر کے ہندو مسلم بھائیوں کو آپسی بھائی چارگی، مذہبی رواداری، یگانگت کا بھولا ہوا سبق یاد دلایا ہے۔''

۴۴

ڈاکٹر شیلا راج نے اس کتاب کا دیباچہ لکھا ہے اور کتاب کی غرض وغائیت کو بیان کیا ہے اور اس کتاب کے دیباچہ میں آصف جاہی حکمرانوں کی قومی یکجہتی کا بھرپور جائزہ لیا ہے اور ساتھ ہی حیدرآباد کی گنگا جمنی تہذیب اور رواداری پر بھی روشنی ڈالی ہے اور سیاسی رہنماؤں پر تنقید کی ہے کہ وہ اپنے مفادات کے لئے کس طرح فرقہ واریت اور تعصبیت کے فروغ کے ذریعہ پھوٹ ڈال رہے ہیں ۔

ڈاکٹر شیلا راج آج کے موجودہ سیاسی نظام سے سابقہ بادشاہی نظام کو بہتر قرار دیتے ہوئے رقم طراز ہیں:

''1947ء میں ہم نے آزادی حاصل کی، چھوٹی بڑی ریاستوں کو ختم کیا گیا اور لسانی بنیادوں پر ریاستیں بنائی گئیں، آزادی کے ان ساٹھ سالوں میں ایک

عام آدمی یہ سوچنے پر مجبور ہے کہ آج کی ان ریاستوں اور سیاسی رہنماؤں سے وہ حکمران اوران کی ریاستیں ہزار درجہ بہتر تھیں جو رعایا پرور اور غرباء پرور تھے۔ جنہوں نے تمام مذاہب کوایک رشتہ میں باندھ رکھا تھا، نہ ہندو مسلم میں امتیاز تھا نہ پارسی اور سکھ کی تفریق تھی، سکون وچین کی زندگی تھی، آج کے نام نہاد سیاست داں مذاہب کے نام پر اپنے مفاد اور اپنے اقتدار کے لئے تعصب کو ہوا دے رہے ہیں، مختلف فرقوں میں ہی نہیں بلکہ ایک ہی فرقہ میں پھوٹ ڈال رہے ہیں۔'' ۴۶

وہ آگے بیان کرتی ہیں: ''آزادی کے متوالوں نے جس مقصد اور جس جذبہ کے تحت ہندوستان کو آزاد کرایا تھا وہ فوت ہوگیا، مہاتما گاندھی، پنڈت جواہر لال نہرو، مولانا آزاد اور دیگر سیاسی رہنماؤں نے Unity in Diversity کا جوخواب دیکھا تھا وہ شرمندہ تعبیر نہ ہوا، غرض یہ کہ ڈاکٹر شیلا راج نے کتاب کے دیباچہ میں آصف جاہی حکمرانوں کی رواداری پر مفصل انداز سے روشنی ڈالی ہے اور ساتھ ہی موجودہ سیاسی نظام کی کمزوریوں اور فرقہ پرستی اور تعصبیت کی فضاء کو پروان چڑھانے والے سیاسی رہنماؤں کو اپنی تنقید کا نشانہ بنایا ہے اور حیدرآبادی آصف جاہی حکمرانوں کی رواداری کو کامیاب طریقے سے پیش کرنے میں وہ کامیاب رہی ہیں۔

ڈاکٹر شیلا راج نے کتاب کے دیباچہ کے آخر میں محمود بن محمد، ڈاکٹر اشرف رفیع اور میر کمال الدین خاں اور ابوالکلام آزاد اورینٹل ریسرچ انسٹیٹیوٹ کا شکریہ ادا کیا ہے، جن کے تعاون سے کتاب کی اشاعت ممکن ہوسکی ہے۔

زیر تبصرہ کتاب کا پہلا باب نواب میر محبوب علی خاں آصف جاہ سادس کی رواداری کے عنوان سے شامل کیا گیا ہے، جس میں ڈاکٹر شیلا راج نے میر محبوب علی خاں کی قومی یکجہتی کے

فروغ میں کی جانے والی کوششوں اور مشترکہ تہذیب وتمدن کے نمونوں کومختلف مستند کتابوں کے حوالوں کے ذریعہ پیش کیا ہے،ڈاکٹر شیلا راج میر محبوب علی خاں کی رواداری کے متعلق رقم طراز ہیں:

''میر محبوب علی خاں آصف جاہ سادس نے اپنے دورحکومت میں مشفقانہ رویہ،وسیع المشربی، بے تعصبی اور مذہبی رواداری کی ایسی مثال قائم کی کہ یہاں بسنے والے مختلف مذاہب کے باشندوں میں معاشرتی اورتمدنی نقطہ نظر سے کوئی فرق نہیں رہا، مذہبی رواداری اورفرقہ وارانہ ہم آہنگی مختلف فرقوں کے درمیان باہمی ارتباط اور آپسی تعلقات کوفروغ دیتی ہے،اس لحاظ سے نواب میر محبوب علی خاں آصف جاہ سادس کا دور یقیناً دکن کی تاریخ کا وہ زرین باب ہے،جس میں آپ کی رواداری سے ہندو مسلم اتحاد، بھائی چارگی اور قومی یکجہتی کو جوتقویت یہاں ملی اس کی مثال ہندوستان کے کسی اور حصہ میں شاید ہی ملے گی۔'' ۴۷

ڈاکٹر شیلا راج نے اس باب میں میر محبوب علی خاں آصف سادس کی رواداریوں کو مختلف مثالیں دے کر متعدد حوالوں کے ذریعہ بیان کیا ہے،ان کے مطالعہ کی داد دینی پڑے گی کہ اس عنوان کے تحت تقریباً 50 سے زائد حوالوں کوشامل کیا گیا ہے اور مختلف رسومات کی تفصیلات کو بیان کیا گیا ہے اور ساتھ ہی قحط سالی اور 1908ء کی موسیٰ ندی میں آئی طغیانی اور تباہی کے حالات کو بھی نقل کیا ہے اور میر محبوب علی خاں کی اس سلسلہ میں کی جانے والی کوششوں اورغمزدہ حالات کا تذکرہ بھی ہمیں ملتا ہے۔

ڈاکٹر شیلا راج نے اس باب میں محرم، رام نومی، دسہرہ، دیوالی، ہولی، بسنت پنچمی کا تہوار وغیرہ سے متعلق تفصیلات کومختلف کتابوں کے ذریعہ بیان کیا ہے، ساتھ ہی آصف جاہ سادس کی تہواروں میں شرکت اورخیر خیرات کی تفصیلات کو بھی بیان کیا ہے۔

ڈاکٹر شیلا راج میر محبوب علی خاں آصف جاہ سادس کی خوبیوں کے متعلق رقم طراز ہیں:

"عظمت شان، سطوت وجلال، شجاعت و سخاوت اور بیدار مغزی جیسی صفات کے حامی نواب میر محبوب علی خاں نے عوام کو موت کی غارت گری، قتل وخون اور انتشار سے نکال کر خوش حال زندگی عطا کی، امن وامان بحال کیا۔ فیاضی کی دولت لٹائی اپنی مذہبی رواداری سے اتحاد اور یکجہتی کو فروغ دیا، لوگوں کے دلوں کو تلواروں کے زور سے نہیں بلکہ عاملانہ برتاؤ، التفات والفت اور جذبہ رواداری سے مسخر کیا، اپنی انہیں خوبیوں کے باعث وہ عوام میں محبوب بن گئے۔" ۴۸

اس کتاب کا دوسرا باب میر عثمان علی خاں آصف جاہ سابع کی رواداری کے عنوان سے شامل کیا گیا ہے، جس میں ڈاکٹر شیلا راج نے میر عثمان علی خاں آصف جاہ سابع کی رواداری ،قومی یکجہتی اور امن واتحاد اور بھائی چارگی کو مفصل انداز اور آسان اسلوب میں بیان کیا ہے، جس کے مطالعہ سے قاری کو مسلسل کتاب کے مکمل مطالعہ کرنے پر مجبور ہونا پڑے گا اس لئے کہ انہوں نے مختلف کتابوں کے حوالوں سے متعدد روداری اور قومی یکجہتی کی مثالوں کو پیش کیا ہے، جس سے یہ اندازہ ہوتا ہے کہ ڈاکٹر شیلا راج عام انسانوں میں سے نہیں تھیں بلکہ خصوصی وصف کے ساتھ دنیا میں پیدا ہوئیں اور تخلیقی و تحقیقی خوبیوں سے اپنی تحریروں کو منفرد اور لازوال بنایا۔

ڈاکٹر شیلا راج نے اس باب میں آصف جاہی حکمرانوں کی مختصر سی تاریخ کو بیان کیا ہے، ساتھ ہی عہد عثمانی کا نظم ونسق اور اعلیٰ حضرت میر عثمان علی خاں آصف سابع کی فطرت اور صداقت کو مفصل انداز میں بیان کیا ہے، ڈاکٹر شیلا راج آصف سابع میر عثمان علی خاں کی رواداری سے متعلق رقم طراز ہیں:

''آصف جاہی سلطنت کی یک جہتی، عوام دوستی اور رواداری حیدرآباد کی امتیازی خصوصیت رہی لیکن اپنے دور میں میر عثمان علی خاں نے غیر مسلموں سے رواداری کی ایسی مثال قائم کی جو اپنی نظیر آپ تھی، آپ نے مسجدوں، چرچوں، مندروں، گرودواروں، عاشور خانوں اور درگاہوں کی نگہداشت کے لئے عطیات جاری کئے، آپ نے علماء، سجادہ نشین، پنڈتوں اور پجاریوں کی سرپرستی کی، میر عثمان علی خاں نے مندروں کی نگہداشت کے ساتھ ساتھ مندروں میں روزآنہ ہونے والی اور خاص موقعوں پر پوجاؤں کے لئے عطیئے دیئے۔'' ۴۹

ڈاکٹر شیلا راج نے اس مضمون میں بھی میر عثمان علی خاں آصف جاہ سابع کی رواداری اور قومی یکجہتی کے تصور کو پیش کرنے کے لئے 36 کتابوں کے حوالوں کے ذریعہ اپنی بات کو مدلل انداز میں بیان کیا اور جگہ جگہ ان کی رواداری اور اپنی رعایا کی تعلیمی ترقی کے لئے کی جانے والی کوششوں کو بیان کیا ہے۔

ڈاکٹر شیلا راج ایک معتبر تحقیق کار تھیں وہ اپنی ہر بات کو ثابت کرنے کے لئے مختلف کتابوں کے حوالوں کو پیش کرتیں، ساتھ ہی ان حوالوں کو کتابوں میں شامل بھی کر دیا کرتی تھیں۔

ڈاکٹر شیلا راج کو آصف جاہی عہد سے خصوصی دلچسپی تھی اور وہ آصف جاہی دور پر ایک اتھاریٹی سمجھی جاتی تھی، انہوں نے آصف جاہی عہد کے کارناموں کو بیان کرنے کے لئے متعدد مضامین لکھے، ساتھ ہی اپنی تحقیقی تصانیف بھی رقم کیں، ڈاکٹر شیلا راج نے میر عثمان علی خاں کے مساویانہ سلوک کو دوسری کتاب کے حوالے سے بیان کرتے ہوئے لکھا ہے:

''میر عثمان علی خاں نے پسماندہ اقوام کے ساتھ مساویانہ سلوک کیا آپ نے رواداری کی مثال قائم کرتے ہوئے کہا کہ میری نظر میں نہ کوئی قوم بلند ہے

اور نہ کوئی اچھوت ہے، میں سب کو بہ حیثیت بنی نوع ایک طرح سے برابر سمجھتا ہوں۔" ۵۰

ڈاکٹر شیلا راج آگے بیان کرتی ہیں:

"میر عثمان علی خاں آصف سابع ایک نیک دل، ہمدرد، فیاض، غرباء پرور، فریس، مدبر اور روادار انسان تھے،آپ کی ریاست حیدرآباد کی اپنی ایک بے مثال تہذیب تھی، ایک کلچر تھا اور اس کا اپنا نظام مملکت، آپ کی سلطنت میں ہندو بھی تھے، سکھ، عیسائی، پارسی اور مسلمان بھی تھے اور یہ سب شیر وشکر کی طرح رہتے تھے، نہ کبھی ہندو مسلم فساد ہوا نہ کبھی خون کی ندیاں بہیں، نہ کبھی یہاں تعصب کو بڑھاوا دیا گیا۔" ۵۱

بہر حال اس عنوان پر ڈاکٹر شیلا راج نے بہت زیادہ تحقیقی کام انجام دیا اور ساتھ ہی مفصل انداز سے آصف سابع میر عثمان علی خاں کی رواداری کو پیش کیا ہے اور مختلف واقعات کا تذکرہ بھی منفرد انداز کے ساتھ کیا ہے۔

کتاب کا آخری باب شاہان آصفیہ اور ہندو مسلم روایات کے عنوان سے شامل ہے جس میں ڈاکٹر شیلا راج نے شاہان آصفیہ کی رواداری کا جائزہ لیا ہے، یہ باب کتاب کی جان بھی کہا جاسکتا ہے،اس میں انہوں نے کتاب کا نچوڑ پیش کیا ہے۔

ڈاکٹر شیلا راج نے حیدرآبادی تہذیب اور آصف جاہوں کی رواداری کے متعلق لکھا ہے کہ

"آصف جاہ اول نے جس تہذیب کی بنیاد ڈالی تھی، اس میں لوگوں کو متحد کرنے، بھائی چارگی اور اتحاد ورواداری کو بڑھاوا دینے پر زور دیا گیا تھا،اس کو نہ صرف بعد کے فرمانرواؤں نے بڑھاوا دیا بلکہ امراء و روء سا اور خو دعام

شہریوں نے بھی اس کو پروان چڑھانے میں مدد کی، اس ریاست کی عمارت امن و آشتی کی بنیاد پر کھڑی تھی، مذہبی رواداری اور فرقہ وارانہ ہم آہنگی جیسے مضبوط ستون نے اس کو سہارا دیا تھا، جہاں ہندو اور مسلمان ایک جان دو قالب تھے، ان کے باہمی اتحاد و اعتماد، میل جول، بھائی چارگی مذہبی رواداری پیار ومحبت اور ایثار و اخلاص نے انہیں انتہائی قریب کر دیا کہ ہندو اور مسلمان کی تہذیب، زبان، رہن سہن، عادات واطوار، طرز تعمیر، رسوم ورواج اور آداب اور اخلاق میں یکسانیت آ گئی تھی، حیدرآباد میں بھائی چارگی اور یکسانیت کی یہ ایسی نظیر ہے جو ہندوستان کے کسی اور حصہ میں نہیں پائی جاتی۔'' ۵۲

ڈاکٹر شیلا راج نے اس مرکزی موضوع پر بہت ہی کھل کر لکھا ہے، انہوں نے ایک طرف تو آصف جاہی حکمرانوں کی رواداری کو پیش کیا ہے، ساتھ ہی حیدرآبادی تہذیب وتمدن کا مفصل انداز سے تذکرہ کیا ہے، محترمہ نہ صرف حیدرآبادی گنگا جمنی تہذیب کو اس مضمون میں بیان کیا ہے بلکہ لباس، رہن سہن، تہواروں کی تفصیلات، مختلف ذائقہ دار کھانوں کی تفصیل اور خواتین کی زیبائش اور زیورات کا تذکرہ بھی کیا ہے۔

ڈاکٹر شیلا راج نے حیدرآبادی تہذیب کے مظاہرے کو بھی بیان کیا ہے، جس میں آداب کے تذکرے کے تحت، بزرگوں کا ادب چھوٹے بڑوں کی عزت وشفقت مہمانوں کا استقبال، حیدرآبادی سلام اور دربار میں حاضر ہونے کے آداب کو بیان کیا ہے۔

ڈاکٹر شیلا راج اردو زبان وادب کی تشکیل میں ہندو اور مسلمانوں کے کردار کے متعلق رقم طراز ہیں:

''حیدرآباد کی روادارانہ فضاء کی برقراری میں زبان کے کردار کو کبھی فراموش نہیں کیا جا سکتا، یہ حقیقت ہے کہ فارسی کی طرح اردو ادب کی تشکیل اور اس کے

فروغ میں ہندو اور مسلمان دونوں نے بڑھ چڑھ کر حصہ لیا حالانکہ ہندوؤں کی مادری زبان ہندی ہے، لیکن اپنے مسلمان بھائیوں کے ساتھ برسوں تک ساتھ رہنے کی وجہ سے انہوں نے اردو زبان کو زیادہ ترجیح دی اور اردو زبان میں طبع آزمائی کی، دکن میں اردو زبان کو آج جو مقام حاصل ہے، وہ ہندوؤں کی حصہ داری اور شمولیت کے بغیر ناممکن تھا، اپنی رواداری کی روایت کو جاری رکھتے ہوئے آصف جاہی فرمانروا خاص کر آصف جاہ سادس اور آصف جاہ سابع نے اردو زبان کی تشکیل اور فروغ میں مسلمانوں کی طرح ہندوؤں کی بھی دل کھول کر سرپرستی کی۔'' ۵۳؎

ڈاکٹر شیلا راج نے اس کتاب کے آخری باب میں بھی 40 سے زائد حوالوں سے شاہان آصفیہ کی رواداری کو بیان کیا ہے، اس کتاب میں انہوں نے 100 سے زائد حوالوں کو پیش کیا ہے، جس کا مقصد صرف یہ رہا ہے کہ مستند اور واضح ثبوتوں سے اپنی تحریروں کو پیش کیا جائے تا کہ لوگ نہ صرف متاثر ہوں بلکہ ان کے بلند کردار کو اپنی زندگیوں میں مشعل راہ بنائیں۔

ڈاکٹر شیلا راج نے یہ کتاب شاہان آصفیہ کی رواداری اور ہندو مسلم روایات لکھ کر نئی نسل کے لئے ایک صالح پیغام دیا ہے بلکہ آنے والی نسلوں کے سامنے یہ درس دیا ہے کہ تمام انسان بنی نوع ہیں اور ہماری زندگیوں کی کامیابی کا راز امن واتحاد بھائی چارگی اور قومی یکجہتی میں مضمر ہے، ڈاکٹر شیلا راج کی اس تصنیف کو دیگر تصانیف میں ممتاز اہمیت حاصل ہے ملک کے مختلف گوشوں سے اس تصنیف کو سراہا گیا ہے اور مختلف زبانوں میں ترجمہ کا مطالبہ بھی کیا گیا ہے ،جس کا اندازہ ہمیں مختلف اداروں کے خطوط اور مختلف اخبارات ورسائل میں چھپنے والے تبصروں سے ہوتا ہے، واضح رہے کہ اس تصنیف کا انگریزی زبان میں ترجمہ عمل میں آچکا ہے، جس کو ڈاکٹر خالد مبشر الظفر مولانا آزاد اردو یونیورسٹی نے انجام دیا ہے، ڈاکٹر شیلا راج اپنی ادبی زندگی میں

کچھ بھی نہ لکھتیں اور صرف شاہان آصفیہ کی رواداری اور ہندو مسلم روایات لکھتیں تو بھی ان کا نام ادب اور تاریخ کے میدان میں ہمیشہ کے لئے زندہ جاوید رہتا، یہ وہ ایک عظیم اسکالر ہیں، جنہوں نے اپنی تحریروں کو صرف اپنی آمدنی اور شہرت کا ذریعہ نہیں بنایا بلکہ ایک پرامن اور صالح معاشرے کی تشکیل کے لئے وہ بنیادی اور تاریخی موادفراہم کیا ہے، جس کو اپناتے ہوئے نوخیز نسل دنیا میں امن وامان اور اتحاد و بھائی چارگی سے اپنی زندگی بسر کرسکتی ہے۔

غیر مطبوعہ تصنیف:

دوراندیش حکمران میر عثمان علی خان، ایک نئے دور کا ظہور

EMERGENCE OF A NEW ERA MIR)
(OSMAN ALI KHAN A VISIONARY

ڈاکٹر شیلا راج کی ایک غیر مطبوعہ اور غیر تکمیل شدہ تصنیف'' دوراندیش میر عثمان علی خان ایک نئے دور کا ظہور۔ EMERGENCE OF A NEW ERA MIR OSMAN ALI KHAN A VISIONARY ہے۔ یہ ڈاکٹر شیلا راج کی غیر مطبوعہ انگریزی تصنیف ہے، انہوں نے اس کتاب پر تحقیقی کام مکمل کر لیا تھا۔ اور اس کے تین باب مکمل کر چکی تھیں کہ 2008ء میں ان کا انتقال ہو گیا۔ بعد میں ان کے شوہر ڈاکٹر نارائن راج اس کتاب کی تکمیل کی کوشش میں ہیں، عہد آصفی کی تاریخ سے متعلق اس کتاب میں آصف سابع میر عثمان علی خان کے دور کو اجاگر کرنے کی کوشش کی گئی ہے، ڈاکٹر شیلا راج نے اس کتاب کے تین باب ۱) آصف سابع میر عثمان علی خان کے دور میں سیکولرازم۔۲) آصف سابع کے دور میں تعلیم کی ترقی اور۔۳) آصف سابع کے دور میں مواصلاتی نظام کی ترقی۔ مکمل کر لئے تھے، ڈاکٹر نارائن راج نے اس کتاب کے لئے جملہ 12 ابواب مقرر کئے ہیں، جن کے نام اس طرح ہیں، باب اول: تعارف۔ باب دوم: آصف سابع حکمران اور شخصیت۔ باب سوم: حیدرآباد اور حیدرآبادی سماج، باب چہارم: لوگوں کی سماجی زندگی، باب پنجم: نئے نظریات کے تحت مالیہ کی تنظیم، باب ششم: لوگوں کی معاشی زندگی، باب ہفتم: سیکولر پالیسیاں، باب ہشتم: مواصلات کے

عصری ذرائع، باب نہم: عصری صنعتوں کا آغاز، باب دہم: تجارت، باب یازدہم: تعلیم کی ترقی، آخری باب: ثقافتی نشاۃ ثانیہ ہے۔

ڈاکٹر شیلا راج کی موت کے بعدان کے شوہر ڈاکٹر نارائن راج نے اپنی بیوی کے چھوڑے اس ادھورے کام کی تکمیل کا بیڑہ اٹھایا ہے، اس ضمن میں وہ اس کتاب کے ایک تعارفی مضمون میں لکھتے ہیں:

> ترجمہ: اپنی اہلیہ کے گذر جانے اور میری اپنی بیماری کے ایک مختصر عرصے کے دوران میں نے بہت کچھ کھودیا، مجھے ذہنی تناؤ سے باہر نکلنے میں ایک سال لگ گیا۔ اس کے بعد میں کئی مورخوں اور ماہرین تعلیم سے رجوع ہوا اوران سے اس کام کو مکمل کرنے کی درخواست کی، کوئی بھی اس بڑے کام کی تکمیل کے لئے تیار نہیں ہوا، میرا اپنا خیال ہے کہ یہ ایک مشکل نوعیت کا کام ہے، کیونکہ دستیاب مواد کو فارسی سے اردو اور پھر انگریزی میں منتقل کرنا ہے، میرا اپنا خیال یہ بھی ہے کہ اس کام کے کرنے والے کو آصف جاہی عہد فارسی اور اردو پر عبور رکھنا ضروری ہے، اس کے علاوہ شیلا راج کے لکھنے کا انداز بھی مختلف ہے، اسی دوران میری ملاقات برطانیہ میں مقیم حیدرآبادی اسکالر ڈاکٹر ضیاء الدین شکیب سے ہوئی، جو ایک اچھے مورخ اور فارسی' اردو اور انگریزی پر عبور رکھتے ہیں، اور حیدرآبادی تہذیب اور تاریخ سے اچھی واقفیت رکھتے ہیں، انہوں نے مجھے مشورہ دیا کہ میں بلا تاخیر ڈاکٹر شیلا راج کے تحریر کردہ تین ابواب شائع کرادوں، اور باقی کام کو کرنے کے لئے مناسب شخص کی تلاش جاری رکھوں۔ چنانچہ میں ضیاء الدین شکیب صاحب کے مشورے پر اس کتاب کے تین ابواب پیش کر رہا ہوں، اور مجھے امید ہے کہ اس کتاب کے باقی ابواب بھی ڈاکٹر شیلا

راج کی فکر کے مطابق تیار ہو کر پیش ہو نگے۔ ۵۴

کتاب کے آغاز میں تعارف کے عنوان سے ڈاکٹر شیلا راج نے عہد آصفی کی خصوصیات بیان کی ہیں، آصف سابع کے دور کی خصوصیات بیان کرتے ہوئے وہ رقم طراز ہیں:

''میر محبوب علی خان آصف سادس کی بے وقت موت کے بعد ان کی پالیسیوں کو آگے بڑھانے کی ذمہ داری بہترین انداز میں تعلیم و تربیت پائے میر عثمان علی خان آصف سابع کے کاندھوں پر آپڑی، 29 اگسٹ 1911ء کو میر عثمان علی خان نے اپنے والد کی حکومت کا جائزہ لیا، اور نظام حکومت کے ساتویں فرماں روا قرار پائے، میر عثمان علی خان ایک ہمہ جہت اور ترقی پسند حکمران تھے، وہ ایک چالاک سفارت کار اور باعزت منتظم تھے، وہ بہ یک وقت چھ سے ذیادہ زبانوں پر عبور رکھنے والے کثیر اللسان تھے، اردو کے علاوہ انہیں انگریزی۔ ترکی۔ فارسی۔ عربی اور تلگو زبانوں پر عبور تھا، ان کے سات دیوان بھی شائع ہوئے۔

1914ء میں میر عثمان علی خان نے بغیر وزیر اعظم ریاست کا انتظامیہ سنبھال لیا، ان کے دور میں ریاست نے تمام انتظامی امور میں ترقی کی۔ انہوں نے انتظامیہ کو عوام کے قریب کیا، ان کے دور حکمرانی میں ریاست حیدرآباد بہترین انتظامیہ کی ایک روشن مثال تھی، ان کے کے دور کا اہم کارنامہ ریاست کے مالیہ کے مدات کی از سر نو درجہ بندی اور تنظیم تھی، حکومت نے عوام کے بڑے طبقے کی فلاح و بہبود کی روشن پالیسیوں کو اختیار کیا، ریاست حیدرآباد نے زراعت' عوامی بھلائی' تجارت' تعلیم' صنعت مواصلات اور حمل و نقل کے شعبوں میں ترقی کے اقدامات کیئے۔ ۵۵

اس طرح ڈاکٹر شیلا راج نے اپنی اس تصنیف کا تعارف پیش کیا، جس کے تین ابواب کی انہوں نے تکمیل کی تھی، یہاں صرف ان کی اس غیر مطبوعہ کتاب کا تعارف پیش کیا گیا ہے۔

............حوالے:............

(۱) پرنس مفخم جاہ بہادر، پیش لفظ، عہد وسطیٰ سے عہد جدید تک، حیدرآباد کی سماجی، معاشی اور تہذیبی تاریخ، ص vii تا x

(۲) پرنس مفخم جاہ بہادر، پیش لفظ، عہد وسطیٰ سے عہد جدید تک ،حیدرآباد کی سماجی، معاشی اور تہذیبی تاریخ، ص viii

(۳) ڈاکٹر شیلا راج، دیباچہ، عہد وسطیٰ سے عہد جدید تک ،حیدرآباد کی سماجی، معاشی اور تہذیبی تاریخ، ص xi تا xii

(۴) ڈاکٹر شیلا راج، دیباچہ، عہد وسطیٰ سے عہد جدید تک ،حیدرآباد کی سماجی، معاشی اور تہذیبی تاریخ، ص xii تا xiii

(۵) ڈاکٹر شیلا راج، عہد وسطیٰ سے عہد جدید تک، حیدرآباد کی سماجی، معاشی اور تہذیبی تاریخ، ص 3-4

(۶) ڈاکٹر شیلا راج، عہد وسطیٰ سے عہد جدید تک ،حیدرآباد کی سماجی، معاشی اور تہذیبی تاریخ ،ص 9-10

(۷) ڈاکٹر شیلا راج، عہد وسطیٰ سے عہد جدید تک، حیدرآباد کی سماجی، معاشی اور تہذیبی تاریخ، ص 11

(۸) ڈاکٹر شیلا راج، عہد وسطیٰ سے عہد جدید تک، حیدرآباد کی سماجی، معاشی اور تہذیبی تاریخ، ص 15-16

(۹) ڈاکٹر شیلا راج، عہد وسطیٰ سے عہد جدید تک، حیدرآباد کی سماجی، معاشی اور تہذیبی تاریخ، ص 20-21

(۱۰) ڈاکٹر شیلا راج، عہد وسطیٰ سے عہد جدید تک، حیدرآباد کی سماجی، معاشی اور تہذیبی تاریخ، ص

27

(۱۱) ڈاکٹر شیلا راج، عہد وسطیٰ سے عہد جدید تک، حیدرآباد کی سماجی، معاشی اور تہذیبی تاریخ، ص 32-33

(۱۲) ڈاکٹر شیلا راج، عہد وسطیٰ سے عہد جدید تک، حیدرآباد کی سماجی، معاشی اور تہذیبی تاریخ، ص 43-44

(۱۳) ڈاکٹر شیلا راج، عہد وسطیٰ سے عہد جدید تک، حیدرآباد کی سماجی، معاشی اور تہذیبی تاریخ، ص 65

(۱۴) ڈاکٹر شیلا راج، عہد وسطیٰ سے عہد جدید تک، حیدرآباد کی سماجی، معاشی اور تہذیبی تاریخ، ص 67-68

(۱۵) ڈاکٹر شیلا راج، عہد وسطیٰ سے عہد جدید تک، حیدرآباد کی سماجی، معاشی اور تہذیبی تاریخ، ص 71-84

(۱۶) ڈاکٹر شیلا راج، عہد وسطیٰ سے عہد جدید تک، حیدرآباد کی سماجی، معاشی اور تہذیبی تاریخ، ص 99-100

(۱۷) ڈاکٹر شیلا راج، عہد وسطیٰ سے عہد جدید تک، حیدرآباد کی سماجی، معاشی اور تہذیبی تاریخ، ص 110-113

(۱۸) ڈاکٹر شیلا راج، عہد وسطیٰ سے عہد جدید تک، حیدرآباد کی سماجی، معاشی اور تہذیبی تاریخ، ص 175

(۱۹) ڈاکٹر شیلا راج، عہد وسطیٰ سے عہد جدید تک، حیدرآباد کی سماجی، معاشی اور تہذیبی تاریخ، ص 292-294

(۲۰) ڈاکٹر منی کمر یکر پیش لفظ 'ایک عہد کا مرقع' حیدرآباد نظاموں کے دور میں ص VII

(۲۱) ڈاکٹر منی کمر یکر پیش لفظ 'ایک عہد کا مرقع، حیدر آباد نظاموں کے دور میں' ص VII

(۲۲) ڈاکٹر منی کمر یکر پیش لفظ 'ایک عہد کا مرقع، حیدر آباد نظاموں کے دور میں' ص VIII

(۲۳) ڈاکٹر منی کمر یکر پیش لفظ 'ایک عہد کا مرقع، حیدر آباد نظاموں کے دور میں' ص VIII

(۲۴) ڈاکٹر منی کمر یکر پیش لفظ 'ایک عہد کا مرقع، حیدر آباد نظاموں کے دور میں' ص VIII

(۲۵) ڈاکٹر شیلا راج، دیباچہ 'ایک عہد کا مرقع' حیدر آباد نظاموں کے دور میں، ص IX

(۲۶) ڈاکٹر شیلا راج، دیباچہ 'ایک عہد کا مرقع، حیدر آباد نظاموں کے دور میں' ص IX

(۲۷) ڈاکٹر شیلا راج، دیباچہ 'ایک عہد کا مرقع' حیدر آباد نظاموں کے دور میں، ص IX

(۲۸) ڈاکٹر شیلا راج، دیباچہ 'ایک عہد کا مرقع' حیدر آباد نظاموں کے دور میں، ص XII

(۲۹) ڈاکٹر شیلا راج، ایک عہد کا مرقع، حیدر آباد نظاموں کے دور میں، ص 20 تا 23

(۳۰) ڈاکٹر شیلا راج ایک عہد کا موقع، حیدر آباد نظاموں کے دور میں، ص 25

(۳۱) ڈاکٹر شیلا راج، ایک عہد کا مرقع، حیدر آباد نظاموں کے دور میں، ص 48

(۳۲) ڈاکٹر شیلا راج، ایک عہد کا مرقع، حیدر آباد نظاموں کے دور میں، ص 70

(۳۳) ڈاکٹر شیلا راج، ایک عہد کا مرقع، حیدر آباد نظاموں کے دور میں، ص 76-77

(۳۴) ڈاکٹر شیلا راج، ایک عہد کا مرقع، حیدر آباد نظاموں کے دور میں، ص 101-102

(۳۵) ڈاکٹر شیلا راج، ایک عہد کا مرقع، حیدر آباد نظاموں کے دور میں، ص 119

(۳۶) ڈاکٹر شیلا راج، ایک عہد کا مرقع، حیدر آباد نظاموں کے دور میں، ص 123

(۳۷) ڈاکٹر شیلا راج، ایک عہد کا مرقع، حیدر آباد نظاموں کے دور میں، ص 132-131

(۳۸) ڈاکٹر شیلا راج، ایک عہد کا مرقع، حیدر آباد نظاموں کے دور میں، ص 155

(۳۹) ڈاکٹر شیلا راج، ایک عہد کا مرقع، حیدر آباد نظاموں کے دور میں، ص 156

(۴۰) ڈاکٹر شیلا راج، ایک عہد کا مرقع، حیدر آباد نظاموں کے دور میں، ص 158 تا 162

(۴۱) ڈاکٹر شیلا راج ، ایک عہد کا مرقع ، حیدرآباد نظاموں کے دور میں ، ص164

(۴۲) ڈاکٹر شیلا راج ، ایک عہد کا مرقع ، حیدرآباد نظاموں کے دور میں ، ص180-179

(۴۳) محمود بن محمد 'پیش لفظ' شاہانِ آصفیہ کی رواداری اور ہندو مسلم روایات ، ص6

(۴۴) محمود بن محمد 'پیش لفظ' شاہانِ آصفیہ کی رواداری اور ہندو مسلم روایات ، ص9

(۴۵) پروفیسر اشرف رفیع 'تعارف' شاہانِ آصفیہ کی رواداری اور ہندو مسلم روایات ، ص14

(۴۶) ڈاکٹر شیلا راج 'دیباچہ' شاہانِ آصفیہ کی رواداری اور ہندو مسلم روایات ، ص18

(۴۷) ڈاکٹر شیلا راج 'دیباچہ' شاہانِ آصفیہ کی رواداری اور ہندو مسلم روایات ، ص20-19

(۴۸) ڈاکٹر شیلا راج ، شاہانِ آصفیہ کی رواداری اور ہندو مسلم روایات ، ص26

(۴۹) ڈاکٹر شیلا راج ، شاہانِ آصفیہ کی رواداری اور ہندو مسلم روایات ، ص43

(۵۰) ڈاکٹر شیلا راج ، شاہانِ آصفیہ کی رواداری اور ہندو مسلم روایات ، ص59-58

(۵۱) ڈاکٹر شیلا راج ، شاہانِ آصفیہ کی رواداری اور ہندو مسلم روایات ، ص75 اور 76

(۵۲) ڈاکٹر شیلا راج ، شاہانِ آصفیہ کی رواداری اور ہندو مسلم روایات ، ص81-80

(۵۳) ڈاکٹر شیلا راج ، شاہانِ آصفیہ کی رواداری اور ہندو مسلم روایات ، ص108

(۵۴) ڈاکٹر نارائن راج ، تعارفی مضمون '' میر عثمان علی خان ، ایک نئے دور کا ظہور (غیر مطبوعہ)

(۵۵) ڈاکٹر شیلا راج ، تعارف ، '' میر عثمان علی خان ، ایک نئے دور کا ظہور (غیر مطبوعہ)

☆☆☆☆☆

باب چہارم

ڈاکٹر شیلا راج بہ حیثیت مرتب

بابِ چہارم

دیوان محبوب

محبوب راج محبوبؔ کا شعری مجموعہ

غزل اصناف سخن کی ایک صنف ہے، غزل کے لغوی معنی عورتوں سے یا عورتوں کے بارے میں بات کرنے کے ہیں، یہ اردو شاعری کی سب سے مقبول اور قدیم صنف ہے۔ غزل کا ہر شعر معنوی اعتبار سے مکمل ہوتا ہے اور غزل کے ایک شعر یعنی دو مصرعوں میں کسی وسیع مضمون کو مکمل ادا کر دیا جاتا ہے۔ ادبی اصطلاح میں غزل وہ صنف ہے جس میں عشق و محبت، حسن و جمال، گل و بلبل کے تذکرے، زلف و کمر، معشوق کے خدوخال کی تعریف، ہجر وفراق کی تڑپ، خوشی اور غم کے مضامین بیان کئے جائیں لیکن غزل میں ہر دور میں تبدیلیاں واقع ہوتی رہی ہیں، موجودہ دور میں غزل میں سنجیدہ مضامین، فلسفہ وتصوف اور انسانی مسائل اور خیالات کو پیش کیا جانے لگا ہے، غرض یہ کہ غزل میں ہر طرح کے خیالات و مضامین کو کامیابی کے ساتھ پیش کرنے کی صلاحیت موجود ہے۔

ایسی ہی غزلیات پر مشتمل ایک خوبصورت گلدستہ آصف جاہی دور کے نامور شاعر محبوب راج محبوبؔ کا ہے جس کو ان کی پوتی بہو ڈاکٹر شیلا راج نے ''دیوان محبوبؔ'' کے نام سے مرتب کیا۔

محبوب راج محبوبؔ کی غزلوں کا مطالعہ کریں تو ہمیں قدیم دور کی زمینوں میں جدید

اسلوب اور رنگ و آہنگ نظر آئے گا، محبوب راج محبوب کو شاعری کا فن دراصل ورثہ میں ملا تھا اور ساتھ ہی دکن کے کہنہ مشق شاعر فصاحت جنگ جلیلؔ کی شاگردی نے ان کے کلام کو اور زیادہ پر اثر بنادیا، راجہ کرشن پرشاد شادؔ کی شخصیت کا اثر بھی محبوب راج محبوب کی شخصیت پر پڑا تھا، جس کی وجہ سے ان کے کلام میں نکھار اور شائستگی پائی جاتی ہے، محبوب راج نے انوکھے اور منفرد انداز میں نئے نئے مضامین کو پیش کر کے غزل گوئی میں اپنا نام پیدا کیا، ان کی غزلوں میں عشق و محبت کا واضح تصور تو ملتا ہی ہے، ساتھ ہی مذہبی رنگ اور یکجہتی کی بہترین مثالیں پائی جاتی ہیں اور ساتھ ہی ساتھ کلام میں صوفیانہ انداز اور تصوف کا رنگ بھی نمایاں طور پر محسوس کیا جاسکتا ہے، محبوب راج کے کلام میں دلی جذبات کو صاف اور خوش اسلوبی سے ادا کیا گیا ہے، محبوب راج محبوبؔ کی غزلوں میں قلی قطب شاہ کے غزلوں کی مہک اور چاشنی کو بھی صاف طور پر محسوس کیا جاسکتا ہے اس کی وجہ یہ ہوسکتی ہے کہ دونوں کا تعلق بھی دکن سے ہے، وہ نہ صرف غزل کے شاعر تھے بلکہ انہوں نے رباعیات، قطعات، مسدس اور بھجن بھی لکھے ہیں۔

ڈاکٹر شیلا راج نے محبوب راج محبوبؔ کے دیوان کو مرتب کر کے محبوب راج کو ادبی حلقوں میں ایک نئی زندگی بخشی ہے، اگر ڈاکٹر شیلا راج محبوب راج محبوب کی غزلوں کو اکٹھا کر کے مرتب نہ کرتیں تو اردو ادب کی تاریخ میں محبوب راج محبوب کا وجود ممکن نہ تھا، ڈاکٹر شیلا راج کا یہ ایک عظیم الشان کارنامہ ہے کہ انہوں نے اپنے دادا خسر کے بکھرے کلام کو اکٹھا کیا اور کلام کو مرتب کر کے ایک دیوان کی شکل دی اگر چہ کہ ڈاکٹر شیلا راج شاعرہ نہیں تھیں لیکن محبوب راج محبوبؔ کے منتخب کلام کو مرتب کر کے ڈاکٹر شیلا راج نے یہ ثابت کر دیا کہ کسی بھی شعری مجموعہ کو ادبی پیرائے میں پیش کرنے اور مرتب کرنے کے لئے محقق کا شاعر یا شاعرہ ہونا ضروری نہیں ہے، وہ اردو ادب کی ایک عظیم خادمہ تھیں ساتھ ہی اردو کی بہترین مصنفہ اور دکن کی پہلی تاریخ داں خاتون تھیں، ان کی کوششوں سے آج ہمارے سامنے محبوب راج محبوبؔ کا کلام ایک دیوان

کی شکل میں موجود ہے۔

دیوان محبوبؔ (مرتبہ کلام):

دیوان محبوبؔ ڈاکٹر شیلا راج کی پہلی مرتب کردہ کتاب ہے جو اکتوبر 2006ء میں نرہری پرشاد چیارٹیبل ٹرسٹ حیدرآباد کی جانب سے شائع ہوئی، اس کتاب کی طباعت ایس اے گرافکس آفسٹ پریس حیدرآباد پر عمل میں آئی، ایک سو چالیس صفحات پر مشتمل اس کتاب میں راجہ محبوب راج کی جملہ 119 غزلیں شامل ہیں، کتاب کا پیش لفظ ادارہ ادبیات اردو کے معتمد عمومی پروفیسر مغنی تبسم نے لکھا ہے اور کتاب کا دیباچہ ڈاکٹر شیلا راج نے تحریر کیا ہے، دراصل محبوب راج محبوب کائستھ گھرانے کے چشم و چراغ تھے، ان کے والد راجہ گردھاری پرشاد باقی بھی ایک بہترین شاعر تھے ساتھ ہی ان کے بھائی راجہ نرسنگ راج عالی بھی دکن کے مشہور شاعر تھے ڈاکٹر شیلا راج محبوب راج محبوب کی پوتی بہو تھیں، انہوں نے راجہ محبوب راج کے بیاضوں میں بندر کھے ہوئے کلام کو اکٹھا کیا اور اسے دیوان محبوب کے عنوان سے شائع کرنے کا بیڑہ اٹھایا اور کامیاب رہیں۔

کتاب کا پیش لفظ لکھتے ہوئے پروفیسر مغنی تبسم نے ریاست حیدرآباد کے کائستھ ادیبوں اور شاعروں کی تاریخ پر روشنی ڈالی ہے اور ساتھ ہی ان کی ادبی خدمات کا تذکرہ کیا ہے اور راجہ محبوب راج محبوبؔ کی حیات اور

خدمات پر تبصرہ فرمایا، وہ اس طرح رقم طراز ہیں:

> ''راجہ محبوب راج ایک خوش گو اور خوش فکر شاعر تھے، انہوں نے مہاراجہ کشن پرشاد کی سرپرستی میں اپنے ذوق سخن کو پروان چڑھایا، وہ مہاراجہ کی علمی مجلسوں اور مشاعروں میں پابندی سے شریک ہوتے، ابتداء میں انہوں نے اپنا کلام مہاراجہ کو اصلاح کے لئے دکھایا پھر مہاراجہ کے مشورے سے حضرت جلیلؔ

مانک پوری کی شاگردی اختیار کی، ان کے کلام میں روایتی عشقیہ مضامین سے قطع نظر ایسے اشعار بہ کثرت ہیں جن میں عشق کے حقیقی جذبات اور اخلاق و تصوف کے مضامین کو اثر انگریز انداز میں پیش کیا ہے۔'' [1]

عشق مذہب ہے ترا عشق ہے ایماں تیرا
تو تو محبوبؔ نہ ہندو نہ مسلماں نکلا

پروفیسر مغنی تبسم نے محبوب راج کے اشعار میں عشق مجازی کے لطیف جذبات و کیفیات کو تلاش کیا اور انہیں کتاب کے پیش لفظ میں شامل کیا چند اشعار ملاحظہ فرمائیں۔

دل وہی اچھا ہے جو خوگر ہے درد عشق کا
درد اچھا ہے وہی جس کی دوا کچھ بھی نہیں

کہتا ہے رشک آنکھ بھی دیکھے نہ یار کو
بہتر یہی ہے دل میں رہے رو بہ رو نہ ہو

تھا عشق کا مرحلہ نہ آساں
سردے کے مہم یہ ہم نے سر کی

مرے دم کا آنا ہے آنا کسی کا
مری جاں کا جانا ہے جانا کسی کا

وہ مری وحشت سے حیراں، میں فروغِ حسن سے
دونوں بت کی طرح بیٹھے تھے برابر سامنے

خواب میں مجھ سے وہ آ آ کے ملا کرتے ہیں
میں جو اٹھتا ہوں تو سوجاتی ہے قسمت میری

آگے چل کر وہ فرماتے ہیں کہ

''محبوب راج کا کلام بیاضوں میں محفوظ ہے، اشاعت سے محروم رہنے کے سبب وہ سخن شناسوں کی نظروں سے دور رہا، محترمہ شیلا راج صاحبہ نے اس کی اشاعت کا بیڑہ اٹھایا، جب یہ دیوان شائع ہوکر سخن شناسوں تک پہنچے گا تو یقین ہے کہ اہل اردو اس کی قدر و قیمت سے آشنا ہوں گے اور اردو شاعری میں ان کو وہ مقام حاصل ہوگا جس کے وہ بجا طور پر مستحق ہیں۔'' ۲

ڈاکٹر شیلا راج نے اس کتاب کے دیباچہ میں اپنی خاندانی خدمات کی تفصیلات فراہم کی ہیں اور اپنی ادب دوستی کی روایت کو پیش کیا ہے ڈاکٹر شیلا راج نے محبوب راج کی زندگی اور ادبی خدمات کا تذکرہ کرتے ہوئے لکھا ہے کہ

''محبوب راج 1894ء میں پیدا ہوئے۔ حکمران وقت نواب میر محبوب علی خاں کی ایماء پر آپ کا نام محبوب راج رکھا گیا۔''۔۔۔ ایوان شاؔد میں منعقد ہونے والی ہر شعروسخن کی محفل میں محبوب راج نہ صرف شرکت کرتے بلکہ غزل پڑھا کرتے تھے، محبوب راج شعروسخن کا ذوق وشوق فطرتاً لے آئے تھے، آپ کے شعری ذوق کو مہاراجہ کشن پرشاد کی سخن نوازی اور شعرا پروری نے پروان چڑھایا۔'' ۳

محبوب راج محبوؔب قومی یکجہتی کے علمبردار تھے اور امن واتحاد کو پسند فرماتے تھے، ان کی غزلوں میں ہمیں قومی اتحاد و یکجہتی کا درس ملتا ہے، ان کے یہ اشعار ملاحظہ کریں جن میں انہوں نے ہندو مسلم بھائیوں کو مل جل کر رہنے کا پیغام دیا ہے۔

ایک ہی ماں کے دو اطفال وطن ہیں جب یہ
کس لئے جھگڑے ہیں آپس میں یہ نفرت کیوں ہے
بھائی بھائی میں یہ رنجش ہے الٰہی توبہ

اس محبت میں خدا جانے عداوت کیوں ہے
خانہ جنگی کے نتائج کو ذرا سوچیں تو
اپنی بربادی کی اس قوم کو عادت کیوں ہے
کسی مذہب میں نہیں بغض و حسد کی تعلیم
یہ تو بتلاؤ کہ تم میں یہ شرارت کیوں ہے

ڈاکٹر شیلا راج آگے بیان کرتی ہیں کہ محبوب راج کو ابتدأ مہاراجہ کشن پرشاد سے شرف تلمذ حاصل رہا، بعدازاں مہاراجہ بہادر کی صلاح پر آپ نواب فصاحت جنگ جلیلؔ سے اصلاح لینے لگے۔

محبوب راج محبوبؔ دراصل فصاحت جنگ جلیلؔ کے شاگرد تھے اور اپنے کلام پر ان سے اصلاح لیتے تھے۔ محبوب راج اپنی غزل کے مقطع میں اس بات کا اظہار کرتے ہیں ؎

جب سے شاگردی میں آیا ہے فصاحت جنگ کی
شعر گوئی کا تیری محبوبؔ چرچا ہوگیا

ڈاکٹر شیلا راج نے محبوب راج محبوبؔ کے کلام پر روشنی ڈالتے ہوئے لکھا ہے:

''عام شخصیت سے قطع نظر بحیثیت ایک شاعر محبوب راج محبوبؔ کے کلام پر نظر ڈالیں تو اندازہ ہوگا کہ آپ کا کلام تخیل کی بلندی سے زیادہ عام فہم اور سادہ زبان میں ہے، آپ نے دقت پسند، پیچیدہ بندشوں اور دور فہم ترکیبوں سے اجتناب کیا، کلام عاشقانہ مضامین سے مملو ہے، شوخ نگاری نے غزلوں میں جان ڈال دی ہے، الجھے ہوئے اشعار ناپسند تھے، لہٰذا سلیس طرز بیان کو اپنایا، تشبیہ اور اشعاروں کا استعمال بھی کم ہے، کلام میں دلی جذبات کو صاف اور خوش اسلوبی سے ادا کیا ہے، کلام کی جان سادگی ہے جو آپ کے طرز بیان میں اثر اور

صداقت کو نمایاں کرتی ہے۔'' ؎

محبوب راج محبوبؔ کے چند عشقیہ اشعار ملاحظہ فرمائیے ۔

چاہ میں ڈوب مرا چاہنے والا تیرا
طالب موت ہوا کرتا ہے شیدا تیرا
دل نشیں جب سے ہوا چہرہ زیبا تیرا
ہر رگ و پے میں نظر آتا ہے جلوہ تیرا
حال محبوبؔ کا کیا ہوگا خدا ہی جانے
حشر کے روز جو اٹھ جائے گا پردہ تیرا
بھول سکتا نہیں وہ خواب میں آنا تیرا
بوسہ لینا مرا سینے سے لگانا تیرا
تو چھپے دل میں مرے اور میں ڈھونڈوں باہر
عشق سچا ہوتو مشکل نہیں پانا تیرا
آنکھوں میں مری اشک نہ تھا خون جگر تھا
یہ عشق کا صدقہ تھا یہ الفت کا ثمر تھا
کیا لطف ہو صحبت کا جس میں نہ ہنسیں بولیں
آتے جو وہ محفل میں کچھ رنگ جما ہوتا

کتاب کی اشاعت کے مقصد کو بیان کرتے ہوئے ڈاکٹر شیلا راج نے لکھا ہے کہ

''راجہ محبوب راج کی وفات کو پچھتر سال ہو چکے ہیں، آپ کا کلام اب تک صرف بیاضوں میں ہی بند تھا، محبوب راج محبوبؔ کی پڑپوت بہو کے ناطے میں نے ''دیوان محبوبؔ'' کی اشاعت کا بیڑہ اٹھایا، موجودہ تغیر پذیر اور ترقی پسند

شاعری کے دور میں ایک فراخ دل، وسیع النظر اور مخلص انسان کے کلام کو منظر عام پر لانے کا مقصد لوگوں کے تنگ و تاریک ذہنوں کو روشن کرنا دلوں کو تعصب اور تنگ نظری سے آزاد کرنا اور قومی یکجہتی کی فضاء پیدا کرنا ہے۔'' ۵

دیباچہ کے آخر میں ڈاکٹر شیلا راج نے اپنے مرحوم چچا رائے اندراج کا شکریہ ادا کیا، جنہوں نے اپنے ماموں کے کلام کو بیاضوں میں محفوظ رکھا تھا، ساتھ ہی ڈاکٹر مغنی تبسم کا بھی شکریہ ادا کیا جنہوں نے پیش لفظ لکھا اور مفید مشوروں سے نوازا تھا، انہوں نے نرہری پرشاد چیارٹیبل ٹرسٹ ادارہ ادبیات اور اپنے شوہر ڈاکٹر نارائن راج کی معاونت پر بھی شکریہ ادا کیا۔

......: دیوانِ محبوبؔ سے چند منتخبہ اشعار :......

عیب بھی دوستو دنیا میں کہیں چھپتا ہے
آپ سے آپ عیاں ہوگا جو پنہاں ہوگا

قبر میں تجھ کو نہ محبوب سونے دیں گے
نیند اچٹ جائے گی جب شورِ عزیزاں ہوگا

ہمت بندھی جو فضلِ خدائے کریم سے
ہر عقدہ حل ہوا کوئی مشکل نہیں رہا

محبوبؔ شاعری کا جو سودا ہوا تجھے
تو اور کاروبار کے قابل نہیں رہا

یہی ہے شغل کیا تیرا سزا دینا جزا دینا
ہمیشہ خاک کے پتلے بنانا اور مٹا دینا

ادا و ناز کا تیرے یہ معمولی کرشمہ ہے
ہنسا دینا گھڑی بھر میں گھڑی بھر میں رلا دینا

نہیں ہے کھیل کسی کا دل و جگر لینا
سمجھ کے سوچ کے لینا انہیں اگر لینا

جو وقت گذرے غنیمت ہے کیا خبر کل کی
جو کام کل تجھے کرنا ہو آج کرلینا

جگہ نہ دل میں عداوت کو دے ، محبت کر
کہ چار دن کو عبث ہے بگاڑ کرلینا

مئے توحید کو پی کر میں سنبھل جاؤں گا
میں وہ کم ظرف نہیں ہوں جو ابل جاؤں گا

زادِ رہ نامہ اعمال ہی ہوگا محبوبؔ
چھوڑ کر یاں تن خاکی کو نکل جاؤں گا

نہیں باقی امیرؔ و داغؔ اب محبوبؔ دنیا میں
جہاں سے اٹھ گئے صد حیف فخرِ شاعراں کیا کیا

محبوب راج محبوبؔ اپنے دور کے معتبر اور منجھے ہوئے شاعر تھے،ان کے کلام میں سادگی پائی جاتی ہے اوران کی زبان میں اثر اور بیان میں صداقت کا پہلو نمایاں طور پر محسوس ہوتا ہے، اگر ہم محبوب راج محبوبؔ کے کلام کا مطالعہ کریں تو ہمیں اندازہ ہوگا کہ آپ کے کلام میں تخیل کی بلندی عام فہم اور سادہ زبان کا استعمال نظر آتا ہے، اور ساتھ ہی کلام میں عاشقانہ مضامین کی کثرت پائی جاتی ہیں، انداز میں شوخی پائی جاتی ہے جس نے غزلوں میں جان ڈال

دی ہے، غزلوں میں تشبیہ اور استعاروں کا استعمال بھی کم ہے اور کلام میں دلی جذبات کو صاف اور خوش اسلوبی سے ادا کیا ہے، مجموعی اعتبار سے محبوب راج محبوبؔ کا کلام عام فہم اور سادہ اسلوب بیان پر مشتمل ہے، جس کو پڑھ کر قاری محظوظ ہوں گے ۔

ڈاکٹر شیلا راج کی کوششوں نے محبوب راج محبوبؔ کے کلام کو ادبی حلقوں تک پہنچایا ہے ،دراصل محبوب راج محبوبؔ کا کلام بیاضوں میں بند تھا جس کو ڈاکٹر شیلا راج نے اکٹھا کیا اور بڑی عرق خریزی سے مرتب کر کے ایک مجموعہ کلام کی شکل دی۔

دیوانِ عالؔی

راجہ نرسنگ راج عالؔی کا شعری مجموعہ

ڈاکٹر شیلا راج بحیثیت تاریخ داں، مصنفہ اور مترجم و محقق، ارد و ادب کے میدان میں جانی اور پہچانی جاتی ہیں، جہاں انہوں نے اہم کتابوں کو تصنیف کیا وہیں اپنے قلم کے ذریعہ بہترین مضامین ضبط تحریر میں لائے، انہوں نے شعری مجموعوں کو مرتب بھی کیا ہے، ڈاکٹر شیلا راج جو ماہر تاریخ داں اور ممتاز محقق ہیں جنہوں نے اپنا تحقیقی مقالہ ریاست حیدرآباد کی سماجی، معاشی اور ثقافتی تاریخ پر مکمل کیا ہے، وہیں انہوں نے آصف جاہی دور کے کارناموں کو نمایاں کرنے میں بھی بہت ہی اہم رول ادا کیا ہے، ڈاکٹر شیلا راج ہندو مسلم اتحاد کی علمبردار تھیں اپنی تحریروں کے ذریعہ انہوں نے قومی یکجہتی کے فروغ میں نمایاں کردار انجام دیا ہے، ڈاکٹر شیلا راج کا تعلق کائستھ گھرانے سے رہا ہے انہوں نے اردو ادب کی کئی سالوں تک خدمت انجام دی، ان کی خدمات کو فراموش نہیں کیا جاسکتا، ان کے خاندان نے ہمیشہ سے اردو ادب کے فروغ و خدمت کو اپنا نصب العین بنائے رکھا، ڈاکٹر شیلا راج نے اپنی بے پناہ صلاحیتوں کے ذریعہ تحقیقی کارنامے انجام دیئے اور اپنی لازوال تصانیف کو اردو زبان و ادب کا قیمتی سرمایہ بنایا، ڈاکٹر شیلا راج نے آصف جاہی عہد کے ادب پاروں اور اس دور کے شاعروں کے کلام کو گوشہ گمنامی سے نکالا اور اپنی تحقیقات کے ذریعہ اردو ادب میں ان کا مقام بنایا ہے۔

مختلف موضوعات پر انہوں نے اپنی تصانیف اپنی یادگار کے طور پر چھوڑی ہیں، جن

میں آصف جاہی دربار سے وابستہ شاعروں کے مرتبہ کلام بھی شامل ہیں، ڈاکٹر شیلا راج نے اس دور کے معروف شعراء محبوب راج محبوبؔ اور راجہ نرسنگ راج عالیؔ کے کلام کو جو کہ بیاضوں میں محفوظ تھا بڑی محنت وجستجو اور تحقیق وتنقیدی بصیرت کے ذریعہ سے مرتب کیا ہے۔

''دیوان عالی'' ڈاکٹر شیلا راج کی آخری مرتبہ تصنیف ہے جو 12 رفروری 2009ء کو نرہری پرشاد چیارٹیبل ٹرسٹ حیدرآباد کی جانب سے شائع ہوئی، اس کتاب کی اشاعت سے قبل ہی محترمہ ڈاکٹر شیلا راج اس دنیا سے رخصت ہوگئیں، ان کے انتقال کے بعد یہ کتاب منظر عام پر آئی، اس کتاب کی طباعت ایس۔اے آفسٹ پرنٹرز حیدرآباد پر عمل میں آئی۔ڈاکٹر شیلا راج کی یہ مرتبہ تصنیف جملہ 216 صفحات پر مشتمل ہے، اس کتاب میں ڈاکٹر شیلا راج نے اپنے دادا خسر راجہ نرسنگ راج عالیؔ کے کلام کو ڈھونڈ نکالا اور نہایت محنت اور عرق ریزی سے مرتب کرکے اس کی اشاعت عمل میں لائی، دراصل راجہ نرسنگ راج عالیؔ آصف جاہی دور کے آخری فرمان رواں میر عثمان علی خان آصف سابع کے دربار سے وابستہ دکن کے مشہور ومعروف شاعر تھے، ڈاکٹر شیلا راج نے راجہ نرسنگ راج عالیؔ کے مجموعہ کلام کو''دیوان عالیؔ'' کے عنوان سے مرتب کیا، اس کتاب میں جملہ 62 غزلیں، 3 قصیدے، 2 مرثیے، 66 رباعیاں اور 23 قطعات، 4 تاریخیں اور اہم عنوانات پر مشتمل نظمیں شامل ہیں، دیوان عالیؔ کا پیش لفظ نامور صحافی جناب زاہد علی خان مدیر سیاست حیدرآباد نے تحریر کیا ہے، پیش لفظ لکھتے ہوئے زاہد علی خان نے کائستھ خاندان کو بھرپور خراج عقیدت پیش کیا ہے اور وہ رقم طراز ہیں:

> ''ہمارے شہر کی علمی وادبی، تہذیبی اور ثقافتی تاریخ گواہ ہے کہ حیدرآباد میں کائستھ گھرانوں نے نہ صرف حیدرآباد کی اعلیٰ خدمات انجام دی ہیں بلکہ یہاں کی تہذیبی روایات کو بھی پوری طرح اپنایا ہے، زندگی کے ہر شعبے میں کائستھ خواتین وحضرات نے اپنی اعلیٰ صلاحیتوں کا بھرپور احساس دلایا ہے، تب ہی تو

یہ خواتین حضرات مہذب معاشرے میں اعلیٰ مقام رکھتے ہیں۔''۶

ڈاکٹر شیلا راج کی شخصیت کے متعلق زاہد علی خان نے پیش لفظ دیوان عالی میں اظہار خیال کرتے ہوئے کہا کہ

''دیوان عالی کی مرتبہ ڈاکٹر شیلا راج خود ایک پُر وقار و باصلاحیت قابل ترین ادیبہ ہیں، جن کی تحریریں خاص طور پر سیاست کی معرفت محبان اردو کی نظر سے گذرتی رہی ہیں، میں ڈاکٹر شیلا راج کو دل کی گہرائیوں کے ساتھ مبارکباد دینا چاہتا ہوں کہ انہوں نے اردو کے قابل قدر سرمائے کو کتابی شکل دی ہے میں ذاتی طور پر ایسے لوگوں کی دل وجان سے قدر کرتا ہوں جو اپنے پرکھوں کے مقدس ورثے کے تحفظ میں مصروف رہا کرتے ہیں۔''۷

ڈاکٹر شیلا راج کی مرتبہ اس تصنیف کا پیش لفظ پروفیسر سلیمان اطہر جاوید سابق پروفیسر (سری وینکٹیشورا یونیورسٹی تروپتی) نے تحریر کیا ہے، وہ پیش لفظ میں کائستھ خاندان کی تفصیل بیان کرتے ہوئے اس طرح رقم طراز ہیں:

''راجہ نرسنگھ راج عالیؔ اس خانوادے سے تعلق رکھتے تھے جس کے ارکان آصفی سلطنت میں اعلیٰ مناصب پر فائز ہی نہیں تھے بلکہ سلطنتِ شعر وادب پر بھی جنھوں نے حکمرانی کی، عالیؔ کا سلسلہ رائے دولت رائے سے ملتا ہے جو نظام الملک آصف جاہ کے ہمراہ اورنگ آباد اور پھر حیدرآباد آئے، راجہ نرہری پرشاد کے بڑے صاحبزادے راجہ گردھاری پرشاد محبوب نواز ونت باقیؔ تھے ان کو بھی سلطنتِ آصفی میں اعلیٰ مدارج حاصل رہے، شعر وادب کا نکھرا ستھرا ذوق تھا۔ انکی یادگار نظم ونثر کی کئی تصانیف ہیں، باقیؔ کی اولاد میں تین صاحبزادیوں کے علاوہ دو صاحبزادے راجہ نرسنگ عالیؔ اور راجہ محبوب راج محبوبؔ رہے، راجہ

محبوبؔ راج بھی کلیدی عہدوں پر فائز تھے، ان کا شمار سلاطین آصفی کے جاں نثاروں میں ہوتا تھا۔ راجہ نرسنگ راج عالیؔ بھی اردو کے شاعر تھے غیر معمولی دلچسپی تھی۔ 8

ڈاکٹر شیلا راج کی قابلیت اور صلاحیتوں سے متعلق انہوں نے لکھا ہے:

''راجہ نرسنگ راج عالیؔ کی پوتی بہو ڈاکٹر شیلا راج مورخ ہیں اور انیسویں اور بیسویں صدی کے حیدرآباد بالخصوص سلطنت آصفیہ کے بارے میں اتھاریٹی ہیں، اس سلسلے میں ان کی کئی کتابیں زیور طبع سے آراستہ ہو چکی ہیں۔ انہوں نے اردو اور تاریخ دونوں میں پوسٹ گریجویشن کی تکمیل کی ہے، شعر و ادب سے تو بے اندازہ دلچسپی رکھتی ہیں، سال ڈیڑھ سال گذرے ہوں گے کہ ڈاکٹر شیلا راج نے راجہ محبوب راج محبوبؔ کے کلام کو ڈھونڈ نکالا اور نہایت محنت کیساتھ مرتب کر کے ''دیوان محبوب'' کے عنوان سے اس کی اشاعت عمل میں لائی، ''دیوان محبوبؔ'' کی علمی و ادبی حلقوں میں خاصی پذیرائی ہوئی اور اب انہوں نے راجہ محبوب راج محبوبؔ کے برادرِ بزرگ راجہ نرسنگھ راج عالیؔ کے شعری مجموعہ کو تلاش کیا جو منظر عام پر آیا ڈاکٹر شیلا راج کی آصفی دور سے جذباتی وابستگی کا ایک اظہار یہ بھی ہے کہ ادھر چند ماہ قبل ہی انہوں نے ''شاہانِ آصفیہ کی رواداری اور ہندو مسلم روایات'' کے نام سے ایک گراں قدر کتاب شائع کی ہے، ایسی کتابوں اور ایسے خیالات کو فی زمانہ عام اور بہت زیادہ عام کرنے کی ضرورت ہے۔ 9

سلمان اطہر جاوید راجہ نرسنگ راج عالیؔ کے کلام کا بھرپور جائزہ لیتے ہوئے رقم طراز ہیں:

''راجہ نرسنگ راج عالیؔ نے نہایت روانی اور قادر الکلامی کے ساتھ

حسن وعشق، ہجر ووصال، گل وبلبل اور لب ورخسار جیسے موضوعات پر طبع آزمائی کی ہے۔ان کی عاشق مزاجی، شوخی، خوش طبعی اور نگینی خیال دیدنی ہوتی ہے۔'' ۔

انہوں نے ان باتوں کو ثابت کرنے کے لئے مندرجہ ذیل اشعار کو منتخب کیا ہے ۔

دیکھا تھا اس کو آنکھ نے دل ہوگیا فگار
کس کی خطا تھی اور چلا کس پہ وار ہے

جانے کیا آنکھ میں بھرا جادو
ایک دنیا اسی میں بستی ہے

پڑ جاتی ہے جس پر اسے کر دیتی ہے بے خود
یہ آنکھ تمہاری ہے کہ جادو ہے بلا ہے

کسی کی بگڑی بناتے تو اِس سے بہتر تھا
جو بن کے بیٹھے ہو تم زلف کے بنانے کو

تمہارے وعدے پہ کیسے یقیں کرے کوئی
نہیں، ہے ،ہاں، میں تمہاری، تمہاری ہاں میں نہیں

سیکڑوں بسمل ہزاروں نیم جاں دیکھا کئے
اس گلی میں ہم قیامت کا سماں دیکھا کئے

ہے کالی زلف تمہیدِ شبِ وصل
دلِ ناداں نہ گھبرا اس بلا سے

کیوں مجھ کو لئے جاتا ہے صیاد قفس سے
یہ بال ہیں، یہ پر ہیں لے حاضر یہ گلا ہے

ڈاکٹر شیلا راج نے دیوان عالؔی کا دیباچہ مفصل انداز میں لکھا ہے ،ابتداء میں انہوں نے راجہ نرسنگ راج عالؔی کی علمی وادبی خدمات کے متعلق اس طرح اظہار خیال کیا ہے:

''راجہ نرسنگ راج عالؔی وقت کے تقاضے اور اہمیت کا خیال کرتے ہوئے تعلیم کو زندگی کی اہم ضرورت سمجھتے تھے،آپ نے نہ صرف لڑکوں کی تعلیم پر بلکہ تعلیم نسواں کی اہمیت پر بھی زور دیتے تھے، چنانچہ آپ نے اپنی حیات میں دو اسکول قائم کیے جن میں لڑکوں کے لئے کائستھ پاٹھشالہ جو دیوڑھی بنسی راجہ کے احاطہ میں واقع ہے،دوسرا لڑکیوں کے لئے شکتی کنیا پاٹھشالہ محلّہ حسینی علم قابل ذکر ہیں۔'' [10]

ڈاکٹر شیلا راج نے عالؔی کی ان رباعیوں کو اپنے دیباچہ میں پیش کیا ،جن میں سے انہوں نے اپنی شاعری کے ذریعہ سماج میں پھیلنے والی برائیوں کے خلاف آواز اٹھائی، جوئے سے تباہی اور شراب نوشی کے مضر اثرات سے لوگوں کو آگاہ کرنے کی کوشش کی، یہاں وہ رباعیاں پیش کی جارہی ہے ۔

رباعی

جوئے میں ہے قتل اور لڑنا زیادہ
سنبھلنا ہے کم اور اجڑنا زیادہ
کہیں اور کیا مختصر ہے یہ عالؔی
کہ بننا ہے کم اور بگڑنا زیادہ

رباعی

ہر اک گھر میں ہوتا شوالا نہیں ہے
اندھیرے میں ہرگز اجالا نہیں ہے

نہ کھیلے جوا کوئی ہے حکمِ مذہب
دیوالی ہے یہ کچھ دیوالا نہیں ہے

ڈاکٹر شیلا راج قومی یکجہتی اور گنگا جمنی تہذیب کی علمبردار تھیں، دراصل ان کے خاندان ہی کی یہ روایت رہی ہے راجہ نرسنگ راج عاؔلی بھی قومی یکجہتی کے علمبردار تھے، وہ انسان دوستی کے شاعر تھے، انہوں نے ہندو مسلم میں کبھی کوئی فرق نہیں کیا اور وہ حب الوطن شاعر تھے ڈاکٹر شیلا راج اپنے دیباچہ میں راجہ نرسنگ راج عاؔلی کی قومی یکجہتی کے تصور کے متعلق رقم طراز ہیں:

''راجہ نرسنگ راج عاؔلی قدیم حیدرآبادی گنگا جمنی تہذیب وتمدن کے علمبردار ہی نہیں تھے، بلکہ حب الوطنی اور یکجہتی کے زبردست حامی تھے، خلوص ویگانگت، صداقت، وسیع النظری، انسان دوستی، خلوص وایثار کا مجسمہ تھے، آپ میں حب الوطنی کا جذبہ بے حد تھا اور اپنے وطن حیدرآباد پر بجا ناز تھا۔'' [11]

عاؔلی کو بجا ناز ہے اس ملکِ دکن پر
تقدیر اسی آب سے اس گل سے لگی ہے
رہے آباد عاؔلی حیدرآباد
ہمیں کیا حاجت ایراں اصفہاں کی
ہمارا ہند سب سے ہو بلند اور شان والا ہو
کہ دنیا کے ممالک سے بڑا اور آن والا ہو

......: رباعیات :......

حق والو بتاؤ دیر و حرم کہاں
جب ایک وطن میں ہوتو پھر بیر کہاں

خالق دونوں کا جب نہیں دو عاؔلی
ہندو مسلم ہیں ایک غیر کہاں
اہل دنیا بگڑتے جاتے ہیں
ہندو مسلم کے گہرے ناطے ہیں
سب برادر ہیں غیر عاؔلی کون
یہ بزرگوں سے سنتے آئے ہیں

ڈاکٹر شیلا راج نے اس کتاب کے دیباچہ میں عاؔلی کے کلام کا مفصل اور حرف بہ حرف جائزہ لیا اور غزلوں، نظموں، رباعیوں اور مرثیوں سے متعلق عاؔلی کے خیالات کو قارئین کے سامنے لا کھڑا کیا، ڈاکٹر شیلا راج ادب دوست شعروشاعری کا ذوق رکھنے والی ہمہ جہت شخصیت تھیں، انہوں نے نہ صرف عالی کے کلام کو مرتب کیا بلکہ اس کے نوک و پلک کو سدھارا بھی اور اپنے خاندان کے ہونہار اور ادب دوست شعراء کے سرمایہ ادب کو زندگی بخشی۔

ڈاکٹر شیلا راج عاؔلی کے کلام پر تبصر کرتے ہوئے لکھتی ہیں:

''راجہ نرسنگ راج عاؔلی ایک فطری شاعر تھے، آپ کو ہندی فارسی اور اردو شاعری سے دلچسپی تھی، آپ کا تخلص عاؔلی تھا، آپ نے شاعری کی ہر صنف میں سخن آزمائی کی ہے، غزل، نظم مرثیہ، رباعیات، قطعات اور بھجن بھی آپ نے لکھے ہیں، آپ کی شاعری میں اشعار کی نزاکت، خیالات کی بلند پروازی عظمت تخیلا ور فہم رسا کا جائزہ لیں تو کہا جاسکتا ہے کہ آپ ایک بلند پایہ شاعر تھے۔ اردو اور فارسی زبان پر عبور تھا، شاعری ایک نازک فن ہے، ہر کسی کے بس کی بات نہیں مگر، آپ نے بہت سی مرصع غزلیں کہی ہیں، آپ نے کئی ایسی غزلیں لکھی ہیں، جو 120 سے ایک سو چالیس اشعار کی ہیں، ان کو پڑھ کر آدمی

اس کی گہرائی اور مضمون آفرینی میں گم ہوجاتا ہے، آپ کی قادرالکلامی کا ثبوت
آپ کی غزلیات کے مطالعہ سے ہوتا ہے۔'' ۱۲؎

مندرجہ بالا اقتباس سے محسوس ہوگا کہ ڈاکٹر شیلا راج نے نہ صرف دیوان عاؔلی کو مرتب کیا ہے بلکہ عاؔلی کے کلام کا تنقیدی جائزہ لیتے ہوئے راجہ نرسنگ راج عاؔلی کے کلام کی خوبیوں اور خامیوں سے قارئین کو واقف کروایا ہے دراصل یہ دیباچہ ادبی اعتبار سے بہترین اور پرمغز دیباچہ ہے، اس دیباچہ میں ڈاکٹر شیلا راج نے عاؔلی کے کلام میں اپنی والدہ اور بھائی سے اپنی والہانہ محبت کا اظہار اوران کے انتقال پرغم والم کے کلام پراثرات کواشعار کے ذریعہ بیان کیا ہے۔ڈاکٹر شیلا راج آگے بیان کرتی ہیں:

''یمین السلطنت مہاراجہ کشن پرشاد شاؔد سے عاؔلی کو دلی عقیدت تھی اورآپ سے وسیع تعلقات تھے، مہاراجہ بہادر سے راجہ صاحب کی نہ تو رشتہ داری تھی اور نہ قرابت لیکن دونوں میں محبت کا مستحکم اور غیر متزلزل رشتہ ایسا تھا جس کو دنیا کی قوی سے قوی طاقت بھی مٹا نہیں سکتی تھی اور ہوا بھی یہی، یہ رشتہ مہاراجہ کی آخری سانس تک قائم رہا۔

ڈاکٹر شیلا راج نے راجہ نرسنگ راج عاؔلی کی مہاراجہ کرشن پرشاد شاؔد سے دلی عقیدت کی جھلک و والہانہ محبت کو نہایت ہی موثر ڈھنگ سے ان اشعار میں ڈھونڈ نکالا ہے۔

ان کا ثانی کون تھا اب ہے کہاں ان کی مثال
شاؔد کی ہستی غنیمت تھی دکن کے واسطے
سخاوت حلاوت میں مروت حلق میں یکسر تلاشِ شاؔد
کرنی ہوتو کرلو روح شاداں میں
شاؔد کے حق میں کر دعا عاؔلی

تیر ے محسن ہیں سوچتا کیا ہے ۱۳۱

دیوان عالؔی کے دیباچہ کے آخر میں ڈاکٹر شیلا راج نے جناب زاہد علی خاں کا شکریہ ادا کیا ہے کہ انہوں نے اس کتاب کا پیش لفظ مکمل کیا ہے اور ساتھ ہی ڈاکٹر سلیمان اطہر جاوید کا بھی شکریہ ادا کیا جنہوں نے دیوان عالؔی کا پیش لفظ لکھا ہے، اس کے علاوہ ڈاکٹر شیلا راج نے دیوان عالؔی کے مرتب کرنے میں جن احباب نے اپنا دست تعاون پیش کیا، ان تمام ہی احباب کا ایک ایک کر کے شکریہ ادا کیا، اور آخر میں اپنے شوہر ڈاکٹر نارائن راج صاحب کا بھی شکریہ ادا کیا ہے، بحیثیت مجموعی ڈاکٹر شیلا راج نے اپنی علمی اور ادبی بصیرت کے لحاظ سے دیوان عالؔی کے دیباچہ کو ایک علمی وادبی زندگی بخشی ہے۔

دیوان عالؔی سے منتخب اشعار:

مرے ہوش باقی رہتے مجھے کچھ قرار ہوتا
مرا کچھ پتہ تو بتا جو تو غم گسار ہوتا
میں یہ جانتا کہ مجھ سے جو تجھے بھی پیار ہوتا
یہ مرا نصیب ہوتا کہ گلے کا ہار ہوتا
آستاں پر تیرے جس دن سے جھکا سر اپنا
یاد مسجد ہے نہ ہے دھیان میں مندر اپنا
شاہِ عثماں سے ہے سب عزت ووقعت عالؔی
حضرت شاؔد سے آباد سدا گھر اپنا
دل حزیں ناحق تیرا میں اعتبار کیا
تو ہی نے مجھ کو جہاں میں ذلیل و خوار کیا
گناہ میں نے کیا اور بے شمار کیا

میں صدقے تیرے کہ تو عفو بار بار کیا

نام تیرا ہے خدایا عاصیوں کا ناخدا
ڈوبنے والوں کا آخر یہ سہارا بن گیا

شاعری کا فن ہے عالؔی نازک اور مشکل بہت
سرسری کہہ کر نہ سمجھو شعر اچھا بن گیا

سناؤں کسے داستانِ محبت
نہیں والدہ جو تھیں جان محبت

برادر کا بیوی کا صدما تھا لیکن
تھی مادر سے تسکین جانِ محبت

گلستاں میں بہار آئی ہے بلبل کی فغاں ہوکر
گل وخار چمن خاموش ہیں سب بے زباں

نگاہ شوق میں میری جو ہے ایک یاس کا عالم
یہ بہتر تھا میرے حق میں بہار آئی خزاں ہوکر

کدھر ہے راہ طریقت کسی کو کیا معلوم
ہے کیسا راز حقیقت کسی کو کیا معلوم

رہے جلیلؔ کا آباد میکدہ عالؔی
کہ ہر شراب کو شیریں بنا کے پیتا ہوں

اہل دل ملتے ہیں ہشیار بھی دیوانوں میں
تم سکوں چاہو ملے گا وہ بیابانوں میں

انسان وہ کیا نظر میں اہل نظر نہ ہو

سر کیا وہ تیرے سامنے سجدے میں گر نہ ہو
کبھی لغزش نہیں کھاتے ہیں قرآن دیکھنے والے
کبھی دھوکہ نہیں دیتے ہیں ایماں دیکھنے والے
حق کو باطل کر سکے طاقت کہاں انسان کی
کیا ہوا انجام آخر پوچھئے شداد سے
شعر کہنا ہے کٹھن عالؔی سے ممکن تھا کہاں
فیض جو کچھ بھی ملا وہ سب ملا استاد سے
جلیلؔ سا کوئی اتنا ہے اب کہاں عالؔی
ملا ہے فیض یہ مجھ کو جلیلؔ منزل سے
دنیا میں نیک لوگ ہی کچھ کام کر گئے
یوں تو بہت سے آئے بہت بے خبر گئے

رباعیات:......

دن میں ہمیں چین نہ رہے راتوں میں
تحریر میں کچھ لطف ہے نہ باتوں میں
کیا عرض کریں ضبط سررشتہ کا مال سے
ہے مرگ و حیات اپنی تیرے ہاتھوں میں

شوکت رہتی ہے اور نہ ثروت رہتی
منصف رہتا ہے اور نہ خدمت رہتی

عالؔی رہتا ہے نیک نام انسان
جو نیک عمل ہیں ان کی شہرت رہتی ہے[۱۴]

بہت کم ادیب غیر جانبدار ہوتے ہیں، یہ لوگ جب بھی کوئی شعری یا نثری تخلیق پیش کرتے ہیں تو اس میں اپنی ادبی صلاحیتوں کا بھر پور مظاہرہ کرتے ہوئے نہ صرف شاعر یا نثر نگار کی خوبیوں کو بیان کرتے ہیں بلکہ ان کی خامیوں سے بھی قارئین کو روشناس کرواتے ہیں، ڈاکٹر شیلا راج بھی ایک ایسی ہی ایماندار و محنتی مصنفہ تھیں، ان کی یہ آخری مرتبہ تصنیف دیوان عالؔی اس بات کا زندہ ثبوت ہے، ڈاکٹر شیلا راج کی یہ تحقیقی تصنیف اردو ادب میں ایک گراں قدر اضافہ ہے، جسے ہمیشہ یاد رکھا جائے گا۔

☆☆☆☆☆

......: حوالے :............

(۱) مغنی تبسم، دیوان محبوب، نرہری پرشاد چیارٹیبل ٹرسٹ حیدرآباد، ص 7

(۲) مغنی تبسم، دیوان محبوب، نرہری پرشاد چیارٹیبل ٹرسٹ حیدرآباد، ص 8

(۳) ڈاکٹر شیلا راج، دیوانِ محبوب، نرہری پرشاد چیارٹیبل ٹرسٹ حیدرآباد، ص ۱۳

(۴) ڈاکٹر شیلا راج، دیوان محبوب، نرہری پرشاد چیارٹیبل ٹرسٹ حیدرآباد، ص ۱۵

(۵) ڈاکٹر شیلا راج، دیوان محبوب، نرہری پرشاد چیارٹیبل ٹرسٹ حیدرآباد، ص ۱۷

(۶) زاہد علی خان ، دیوان عالی مرتبہ ڈاکٹر شیلا راج نر ہری پرشاد چیارٹیبل ٹرسٹ حیدرآباد، 2008، ص 7-8

(۷) زاہد علی خان ،دیوان عالی مرتبہ ڈاکٹر شیلا راج،نر ہری پرشاد چیارٹیبل ٹرسٹ حیدرآباد، 2008، ص ۸

(۸) سلیمان اطہر جاوید ،دیوان عالؔی مرتبہ ڈاکٹر شیلا راجنر ہری پرشاد چیارٹیبل ٹرسٹ حیدرآباد، 2008، ص ۹۔

(۹) سلیمان اطہر جاوید ،دیوان عالؔی مرتبہ ڈاکٹر شیلا راجنر ہری پرشاد چیارٹیبل ٹرسٹ حیدرآباد، 2008، ص ۹، ۱۰

(۱۰) سلیمان اطہر جاوید، دیوان عالؔی مرتبہ ڈاکٹر شیلا راج نر ہری پرشاد چیارٹیبل ٹرسٹ حیدرآباد، 2008، ص ۱۰

(۱۱) ڈاکٹر شیلا راج، دیوان عالؔی، نرہری پرشاد چیارٹیبل ٹرسٹ حیدرآباد، 2008، ص ۱۷۔۱۸

(۱۲) ڈاکٹر شیلا راج، دیوان عالؔی، نرہری پرشاد چیارٹیبل ٹرسٹ حیدرآباد، 2008، ص ۱۹

(۱۳) ڈاکٹر شیلا راج، دیوان عالی نرہری پرشاد چیارٹیبل ٹرسٹ حیدرآباد، ص ۲۱، ۲۲

(۱۴) ڈاکٹر شیلا راج، دیوان عالی ص نرہری پرشاد چیارٹیبل ٹرسٹ حیدرآباد، ۲۳۔۲۴

بابِ پنجم

ڈاکٹر شیلا راج بہ حیثیت مترجم

بابِ پنجم

ڈاکٹر شیلا راج بہ حیثیت مترجم

ترجمہ کے معنی، مفہوم اورروایت

ترجمہ :۔ترجمہ کے معنی فیروا اللغات میں مولوی فیروزالدین نے ''ایک زبان سے دوسری زبان میں بیان ہوا'' لکھا ہے، یعنی ترجمہ کسی ایک زبان کی تحریر کودوسری زبان میں منتقل کرنے کا نام ہے،ترجمہ اگرچہ کہنے کوتو صرف پانچ حرفی لفظ ہے لیکن اس کے معنی بہت وسیع ہیں اوراسے اب ایک فن کے طور پرقبول کیا جارہا ہے۔

تعریف ومفہوم : مختلف مشاہیرادب نے ترجمہ کی تعریف اس طرح کی ہے:

ڈاکٹر شیخ سلیم نے ترجمہ کی تعریف اس طرح بیان کی ہے کہ ''ایک زبان کے متنی موادکو دوسری زبان کے موزوں متنی مواد میں تبدیل کرنے کا نام ترجمہ ہے۔'' ترجمہ کے ذریعہ ہی ہم دوسری زبانوں کے شعروادب اور دیگرعلوم و فنون کے ذخیرے کواپنی زبان میں منتقل کرلیتے ہیں،اسی ذریعہ سے زبانیں پھلتی پھولتی ہیں۔ترجمہ دوزبانوں اور دوتہذیبوں کے درمیان رابطے کا کام کرتا ہے،قدیم زمانے ہی سے ترجمہ علمی ترقی اورتوسیع کا اہم وسیلہ رہا ہے۔

ترجمے کے ذریعہ ہی ہم دوسری زبانوں اور تہذیبوں کی ترقی کے متعلق نئی نئی باتیں معلوم کر سکتے ہیں، اگر ترجمے کا فن نہ ہوتا تو دنیا میں ہونے والے واقعات وحالات کا علم ہی نہیں ہوتا، اس لئے موجودہ زمانے میں ترجمہ کی اہمیت اور افادیت کافی بڑھ گئی ہے ترجمہ ہماری زندگی کی اہم ضرورت بن گیا ہے۔ [1]

پروفیسر قمر رئیس فن ترجمہ نگاری سے متعلق لکھتے ہیں:

''ترجمہ ایک مستقل فن کی حیثیت رکھتا ہے، ہر آدمی ایک زبان سے دوسری زبان میں ترجمہ نہیں کر سکتا، اس کام میں طبیعت کا میلان اور ثبوت ہونا ضروری ہے، ایک زبان سے دوسری زبان میں صرف لفظی مفہوم بیان کر دینے کو مکھی پہ مکھی مارنا کہتے ہیں، ترجمہ میں مترجم کی سوجھ بوجھ خوش ذوقی اور دونوں زبانوں کے الفاظ کی معنوی اور صوتی خوبیوں کا علم بھی ضروری ہوتا ہے، اس کے بغیر ترجمہ کامیاب نہیں کہا جائے گا، بے شک ترجمہ کا فن ایک مشکل فن ہے اس کے لئے ایک خاص صلاحیت خاص ڈسپلن اور کچھ خاص اور مستند معلومات درکار ہوتی ہیں۔'' [2]

ترجمہ نگاری کی اہمیت و افادیت:۔

اکیسویں صدی میں ٹکنالوجی نے کئی تبدیلیاں پیدا کی ہیں، لوگ اب فرصت کے اوقات کو کتابیں پڑھنے میں صرف نہیں کرتے بلکہ انٹرنیٹ کا استعمال کرتے ہوئے سیر وسیاحت اور تفریح کے لئے استعمال کرتے ہیں بعض احباب انٹرنیٹ کے ذریعہ مختلف اخبارات، رسائل اور برقیاتی کتابوں کا مطالعہ کرتے ہیں، اس کا مطلب یہ نہیں کہ کتابوں کی اہمیت ختم ہوگئی بلکہ کتابوں کی اہمیت وافادیت آج بھی اپنی انفرادیت رکھتی ہے، لیکن اس ترقیاتی دور میں انٹرنیٹ پر بھی کتابوں کے مطالعہ کیلئے سہولت دستیاب ہے، آج ٹیلی ویژن اور ریڈیو اخبارات سب ہی کا انحصار ترجمہ پر

ہے، مختلف زبانوں کا مواد جو خبروں کی شکل میں انہیں دستیاب ہوتا ہے، ترجمہ کے بعد ہماری زبان یا مختلف زبانوں میں پیش کیا جاتا ہے، دور حاضر میں ترسیل وابلاغ کا انحصار بھی ترجمہ نگاری پر ہے۔ ایسے میں ترجمہ نگاری کے فن سے واقف ہونا ہر طالب علم کا فرض ہے اور اس کے اصولوں اور قسموں سے واقف ہونا ضروری ہے، حالیہ دنوں گوگل سرچ انجن کی جانب سے ویب پیج پر ترجمہ کا سافٹ ویئر لوڈ کیا گیا ہے، جس سے استفادہ کرتے ہوئے ہم دیگر زبانوں کے مواد کو اپنی زبان میں ڈھال سکتے ہیں لیکن اس کی خامی یہ ہے کہ یہ ترجمہ صرف لفظی ترجمہ ہے، جس طرح ہم دیگر زبانوں کے مواد کو پڑھ کر اپنی زبان میں ترجمہ کرتے ہیں، ٹھیک اس طرح کا ترجمہ گوگل ویب پر دستیاب ہے، لفظی ترجمہ کہا جا سکتا ہے۔

ترجمہ نگاری کی اہمیت وافادیت بیان کرتے ہوئے خلیق انجم لکھتے ہیں:

''اردو ترجمہ نے نثری وشعری تخلیقات کے علاوہ مختلف علوم، مذاہب اور تصوف کا احاطہ کیا ہے، اردو میں صحافتی ترجمہ نے بہت اہم کردار ادا کیا ہے۔ اخبارات، ریڈیو اور ٹیلی ویژن کی خبروں سے وابستہ صحافیوں نے انگریزی سے اردو میں ترجمے کر کے اردو زبان کو نئی اصطلاحات اور علامتوں سے مالا مال کیا ہے، ٹیلی ویژن کی شروعات کے بعد آسان الفاظ کا استعمال زبان کی سادگی اور دلچسپ اسلوب کے باعث ترجمے کی آہنگ میں ایک انقلاب برپا ہوا، اس طرح ذرائع ابلاغ نے اردو کو نئی اصطلاحات سے مالا مال کیا تو دوسری طرف ذرائع ابلاغ پر اردو کے نثری، شعری اور دیگر اصناف کا گہرا اثر مرتب ہوا، ترجمہ، اخبار، ریڈیو اور ٹیلی ویژن کی بنیادی اور اہم ضرورت بن گیا ہے۔''

؎۳

اردو میں ترجمہ کی روایت :اردو زبان میں ترجمہ نگاری کی روایت 500 سال قبل سے شروع ہوئی جبکہ مغل حکمرانوں نے فارسی زبان کو سرکاری زبان کا درجہ دیا تب ہی سے ہندوستانی زبانوں کے علمی سرمایہ کو فارسی زبان میں منتقل کرنے کا آغاز عمل میں آیا، عہد اکبری میں اکبر کے دربار سے بہت سی علمی شخصیتیں وابستہ تھیں جن میں خاصی تعداد ہندوؤں کی تھی جو کہ فارسی زبان سے واقفیت رکھتے تھے، اکبر کے دور حکمرانی میں اس نے شاعری ،فلسفہ، ریاضی ،الجبراء وغیرہ کی کتابوں کا فارسی زبان میں ترجمہ کروایا۔

ڈاکٹر خلیق انجم اردو ترجمے کا ارتقاء فن ترجمہ نگاری میں لکھا ہے کہ عبدالقادر بدایونی سے 1574ء میں سنگھاسن بتیسی کا خرد افروز کے نام سے ترجمہ کروایا۔

ترجمہ اصول و تکنیک (حیدرآباد سنٹرل یونیورسٹی کی کتاب) میں اردو کا پہلا ترجمہ کے عنوان سے لکھا گیا ہے کہ اردو میں پہلا ترجمہ کونسا ہے۔؟

> ’’اس بارے میں محققین کی رائے الگ الگ ہے، بعض کا خیال ہے کہ ملا وجہی نے پہلی بار محمد یحیٰی بن لبیک فتالی نیشاپوری کی فارسی تصنیف قصہ حسن ودل کو اردو میں سب رس کے نام سے پیش کیا، یہ بات صحیح ہے کہ سب رس کا ماخذ قصہ حسن ودل ہے لیکن وجہی کی خلاقانہ نثر نے اس میں ایسا حسن پیدا کر دیا کہ سب رس نے ترجمہ ہونے کے باوجود تخلیق کا درجہ حاصل کرلیا، بعض محققین نے شاہ میراں جی خدانما کو اردو کا پہلا مترجم قرار دیا ہے، جنہوں نے ’’شرح تمہیدات ہمدانی‘‘ کا اردو میں ترجمہ کیا، تمہیدات ہمدانی اصل میں عربی زبان میں عبداللہ بن محمد عین القضاۃ ہمدانی نے تحریر کی تھی ،جس کی شرح فارسی میں حضرت خواجہ بندہ نوازؒ نے تحریر فرمائی تھی ،شاہ میراں جی خدانما نے اس فارسی کتاب کو عوام کے استفادہ کی خاطر اردو میں منتقل کیا، اسے اردو کا پہلا ترجمہ کہا جاتا ہے، اس

طرح شاہ ولی اللہ قادری نے شیخ محمود کی فارسی کتاب ''معروف السلوک'' کا
اردو میں ترجمہ کیا، یہ بھی اردو کے اولین ترجموں میں شمار کی جاتی ہے۔ ۴

اس کے بعد ترجمہ نگاری کا سلسلہ چل پڑا اور کئی مذہبی کتابوں کے منظوم تراجم کیے گئے، جن میں بھگوت گیتا اور رامائن کے علاوہ قرآن مجید کے معیاری منظوم ترجمے کیے گئے۔ اردو ادب کے ابتدائی دور میں بہت بڑی تعداد میں فارسی، عربی اور سنسکرت زبانوں سے اردو نثر میں ترجمے کیے گئے جن میں مذہب تصوف، شاعری، داستانیں اور فلسفے کی کتابیں شامل تھیں۔

ڈاکٹر خلیق انجم کے مطابق ''اردو میں قرآن شریف کا پہلا ترجمہ مولانا شاہ
رفیع الدین نے کیا جو کہ 1776ء میں کیا گیا تھا، اس کے بعد ان کے بھائی
شاہ عبدالقادر نے بھی قرآن شریف کا اردو میں ترجمہ کیا جو کہ 1795ء میں کیا
گیا جو کہ پہلے ترجمہ کے مقابلے میں زیادہ سلیس، شگفتہ اور آسانی سے سمجھ میں
آنے والا تھا۔'' ۵

اردو ادب میں 1800 صدی عیسوی سے قبل جتنے بھی تراجم ہوئے وہ انفرادی کوششوں کا نتیجہ تھے لیکن 1800ء میں فورٹ ولیم کالج کا قیام جس کا مقصد انگریزوں کو ہندوستانی زبانوں سے واقف کروانا تھا کے ذریعہ منظم اور باقاعدہ طور پر عربی، فارسی اور سنسکرت سے اردو ادب میں ترجمے کروائے گئے، فورٹ ولیم کالج کے ذریعہ تقریباً 60 کتابوں کے ترجمے کروائے گئے، فورٹ ولیم کالج کے بعد دہلی کالج کا رول بھی اردو ادب اور خاص کر ترجمہ نگاری میں اپنی انفرادیت رکھتا ہے، اس کالج کا قیام دراصل ہندوستانیوں کو انگریزی سکھانا تھا، اس کالج کا قیام 1825ء میں ہوا، جس کے ذریعہ بھی متعدد قیمتی کتابوں کے ترجمے کیے گئے، اس کے بعد اسی کالج کے ذریعہ ورنیکلر ٹرانسلیشن سوسائٹی 1841ء میں قائم ہوئی۔

اس سوسائٹی کا مقصد یہ تھا کہ ترجموں یا جدید موضوعات پر کتابوں کی تالیف کے

ذریعہ ہندوستانی زبانوں میں نصاب کی کتابیں فراہم کی جائیں، اس کے ذریعہ سے تقریباً128 کتابیں ترجمہ کی گئیں اور ساتھ ہی بعض طبع بھی کروائی گئی تھیں، جس کی اطلاع مولوی عبدالحق نے دی ہے۔

علی گڑھ تحریک نے اردو وادب میں بے شمار کارہائے نمایاں انجام دئے ہیں، جن میں صحافت اور ترجمہ نگاری کو فوقیت حاصل ہے، سرسید احمد خاں نے سائنٹفک سوسائٹی قائم کی جس کا مقصد علوم وفنون کی قیمتی کتابوں کا اردو اور دیگر زبانوں میں ترجمہ کروانا تھا، اس سوسائٹی کے تحت انگریزی اور یوروپی زبانوں کی تقریباً40 کتابوں کا ترجمہ کروایا گیا، جدید تحقیق کے مطابق 15 کتابیں شائع کی گئی تھیں، اس کے بعد انجمن ترقی اردو نے 1903ء میں اور دارالترجمہ جامعہ عثمانیہ نے 1917ء میں کئی کتابوں کے ترجمے اردو زبان میں کروائے، جن کی خدمات اردو کی ترقی میں نمایاں اہمیت کی حامل ہیں، انگریزی سے اردو کے ادبی ترجموں کے سلسلہ میں مولانا محمد حسین آزادؔ الطاف حسین حالیؔ اور انجمن پنجاب نے بھی نمایاں کارنامے انجام دیئے ہیں۔ ساتھ ہی ساتھ انیسویں اور بیسویں صدی کے اہم ادبی رسائل نے بھی اس جانب توجہ دی اور ترجمہ کے ذریعہ مختلف زبانوں کے مواد کو اردو زبان میں ڈھالا، ترجمہ نگاری کا یہ سلسلہ ابھی رکا نہیں ہے بلکہ تیزی سے آگے بڑھتا جارہا ہے مولانا آزاد نیشنل اردو یونیورسٹی کے ذریعہ سے بھی دورحاضر میں مختلف نصابی کتابوں کے ترجمے کروائے جارہے ہیں، علاوہ ازیں آج کئی ایسے ادارے قائم ہیں۔ جو دیگر زبانوں کے مواد کو اردو وادب میں ترجمے کے ذریعہ منتقل کررہے ہیں اس طرح یہ روایت پوری آب وتاب کے ساتھ جاری وساری ہے۔

ڈاکٹر شیلا راج بہ حیثیت مترجم

:۔ڈاکٹر شیلا راج دکن کی معروف تاریخ داں' ادیبہ، مترجم' مصنفہ ومرتبہ کی حیثیت سے اپنی نمایاں شناخت رکھتی ہیں۔انہوں نے ادب وتاریخ کے میدان میں بھی گرانقدر خدمات انجام دیں جنہیں اردو دنیا کبھی فراموش نہیں کرسکتی،ان کا سب سے اہم اور بڑا کارنامہ آصف جاہی دور پر تحقیق ہے اور ساتھ ہی دور حاضر میں آصف جاہی دور کے اہم پہلوؤں کو روشناس کرانا تھا،انہوں نے اس سلسلے میں آصف جاہی حکمرانوں پر تحقیق کی،ان کا Ph.D. کا مقالہ بھی آصف جاہی دور پر لکھا گیا تھا، انہوں نے آصف جاہی حکمرانوں کی روایت اور ہندو مسلم یکجہتی کے سلسلہ میں نمایاں کارنامہ انجام دیا''شاہانِ آصفیہ کی رواداری اور ہندو مسلم روایات'' کی شکل میں موجود ہے،ڈاکٹر شیلا راج نے بحیثیت مترجم جملہ تین کتابوں کا ترجمہ کیا،جن میں راجہ گردھاری پرشاد باقی عرف بنسی راجہ کے دو قلمی مخطوطات کا فارسی سے اردو میں ترجمہ کیا، اس کتاب میں توشہ عاقبت (سفر نامے) راجہ گردھاری پرشاد باقی (1984)، شاہی شادی رپورتاژ (1991ء) شامل ہیں، ڈاکٹر شیلا راج نے تصنیف ''مملکت آصفیہ'' دونوں جلدوں کا ترجمہ اردو سے انگریزی میں کیا ہے اس کتاب کو HEH دی نظامس اردو ٹرسٹ حیدرآباد نے The Legacy of the Nizams کے نام سے 2002ء میں شائع کیا ہے۔

ڈاکٹر شیلا راج کے تراجم کا تنقیدی جائزہ

سفر نامہ......توشۂ عاقبت

اردو میں سفر ناموں کی روایت: اُردو زبان کی تاریخ کا مطالعہ بتاتا ہے کہ شاعری کے ساتھ ساتھ نثر نگاری پر بھی توجہ دی جاتی رہی، چنانچہ ابتداء میں مذہبی رسالے اس کے بعد داستانیں، کلام پاک کے تراجم اور تفاسیر وغیرہ لکھی جاتی رہیں۔

انگریزوں کی آمد اور اردو زبان کی اہمیت کو سمجھتے ہوئے اس سے دلچسپی نے اسے ایک نیا موڑ عطا کیا، فورٹ ولیم کالج ،فورٹ سینٹ جارج کالج اور خاص کر دلی کالج سے اردو نثر میں ایک نئی روایت کا آغاز ہوا، نثری اصناف میں سب سے پہلے مضمون نگاری کی طرف توجہ کی گئی جوانگریزی ادب کی دین ہے، دلی کالج سے وابستہ استاد ماسٹر رام چندر نے اردو ادب میں مضمون نگاری کی بنیاد رکھی ،آگے چل کر سرسید احمد خان اور علی گڑھ تحریک نے اس صنف کوفروغ دیا، اس طرح غیر افسانوی ادب میں مضمون نگاری کو بہت زیادہ اہمیت حاصل ہوئی ۔ساتھ ہی سفر ناموں کو بھی مضمون نگاری کے بعد اہمیت حاصل رہی ہے، دراصل سفر ناموں کا آغاز انیسویں صدی کے نصف سے ہوتا ہے، سب سے پہلے 1847ء میں محمد یوسف خان کمبل پوش نے ''عجائبات فرنگ'' لکھی، سفر ناموں میں حقیقی واقعات، تجربات اور مشاہدات کو ادبی انداز میں بیان کیا جاتا ہے، دراصل اردو ادب میں سفر ناموں کی روایت فارسی ادب کی دین ہے اردو سے قبل فارسی زبان میں سفرناموں کی روایت عام تھی، اردو کے ابتدائی سفر ناموں میں سرسید احمد خان کے ''مسافران لندن'' اور مولانا شبلی نعمانی کے سفر نامہ ''مصر وروم وشام'' کو اہمیت حاصل ہے، سفر ناموں کے مطالعہ سے ہمیں تاریخی مقامات اور تہذیبی روایات کی منظر نگاری سے واقفیت حاصل ہوتی ہے اور ساتھ ہی سماجی ومعاشی حالات اور سیاحتی مقامات سے بھی واقفیت حاصل ہوتی ہے، مختلف حکمرانوں کے دور میں دربار سے وابستہ شخصیتوں نے سفر کی روداد کو ڈائیریوں اور روزناموں کی شکل میں تحریر کیا ہے، جسے ہم سفر ناموں کے نام سے جانتے ہیں، سفر ناموں کا باضابطہ آغاز پاکستان کے سفر نگاروں نے کیا جن میں کرنل شفیق الرحمٰن، کرنل محمد خان اور ابن انشاء وغیرہ کے نام قابل ذکر ہیں، ہندوستان میں سفر ناموں کا باضابطہ آغاز یوسف ناظم ،مجتبیٰ حسین اور دلیپ سنگھ وغیرہ نے کیا، یہ صنف آج بلندیوں پر نظر آتی ہے، اس لئے ہم یہ کہہ سکتے ہیں کہ سفر ناموں کا مستقبل کافی روشن ہے۔

توشہ عاقبت: توشہ ءعاقبت دراصل آصف جاہی سلطنت سے وابستہ سررشتہ دارفوج راجہ گردھاری پرشاد باقی (بنسی راجہ) نے فارسی زبان میں اس سفرنامہ کوتالیف کیا ہے ،جس میں اپنے شخصی اور مذہبی مقامات کے سفر ناموں کے علاوہ آصف جاہ سادس میر محبوب علی خاں کے ساتھ کئے گئے اسفار کی روداد کو بیان کیا ہے، راجہ گردھاری پرشاد باقی فارسی ، ہندی اور اردو کے ایک عالم تھے، جنہوں نے نہ صرف شعروشاعری کی بلکہ اردوادب و فارسی اور ہندی ادب میں اپنی بیش بہاتحریروں کووجود بخشا ہے۔

راجہ گردھاری پرشاد باقی عرف بنسی راجہ نے آصف جاہ سادس میر محبوب علی خاں کے ساتھ کئے گئے شخصی اور مذہبی مقامات کے اسفار کوسفر نامے میں قلمبند کیا، جس کا ترجمہ ڈاکٹر شیلا راج نے 1984ء میں انجام دیا، ڈاکٹر شیلا راج نے 1981ء میں شریمتی ناتھی بائی دامودر ٹھاکرسی ویمنس یونیورسٹی بمبئی سے تاریخ میں ڈاکٹریٹ کی ڈگری حاصل کی تھی، اس ترجمہ سے قبل وہ تحقیق اورتنقید کے اصولوں سے بخوبی واقف تھیں اورفن پاروں کے ترجمہ کے لئے بالکل تیار تھیں، انہوں نے بنسی راجہ کے 12 اسفار کی تفصیلات کوفارسی زبان سے اردوزبان میں ترجمہ کیا ان کا یہ کام اپنی انفرادیت کا مظہر ہے۔انہوں نے دلچسپی اورانہماک کے ذریعہ نہ صرف ترجمہ کا کام انجام دیا بلکہ مختلف حوالوں کے ذریعہ اس ترجمےکواور بھی بہتر بنانے

کی کوشش کی ہے۔

راجہ گردھاری پرشاد باقی کی یہ تصنیف توشہ ءعاقبت فارسی زبان میں لکھی گئی ہے ۔اس کتاب کواردوزبان میں راجہ گردھاری پرشاد باقی کی ہونہارومحقق پوتی بہوڈاکٹر شیلا راج نے ترجمہ کیاہے، اردومیں بھی اس کا نام توشہ عاقبت ہی رکھا گیاہے، اس کتاب کی اشاعت 1984ء میں عمل میں آئی ہے ، جس کے ناشر رائے نرہرراج ساقی بشیر باغ حیدرآباد ہیں اور طباعت ہندوستان پرنٹرس بمبئی نے انجام دی ہے، یہ کتاب جملہ 134 صفحات پر مشتمل ہے اس کتاب

میں جملہ 12 سفروں کی تفصیلات شامل ہیں، جن تین میں راجہ گردھاری پرشاد باقی نے نواب میر محبوب علی خان نظام ششم کے ساتھ کئے گئے سفروں کی داستان بیان کی ہے، جبکہ بقیہ 9 سفر ناموں میں مقدس مقامات کی تفصیلات کو بیان کیا ہے، اس کتاب کا پیش لفظ پدم شری ایوارڈ یافتہ بلقیس لطیف (سماجی کارکن) نے قلمبند کیا ہے اور کتاب کے دیباچہ کو ڈاکٹر شیلا راج نے تحریر کیا ہے، بلقیس لطیف پیش لفظ لکھتے ہوئے رقم طراز ہیں:

''شریمتی شیلا راج نے سفر نامہ یعنی توشہ عاقبت کا اردو ترجمہ کر کے ہم میں سے بہت قارئین کو ماضی کی عظیم اور نامور ہستیوں سے متعلق آگاہی دینے کا ایک اہم کام انجام دیا ہے، ایسی بہت سی ہستیاں ہیں، جن کے بارے میں ہم بہت کم جانتے ہیں صرف تاریخ کی کتابیں ہی ان کے بارے میں ہمیں بتاتی ہیں، اکثر اس وقت کے پالیسی بنانے والے اپنی مرضی کے مطابق تاریخ لکھتے ہیں، تاریخ میں مختلف فرقوں کے لوگوں کے طرز زندگی' ان کے آپسی میل جول اور مل جل کر کام کرنے سے متعلق بہت کم لکھا گیا ہے، صرف ان کے آپسی اختلافات' جنگوں اور تباہیوں کو ہی نمایاں کیا گیا ہے، شریمتی شیلا راج ایک معزز اور مہذب خاندان کی فرد کی حیثیت سے اس کتاب کے دقت طلب ترجمے کا کام انجام دینے پر قابل مبارکباد ہیں، انہوں نے حال اور مستقبل کے قارئین کی خدمت میں ایک انمول تحفہ پیش کیا ہے۔'' ۶

توشہ عاقبت کے پیش لفظ میں بلقیس لطیف کے خیالات سے اندازہ ہوتا ہے کہ ڈاکٹر شیلا راج نے جن کتابوں کو ترجمے کے لئے منتخب کیا، وہ تاریخی اور تہذیبی اعتبار سے اہمیت کی حامل ہیں۔ اور سو سال کا عرصہ گذر جانے کے بعد قدیم تہذیب کے تاریخی وتہذیبی احوال کے مطالعے سے حیدرآبادی تاریخ وتہذیب سے متعلق اہم باتیں معلوم ہوتی ہیں، اس طرح ترجمہ کا

یہ فائدہ بھی سامنے آیا کہ قدیم دور کی تاریخ اور تہذیب کو جو کسی دوسری زبان کے ادب میں محفوظ تھی، اسے بعد ترجمہ موجودہ دور کی زبان میں پیش کیا گیا، اس بات سے اندازہ ہوتا ہے کہ ہمارے ذخائر کتب میں فارسی کی بیش قیمت کتابیں آج بھی محققین اور مترجمین کی منتظر ہیں کہ کوئی انہیں پڑھے اور تحقیق وترجمہ کر کے اپنے عہد کی زبان میں پیش کرے۔

ڈاکٹر شیلا راج کی ترجمہ شدہ کتابوں کی اہمیت اس لحاظ سے بھی ہے کہ انہوں نے ان کتابوں میں صاحب کتاب راجا گردھاری پرشاد محبوب نواز ونت باقیؔ عرف بنسی راجہ کے حالات زندگی بھی مفصل بیان کر دئے، بنسی راجہ ڈاکٹر شیلا راج کے جداعلیٰ تھے، جن کے ذخیرہ کتب سے بطور انتخاب انہوں نے بعض اہم فارسی کتابوں کا اردو میں ترجمہ کیا، توشہ عاقبت کے دیباچہ میں بنسی راجہ کو حکومت کی جانب سے تفویض کردہ ذمہ داریوں کو بیان کرتے ہوئے ڈاکٹر شیلا راج لکھتی ہیں:

> ''آپ کی جدت پسند طبعیت نے کئی کارخانوں کو جنم دیا، ان میں قابل ذکر کارخانہ بنادیق، کارخانہ بارود سازی، کارخانہ چرمی، اور کارخانہ کاغذ سازی اہم ہیں، آپ کی قابلیت کو پرکھتے ہوئے نواب ممدوح نے باقاعدہ فوج اور جمعیت عروب کی ترتیب کا کام آپ کے سپرد کیا، اس طرح آپ کی کوششوں سے ۱۲۸۸ھ میں جمعیت نظام محبوب کا قیام عمل میں آیا، جس کے صلہ میں آپ کو سررشتہ دار فوج مقرر کیا گیا، اس کے علاوہ آپ کو میر محبوب علی خان بہادر کے اتالیق ہونے کا شرف بھی حاصل رہا، محل سے متعلقہ تمام امور کی انجام دہی کے لئے سر سالار جنگ اول کی نظر انتخاب آپ ہی پر پڑی، نہ صرف حیدرآباد میں آپ کو یہ ذمہ داری نبھانی پڑتی تھی بلکہ حیدرآباد سے باہر دہلی اور کلکتہ میں دربار کے موقعوں پر آپ ہی نے یہ کام انجام دیا، دربار میں آپ کے لئے بھی

نشست ہوا کرتی تھی، جس کا ذکر آپ نے اپنے سفر نامہ دہلی اور کلکتہ میں کیا ہے، نیاز و نذر کی تقسیم آپ ہی کے ذریعے ہوا کرتی تھی، ہر موقع محل، مختلف تیوہارات سے متعلقہ چیزوں کی تقسیم آپ ہی کے ذمے تھی، ان کی کوشش یہی ہوتی تھی کہ شاہان دہلی اور نظام الملک آصف جاہ اول کے وقت سے چلے آرہے مراسم اور قواعد وضوابط میں کوئی فرق نہ آنے پائے، دیگر تقاریب زنانہ و مردانہ شاہی محل کے انصرام میں آپ ہمہ تن مصروف رہتے تھے۔'' ۷

راجا گردھاری پرشاد کا احوال بیان کرتے ہوئے ڈاکٹر شیلا راج نے واضح کیا کہ وہ آصف سادس میر محبوب علی خاں بہادر کے دربار کے ایک اہم عہدیدار تھے اور شاہی گھرانے کی تقاریب کے انصرام کی ذمہ داری ان ہی کے سپرد تھی، اس کے علاوہ وہ بادشاہ کے اسفار میں ساتھ رہتے تھے، یہی وجہ ہے کہ انہوں نے اپنے اسفار کے حالات قلمبند کئے جن کی تاریخی وتہذیبی اہمیت کو پہچانتے ہوئے ڈاکٹر شیلا راج نے اردو میں اس سفر نامے کا ترجمہ کیا، کتاب کے دیباچہ میں ڈاکٹر شیلا راج توشہ عاقبت کے حوالے سے راجا گردھاری پرشاد کے سفر ناموں کی اہمیت کو ان الفاظ میں بیان کرتی ہیں:

''آپ نے مختلف مقامات کا سفر کیا ہے، ہر جگہ بلالحاظ قوم و ملت قابل دید مقامات متبرکہ سے فیض حاصل فرمایا ہے، آپ کے سفر نامے علمی، ادبی اور تاریخی اعتبار سے بہت اہمیت رکھتے ہیں، جو انہوں نے اپنے وسیع تجربہ اور باریک مشاہدات کی بناء پر لکھا ہے، لوگوں کے سماجی اور معاشی حالات پر روشنی ڈالی گئی ہے، مختلف تیرتھ استھانوں میں رائج پوجا پاٹ کا طریقہ بیان کیا گیا ہے، گرونانک کے ذکر پر پورے سکھ گروؤں کی تاریخ کا حال ملے گا، اس کے علاوہ آپ کے سفر نامے میں تصوف اور معرفت کے پیچیدہ مسائل بھی ملیں گے،

غرض حضرت باقیؔ کے سفر ناموں میں داخلیت پائی جاتی ہے، انہوں نے ہر چیز کو اپنے شخصی نقطہ نظر سے دیکھا محسوس کیا اور قلم بند کیا۔ سفر کے دوران وقتاً فوقتاً آپ نے رباعیات، نظم، غزلیں، مسدس اور بھجن بھی موزوں کئے، میں نے آپ کے ضخیم ادبی سرمایے سے ایک گوہر نایاب چنا اور ناظرین کی خدمت میں پیش کر رہی ہوں۔ یہ گوہر نایاب بہ زبان فارسی سفر نامے یعنی توشہء عاقبت ہے ،ابھی تک اس سفر نامے کی اشاعت عمل میں نہیں آئی ہے، میں فارسی زبان کی عالم فاضل نہیں، پھر بھی میں نے فارسی زبان سے اس کو اردو زبان میں ترجمہ کرنے کی ناکام کوشش کی ہے، میں اس کام کے سلسلے میں اپنے کرم فرماؤں کی بہت شکر گذار ہوں جنہوں نے میری معاونت اور رہنمائی کی۔ ان میں قابل ذکر میرے خسر راجا نر ہرراج ساقیؔ صاحب اور مولوی ایم عبدالمجید صاحب ایران کلچر ہاؤز بمبئی ہیں۔ ۸

کتاب کے دیباچہ میں ڈاکٹر شیلا راج نے مفصل انداز میں راجہ گردھاری پرشاد باقیؔ کی تاریخ پیدائش، حلیہ، خاندان کی تفصیلات، ملازمت کی تفصیلات، شخصیت کے پہلوؤں سرکاری خدماتاور ادبی خدمات کو مختلف حوالوں کے ذریعہ بیان کیا ہے، یہ دیباچہ اپنے اندر تاریخ کے اہم باب سمیٹے ہوئے ہے، ڈاکٹر شیلا راج نے بحثیت مترجم اپنے عنوان کا بخوبی حق ادا کیا ہے، اس دیباچہ سے ان کی محققانہ صلاحیتوں کا اندازہ لگایا جاسکتا ہے اور ساتھ ہی مصنفہ نے جس جانفشانی اور عرق ریزی سے کتاب کا ترجمہ کرتے ہوئے تمام سفروں کی تفصیلات کا احاطہ کیا اور خاطر خواہ مواد فراہم کیا ہے، اس کی داد دینی پڑتی ہے۔

ڈاکٹر شیلا راج کے خیالات سے اندازہ ہوتا ہے کہ راجا گردھاری پرشاد کے یہ سفر نامے ماضی کے ہندوستان کی اہم دستاویز ہیں، اور ان میں ہندوستان کی گنگا جمنی تہذیب جھلکتی ہے، توشہء

عاقبت سفر نامہ میں بنسی راجا کے 12 اسفار کے احوال شامل ہیں، جن علاقوں کا ان اسفار میں ذکر کیا گیا ہے، ان میں عالم پور، ملکارجن، بیگن پلی، مانک نگر، تلجا پور، پنڈھر پور، کنگ گیری، انا گنڈی، مدراس، تروپتی، کانچی، اورنگ آباد، ناسک، ترمک راج، الہ آباد، گیا، کاشی، ایودھیا، مرزا پور، پونا، دہلی، متھرا، بندرابن، کاشی، گلبرگہ، بنارس، کلکتہ، جوالا مکھی، کانپور، امرتسر، اور پشکر راج وغیرہ علاقے شامل ہیں۔

مصنفہ نے راجہ گردھاری پرشاد باقؔی کی ادبی دلچسپی اور خدمات کو بیان کیا ہے، ساتھ ہی راجہ صاحب کی ادب نوازی اور شعراء کی قدر شناسی کے متعلق ایک اہم انکشاف کیا ہے، وہ اپنے دیباچہ میں ایک مقام پر بیان کرتی ہیں:

> ''بنسی راجہ بڑے ادب نواز اور قدر شناس تھے، اپنی علم دوستی کا ثبوت اس طرح دیا کہ حضرت داغؔ کو حضور پرنور کے یہاں باریاب کرایا، امیر مینائیؔ کا بھی توسط بنے، افقؔ کو سرفراز کرایا، حضرت عباس، رفعتؔ، تمناؔ اور تابؔ کو حضور پرنور کی خدمت میں پیش کیا۔'' 9

اس اقتباس سے اندازہ ہوتا ہے کہ راجہ گردھاری پرشاد باقؔی بنسی راجہ نہ صرف شاعر، اور مصنف تھے بلکہ اردو ادب کے ایک خادم بھی تھے، انہوں نے اس دور کے مشہور و نامور شعراء کو دکن آنے کی دعوت دی اور ان کی قدر و منزلت کی اور دربار سے وابستہ ہونے کا ذریعہ بھی بنے۔ غرض یہ کہ نہ صرف بنسی راجہ بلکہ ان کے بعد بھی اردو ادب کی یہ خدمات ان کے ہونہار فرزندان (راجہ نرسنگ راج عالیؔ، راجہ محبوب راج محبوبؔ) نے انجام دیں۔

ڈاکٹر شیلا راج نے توشہ عاقبت کے دیباچہ میں طویل اور بڑی سے بڑی بات کو بہت ہی اختصار کے ساتھ پیش کیا ہے، جس سے ایک طرح راجہ گردھاری پرشاد باقؔی (بنسی راجہ) کی شخصیت سے بھرپور واقفیت تو ہوتی ہی ہے، ساتھ میں مصنفہ کی صلاحیتوں کی بھی داد دینی پڑتی

ہے، مصنفہ نے دیباچہ میں لکھا ہے کہ اپنی پی ایچ ڈی کے دوران بنسی راجہ کی تصانیف روزنامچے اور سفرناموں کو دیکھنے کا اتفاق ہوا، اسی لئے انہوں نے اس اہم ادبی ذخیرہ کو اردو دنیا میں پھر ایک بار متعارف کروایا۔

ڈاکٹر شیلا راج نے اس کتاب کے دیباچہ میں اس سفرنامہ کی اہمیت اورغرض وغائیت کے متعلق لکھا ہے کہ

''بنسی راجہ نے مختلف مقامات کا سفر کیا ہے، ہر جگہ بلالحاظ قوم وملت قابل دید مقامات متبرکہ سے فیض حاصل فرمایا ہے، آپ کے سفر نامے علمی وادبی اور تاریخی اعتبار سے بہت اہمیت رکھتے ہیں جوانہوں نے اپنے وسیع تجربہ اور باریک مشاہدات کی بناء پر لکھے ہیں، لوگوں کی سماجی اور معاشی حالت پر بھی روشنی ڈالی گئی ہے، مختلف تیرتھ استھانوں میں رائج پوجا پاٹ کا طریقہ بیان کیا ہے، غرض حضرت باقیؔ کے سفرناموں میں داخلیت پائی جاتی ہے، انہوں نے ہر چیز کو اپنے شخصی نقطہ نظر سے دیکھا محسوس کیا اورانہیں قلمبند کیا، سفر کے دوران وقتاً فوقتاً آپ نے رباعیات ، نظم غزلیں ،مسدس اور بھجن بھی موزوں کئے ہیں۔ [10]

ڈاکٹر شیلا راج نے دیباچہ کے آخر میں یہ اعتراف کیا ہے کہ وہ فارسی کی عالم فاضل نہیں لیکن اس فارسی تصنیف کو اردو زبان میں ترجمہ کرنے کی ادنیٰ کوشش کی ہے اور ساتھ ہی انہوں نے اس تصنیف کے لئے معاون بننے والے احباب کا شکریہ بھی ادا کیا ہے۔ مصنفہ نے یہ دیباچہ پرمغز اور بہت ہی اختصار کے ساتھ لکھا ہے اوراس کی خوبیاں اورخصوصیات کا صحیح اندازہ ہمیں اس دیباچہ کے مطالعہ سے ہوتا ہے، غرض مصنفہ نے بہت ہی عرق ریزی اور جانفشانی کے ساتھ اس کو اردو میں منتقل کیا ہے۔

توشہ عاقبت میں موجود 12 سفرناموں کا سرسری جائزہ:

سفر اول:۔

یہ سفر عالم پور ملکارجن، بیگن پلی کے گاؤں پر مشتمل تھا، جو 1267ھ کو شاہ یار الملک کے ہمراہ بنسی راجہ نے عالم پور کے معائنہ کے طور پر کیا تھا، عالم پور سے واپسی کے وقت انہوں نے ملکارجن جانے کا ارادہ کیا کیونکہ وہ عالم پور سے قریب ہے، ملکارجن کے سفر کی داستان بیان کرتے ہوئے راجہ گردھاری پرشاد نے پاتال گنگا کے حسین منظر کا کس طرح ذکر کیا ہے، ملاحظہ کیجئے:

> ''آدھی رات کے بعد میں نے پاتال گنگا جانے کا ارادہ کیا، کوہ کے اوپر ایسی بڑی ندی ہے کہ رود کرشنا، تنگبھدرا، موسیٰ وغیرہ بہت سی چھوٹی چھوٹی ندیاں آپس میں ملتی اور بہتی ہیں، یہ چھوٹی ندی عرض میں ایک گز ہے، قریب ایک ہزار سے زیادہ پتھر کی سیڑھیاں نیچے تک ہیں، میں نے خدا کا نام لیا اور اس کے ڈر اور قوت جوانی کے زور پر بہ آسانی نیچے گیا، پاتال گنگا میں اشنان یعنی غسل کیا۔'' [11]

راجہ گردھاری پرشاد اس سفر میں اپنے والد کے ہمراہ رہے، انہوں نے اپنے اس سفر نامہ میں بہترین منظر نگاری کو پیش کیا ہے اور تاریخی واقعات کو بھی آسان اسلوب میں لکھا ہے ، ساتھ ہی مذہبی مقامات اور دیوتاؤں کے متعلق اہم معلومات بھی فراہم کی ہیں۔

ڈاکٹر شیلا راج نے اس کتاب کے ترجمہ میں ترجمہ نگاری کے اصولوں کو ملحوظ رکھتے ہوئے آسان انداز بیان اختیار کیا ہے، تاکہ قارئین کو آسانی سے تمام تفصیلات سے واقف کروایا جاسکے اور تحریر گنجلک نہ ہو اور قاری اردو کے اس ادب پارے سے محظوظ ہوسکے، راجہ

گردھاری پرشاد باقیؔ نے اپنے سفرنامہ میں مچھلی کے شکار کا دلکش منظر یوں بیان کیا ہے۔

''غرض کہ اس تعلقہ الپور میں ہم نے مچھلی کے شکار کا لطف اٹھایا، منصور الدولہ مرحوم نے درمیان دریائے تنگھبدرا ایک چبوترہ بنوایا تھا، نواب رونق علی خاں بہادر شاہ یار الملک کے فضل وکرم سے سیر کا موقع میسر آیا، ورنہ راقم کو تمام عمر ایسا موقع نہ ملتا، بغیر کسی انتظار و وقت کے پانچ پانچ مچھلی ایک ہی وقت میں شکار ہورہی تھیں، دریا کے کنارے کھیتوں میں مختلف اقسام کے خربوزے تھے جو ہم نے کھائے، یہ سفر ہم نے بہت لطف و مذاق سے طئے کیا، سیر و دورہ الپور اور حصول سعادت زیارات کے بعد شاہ یار الملک کے ہمراہ ہم بیگن پلی پہنچے۔ ''۱۲

سفر دوم:۔

یہ سفر مانک نگر، تلجاپور، پنڈھرپور کے مقامات پر مشتمل تھا اور 1277ء میں طئے کیا گیا، سفر کا مقصد بیان کرتے ہوئے راجہ گردھاری پرشاد باقیؔ لکھتے ہیں:

''راقم کی پیدائش سے قبل راقم کی والدہ مکرمہ نے کھانا پور، تلجاپور، وینڈریپور میں اولاد کے لئے منت کی تھی لیکن بدقسمتی سے وہ اپنی حیات میں اسے پورا نہ کرسکیں، راقم صاحب اولاد ہے، خود میرے تین لڑکے یکے بعد دیگرے کمسنی میں فوت ہوگئے، یہ داغ وحادثہ زندگی میں تلخ تھا لیکن والد ماجد کے خیال سے میں اپنے سوگ والم کا اظہار نہ کرسکا، اس غم کو صرف میں جانتا تھا اور میرا دل، اس صدمہ جانکاہ کو بھلانے کے لئے میرے والد نے جاترا پر جانے کا ارادہ کیا۔ ۱۳

اس سفر کی تفصیلات کو راجہ گردھاری پرشاد نے اپنے سفرنامے میں بیان کیا ہے اور مندروں کے حالات، لوگوں کی عقیدت اور نذرو نیاز کے منظر کو سلیس انداز میں بیان کیا ہے اور مہاراج کی دو حکایات کو بھی اس سفرنامے میں بیان کیا گیا ہے۔

سفر سوم:

یہ سفر کنک گیری، اناگنڈی کے مقامات پر مشتمل تھا، یہ سفر کس سال طئے کیا گیا، اس کی تفصیلات نہیں دی گئیں اس سفر کی تفصیلات اور اس کا مقصد کو بیان کرتے ہوئے راجہ گردھاری پرشاد باقی رقم طراز ہیں:

''اس سفر کی وجہ یہ تھی کہ نواب سرسالار جنگ بہادر مختار الملک نے راقم کو تکمیل دیناری جمعیت باقاعدہ ترتیب وترمیم رسالہ، پلاٹون وتوپ خانہ، کا جو حکم دیا تھا۔ میں نے بہت کوشش اور دل و جان سے کیا، اس کام کے صلہ میں نواب ممدوح نے مجھے صدر سررشتہ داری کا عہدہ بخشا، اس وقت میجر ہنری راکھ صاحب بہادر فوج باقاعدہ جو اس وقت چھاؤنی ملکتھل، رائے پور، شولاپور اور لنگ سگور میں متعین تھی بغرض معائنہ دورہ پر تشریف لانے والے تھے، راقم بوجہ دوستی بعض اسناد دفتری جو بعض انگریزی افسروں کی بے وقوفی سے خراب حالات میں تھے نیز برائے تنقیح بعض مقدمات اور اکثر کاغذات کی تصحیح نواب ممدوح سے شرف ارتخاص حاصل کیا اور تیاری سامان سفر والد ماجد کی اجازت سے کیا۔ [14]

راجہ گردھاری پرشاد باقی نے اس سفر کے حالات کو دیگر سفرناموں کے مقابل بہت مختصر انداز میں بیان کیا خاص کر جس مقصد سے سفر کا ارادہ ہوا تھا اور جو کام وہاں انجام دیا گیا اس

کو بہت ہی اختصار کے ساتھ پیش کیا البتہ مندر کے درشن کی تفصیلات کو مفصل انداز سے پیش کی اور ایک بند مندر میں دوبارہ پوجا کا آغاز کروایا جوان کا ایک اہم کارنامہ ہے۔

سفر چہارم:

یہ سفر مدراس، تروپتی اور کانچی کے مقامات پر مشتمل تھا جو ۵ر شعبان ۱۲۹۱ھ میں طئے کیا گیا یہ سفر کس مقصد سے طئے کیا گیا، اس سفر کے مقصد کو بیان کرتے ہوئے راجہ گردھاری پرشاد باقیؔ لکھتے ہیں:

''اس سفر کی وجہ یہ تھی کہ میری اہلیہ خانہ داری میں ماہر تھیں، اپنی قابلیت اور اطاعت گذاری کے لئے خاندان میں مشہور تھیں، میرے والد ماجد نے میری شادی 1258ھ میں جبکہ میں بارہ سال کا تھا بڑی دھوم سے ان کے ساتھ کی، بتاریخ 20ر جمادی الثانی 1291 ہجری کو بعد مختصر بیماری اس عالم جاودانی سے رخصت ہوگئیں، اپنے رنج وغم کو ضبط کرنے کی کوشش کر رہا ہوں لیکن دنیاداری کی خاطر میں اپنے آپ کو اس سے دور نہیں رکھ سکا اور میری پریشانی روزافزوں ترقی کرتی گئی، لہٰذا والد ماجد نے تجویز فرمایا کہ غم کو بھلانے اور سکون حاصل کرنے میں چند دن تبدیل آب و ہوا کے لئے باہر جاؤں اور ہوا خوری کے بہانے مجھے اپنے غم کو دور کرنے کا موقع ملے گا۔ [۱۵]

راجہ گردھاری پرشاد باقیؔ بنسی راجہ نے اس سفر مدراس، تروپتی اور کانچی سفر کے حالات تفصیل کے ساتھ بیان کئے ہیں نیز سیر وتفریح اور مندروں کے درشن کے حالات کو تفصیل سے تحریر کیا ہے، یہ سفر بذریعہ ریل طئے پایا چونکہ مدراس سے حیدرآباد کے لئے ریلوے لائن کا آغاز ہو چکا تھا۔

سفر پنجم:

یہ سفر اورنگ آباد، ناسک اور ترمک راج کے علاقوں پر مشتمل تھا، جو کہ 19 / جمادی الاول 1292ھ کو طئے کیا گیا، اس سفر کا مقصد بیان کرتے ہوئے راجہ گردھاری پرشاد باقیؔ رقم طراز ہیں:

''اس سفر کی وجہ یہ تھی کہ گنیش پرشاد جو خوب چند کے بڑے لڑکے کے بھتیجے ہیں ان کی شادی رائے تلجا پرشاد کی لڑکی سے بڑی دھوم دھام سے ہوئی، چند روز بیماری کے بعد ان کا انتقال ہوگیا، میرے والد ماجد نے دوسری شادی کی تجویز کی اور اورنگ آباد میں رائے بہاری لال کی لڑکی سے ٹھہرائی، چنانچہ مع اکثر برادری کے لوگ اور جملہ افراد خاندان اور متعلقہ لوگ ساز و سامان کے ساتھ بتاریخ 19 / جمادی الاول 1292ء کو اورنگ آباد جانے کا ارادہ کیا۔'' ۱۶

راجہ گردھاری پرشاد باقیؔ اس سفر اورنگ آباد سے بہت زیادہ متاثر ہوئے خاص کر ایلورہ کا مشاہدہ کرنے کے بعد انہوں نے اپنے تاثرات کو ایک نظم میں قلمبند کیا ہے، وہ اس طرح رقم طراز ہیں:

''اس سفر کے دوران میں نے غار ہائے ایلورہ کی جو کیفیت اپنی نظم میں قلمبند کی ہے، وہ حقیقت ہے، میں نے یہ کیفیت بعد معائنہ بیان کی ہے، یہ قریب تیس مکان یا غار ہیں جو دنیا کے عجائبات میں شمار کئے جاتے ہیں، انگریز سیاح جنہوں نے دنیا جہاں کی سیر کی ہے، ان غاروں کو دیکھنے آتے ہیں۔'' ۱۷

راجہ گردھاری پرشاد باقیؔ اورنگ آباد کے ایلورہ کے غاروں کو فن سنگ تراشی کا بہترین نمونہ قرار دیتے ہیں اور ساتھ ہی ان غاروں کو حیرت انگیز اور عجائب نادر قرار دیا ہے جو حقیقت ہے، اس کے علاوہ انہوں نے اس سفر کے دوران مختلف مزارات اور مختلف مندروں کی

زیارت بھی کی ہے۔

سفر ششم:

الہ آباد، گیا، کاشی، ایودھیا، مرزاپور پر مشتمل تھا، یہ سفر کس سن میں طئے کیا گیا تاریخ نہیں دی گئی، دراصل یہ سفر راجہ گردھاری پرشاد باقیؔ کے والد نے ہندوؤں کی مقدس کتاب جوگ باشٹ کا ترجمہ بھاکا زبان میں کیا تھا، ان کی دلی آرزو تھی کہ ہندوؤں کی عبادت گاہ جو کاشی میں واقع ہے، وہاں اس کتاب کو پڑھا جائے جس کی تکمیل کے لئے وہ یہاں سے روانہ ہوئے ساتھ میں راجہ گردھاری پرشاد باقی اور آچاریوں اور پنڈتوں کو ساتھ لیتے گئے، اس دوران راجہ گردھاری پرشاد نے نہ صرف کاشی بلکہ الہ آباد، گیا، ایودھیا اور مرزاپور کا سفر کیا اور مندروں کی زیارت کی۔ نیز نذر و نیاز پیش کی، جس کی تفصیلات انہوں نے اپنے اس سفر نامہ میں درج کی ہیں۔

سفر ہفتم:

یہ سفر صرف پونا کے لئے طئے کیا گیا تھا جو 1293ھ مطابق 1875ء میں انجام پایا۔
دراصل یہ سفر پرنس آف ویلس ولیعہد ملکہ معظّمہ لندن کی ہندوستان سیاحت کے لئے آمد کے موقع پر کیا گیا، پرنس کے دورہ کے انتظامات کے لئے راجہ گردھاری پرشاد باقیؔ کو ذمہ داری تفویض کی گئی تھی، چونکہ میر محبوب علی خاں بہادر نظام الملک آصف جاہ خلد اللہ ملکہ معظّمہ کے استقبال کے لئے تشریف لئے جانے والے تھے، راجہ گردھاری پرشاد باقیؔ پونا روانہ ہوئے، پونا سے انہوں نے النکا پوری اور پندھر پور کا سفر کیا ہے، جہاں انہوں نے مندروں کی زیارت کی۔

سفر ہشتم:

یہ سفر دہلی، متھرا اور بندرابن کے مقامات پر نواب میر محبوب علی خاں نظام

ششم کے ساتھ کیا جو 1293ھ میں طئے کیا گیا، سفر کا مقصد ملکہ معظمہ انگلستان نے غدر اور انتظام ہندوستان کے بعد جو خطاب شہنشاہی اپنایا جس کے لئے گورنر جنرل کلکتہ کو حکم دیا کہ دہلی میں ایک دربار منعقد کریں، اس دربار میں نواب میر محبوب علی خان بہادر نظام الملک آصف جاہ کو بھی مدعو کیا گیا، جس کے لئے راجہ گردھاری پرشاد باقیؔ نے سفر طئے کیا۔ دہلی میں منعقد اس دربار کا نقشہ انہوں نے اس سفر نامے میں پیش کیا اور چند مزاحیہ اشعار تخلیق کئے اور جلسہ کے شائقین اور شعرائے سلاطین میں تقسیم کئے، جس کو بہت پسند کیا گیا۔

سفر نہم:

یہ سفر الہ آباد اور، کاشی، مرزا پور پر مشتمل تھا جو 12/ذیقعدہ 1285ھ میں طئے کیا گیا، سفر کے مقصد کو راجہ گردھاری پرشاد باقیؔ نے ان الفاظ میں بیان کیا ہے۔

> ''اس سفر سے قبل نواب افضل الدولہ بہادر نظام الملک کا انتقال ہوا اور اس وقت میر محبوب علی خاں بہادر کی عمر ڈھائی سال تھی، گورنر جنرل بہادر نے تجویز کیا کہ میر محبوب علی خاں کے اقتدار حکومت اپنے قبضہ میں لینے تک رفیع الدین خاں بہادر عمدۃ الملک شمس الامراء ثالث انتظام اجرائی سلطنت میں شریک مدار المہام رہیں گے، اس کے بعد خانگی جھگڑے خاندانی امیر کبیر اور زیادہ طول کر گئے اس لئے میں نے سوچا کہ وقت کا تقاضہ اور مصلحت اس میں ہے کہ میں بلدہ میں نہ رہوں، مداخلت سے مخالفت کا اندیشہ تھا، اس لئے میں نے اشنان کے لئے پراگ راج جانے کا ارادہ کیا۔ [۱۸]

راجہ گردھاری پرشاد باقیؔ نے اس سفر نامے میں الہ آباد کے پراگ راج اشنان کی تفصیلات کو بیان کیا ہے اور کاشی کے مندروں کی زیارت اور برہمن بھوجن کی تفصیلات پیش کیں،

اس سفر نامہ میں ایک قصہ منظوم نمک وشکر بطور لطیفہ (مزاحاً) تخلیق کیا گیا جس کو بہت پسند کیا گیا۔

سفر دھم:

اس سفر نامے کے ترجمے میں ڈاکٹر شیلا راج نے شاہی رکھ رکھاؤ کا خاص لحاظ رکھا، اور اس دور کی تہذیب کو اجاگر کرتے درباری القاب عادات واطوار کو اردو میں بخوبی پیش کیا، گردھاری پرشاد کے دسویں سفر کے احوال کا ترجمہ ڈاکٹر شیلا راج نے ان الفاظ میں کیا:

یہ سفر گلبرگہ، اورنگ آباد، پونا کے مقامات کا نواب میر محبوب علی خان نظام ششم کے ہمراہ کیا گیا، یہ سفر 1300ھ میں کیا گیا، سفر کا مقصد بیان کرتے ہوئے راجہ گردھاری پرشاد باقی رقم طراز ہیں

> ''اس سفر کی وجہہ یہ تھی کہ نواب سالار جنگ مختار الملک بہادر اور سلطان وقت والئی دکن میر محبوب علی خاں بہادر نظام الملک آصف جاہ ادام اللہ مملکتہ وحشمتہ برائے دورہ گلبرگہ' رائچور وصوبہ اورنگ آباد خواہش ظاہر کی، انہوں نے تعلقات کے ناظموں کو سڑکوں اور مکانوں کی تعمیر وآرائش وزیبائش کا حکم دیا۔ راقم کو خاصہ و دیگر لوازمات سفر کے لئے مامور کیا، اولاً حضور پرنور کی سواری تعلقہ رائچور میں داخل ہوئی، تعلقہ مسطور میں سرانجام دہی انتظامات میں نے اپنے برادر نسبتی ومنصرم انبا پرشاد کو مامور کیا، اور خود گلبرگہ میں ضروری انتظامات کے لئے پیش قدمی کی، راجہ ونپرتی و راجہ گدوال وغیرہ وفادار زمیندار مع بہ کثرت فوج وسوار علاقہ خود اپنے سمستان سے بڑے تزک واحتشام سے رائچور میں حاضر ہوئے تھے، تاکہ بادشاہ کی قدم بوسی کی سعادت حاصل کریں، اوران کا استقبال کریں، حضور کو نذر پیش کرنے کے بعد حسب الحکم مختار الملک

بہادر راقم نے جنس خام پخت و بز طعام بخوبی سرانجام دیا، ہر ایک کو عزت و اعتبار کے مطابق انعام دیا گیا، حضور پرنور نے قلعہ دیکھنے وسیر وتماشہ دریائے کرشنا کا ارادہ کیا۔رات کے وقت روشنی تمام گلی کوچوں اور آبادی میں خوشی اور شادی کا سماں پیش کر رہی تھی، حضور پرنور روشنی کا معائنہ کر کے بہت مسرور ہوئے دوسرے دن سواری مبارک حسن آباد گلبرگہ پہونچی۔'' ۱۹

راجہ گردھاری پرشاد باقیؔ نے اس سفر نامہ میں آصف سادس میر محبوب علی خاں بہادر کے دورہ گلبرگہ رائچور اورنگ آباد آمد کی تفصیلات کو بہترین انداز میں آنکھوں دیکھا حال کے طور پر بیان کیا ہے اور خود بنسی راجہ کے ذمہ انتظامات کی نگرانی تھی، حضور کی خدمت کرنے اور حسن انتظام سے سرخروئی حاصل کی، دیگر سفر ناموں کے مقابل اس سفر نامہ میں حضور نظام میر محبوب علی خاں کے دورہ کی تمام تفصیلات مفصل انداز میں بیان ہوئی ہیں، ساتھ ہی بنسی راجہ نے اس سفر نامہ میں چند تہنیتی اشعار نظم کیئے جو حضور کے روبرو پیش کیئے گئے۔

سفر یازدھم:

یہ سفر بنارس، کلکتہ، جوالہ مکھی، کان پور، امرتسر اور پشکر راج کے مقامات کے لئے طئے کیا گیا، یہ سفر ۱۰؍صفر المظفر ۱۳۰۱ھ میں انجام پایا جو نواب میر محبوب علی خاں نظام ششم کے ساتھ طئے کیا گیا تھا، راجہ گردھاری پرشاد باقیؔ نے سفر سے قبل کے حالات اور مقصد سفر یوں بیان کیا ہے کہ

''مدارالمہام میر تراب علی خاں بہادر سر سالار جنگ مختار الملک کا 27؍ربیع الثانی انتقال ہو گیا تھا اور میر محبوب علی خاں بہادر کے اقتدار حکومت سنبھالنے کا وقت بھی قریب آچکا تھا اور کلکتہ میں نمائش بھی لگی تھی خیرہ خواہ حکومت نے حضور

پرنور کو صلاح دی کہ ایک بار اگزیبیشن دیکھنے کے بہانے کلکتہ تشریف لے جائیں اور گورنر جنرل سے ملاقات بھی ہو جائے گی اس ضمن میں انتظامات کے لئے راجہ گردھاری پرشاد باقیؔ شاہ آباد گئے اور وہاں سے گلبرگہ ہوتے ہوئے بنارس پہنچے، اس سفر میں میر محبوب علی خاں بذریعہ ریل کلکتہ پہنچے، اس سفر میں میر محبوب علی خاں بہادر کی بنارس آمد کے موقع پر راجہ گردھاری پرشاد باقیؔ نے چند شعر نظم کئے اور حضور کے سامنے پیش کئے، حضور میر محبوب علی خاں بہادر کی کلکتہ آمد کا حال راجہ گردھاری پرشاد باقیؔ نے یوں بیان کیا ہے کہ ''خدا کے فضل سے بتاریخ 21 رشہر صفر رواں سواری مبارک کلکتہ میں داخل ہوئی، کاڈری صاحب رزیڈنٹ ہردواسٹیشن ریلوے استقبال کیلئے پیش قدمی کی ہمراہ حضور پر نور سفر کیا، کلکتہ اسٹیشن پر تمام فرش کیا گیا تھا گورنر جنرل بہادر کے باڈی گارڈ باجہ و بیانڈ کے ساتھ سلامی کے لئے حاضر تھے۔ مجھے بتایا گیا کہ سوائے تعظیم حضور پر نور کے کسی اور راجہ ورئیس کے لئے گورنر جنرل بہادر کا باڈی گارڈ خاص سلامی کے لئے پیش نہیں کیا جاتا۔ یہ خصوصیت صرف حضرت نظام کے لئے براہ توقیر واحترام تھی۔ ۲۰

غرض یہ کہ اس سفر نامہ میں میر محبوب علی خاں کی کلکتہ آمد اور ان کے استقبال اور انتظام وآراستگی کی تفصیلات کو راجہ گردھاری پرشاد باقیؔ نے تفصیل کے ساتھ بیان کیا ہے اور ساتھ ہی جوالہ مکھی کے مقام کی منظر نگاری کو بھی پیش کیا ہے، اس سفر نامہ میں بنسی راجہ نے نظمیں، بھجن اور مناجات، دوران سفر موزوں کئے تھے پیش کیا ہے۔

سفر دوازدھم:

یہ سفر ترمک راج، ناسک الہ آباد، بنارس اور گیا کے مقامات پر مشتمل تھا، جس میں

راجہ گردھاری پرشاد باقی نے ترمک راج ناسک الہ آباد بنارس گیا کے مندروں اور پوجا پاٹ کی تفصیلات اور زیارت نذر و نیاز کی تفصیلات بیان کی ہیں اور ساتھ ہی حضور میر محبوب علی خاں کی جانب سے جو ذمہ داری اللہ رکھی بیگم صاحبہ کی دونوں صاحبزادیوں کے رشتہ ازدواج سے متعلق راجہ گردھاری پرشاد باقی کے ذمہ تفویض کی گئی ،اس کی تفصیلات بھی بیان کی ہیں ،غرض یہ کہ راجہ گردھاری پرشاد باقی نے تمام سفروں کی روداد کو اپنے اس سفرنامے میں رقم کیا ہے۔

جائزہ:۔

توشہء عاقبت تصنیف میں ڈاکٹر شیلا راج نے راجہ گردھاری پرشاد باقؔی (بنسی راجہ) کے سفرناموں کا ترجمہ پیش کیا ہے، یہ کتاب اردو ادب کا ایک اہم اثاثہ ہے اور ساتھ ہی ساتھ سفرناموں کی صنف میں ایک بیش قیمتی اضافہ بھی ہے۔توشہء عاقبت کا مطالعہ کرنے سے قارئین کو بے حد چونکا دینے والے اور اہم واقعات کا علم ہوتا ہے اور وہ پورے سفرنامے کے مطالعہ کرنے کا ارادہ کرلیتا ہے، اس کامیابی کا سہرا بے شک شگفتہ اور خوبصورت تحریر کا جادو جگانے والی خاتون ڈاکٹر شیلا راج کے سر جاتا ہے۔

ڈاکٹر شیلا راج کے اس ترجمے سے انداز ہوتا ہے کہ انہوں نے فارسی سے اردو میں ترجمہ کرتے وقت آزاد ترجمے کو مد نظر رکھا، اور مفہوم کو اردو میں اپنے مخصوص انداز میں پیش کیا اور زبان و بیان کی نزاکتوں کو مد نظر رکھ کر ترجمہ کیا، ترجمے میں روانی ہے اور اندازہ نہیں ہوتا کہ یہ کسی اور زبان کے مواد سے تخلیق کردہ کتاب ہے۔توشہء عاقبت کتاب سے ترجمہ ہی نہیں بلکہ اس میں نظمیں، منتخب اشعار اور بعض علاقوں کے نقشہ جات بھی شامل ہیں اور یہ کتاب ترجمے سے زیادہ تخلیق لگتی ہے۔

رپورتاژ......شاہی شادی

رپورتاژ نگاری ،تعارف اور روایت : رپورتاژ کے لغوی معنی کسی واقعہ کو دلچسپ اور افسانوی انداز میں لکھنے کے آتے ہیں انگریزی میں رپورٹ، روداد، اطلاع اور خبر کو کہتے ہیں۔ رپورتاژ میں ادیب کسی جلسہ، محفل، کانفرنس، مشاعرہ یا اس نوعیت کی دیگر تقاریب یا پروگرام کو قلمبند کر کے اس تفصیل کو ادبی انداز اور شخصی تاثر کے ساتھ پیش کرتا ہے، بنیادی اعتبار سے یہ ایک ادبی اور فنی خصوصیت کا حامل مضمون ہوتا ہے، رپورتاژ کا تعلق غیر افسانوی ادب سے ہے اور یہ تاریخ نگاری سے بالکل قریب ہے۔

اردو ادب میں صحافت کا آغاز جام جہاں نما سے ہوتا ہے، اس کے بعد دہلی اردو اخبار کا نمبر آتا ہے، جس کو مولوی محمد باقر نے 1837ء میں جاری کیا تھا، اس اخبار میں خبریں روایتی انداز سے نہیں بلکہ رپورٹ کے طور پر شامل کی جاتی تھیں، اس اخبار میں رپورتاژ کے ابتدائی نقوش ہمیں ملتے ہیں، موانا عبدالحلیم شرر نے انجمن دارالسلام کے جلسے کی رپورٹ لکھی جو "دلگداز" اپریل 1888ء میں شائع ہوئی، اس کے بعد مولانا آزاد نے دہلی میں ملکہ وکٹوریہ کی تاج پوشی کی تقریب پر ایک دلچسپ روداد تحریر کی تھی، ان رپورٹوں اور رودادوں میں ہمیں رپورتاژ نگاری کے ابتدائی نقوش ملتے ہیں لیکن اردو ادب میں رپورتاژ نگاری کا باقاعدہ آغاز سجاد ظہیر کے رپورتاژ "یادیں" کے عنوان سے ہوتا ہے جو 1940ء میں شائع ہوا۔

ترقی پسندوں نے اردو ادب میں رپورتاژ، آزاد نظم اور افسانہ نگاری جیسی اصناف کو زیادہ برتا، رپورتاژ نگاری ترقی پسند تحریک کی دین ہے، ترقی پسند ادیبوں نے جدید اصناف میں

ایک گراں بہا اضافہ کیا، اردو کا مقبول عام رپورتاژ ''پودے'' ہے، جس کے خالق کرشن چندر ہیں، جنہوں نے اکتوبر 1945ء میں حیدرآباد میں منعقدہ ترقی پسند مصنفین کی کانفرنس کی ساری تفصیل اس رپورتاژ میں لکھی ہے، بھوپال میں منعقد ہونے والی ترقی پسند مصنفین کی کانفرنس کے دو رپورتاژ لکھے گئے، عصمت چغتائی نے ''بمبئی سے بھوپال تک'' کے عنوان سے اپنا رپورتاژ لکھا دوسرا رپورتاژ ''ایک ہنگامہ'' کے عنوان سے صفیہ اختر نے تحریر کیا۔

بہرحال اردو ادب میں رپورتاژ نگاری کا آغاز ترقی پسند تحریک کے زیر اثر ہوا۔ دور حاضر میں بھی مختلف مشاعروں، سمیناروں اور دیگر پروگراموں کی رپورتاژ مختلف اخبارات اور رسالوں میں وقتاً فوقتاً۔شائع ہوتے رہتے ہیں۔

شاھی شادی

یہ کتاب راجہ گردھاری پرشاد باقیؔ عرف بنسی راجہ کی فارسی تحریر کا اردو ترجمہ ہے، جس میں حضور نظام میر محبوب علی خان آصف سادس کی بہن نجیب النساء بیگم کی شادی کی مکمل تفصیل ہے، جس کو ہم رپورتاژ کہہ سکتے ہیں، ڈاکٹر شیلا راج نے اس کتاب کا ترجمہ فارسی زبان سے اردو میں 1991ء میں انجام دیا، جسے ایچ ای ایچ دی نظامس اردو ٹرسٹ حیدرآباد نے شائع کیا ہے۔ڈاکٹر شیلا راج کی یہ دوسری ترجمہ کردہ کتاب تھی، جس میں انہوں نے بڑی محنت اور عرق ریزی کے ساتھ اردو میں ترجمہ کیا ہے۔

راجہ گردھاری پرشاد باقیؔ (بنسی راجہ) کی یہ کتاب 1892ء میں تحریر کی گئی تھی، جس کو 1991ء میں ڈاکٹر شیلا راج نے اردو زبان میں منتقل کیا ہے، ڈاکٹر شیلا راج کی ترجمہ کردہ اس

کتاب کی رسم اجراء ایم اے ہادی صاحب آئی اے ایس (ریٹائرڈ) کے ہاتھوں 21/فروری 1993ء میں عمل میں آئی، ڈاکٹر شیلا راج کی یہ تیسری تصنیف ہے، اس سے قبل ''توشہء عاقبت'' جو کہ سفرناموں پر مشتمل فارسی تصنیف کا ترجمہ تھا، 1984ء کو منظر عام پر آیا، جس کا

اجراء رام لال گورنر آندھرا پردیش کے ہاتھوں عمل میں آیا، اس کے بعد ''عہد وسطی سے عہد حاضر تک حیدرآباد کی معاشی وتہذیبی تاریخ 1869ء تا 1911ء'' انگریزی تصنیف جو کہ ان کا تحقیقی مقالہ تھا کی رسم اجراء 1987ء میں پرنس مفخم جاہ بہادر کے ہاتھوں عمل میں آئی، ڈاکٹر شیلا راج کی یہ تصنیف 20 مضامین پر مشتمل ہے جس میں جملہ 76 صفحات ہیں، اس کے ناشر HEH دی نظامس اردو ٹرسٹ حیدرآباد ہیں، طباعت سرور پرنٹنگ پریس لکڑی کا پل حیدرآباد نے انجام دی ہے۔

ڈاکٹر شیلا راج نے ''شاہی شادی'' جو فارسی تصنیف تھی کا ترجمہ بھی بڑے ہی حسن وخوبی کے ساتھ انجام دیا تھا، ان کے پیش نظر اس کتاب کے ترجمہ کی اہم وجہ حیدرآبادی ثقافت اور تہذیب کو اجاگر کرنے کے ساتھ ساتھ قومی یکجہتی اور بھائی چارگی کو بھی فروغ دینا تھا۔

اس کتاب کی ابتداء میں سکریٹری ایچ۔ای۔ایچ دی نظامس اردو ٹرسٹ عبدالمحمود کی تقریظ کو شامل کیا گیا ہے جس میں موصوف نے کتاب کی غرض وغائیت کو بیان کرتے ہوئے لکھا ہے:

> ''گردھاری پرشاد نے فارسی میں شاہی شادی کی تفصیل قلمبند کی، جس کو ان کی قابل بہو ڈاکٹر شیلا راج نے بڑی محنت اور عرق ریزی کے ساتھ اردو میں منتقل کیا، کتاب نہ صرف شاہی دور کے طمطراق کا آئینہ ہے بلکہ اردو کے طالب علموں کے لئے معلومات کا خزینہ بھی ہے، کیونکہ اس کے رسم ورواج کی تفصیل 'زیورات کا بیان 'لباس کی تفصیلات لغات میں ڈھونڈنے سے بھی نہیں ملتیں، اس کا اندازہ ضمیمہ کے طور پر ان حواشی سے ملتا ہے جو کتاب کے آخر میں درج ہیں، اس کے مطالعہ سے حیدرآبادی ثقافت اور تہذیب کے بہت سے گوشے منور ہوجاتے ہیں، نہ صرف حیدرآباد بلکہ ہندوستانی معاشرے کی

رنگینی' نفاست اور شائستگی کی تصویریں ملتی ہیں، مجھے امید ہے کہ ٹرسٹ کی شائع
کردہ یہ تصنیف تاریخ وادب کے قارئین سے خراج تحسین وصول کرے گی'' [21]

ڈاکٹر شیلا راج کو اردو وادب کے ساتھ ساتھ تاریخ کے مضمون سے بھی دلچسپی اور عبور حاصل تھا انہوں نے ایک طرف تو آصف جاہی دربار سے وابستہ شعراء راجہ نرسنگ راج عالیؔ اور محبوب راج محبوبؔ کے شعری مجموعوں کو مرتب کیا، وہیں دوسری طرف انہوں نے اپنا تحقیقی مقالہ حیدرآباد کی سماجی، معاشی اور تہذیبی تاریخ پر لکھا، جس سے ہمیں دونوں مضامین پر دسترس اور ان کی صلاحیتوں کا اندازہ ہوتا ہے۔

جناب عابد علی خان مرحوم (مدیر روزنامہ سیاست حیدرآباد) نے ڈاکٹر شیلا راج کی ترجمہ شدہ کتاب شاہی شادی کا پیش لفظ لکھا، یہ پیش لفظ حیدرآبادی تہذیب کے نقوش واضح کرنے میں اہمیت رکھتا ہے۔ انہوں نے نوابی دور کی حیدرآبادی شادیوں کی دھوم دھام کی تہذیبی وسماجی اہمیت اجاگر کرتے ہوئے لکھا کہ

''حیدرآباد کی شادیاں جب خاندان ہی میں ہوا کرتی تھیں تو ڈیڑھ دو مہینوں تک رسومات کے سلسلے کا رواج کیوں تھا؟ یہ سوال دلچسپ ضرور ہے لیکن یہ رسومات مصلحت سے خالی نہیں ہوا کرتے تھے، ان رسومات کے بہانے سے نہ صرف نوشہ وعروس کے چال چلن کو پرکھا جاتا تھا بلکہ افراد خاندان کی نازک بینی سے جانچ کی جاتی تھی، شادی کی یہ رسومات اپنے طور پر بھی بڑی اہمیت کی حامل ہیں، ان ہی رسومات سے ہماری شاندار تہذیب کی تشکیل ہوئی ہے۔ جس پر ہم سب کو فخر وناز ہے، اب حالات بدل گئے ہیں، وہ اقدار نہیں رہے۔ سماجی اور عمرانی نظریہ میں بڑا فرق پیدا ہوگیا، اگلے وقتوں کی یہ باتیں نوجوان نسل کو سمجھانے کی شدید ضرورت ہے کیونکہ نئی نسل کے لیل ونہار' مصروفیتوں

اور دلچسپیوں میں بڑا فرق آ گیا ہے، اب شادیوں میں مسرت وخوشی کی وہ لہر کہاں، وہ دلکش مصروفیات باقی نہیں رہیں، اب مکانوں میں رہنے والے شادی خانوں میں شادی رچانے کے لئے مجبور ہیں، نیز دولت کے اظہار کے لئے صحیح یا دکھاوے کی مصروفیات اور مظاہروں کا بے مقصد سہارا لینا عام ہو گیا، ان حالات میں گاہے گاہے باز خوان ایں "قصہ پارینہ را" کی خاطر اس کتاب کا پڑھنا نوجوان نسل کے لئے ضروری سمجھتا ہوں تا کہ انہیں معلوم ہو کہ ہمارے آباء واجداد نے اپنے زمانے میں کس طرح زندگی بسر کی، شادی کے پرانے رسوم ورواج قدامت پسندی نہیں کہے جا سکتے، کئی مراسم دلہا ودلہن اور ان کے خاندان کو سمجھنے اور سمجھانے کے طریقے تھے، اسی لئے ان دنوں طلاق، علیحدگی بھی شاذ و نادر ہی ہوتی تھی، اور ان کی زندگی ہم آہنگ و مسرت بخش رہی، ایک لمحے کے لئے یہ سوچیں کہ کیا ہم اب بھی ان کے بتائے ہوئے راستے پر چل سکتے ہیں، شیلا راج صاحبہ قابل مبارک باد ہیں کہ انہوں نے فارسی کی اس انمول تصنیف کے کام کو اردو میں منتقل کر کے ایک بجھتی ہوئی شمع کی لو کو پھر سے روشن کرنے کی کامیاب کوشش کی ہے۔۲۲

کتاب کے پیش لفظ میں عابد علی خاں نے ڈاکٹر شیلا راج کی خصوصی مہارت کو بیان کیا ہے کہ انہوں نے کس طرح فارسی کی اس تصنیف کو اردو کے قلب میں ڈھالا اور ایسا ترجمہ کیا کہ اصل اور ترجمہ میں فرق ہی معلوم نہیں ہوتا ہے، ڈاکٹر شیلا راج نہ صرف ایک ادیبہ، ایک عظیم تاریخ داں اور ساتھ ہی بہترین اور اعلیٰ درجہ کی مترجم تھیں، انہوں نے اس کتاب سے قبل توشئہ عاقبت جو کہ فارسی تصنیف تھی کا ترجمہ اردو زبان میں انجام دیا، جس کی ادبی حلقوں میں خوب پذیرائی کی گئی، اس کے علاوہ ڈاکٹر شیلا راج نے نظامس ٹرسٹ کی جانب سے مملکت آصفیہ کا ترجمہ دو ضخیم جلدوں

میں انجام دیا جو ۱۵۰۰ سے زائد صفحات پر مشتمل تھیں، ڈاکٹر شیلا راج نے اس قلمی نسخے کے ترجمہ کو اپنے خسر رائے نرہر راج ساقی کے نام معنون کیا ہے۔

ڈاکٹر شیلا راج قومی یکجہتی اور امن واتحاد کی علمبردار تھیں، انہوں نے اس کتاب کے دیباچہ میں اس بات کی تصدیق کی ہے کہ مسلم حکمرانوں نے اسلام کو تلوار کی نوک پر نہیں بلکہ اتحاد اور ہم آہنگی اور اپنے بلند کردار کی بدولت پھیلایا ہے، وہ رقم طراز ہیں:

''راجہ گردھاری پرشاد راسخ الاعتقاد تھے، پابند مذہب ہونے کے باوجود وسیع المشرب اور روشن خیال تھے، یہ فرقہ وارانہ ہم آہنگی اور قومی یکجہتی پر ایمان و اعتقاد رکھتے تھے، یہ آپ کی خوش قسمتی تھی کہ فرمانروائے وقت میر محبوب علی خاں آصف جاہ سادس بھی سیکولرازم کے قائل تھے، یہ دور تاریخ دکن کا وہ زریں دور ہے، جس میں آصف جاہ سادس نے اپنی رعایا کا دل تلوار کے زور پر نہیں بلکہ اتحاد اور ہم آہنگی کے زور پر جیتا تھا، مذہبی رواداری کی فضاء کو سازگار بنائے رکھنے کے لئے ہندو اور مسلمانوں کے تیوہاروں میں بڑھ چڑھ کر حصہ لیا۔ ۲۳

ڈاکٹر شیلا راج نے اپنی تصانیف میں قومی یکجہتی، ہم آہنگی اور امن واتحاد کے متعلق بہت کچھ لکھا ہے لہٰذا ان کے مشاہدہ ومطالعہ کی روشنی میں یہ کہا جاسکتا ہے کہ ان کی تحریروں کا مقصد ہی قومی یکجہتی کے تصور کو فروغ دینا تھا۔ ڈاکٹر شیلا راج نے ایک طرف تو قومی یکجہتی کو اپنی تحریروں کا مقصد بنالیا تو دوسری طرف انہوں نے حیدرآبادی تہذیب وتمدن اور حیدرآباد دکن کے سماجی ومعاشی حالات کو اپنی تحریروں کے ذریعہ روشن کیا ہے۔

ڈاکٹر شیلا راج نے کتاب ''شاہی شادی'' کے دیباچہ میں کتاب کے ترجمہ اور دیگر مراحل کے احوال پیش کئے، وہ اس ضمن میں اپنے خیالات کا اظہار ان الفاظ میں کرتی ہیں:

''راجہ گردھاری پرشاد کے ضخیم ادبی ذخیرہ سے نہ صرف میں نے اپنی پی ایچ

ڈی کے دوران استفادہ کیا بلکہ 1984ء میں میں نے آپ کے فارسی قلمی سفر نامہ توشہ عاقبت کا ترجمہ کیا اور شائع کرا کر ناظرین کی خدمت میں پیش کر چکی ہوں، اور اسی ذخیرہ سے ایک اور قلمی نایاب نسخہ کا اردو میں ترجمہ ناظرین کی خدمت میں پیش کرنے کی جراءت کر رہی ہوں۔ اس قلمی نسخے میں میر محبوب علی خاں کی ہمشیرہ نجیب النساء بیگم صاحبہ کی شادی کا تذکرہ ملے گا، جس کی تیاری کی ذمہ داری آپ ہی کے کندھوں پر رکھی گئی تھی، اپنے کمال فن' زبان و بیان اور وسیع مشاہدہ کی بنا پر راجہ صاحب نے محبوب علی پاشاہ کے دور کی اعلی روایات 'شان وشوکت اور عظمت سماجی اور معاشی حالت، اخلاقی اور سوشیل رجحانات کی عکاسی بڑی عمدگی اور خوش اسلوبی سے کی ہے، یوں تو اس شادی کا تذکرہ اس وقت کے اخبارات اور رسالوں میں چھپ چکا ہوگا لیکن بنسی راجہ کے زور قلم سے کھینچی گئی تصویر نے شائد ہی اس دور کے اخبارات اور رسالوں میں جگہ پائی ہوگی، اس قلمی نسخہ کے ترجمے میں میرے خسر رائے نر ہری راج ساقی صاحب مرحوم نے میری بہت مدد کی، یہ ترجمہ آپ کی حیات میں ہی ہو چکا تھا لیکن اس کی اشاعت سے قبل ہی وہ اس دار فانی سے رحلت کر گئے، میں نے ساقی صاحب کی شخصیت میں ہمیشہ اپنے والد بزرگوار مرحوم رائے پرتھوی راج صاحب کی جھلک دیکھی، ساقی صاحب کی پدرانہ شفقت نے ہمیشہ میری حوصلہ افزائی اور رہنمائی کی جسے میں زندگی بھر فراموش نہیں کر پاؤں گی۔'' (۲۴)

جیسا کہ ڈاکٹر شیلا راج نے واضح کیا کہ انہوں نے کتاب شاہی شادی کو فارسی سے اردو میں ترجمہ کیا، اور یہ کہ اس کتاب کے مواد کے لئے انہوں نے اپنے خاندانی بزرگ راجہ گردھاری پرشاد کے قلمی نسخوں سے استفادہ کیا، اور فارسی سے اردو ترجمہ کے لئے انہوں نے

اپنے خسر نرہری راج ساقی صاحب سے تعاون حاصل کیا، ہندوستان میں مغلیہ دور حکومت کے زیر اثر ایک عرصے تک فارسی ملک کی سرکاری زبان رہی۔ اور حکومت کے تمام سرکاری کام فارسی میں ہی انجام دئے جاتے تھے اور اس دور کا بیشتر ادبی سرمایہ بھی فارسی میں ہی موجود تھا، تاہم اردو دکن کے علاقے میں بہ حیثیت ایک ادبی زبان کے مقبول تھی، اور قطب شاہی دور حکومت کے بیشتر شعری وادبی کارنامے اردو میں موجود ہیں اور آصف جاہی دور کے آتے آتے اردو دکن کی ایک مقبول زبان ہوگئی، اس کے باجود سرکاری سطح پر فارسی کا چلن تھا، چنانچہ شاہی شادی کے عنوان سے حکومت کے قریب رہنے والے راجہ گردھاری پرشاد نے آصف سادس کی بہن کی شادی کے احوال فارسی میں رقم کئے، اس کتاب کی تہذیبی وسماجی اہمیت کو پیش نظر رکھتے ہوئے ڈاکٹر شیلا راج نے اسے فارسی سے اردو میں ترجمہ کیا، اور یہ کتاب حیدرآباد کے ادبی اور تہذیبی حلقوں میں مقبول رہی، عام طور سے ترجمہ شدہ کتابوں میں روانی نہیں رہتی اور قاری کو اندازہ ہوجاتا ہے کہ یہ کتاب تخلیق نہیں ہے، لیکن ایک اچھے ترجمے کی یہ خصوصیت رہتی ہے کہ اس پر ترجمے کا نہیں بلکہ تخلیق کا گماں ہو۔

ڈاکٹر شیلا راج نے اس کتاب کے دیباچہ میں کتاب کی خوبیوں کے متعلق لکھا ہے کہ

> ''ناظرین کو اس تذکرہ میں صرف شادی کی مختلف رسومات کی جھلکیاں ہی نہیں ملیں گی بلکہ بیش قیمتی زیورات، فوق البھڑک ملبوسات ان کی آنکھیں چکا چاند کردیں گی، زیورات اور کپڑوں کے ایسے ایسے نام پڑھنے کو ملیں گے جن سے نئی نسل کے کان آشنا ہی نہیں ہوئے ہوں گے، ایسے لذیذ پکوان اور ہمہ اقسام پکوان کے نام ملیں گے جنہیں بہتوں نے خواب میں بھی نہ چکھا ہوگا، تذکرہ نگار کے قلم کی جادو بیانی، لکھنوی شعراء دوارکا پرشاد افق اور کہنہ لال تائب جنہوں نے شادی کی تفصیل کو شعری جامہ پہنایا ہے، ناظرین کو ماضی کی

ان حسین اور خوشگوار یادوں میں گم کر دیں گے جن کو دیکھنے آنکھیں ترستی ہیں، میں نے اس مسودہ میں ان شعراء کے کلام کا استعمال جگہ جگہ کیا ہے۔ان سب سے بڑھ کر وہ آداب معاشرہ، تہذیب وشائستگی اور روایات جو محبوبی دور کی جان تھیں، وہ مخلوط کلچر جس نے باہمی اتحاد اور رواداری کے پودے کو ایک صدی قبل جنم دیا تھا، یہ سب آنے والی نسلوں کے لئے اسی دور کی دین تھیں۔ ۲۵

ڈاکٹر شیلا راج کا یہ کارنامہ ہے کہ انہوں نے راجہ گردھاری پرشاد باقی کی تصانیف جو فارسی میں تھیں کو اردو زبان میں منتقل کرنے کے ساتھ ساتھ دیگر تصانیف کو اردو سے انگریزی زبان میں ڈھالا، ڈاکٹر شیلا راج کی ترجمہ کی گئی تصانیف کا مطالعہ کرنے سے ایسا

محسوس ہوتا ہے گویا انہوں نے اصل تخلیق ہی کا کارنامہ انجام دیا ہے، ڈاکٹر شیلا راج کا طرز و اسلوب، ندرت بیان اور لفظوں کا حسین انتخاب یہ تاثر دیتے ہیں کہ خود ڈاکٹر شیلا راج ہی کی یہ تخلیق ہے، انہوں نے اپنی ترجمہ کردہ کتابوں میں قارئین کے انہماک کو ہمیشہ مدنظر رکھا ہے اور وہ تخلیق کے لفظی ترجمہ پر اکتفا کیا ہے بلکہ انہوں نے ہمیشہ کتاب کے ادبی معیار کو پیش نظر رکھا ہے

، چنانچہ ڈاکٹر شیلا راج نے بھی بڑی روانی کے ساتھ اردو میں کتاب کا ترجمہ کیا ہے۔

جس کا اندازہ ان کے طرز تحریر سے ہوتا ہے، کتاب کے آغاز میں ڈاکٹر شیلا راج لکھتی ہیں:

''اس عہد زریں کی روایات' گنگا جمنی تہذیب' شاہانہ فیاضی' طمطراق' مہمان نوازی' ہر دلعزیزی اور شان وشوکت کی جھلکیاں دکھانے میں اپنے ناظرین کو ایک صدی پیچھے یعنی 92-1891ء میں لے چلتی ہوں۔ جہاں آصف سادس کی بہن نجیب النساء بیگم صاحبہ کی شادی انہیں دعوت نظارہ دے رہی ہے، ناظرین خود اپنی آنکھوں سے اپنے محبوب بادشاہ کے دور کی سماجی اور معاشی جھلک کی ایک تصویر دیکھ لیں جود و بخشش سے اپنی جھولی بھر لیں، پندرہ

دن تک چلنے والی شادی کے دیگر مراسم کو دیکھیں ،نوبت' روشن چوکی' طاشہ مرفع کی دھنوں میں اپنے کو غرق کر دیں ،شاہی خاندان اور خاندان پائیگاہ و دیگر امراء کے فوق البھڑک ملبوسات وبیش قیمتی زیورات کو دیکھ کر دم بخود رہ جائیں، انواع واقسام کے لذیذ کھانوں کا مزہ لیں، آتشبازی سے لطف اندوز ہوں، ان سب سے سیر ہونے کے بعد اپنے ذہن کو زحمت دیں اور آج کے اس تیزی سے بدلتے دور کی تہذیب کا پچھلی صدی کی تہذیب وشائستگی سے موازنہ کریں کہ کہاں تک موجودہ نسل ان قدیم روایات کو زندہ رکھنے میں کامیاب ہوئی ہے، کیا یہ قدیم روایات اور گنگا جمنی تہذیب موجودہ دور میں جگہ پاسکتی ہیں، یا یہ حسین لمحات وماضی کی یادگاریں محض ایک خواب بن کر رہ جائیں گی۔'' ۲۶

ڈاکٹر شیلا راج کے مندرجہ بالا خیالات سے اندازہ ہوتا ہے کہ انہوں نے یہ کتاب ترجمہ نہیں کی بلکہ اس انداز میں پیش کی کہ قاری کو شاہی دور کی شادی کی تمام گہما گہمی اپنے نظروں کے سامنے دکھائی دے گی ، چنانچہ جب اس کتاب کا مطالعہ کیا جائے تو اندازہ ہوتا ہے کہ ڈاکٹر شیلا راج نے واقعی ان مناظر میں ڈوب کر اس کتابکا ترجمہ کیا ہے۔

ترجمہ شدہ کتاب ''شاہی شادی'' میں عنوانات آغاز شادی و تیاری جہیز، رسم رقعہ، رسم منگنی وشربت خوری، رسم نمک چشی ، آغاز تقسیم تورہ، رسم رتجگہ، رسم جہاز، رسم بلدی، دہمال سید احمد اکبر و نیاز سرور سلطان، رسم سانچق ، رسم مہندی، رسم سہرہ بندی، برات، رخصت، تفصیل زیور جونوشہ کو عطا ہونے وتفصیل جہیز، رسم چوتھی، رسلم ہلجان، رسم جمعگی اول تا پنجم، فہرست برائے زیور وملبوسات بہ موقع پانچویں جمعگی کے تحت مواد پیش کیا گیا ہے۔

مہندی کی رسم حیدرآبادی شادی کی ایک اہم رسم ہوتی ہے۔ شاہی شادی میں ہونے والی اس رسم کی ترجمانی ڈاکٹر شیلا راج نے ان الفاظ میں کی ہے۔

''19 ءنومبر کو محل مبارک میں مہندی کی رسم کی دھوم تھی، ایک طرف رسم کی تیاری تھی، دوسری طرف رسم کے ساتھ جانے والے اپنی تیاری میں تھے۔ بیگمات بھاری بھاری جوڑوں اور زیور کے انتخاب میں مصروف تھیں۔ محل میں محفل جمی ہوئی تھی، میراثنیں گانے میں مصروف تھیں، ہر طرف خوشی کا عالم تھا۔ روشن بنگلہ میں خوب چہل پہل تھی، محل مبارک سے حویلی خورشید جاہ بہادر تک سڑک کے دونوں طرف روشنی کے پنجے نصب کئے گئے تھے، بہت آرائش کی گئی تھی، مہندی کی رسم کی کشتیاں محل سے برآمد ہونی شروع ہوئیں، مہندی کی رسم کے آگے پیچھے بھی روشنی کے پنجے نصب کئے گئے تھے، راجہ گردھاری پرشاد نے سرخ رنگ کی پوشاک زیب تن کی تھی، کنٹھی ہار' دست بند' مرصع الماس' جس کی قیمت ایک ہزار روپیہ تھی جو انہیں آسمان جاہ بہادر مدارالمہام کی جانب سے نیگ میں ملا تھا۔ پہن رکھا تھا، رسم کے ہمراہ اڑتیں ہاتھی معہ زنجیر موجود تھے، ان میں سے چند ہاتھیوں کو چاندی کے زیور سے آراستہ کیا گیا تھا، غرض جلوس نوبت روشن چوکی' آتش بازی کے نظاروں کے درمیان سے گذرتا ہوا حویلی خورشید جاہ پہونچا، جہاں سب منتظر تھے۔ خورشید جاہ کی حویلی پر روشنی کی گئی تھی۔ مہمانوں کا ہجوم تھا، میراثنوں کے گانے سے سب محظوظ ہو رہے تھے۔ مہمانوں کی شربت خوری انجام دی گئی، مہمانوں نے لذیذ پرتکلف کھانوں سے لطف اٹھایا، دولہا کی گلپوشی کی گئی، رقص موسیقی کے بیچ مہندی کی رسم رات دیر گئے اختتام کو پہونچی، بوقت رخصت مہمانوں کی گلپوشی کی گئی اور انہیں پان اور عطر دے کر رخصت کیا گیا۔'' ۲۷

ڈاکٹر شیلا راج نے اسی انداز میں ساری شادی کی کیفیات بیان کیں، اس ترجمہ شدہ کتاب میں

انہوں نے جا بجا اشعار بھی استعمال کیے، فارسی سے اردو ترجمے میں فارسی اشعار تو نہیں ہیں تاہم انہوں نے موقع کی مناسبت سے اپنی جانب سے اشعار کتاب میں شامل کیے، جیسے

محل شاہ سے نکلے جو رسم مہندی کے
زبان وصف تجمل میں اس کی اپنے ہے لال

(تائبؔ)

گنج عشرت کو ہوا عقد مبارک مفتاح
پڑھا چومحلّہ شاہی میں عطارد نے نکاح
حق نے بلقیس و سلیماں کو بغلگیر کیا
مہر نوشہ نے سوالاکھ تحریر کیا
جب عقد خوانی ہوئی کھل گئے وہ عقدہ دل
سلامتی لگے سب گانے مطرب و قوال (افقؔ)

بہر حال تمام ہی شادی کی تفصیلات کو ڈاکٹر شیلا راج نے اپنے آسان اسلوب اور انداز بیان کے ساتھ پیش کیا ہے، جس کے مطالعہ سے یہ انداز قائم ہوتا ہے کہ یہ کتاب دراصل ترجمہ نہیں بلکہ ایک تخلیق ہے، پوری کتاب کے ترجمہ میں انہوں نے ادبی معیار کو قائم رکھا ہے اور قاری کو مشکل الفاظ میں پھنسا کر نہیں رکھا بلکہ آسان عام فہم الفاظ کا استعمال کر کے قاری کو مسلسل مطالعہ کرنے کا موقع فراہم کیا ہے، کتاب کے آخر میں ڈاکٹر شیلا راج نے دعوتِ فکر دی ہے، وہ لکھتی ہیں:

''تغیرات زمانہ نے انسانی تہذیب کو بدل ڈالا، وضعداری، شائستگی اور تہذیب وتمدن جو آج سے پچھتر سال پہلے سبھی محفلوں کی جان سمجھی جاتی تھی، اب آخری سانس لے رہی ہے یہ ممکن ہے کہ اکیسویں صدی پہنچتے پہنچتے دم

توڑ دے، موجودہ نسل پر نئی تہذیب کچھ اس تیزی سے اثر انداز ہو رہی ہے کہ پچاس سال قبل کے واقعات بھی افسانہ بن گئے ہیں، تغیرات زمانہ کے گرد وغبار میں دھندلے ہونے سے قبل ہی ماضی کے ان نقوش کو سمیٹ کر ''شاہی شادی'' نہ صرف ان لوگوں کو دعوت دے رہی ہے جن کے لبوں پر یہ مصرع ہے کہلوٹ پیچھے کی طرف اے گردش ایام تو بلکہ موجودہ نسل کو بھی اس بات کی دعوت دے رہی ہے کہ وہ تغیرات زمانہ کے دھارے میں پہنچنے سے قبل پیچھے مڑ کر دیکھیں، سوچیں، سمجھیں اور غور کریں کہ دم توڑتی قدیم حیدرآبادی تہذیب وتمدن وضعداری اور شائستگی میں پھر سے جان ڈالی جاسکتی ہے۔ ۲۸

بحیثیت مجموعی ڈاکٹر شیلا راج نے راجہ گردھاری پرشاد باقیؔ (بنسی راجہ) کی تصنیف شاہی شادی کو اردو زبان میں ترجمہ کر کے پیش کیا ہے، دوران ترجمہ قارئین کے پیش نظر آسان اور عام فہم اسلوب کو اختیار کیا گیا ہے اور وہ اپنی اس کوشش میں کامیاب رہے ہیں لیکن اس کتاب میں صفحات کی ترتیب بے ترتیب انداز میں کی گئی ہے، بعض مقامات پر پہلے صفحہ کو بعد میں اور بعد کے صفحے کو پہلے پیش کیا گیا ہے، صفحہ 21 کے بعد صفحہ 22 پر رسم میں استعمال اشیاء کی فہرست دے دی گئی ہے صفحہ 60 پر امیر کبیر کے اقتباس کو چھوڑ دیا گیا ہے اور دوسرے صفحہ پر اقتباس کو شامل کیا گیا ہے۔

اس کتاب کی خامی یہ بھی ہے کہ اس تصنیف میں حسن ترتیب یا تزئین کا لحاظ نہیں رکھا گیا، بہرحال چند ایک خامیوں کے علاوہ مجموعی اعتبار سے ڈاکٹر شیلا راج کا یہ ترجمہ بہتر کوشش ہے، اس سے قبل بھی توشہ عاقبت کا ترجمہ کر کے شیلا راج نے اپنی صلاحیتوں کا لوہا منوایا ہے، دونوں کتابوں کے مطالعہ سے انداز ہو جاتا ہے کہ انہوں نے بڑی عرق ریزی کے ساتھ دقت طلب اور مشکل کام کو انجام دیا ہے، جس کی جتنی بھی تعریف کی جائے کم ہے۔

اس طرح ڈاکٹر شیلا راج نے اپنی اس ترجمہ شدہ کتاب کو اشعار کے برمحل انتخاب سے دلچسپ بنایا، انہوں نے اپنے ترجمے میں اس دور کی لفظیات کو بھی استعمال کیا، جیسے میمنت، مراثن، غفران مکان، دادودہش وغیرہ، اس طرح یہ کتاب ترجمہ ہوتے ہوئے بھی ایک تخلیق کا درجہ رکھتی ہے۔

جائزہ۔

شاہی شادی کتاب کے مطالعہ سے شاہی دور کے رسم ورواج سے تو واقفیت ہوتی ہے ،ساتھ ہی ڈاکٹر شیلا راج کی ترجمہ نگاری کا بھی اعتراف کرنا پڑتا ہے کہ انہوں نے نہ صرف فن ترجمہ میں اپنی مہارت کا اظہار کیا ہے بلکہ اپنے زورقلم سے اس کو ادبی چاشنی سے بھی ہمکنار کیا ہے، جس سے قاری کو پڑھنے میں ایک قسم کا لطف آئے اور معلومات بھی حاصل ہوں۔ ڈاکٹر شیلا راج نے اتنی صفائی اور خصوصی احتیاط کے ساتھ ترجمہ کیا ہے کہ اصل تصنیف اور ترجمہ میں فرق کرنا مشکل نظر آتا ہے، انہوں نے فارسی کی اس انمول اور قیمتی تصنیف کو اردو میں منتقل کر کے اردو ادب میں ایک قیمتی جوہر کا اضافہ کیا ہے۔

مملکت آصفیہ:

(THE LEGACY OF THE NIZAMS)

ڈاکٹر شیلا راج نے نہ صرف فارسی سے اردو زبان میں کتابوں کا ترجمہ کیا بلکہ اردو کتابوں کا انگریزی میں ترجمہ بھی کیا، ان کا ایک ایسا ہی کارنامہ انگریزی کتاب (THE LEGACY OF THE NIZAMS) ہے، جو اردو کتاب ''مملکت آصفیہ'' سے انگریزی میں ترجمہ کی گئی ہے، کتاب مملکت آصفیہ کو ڈاکٹر محمد عبدالحئی نے مرتب کیا، یہ کتاب کراچی پاکستان سے شائع ہوئی ،جس کی دو جلدیں ہیں اس کتاب میں آصف جاہی دور کی تاریخ اور اہم کارناموں کو بیان کیا گیا ہے، HEH دی نظامس اردو ٹرسٹ حیدرآباد نے ڈاکٹر شیلا راج کو اس کتاب کے ترجمہ کی ذمہ داری تفویض کی ،جس کو انہوں نے بڑی خوشی سے

قبول کیا چونکہ یہ کام بڑی دقت والا اور محنت طلب تھا اور وہ بھی دو جلدوں پر مشتمل ضخیم تصنیف تھی ڈاکٹر شیلا راج نے ترجمہ کا آغاز کیا جو اردو زبان سے انگریزی میں کیا جانے والا کام تھا۔

اردو کتاب ''مملکت آصفیہ'' میں دکن کے نامور محققین اور مشاہیر کے دکنی زبان و تہذیب و تمدن پر لکھے گئے مضامین ہیں، کتاب کے مختلف ابواب کے نام ،جغرافیہ مملکت آصفیہ، مختصر تاریخ دکن، حیدرآباد میں نظام جاگیرات کا مختصر خاکہ، تہذیب و ثقافت، دکن میں ذوق سخن اور آثار قدیمہ وغیرہ ہیں، دکنی تہذیب وتمدن پر یہ ایک اہم کتاب ہے، جس کا انگریزی ترجمہ ڈاکٹر شیلا راج نے کیا ہے۔

اپنی ترجمہ شدہ کتاب (THE LEGACY OF THE NIZAMS) کے آغاز میں ڈاکٹر شیلا راج کتاب کا تعارف کراتے ہوئے ترجمے کے مراحل کو یوں بیان کرتی ہیں:

(The translation of the book entitled Mamlakat-e- Asafia

into English was a gigantic yet pleasant task. H.E.H The Nizam's Urdu Trust had entrusted me with the translation of the volumes which has been sucessfully completed,though it took more than three years to do it satisfactorily. I am thankful to Prince Muffakham jah, Chairman H.E.H The Nizam's Urdu Trust for having entrusted me with the task of translation of such an informative and useful book.Hence in view of its importance and usefulness, its publication is of great interest as it is a complete and comprehensive history of the Asaf Jahi rule.I am thankful to Mr. Abdul Mahmood,Secretary,H.E.H The Nizam,s Urdu Trust and the staff of the Trust for their kind co-operation. I could not have accomplished this work but for the constant ecnouragement and co-operation extended by my husband,Narayan Raj. ۲۹

(ترجمہ: مملکت آصفیہ تصنیف کا ترجمہ ایک مشکل لیکن خوشگوار کام تھا، اتچ ای اتچ نظامس اردو ٹرسٹ نے مجھے اس کتاب کی دوجلدوں کے ترجمے کی ذمہ داری سونپی اور یہ کامیابی کے ساتھ مکمل ہوا، حالانکہ اس کام کی اطمینان بخش تکمیل کے لئے تین سال سے زائد کا عرصہ لگا۔ میں اتچ ای اتچ نظامس اردوٹرسٹ کے صدرنشین پرنس مفخم جاہ کی مشکور ہوں کہ انہوں نے اس معلوماتی

اور اہم کتاب کے ترجمہ کا کام مجھے سونپا۔ اس کتاب کی اہمیت اور افادیت کے پیش نظر اس کی اشاعت میں بھی دلچسپی دکھائی گئی کیونکہ یہ آصف جاہی دور کی مکمل اور جامع تاریخ ہے، میں اس کام میں تعاون پیش کرنے پر ایچ ای ایچ نظامس اردو ٹرسٹ کے معتمد عبدالمحمود صاحب اور ٹرسٹ کے دیگر اراکین کا بھی شکریہ ادا کرتی ہوں، میں اپنے شوہر نارائین راج کی مسلسل حوصلہ افزائی اور تعاون کے بنا یہ کام نہیں کر پاتی ،اس کے لئے میں ان کا بھی تہہ دل سے شکریہ ادا کرتی ہوں۔)

مملکت آصفیہ:۔(THE LEGACY OF THE NIZAMS) کتاب کا جائزہ:

ڈاکٹر شیلا راج کی انگریزی میں ترجمہ شدہ تصنیف)

(THE LEGACY OF THE NIZAMS کا پہلا ایڈیشن 2002ء میں دہلی سے شائع ہوا، کتاب کی قیمت 400 روپئے ہے، اور کتاب کے کل صفحات کی تعداد 302 ہے، ڈاکٹر شیلا راج کا خصوصی مضمون تاریخ رہا ہے، اس لئے انہوں نے اپنی اس تصنیف کے آخر میں مملکت آصفیہ کے حدود اور مملکت کی وسعت سے متعلق قیمتی اور نادر نقشہ جات بھی کتاب کے آخر میں شامل کر دئے ،اور اس کتاب کو ترجمہ سے ذیادہ تصنیف کی شکل دی، ڈاکٹر شیلا راج نے اپنی یہ کتاب پرنس مفخم جاہ کے نام کی اور لکھا کہ انہوں نے عظیم کارناموں کے لئے نظام دور حکومت کی شاہی روایات کو برقرار رکھا، انگریزی تصنیف (THE LEGACY OF THE NIZAMS) کا مقدمہ نظامس اردو ٹرسٹ کے معتمد اقبال مظفر احمد نے لکھا، انہوں نے آصف جاہی دور کی تاریخ وتہذیب کی عکاسی کرتی اس کتاب کی اہمیت واضح کرتے ہوئے لکھا کہ:

> ترجمہ:''مملکت آصفی کی تاریخ پر برصغیر ہندوستان و پاکستان کے مورخین اور دانشوروں کی اردو اور فارسی میں لکھی گئی کتابیں منظر عام پر آئیں ،تاہم ان میں شائد ہی کوئی کتاب ہو، جس میں حیدرآباد کو ایک سیکولرازم اور کلچر کی نشانی

کے طور پر نمایاں کیا گیا ہو، حال ہی میں حیدرآبادی تہذیب اوراس کی حکومت کی نمایاں خصوصیات کا احاطہ کیا گیا ہے، چنانچہ فیصلہ کیا گیا کہ اردو میں لکھی گئی اس کتاب کے قیمتی مواد کا انگریزی میں ترجمہ کیا جائے تا کہ انگریزی داں بڑے طبقے تک اس کتاب کی رسائی ممکن ہو، نامور اسکالر ڈاکٹر شیلا راج نے اس کتاب کا انگریزی میں ترجمہ کیا، اور پروفیسر ستیہ نارائن سنگھ موظف صدر شعبہ انگریزی عثمانیہ یونیورسٹی نے اس کتاب کی ادارت کی اور ترجمہ کو نکھارا۔

دونوں ہی دانشوران نے اس کتاب کو معیاری بنانے اوراس کتاب میں پیش کردہ خیالات کو وضاحت کے ساتھ پیش کرنے میں جستجو کی، میں اس ضمن میں کتاب کے انگریزی ترجمہ کے لئے ڈاکٹر شیلا راج کا اوراس کتاب کی ادارت کے لئے پروفیسر ستیہ نارائن سنگھ کا شکریہ ادا کرتا ہوں۔'' ۳۰

ڈاکٹر شیلا راج نے کتاب کے آغاز میں پیش لفظ کے عنوان سے اس کتاب کی تصنیف کی وجوہ بیان کیں، اوراپنی تصنیف میں پیش کردہ طریقہ کار کی وضاحت کی، چنانچہ وہ اپنے خیالات کا اظہار کرتے ہوئے لکھتی ہیں کہ:

ترجمہ: ''گذشتہ پچاس سال میں سابقہ مملکت آصفیہ سے متعلق قابل تاریخی اور تحقیقی کام ہوا ہے، تاریخ نگاری آسان کام نہیں ہے، کیونکہ اس کے لئے ماضی کے حالات پر گہری نظر رکھنی پڑتی ہے،اس کے ساتھ ہی حالیہ عرصے میں بعض مورخین نے اپنی تحریروں میں مملکت آصفی کے کردار کی حقیقی تصویر پیش نہیں کی، کیونکہ انہیں اردو اور فارسی زبانوں کا بنیادی علم نہیں تھا، اور وہ عمومی ذہن کے ساتھ کتابیں لکھنے لگے تھے۔ایک سچے مورخ کی یہ ذمہ داری ہے کہ وہ جانبداری اور یکطرفہ خیالات کو چھوڑ کر تاریخی حقائق پیش کرے، کیونکہ

تاریخی کام موجودہ اور آنے والی نسلوں کے لئے قومی ورثہ ہوتا ہے، اوپر بیان کردہ حقائق کے پیش نظر میں نے اپنے ترجمے میں نئے رخ پیش کئے، کئی شعبوں میں میں نے کھوج اور تلاش کے بعد نئی معلومات اور مواد کا اضافہ کیا، یہ اضافہ مثبت سوچ اور عام قاری کی دلچسپی کو مدنظر رکھ کر کئے گئے، میرا مقصد یہی رہا کہ حیدرآباد میں صدیوں سے چلے آرہے ہندو مسلم اتحاد کو نمایاں کیا جائے، اور یہ کہ اسے نظام دور حکومت میں کیسے برقرار رکھا گیا تھا پیش کیا جائے۔ میں نے کئی کتابوں اور مقالوں کا مطالعہ کیا، اور غیر جانبدار طریقے سے نظام دور حکومت میں پائے جانے والے ہندو مسلم اتحاد کو پیش کیا، کتاب ''مملکت آصفیہ'' آصف جاہی سلاطین اور ان کے دور حکومت کی تاریخ کے بارے میں موجود کتابوں میں ایک اچھی حوالے کی کتاب ہے۔'' [۱۳]

کتاب کے مدیر پروفیسر ستیہ نارائن سنگھ نے تعارف کے عنوان سے کتاب میں شامل مواد کا تفصیلی تعارف پیش کیا، اپنے تعارف کے آغاز میں وہ لکھتے ہیں:

ترجمہ: موجودہ تبصرہ نہ ہی آصف جاہی دور حکومت کا تاریخی تجزیہ ہے اور نہ ہی سلاطین نظام کے سیاسی اتحاد پر تنقید ہے، یہ کتاب نظام کی پالیسیوں اور طرز حکومت پر تنقید کے متنازعہ فیصلوں سے پاک ہے، کتاب کی اصل وجہ تصنیف آصفجاہی دور کی سنہری یادوں کو یاد کرنا اور انہیں محفوظ کرنا ہے، یہ وہ یادیں ہیں جو ہم پر اچھا تاثر چھوڑتی ہیں، یہ کتاب عثمانیہ یونیورسٹی کے فارغین کی تحریروں پر مبنی ہے۔ یہ وہ لوگ ہیں جنہیں نظام حیدرآباد کے دور حکومت کی تفصیلات پر عبور ہے، اور تاریخ گواہ ہے کہ یہاں مختلف ہندوستانی زبانیں بولنے والے 'مختلف طبقات اور مختلف مذاہب کے لوگ باہم پرامن طور پر مل کر رہتے تھے

بلکہ ایک متحدہ کلچر کی تیاری میں انہوں نے حصہ لیا اور یہ وہی متحدہ کلچر ہے جو آگے چل کر ہماری قومی شناخت کی نمایاں خصوصیت بنا۔'' ۳۲

ڈاکٹر شیلا راج، پروفیسر ستیہ نارائن سنگھ اور اقبال مظفر احمد کے خیالات سے پتہ چلتا ہے کہ اردو میں مرتبہ کتاب ''مملکت آصفیہ'' جس کا انگریزی ترجمہ ڈاکٹر شیلا راج نے (THE LEGACY OF THE NIZAMS) کے نام سے کیا انگریزی زبان میں اپنے موضوع پر ایک منفرد کتاب ہے، کیونکہ بقول ڈاکٹر شیلا راج اس کتاب میں غیر جانبدارانہ انداز میں نظام دور حکومت کی تاریخ وتہذیب کو اجاگر کیا گیا، اور مملکت آصفیہ کی اہم خصوصیت مذہبی رواداری اور ہندو مسلم اتحاد کو اجاگر کیا گیا، اس کتاب میں عثمانیہ یونیورسٹی کے فارغ نامور قلمکاروں کے حیدرآبادی تاریخ، تہذیب وثقافت اور تمدن پر اہم معلوماتی مضامین کو شامل کیا گیا، یہ کتاب زوال حیدرآباد کے پچاس سال بعد منظر عام پر آئی، اور اس میں صدق بیانی کے ساتھ نظام دور حکومت کے اہم گوشوں کو بعد ترجمہ وترمیم شامل کیا گیا۔

ڈاکٹر شیلا راج کی تصنیف (THE LEGACY OF THE NIZAMS) (بنیادی عنوانات کے تحت پانچ باب ہیں، اور ہر باب میں ضمنی عنوانات کے تحت مشاہیر کے مضامین کا ترجمہ پیش کیا گیا ہے، پہلے باب کا عنوان آصف جاہی سلاطین ہے۔ اس باب میں دکن کے علاقے کا تعارف پیش کیا گیا ہے۔ اور آصف جاہی سلطنت کے قیام اور آصف جاہ اول تا آصف جاہ سابع میر عثمان علی خان بہادر کے دور کے حالات پیش کئے گئے ہیں۔ آصف سابع کے دور حکومت میں سلطنت آصفیہ نے خوب بال و پر پھیلائے تھے۔ آصف سابع کی رواداری اور مذہبی تعلق اور لگاؤ کی بہت سی مثالیں ملتی ہیں، یہ ہندوستانی مسلم سلاطین کے باب میں ایک تعجب خیز امر ہے کے بے انتہا دولت اور جاہ وحشمت ہونے کے باجود تاریخ گواہ ہے کہ کسی مسلم بادشاہ یا فرماں روا کو حج بیت اللہ کی سعادت نصیب نہیں ہوئی تھی، اس کی وجہ خارجی تعلقات ہو

سکتے ہیں اور راستے میں امن کی فراہمی جیسی دشواری بھی ہوسکتی ہے کیونکہ دیار عرب تک زمینی سفر کے لئے کئی مملکتوں سے گذرنا ہوتا تھا۔ باہر حال آصف سابع کے دور تک آتے آتے ہوائی سفر کی سہولت عام ہوگئی تھی اور خود آصف جاہی سلاطین نے دکن ایرویز شروع کردی تھی لیکن آصف سابع میر عثمان علی خان بھی حج کونہیں جاسکے لیکن انہوں نے اپنے مذہبی جذبے کے تحت ایک ایسے دور میں جب کہ مکہ معظّمہ اور مدینہ منورہ کے انتظامات چلانے والی سعودی حکومت دولت کی کمی سے دوچار تھی اس لئے کہ وہاں اس وقت تک تیل کی دولت کا پتہ نہیں چلا تھا، آصف سابع نے دونوں مقامات مقدسہ کے انتظامات کے لئے لاکھوں روپیہ روانہ کیا، اور دونوں مقامات پر حیدرآبادی حجاج کرام کے قیام کی سہولت کے لئے رباطیں قائم کیں، یہ رباطیں آج بھی نظام دور حکومت کی یاد تازہ کرتی ہیں اور دکن کے علاقہ سے آنے والے حجاج کرام اور عازمین عمرہ کو مفت قیام فراہم کرتی ہیں۔ یہ نظام کا مسلمانوں کے لئے اہم کارنامہ ہے، ڈاکٹر شیلا راج اپنی تصنیف میں آصف سابع کے باب میں ان کی مذہبی فیاضی کا ایک واقعہ بیان کرتی ہیں، جس میں انہوں نے مدینہ منورہ میں برقی اور روشنی کے انتظامات کے لئے رقم روانہ کی تھی، اس ضمن میں ڈاکٹر شیلا راج لکھتی ہیں:

ترجمہ: ''مدینہ طیبہ میں روشنی اور برقی کے انتظامات کے لئے نواب سر نظامت جنگ نے اسکیم پیش کرتے ہوئے 30 ہزار روپئے کی فراہمی کے لئے عوام سے درخواست کی، جب یہ اطلاع آصف سابع میر عثمان علی خان کو ملی تو انہوں نے تمام رقم خود منظور کردی اور اس ضمن میں انہوں نے ایک فرمان مبارک بھی جاری کیا جس میں لکھا تھا''میں نے اپنے 25 سالہ جشن پیدائش کے ضمن میں مختص کردہ رقم میں سے مدینہ طیبہ میں برقی اور روشنی کے انتظامات اور اس سے متعلقہ امور کی انجام دہی کے لئے خاطر خواہ رقم محفوظ کردینے کا حکم

دیا ہے اور امید کرتا ہوں کو بہت جلد یہ مقدس اور نیک کام انجام دیا جائے گا۔اوراس سے ریاست حیدرآباد کے لئے نیک تمنائیں حاصل ہوں گی،'' اس فرمان کے اجراء کے آٹھ دن کے اندر ہی اس ضمن میں ایک اور فرمان جاری ہوا، جوقند مکرر کے نام سے شائع ہوا، جس میں لکھا تھا کہ'' میرے یوم پیدائش کی 25 سالہ جشن کے موقع پر صرف خاص کی جانب سے جوعطیات جمع کئے گئے ہیں ان میں سے 20 ہزارروپئے الگ رکھے گئے ہیں،صرف خاص کواس سلسلے میں چند احکامات جاری کئے گئے ہیں کہ اس رقم سے مکہ مکرمہ اور مدینہ منورہ میں تعمیری کام انجام دئے جائیں، وہاں تعمیری کاموں کی انجام دہی ایک کمیٹی کے ذریعے انجام دئے جائیں گے جسے حکومت تشکیل دے گی،کمیٹی کے صدر سر نظامت جنگ ہوں گے اور اراکین میں خواجہ معین الدین اور یٰسین خان معتمد صرف خاص ہوں گے۔میں امید کرتا ہوں کہ مقررہ مدت میں کام اطمینان بخش طریقے پر انجام دیا جائے گا۔'' ۳۳

اس اقتباس سے اندازہ ہوتا ہے کہ سلاطین آصفیہ میں مذہبی رواداری پائی جاتی تھی، اورڈاکٹر شیلا راج اس دور کی ایسی ہی باتوں کو عام کرنا چاہتی تھیں،ڈاکٹر شیلا راج نے کتاب کے اسی باب میں آصف سابع کی خدمات کوخراج پیش کرتے ہوئے لکھا کہ سلاطین آصفیہ میں میر عثمان علی خان کی یہ خاص بات رہی کہ انہوں نے ہندوستان کی خودمختار ریاستوں میں حیدرآباد کی ایک منفرد شناخت بنائی تھی، اور ریاست حیدرآباد کی علاحدہ فوج' کرنسی' جھنڈااور ترانہ اختیار کیا تھا، چنانچہ اس کتاب میں انہوں نے ریاست حیدرآباد کے ترانے کوشامل کیا،جس کے شعار اس طرح ہیں:

تا ابد خالقِ عالم یہ ریاست رکھے

تجھ کو عثمان بصد اجلال سلامت رکھے
جیسے تو فخر سلاطیں ہے بفضلِ یزداں
یوں ہی ممتاز تیرا دورحکومت رکھے
آل و اولاد کو اللہ دے عمر خضری
ان سے آباد تیرا خانۂ دولت رکھے
جودِ حاتم رہے شرمندۂ احساں تیرا
عدلِ خسرو کو خجل تیری عدالت رکھے
خندہ زن صورتِ گل تیرے ہوا کھا رہیں
آکے قدموں پہ عدو فرقِ اطاعت رکھے
بن کے ساقی تیرے اقبال نظام سابع
تجھ کو سابع کاش خمخانہ عشرت رکھے ۳۴؎

ڈاکٹر شیلا راج کی تصنیف THE LEGACY OF THE NIZAMS)
(کے دوسرے باب کا عنوان ''حیدرآباد کی تہذیب وثقافت'' ہے،اس باب میں جن عنوانات کے تحت مواد دیا گیا،ان میں تہذیب وثقافت' حیدرآبادی لوگوں کا رہن سہن' فنون لطیفہ' عرس، میلے ،محرم' لوری اور گیت وغیرہ ہیں۔

نظام دورحکومت میں محرم کا خاص اہتمام کیا جاتا تھا،سلاطین آصفیہ کا تعلق مذہب اہل تشیع سے تھا،اس لئے بھی بہ طور خاص علم بٹھانے اور تعزیے نکالنے کو رواج دیا گیا، بلالحاظ مذہب وملت لوگ محرم کی مجالس میں شرکت کرتے تھے،ڈاکٹر شیلا راج محرم میں غیر مسلموں کی شرکت کے بارے میں لکھتی ہیں:

ترجمہ: ہندوؤں میں مہاراجہ کشن پرشاد امام حسینؓ پر گہری عقیدت

رکھتے تھے، وہ اپنے گھر میں تعزیے اور علم بٹھاتے تھے۔ انہوں نے مرثیہ خوانوں اور نوحہ خوانوں کا تقرر بھی کیا، وہ اپنے محل میں 7 تا 10 محرم کی مجالس کا اہتمام کرتے تھے۔ 9 محرم کو نعل صاحب کی نذر و نیاز ہوتی تھی، اور بڑے پیمانے پر کھانا کھلایا جاتا تھا جس میں بہ طور خاص انگریز حکام کو بھی مدعو کیا جاتا تھا۔ پڑوسی علاقوں کے عہدیدار بھی اس دعوت میں شرکت کرتے، 10 محرم کو خود باہر آتے اور لوگوں میں صدقہ و خیرات تقسیم کرتے، مالوا المحل کے راجا شیوراج بھی محرم کے ایام میں آبدار خانوں کا اہتمام کرتے اور بمبو سے بنے چوکھٹوں پر روشنی کا انتظام کرتے، مالوا المحل میں کئی تصاویر لگائی جاتیں اور ان تصاویر کے روبرو فنکار لوگوں کو محظوظ کرتے، نظام میر محبوب علی خان محرم کے ایام میں روایتی انداز میں راجہ شیوراج دھرم ونت سے ملنے کے لئے آتے، اور اس مقام پر کچھ وقت گذارتے، مملکت آصفیہ میں راجہ شیوراج دھرم ونت محکمہ مال کے ذمہ دار تھے۔ انہوں نے اپنے محل کے قریب عاشور خانہ قائم کیا، تاکہ ماہ محرم میں تعزیے اور علم ایستادہ کئے جاسکیں، یہ علم 8 تا 10 محرم کو نکالے جاتے تھے، محرم کی مجالس بھی ہوتیں، ان کے افراد خانہ غربا میں کھانا، مٹھائیاں اور شربت تقسیم کرتے۔'' ۳۵

ڈاکٹر شیلا راج نے سلاطین آصفیہ کے دور کی جو تہذیبی تصویر پیش کی ہے، اس کی یادیں آج بھی حیدرآباد دکن میں محفوظ ہیں، خاص طور سے حیدرآباد کا محرم ساری دنیا میں جانا جاتا ہے، اور اس میں بلالحاظ مذہب وملت لوگ شرکت کرتے ہیں۔

ڈاکٹر شیلا راج کی تصنیف (THE LEGACY OF THE NIZAMS) کے تیسرے باب کا عنوان ''ذوق سخن'' ہے، اس باب میں حیدرآباد میں شعروشاعری اور زبان وادب کی ترقی کا ذکر کیا گیا ہے، شمالی ہند میں دبستان دہلی اور دبستان لکھنو کی طرح جنوب میں دبستان حیدرآباد اس دور میں مشہور ہو گیا تھا، اور شمال میں زندگی کی ناہمواری اور نامساعد حالات دیکھ کر اور جنوب کے سلاطین کی دعوت اور فیاضی کو مدنظر رکھتے ہوئے شمالی ہند کے کئی نامور شعراء حیدرآباد منتقل ہو گئے تھے، ان میں داغؔ، امیرؔ مینائی، فصاحت جنگ جلیلؔ مانک پوری، فانیؔ بدایونی اور قتیلؔ شفائی وغیرہ قابل ذکر ہیں، ان تمام کے شعراء کارناموں کا ذکر اس باب میں شامل ہے، اسی باب کے ایک اور مضمون میں حیدرآباد کے نامور شعرا مخدومؔ، میکشؔ، نظرؔ، وجدؔ، دکنی شعرا اور خاتون شاعرات کا بھی ذکر کیا گیا ہے، حیدرآباد کے شعرا میں مخدوم کئی لحاظ سے اہمیت کے حامل ہیں، انہوں نے مزدوروں کی حمایت میں تحریک چلائی تھی، اور گرفتاری کے ڈر سے روپوش بھی ہو گئے تھے۔ مخدوم کے بارے میں ڈاکٹر شیلا راج لکھتی ہیں:

> ترجمہ: عثمانیہ یونیورسٹی کو حیدرآباد کے اس مایہ ناز شاعر پر فخر ہوگا، ان کی شاعری محبت سے بھری ہے، جس کا اندازہ ان کی نظموں کے عنوانات سے لگایا جاسکتا ہے۔ جیسے پیلا دوشالہ، انتظار، جوانی اور ساگر کے کنارے وغیرہ، بعد میں اپنی زندگی میں پیش آنے والے چند واقعات نے انہیں اپنی شاعری کے موضوعات تبدیل کرنے پر مجبور کیا، انہوں نے انقلابی جذبات کے تحت نظمیں لکھیں، بہتر دنیا کی تمنا لئے ان کا یہ شعر ان کے جذبات کی عکاسی کرتا ہے

حیات لے کے چلو ، کائنات لے کے چلو
چلو تو سارے زمانے کو ساتھ لے کے چلو
انسان رہ سکے کوئی ایسا جہاں بھی ہے

اس فتنہ زر میں کوئی آسمان بھی ہے

مخدومؔ ایک ایسا جہاں چاہ رہے تھے، جہاں کوئی ظلم کرنے والا نہ ہو، عدم مساوات نہ ہو، لوگ عزت اور وقار سے خوش وخرم رہیں، ظالم اور مظلوم کے درمیان جنگ میں شاعر کے رول کا ذکر کرتے ہوئے مخدوم کہتے ہیں۔

کیا میں اس رزم کا خاموش تماشائی بنوں
کیا میں جنت کو جہنم کے حوالے کردوں

شراب کے نشے میں بھی مخدوم کو بھوک اور پیاس سے بلکتے بچوں کا احساس ہوتا تھا، انہوں نے اپنی شاعری کے ذریعے ایک ایسے سماج کی تصویر کشی کی جس میں ظالم طاقتور ہے، اور مظلوم کمزور، وہ اپنے جذبات کا اظہار ان الفاظ میں کرتے ہیں۔

قید ہے قید کی میعاد نہیں
جور ہے جور کی فریاد نہیں داد نہیں

ایک اور جگہ وہ لکھتے ہیں۔

دل کے تہہ خانے میں بارود بچھی ہو جیسے
ایک ایک سانس پہ دل ہے کہ سلگا جائے

۳۶ے

مخدومؔ کے بارے میں ڈاکٹر شیلا راج کے خیالات سے اندازہ ہوتا ہے کہ برطانوی دور حکومت میں لوگوں کو غلامی کے مصائب کا اندازہ تھا اور مخدوم جیسے شاعر اپنی جذباتی شاعری سے لوگوں کے دلوں میں انقلاب کی آگ بھڑکا رہے تھے، اس زمانے میں اردو کے علاوہ دکن کے علاقے میں دکنی زبان کا بھی چرچا تھا، دراصل دکنی ہی علاقہ دکن کی زبان تھی، اور شعرا دکنی زبان میں شعر کہا کرتے تھے، سقوط حیدرآباد کے بعد دکنی زبان میں اپنی مزاحیہ شاعری کے

ذریعے شہرت پانے والوں میں سرورڈنڈا بھی مشہور ہیں۔

سرورڈنڈا کے بارے میں ڈاکٹر شیلا راج لکھتی ہیں۔

ترجمہ: سرورڈنڈا دکن آرٹ اسکول کے طالب علم تھے۔ان کے مزاح کا اپنا ہی انداز تھا۔

اس وقت کے چیف منسٹر نیلم سنجیوا ریڈی کی صدارت میں ایک مشاعرہ منعقد ہوا تھا، جس میں سرورڈنڈا نے اپنی مشہور نظم سنائی جس کا عنوان ہے "سنجیوا ریڈی ماما" یہ نظم کافی مشہور ہوئی۔اس نظم کے دو اشعار پیش ہیں۔

تعلیم نہیں سو بچے نکلیں گے کیسے اچھے
ان کو علم سکھانا سنجیوا ریڈی ماما
ڈنڈے کی شاعری میں پولیس کی ڈائری میں
اسٹاپ ہے نہ کاما سنجیوا ریڈی ماما

۳۷

اس طرح اس باب میں ڈاکٹر شیلا راج نے دور آصفی اور بعد کے دور کے حیدرآباد کے اردو شعر و ادب کا منظر نامہ پیش کیا ہے، حیدرآباد کی خاتون شاعرات میں انہوں نے سارہ بیگم، لطیف النساء بیگم، انیسہ ہارون بیگم شیروانی، جہاں بانو بیگم، نوشابہ خاتون اور نور النسا بیگم نور کا ذکر کیا، اس طرح یہ باب حیدرآباد دکن کی شعری وادبی تاریخ بن گیا اور اردو محققین کے لئے بھی ڈاکٹر شیلا راج کی اس کتاب سے بہت کچھ تحقیقی مواد مل سکتا ہے۔

ڈاکٹر شیلا راج کی تصنیف (THE LEGACY OF THE NIZAMS) کے چوتھے حصہ میں عنوان "آثار قدیمہ" ہے۔اس باب میں سالار جنگ میوزیم، دکن میں آثار قدیمہ کا پس منظر، اجنتا ایلورہ، کیلاش مندر، اسلامی طرز تعمیر، مساجد، گنبد، محلات، قلعے اور

مقبرے، حیدرآباد کی تاریخی عمارتیں، چارمینار، مکہ مسجد، دارالشفاء، ٹولی مسجد، وغیرہ کے بارے میں معلومات دی گئی ہیں، سالار جنگ میوزیم دور آصفی کی ایک ایسی یادگار ہے جس کی مثال ساری دنیا میں دی جاتی ہے، ایک فرد واحد کی کوششوں سے قیمتی اور نادر اشیاء کا ایک جگہ جمع ہونا انسان کے کسی کام کے بارے میں مکمل جذبہ عشق کو ظاہر کرتا ہے۔

ڈاکٹر شیلا راج سالار جنگ میوزیم نامی مضمون کے ترجمے کے دوران لکھتی ہیں۔

ترجمہ: ایک شخص نے خواب دیکھا تھا اور اسے حقیقت میں بدلنے کی کوشش کی، وہ خوش قسمت انسان سالار جنگ مرحوم ہیں جن کا خواب سالار جنگ میوزیم کی شکل میں حقیقت میں بدلا، یہ میوزیم آج ایشیاء کا سب سے بڑا میوزیم تصور کیا جاتا ہے، مشرق ومغرب کے فن کے نادر نمونے اس میوزیم میں جمع کردئے گئے ہیں، یہ نمونے ایران' ترکی' برما' چین' جاپان اور ہندوستان کے مختلف علاقوں سے جمع کئے گئے اور انہیں 200 سالہ قدیم محل میں رکھا گیا، محل بڑے بڑے دالانوں اور کمروں پر مشتمل ہے، رنگین بلب اور لالٹینیں کمروں کو بقعہ نور بناتی ہیں۔ میوزیم میں داخل ہوتے ہی خوبصورت فواروں کا سامنا ہوتا ہے۔ میوزیم میں نادر مجسمے ہیں، ایسے ہی ایک مجسمے کے جسم پر پانی کے تازہ قطرے دکھائی دیتی ہیں جو فنکاری کا نادر نمونہ ہیں، ایک اور مجسمہ میں ایک طرف سے مرد اور دوسری طرف سے خاتون دکھائی دیتی ہے، میوزیم کی شان وہ بڑی گھڑی ہے، جس میں گھنٹے کے اختتام پر دروازہ کھول کر ایک آدمی باہر نکلتا ہے اور گھنٹے مار کر چلا جاتا ہے، میوزیم میں دور آصفی کے ہتھیار' لباس' زیوارات اور دیگر شاہی ساز و سامان لوگوں کے مشاہدے کے لئے رکھے ہوئے ہیں، اس میوزیم کو 1959ء میں قومی میوزیم کی حیثیت دی گئی۔" ۳۸

ڈاکٹر شیلا راج کے ان انگریزی ترجمے کے تجزیے کے لئے آیئے دیکھیں کہ اصل اردو کتاب میں کیا لکھا ہے اور اس کا انگریزی ترجمہ کس طرح کیا گیا ہے۔

اردو کتاب ''مملکت آصفیہ'' کے تحت تہذیب وثقافت میں عظمت عبدالقیوم خان کا ایک مضمون ''چوڑیاں'' ہیں، جس میں حیدرآبادی تہذیب کی اہم علامت خواتین کی پسندیدہ چوڑیوں کا ذکر کیا گیا ہے، اردو کتاب کے چوڑیوں کے ابتدائی دو پیراگراف اس طرح ہیں:

''چوڑیوں کی تاریخی اہمیت کیا ہے میں نہیں جانتی۔ مگر بعضوں کو یہ کہتے ہوئے سنا ہے کہ چوڑیاں محکومی نسواں کی نشانی ہیں، اور اس تصور کا نتیجہ ہے کہ آزاد خیال عورتیں چوڑیاں پہننا ترک کرتی جارہی ہیں، سچ پوچھئے تو چوڑیوں کا تعلق آزادی اور غلامی سے نہیں ہے، یہ ایک مشرقی رواج ہے۔ جس کے ساتھ کئی عقائد اور روایات وابستہ ہیں۔ ان کی قدامت سے کسی کو انکار نہیں ہوسکتا، پرانی تصویریں اور مجسمے اور قبائلی عورتوں کو دیکھئے آپ کو کسی کے ہاتھ چوڑیوں سے خالی نظر نہیں آئیں گے، قبائلی عورتوں کا نام میں نے یہاں اس وجہ سے لیا ہے کہ ان کی تہذیب صدیوں سے ایک ہی مقام پر قائم ہے، اور اس کو نئے دور کے شوق وذوق نے متاثر نہیں کیا ہے، میں یہ واضح کرنا چاہتی تھی کہ مشرقی معاشرت میں ہر دور کی عورت نے چوڑیوں کو مساوی حیثیت دی ہے، یہ تو بات مشہور ہے کہ عورت کو زیور کا جنون ہوتا ہے، لیکن سینکڑوں عورتیں ایسی ہیں جن کی معاشی حالت زیورات بنانے کی اجازت نہیں دیتی مگر جب ان کے ہاتھ میں چوڑیاں ہوتی ہیں، انہیں کسی اور چیز کی خواہش یا پرواہ نہیں ہوتی۔ کیونکہ یہی زیور ان کی نظر میں سب سے زیادہ قیمتی ہوتا ہے۔'' ۳۹

مندرجہ بالا اردو عبارت کا ترجمہ ڈاکٹر شیلا راج نے اپنی کتاب (THE LEGACY

(OF THE NIZAMS) میں ان الفاظ میں کیا ہے۔

(No one knows the historical importance of bangles.According to some people bangles are the sign of subordination for women. Some women with an independent outlook desist from wearing bangles.In fact bangles had no relation either with independence or slavery. This is a typical eastern custom which is associated with various beliefs and traditions. None can deny the antiquity of bangles.Old photographs statues and pictures of tribal women show their hands with bangles. Tribal women have their own culture and are not affected by the changing fashion of modern times. In Eastern civilisation,women have always attached importance to bangles in social life.Women as a rule attach much imortance for jewellery. However there are hundred of women whose economic conditions do not permit them to buy jewellary. Bangles bring pleasure and satisfacion to those who are not in a position to buy expensive jewellary.

۳۹

مندرجہ بالا انگریزی ترجمہ سے اندازہ ہوتا ہے کہ ڈاکٹر شیلا راج نے اصل عبارت کے مفہوم کو انگریزی میں ترجمے کے ذریعے منتقل کیا, اور رواں انگریزی میں اردو متن کے خیال کو پیش کیا۔اس طرح اندازہ ہوتا ہے کہ وہ فارسی سے اردو میں ترجمے کے علاوہ اردو سے انگریزی ترجمہ میں بھی مہارت رکھتی تھیں, اور وہ ایک ہمہ لسانی مترجم کے طور پر پیش ہوئیں, ان کے ترجمے یقیناً حیدرآبادی تہذیب کی حفاظت اوراس کے فروغ میں معاون ہوں گے اردو کتاب مملکت آصفیہ میں بعض تفصیلات بھی ہیں, جنہیں ڈاکٹر شیلا راج نے اختصار کے ساتھ پیش کردیا, لیکن اصل کتاب کے مفہوم کوکھو نے نہیں دیا۔

ڈاکٹر شیلا راج کا یہ ترجمہ کسی تصنیف سے کم کا درجہ نہیں رکھتا کیونکہ ترجمہ کے دوران انہوں نے محسوس کیا کہ چند سطور جوادھوری اور بے مطلب تھیں اور جن کی تفصیلات مدلل طور پر درج نہیں تھیں، انہوں نے تحقیق کے ذریعہ ان ادھوری اور سطحی تفصیلات کو مستند حوالوں کے ذریعہ پیش کیا اور اس ترجمہ میں اضافہ کیا جو کسی کارنامہ سے کم نہیں ،انہوں نے پہلی جلد کا ترجمہ جو تقریباً700 صفحات کا احاطہ کرتی ہے 1995ء میں مکمل کیا اور دوسری جلد جو کم وبیش 650 صفحات پر مشتمل ہے کا ترجمہ انجام دیا جو 1997ء میں پایۂ تکمیل کو پہنچا، نظام ٹرسٹ نے قارئین کی سہولت کیلئے ان کی ترجمہ کردہ دو ضخیم جلدوں کو ایڈیٹ کروا کر ایک ہی جلد میں The Legacy of the Nizams کے نام سے شائع کیا ہے،ڈاکٹر شیلا راج نے اس ترجمہ کی دونوں جلدوں کو آصفیہ ڈومینس کا عنوان دیا تھا۔

ڈاکٹر شیلا راج کی تصنیف (THE LEGACY OF THE NIZAMS

(کے آخری باب کا عنوان ’’حیدرآباد سے نامورافراد کی وابستگی‘‘ ہے،اس باب میں حیدرآباد کی سلطنت آصفیہ سے وابستگی اختیار کرنے والی اہم شخصیات جن میں مختلف محکموں کے عہدیدار' نامور دانشور' پروفیسر' شاعر' صحافی ' سیاست دان' انجینیر اور ڈاکٹروں کا ذکر کیا گیا،اور

حیدرآبادی تہذیب وروایات کا اجمالی جائزہ پیش کیا گیا، کتاب کے آخر میں ڈاکٹر شیلا راج نے ایک اہم مضمون شامل کیا ہے جس میں حیدرآباد کو اردو شعرا کا خراج کے عنوان سے حیدرآباد سے متعلق اردو شعرا کے کلام کا انتخاب دیا گیا ہے، ذیل میں شاعر کا نام اور حیدرآباد سے متعلق ڈاکٹر شیلا راج کا شعری انتخاب دیا جارہا ہے۔

محمد قلی قطب شاہ

مناجات میرا تو سن یا سمیع
منجے خوش توں رکھ رات دن یا سمیع
میرا شہر لوگاں سوں معمور کر
رکھیا جوں توں دریا میں من یا سمیع
مرادت کا جم ترنگ دے قطب
ائے سماعرنت دے عنیں یا سمیع
دکن سا نہیں ٹھر سنسار میں
پنچ فاضلاں کا ہے اس ٹھر میں
کے سب ملک سر ہور دکن تاج ہے
دکن ہے نگینہ نگوٹھی ہے جگ
انگوٹھی کو ہے حرمت نگینہ ہے لگ

جوش ملیح آبادی

حیدرآباد اے نگر گل بداماں السلام
السلام اے قصہ مئے کے عنواں السلام
تو نے کی تھی روشنی میری اندھیری رات میں
مہر و ماہ خوابیدہ ہیں اب بھی تیرے ذات میں

سکندر علی وجدؔ

فضا جاں فضا ذرہ ذرہ حسیں ہے
حقیقت میں ملک دکن گل زمیں ہے
ہر یک نقش تہذیب جو دلنشیں ہے
دلِ حیدرآباد اس کا امیں ہے

کنور مہندر سنگھ بیدی سحرؔ

جہاں فرد اپنی جگہ انجمن ہے
جہاں ہر کلی اک مہکتا چمن ہے
جہاں کی زمیں رشکِ چرخ کہن ہے
جہاں شوخیاں ہیں ادا ہے پھبن ہے
جہاں سادگی میں بھی اک بانکپن ہے
جہاں رقص فرما ہوا موجزن ہے
جہاں ہے شریعت جہاں قدر فن ہے
جہاں علم و فن کے لئے اک لگن ہے
جو سچ پوچھتے سحر ہو تو وہ قطعہ
دکن ہے دکن ہے دکن ہے دکن ہے

جگن ناتھ آزادؔ

دلی میں یوں زبان پہ آئی دکن کی بات
صحرا میں چھیڑے جیسے کوئی چمن کی بات
لئے ہر موج میں کیف گلستان دکن آئی

شمیم گل کا بھر کر روپ بوئے پیرہن آئی

<u>ڈاکٹر محی الدین قادری زورؔ</u>

شیرازۂ بہارِ گلِ تر بکھر گئے
اب کس کو کیا بتائیں کہ زیبِ چمن ہے کون
کشمیر میں کوئی تو کراچی میں ہے کوئی
اب زورؔ کس سے پوچھیں اہل دکن ہے کون

<u>مخدومؔ محی الدین (انقلاب کا پیامبر)</u>

دیار ہند کا وہ رہبر تلنگانہ
بنا رہا ہے نئی اک سحر تلنگانہ
بلا رہا ہے بہ سمت دگر تلنگانہ
وہ انقلاب کا پیامبر تلنگانہ
دشت کی رات میں بارات یہیں سے نکلی
راگ کی رنگ کی برسات یہیں سے نکلی
انقلابات کی ہر بات یہیں سے نکلی
گنگناتی ہوئی ہر رات یہیں سے نکلی
سحر باقی ہے محبت کا نشاں باقی ہے
دلبری باقی ہے دلدارئ جاں باقی ہے ۳۹

مندرجہ بالا شعری انتخاب سے اندازہ ہوتا ہے کہ دکن میں شعرانے جو حقیقت دیکھی ،اسے پیش کیا، اور دکنی تہذیب سے اپنے لگاؤ کا اظہار کیا، اس طرح ڈاکٹر شیلا راج کی تصنیف) THE LEGACY OF THE NIZAMS (دورآصفی کی ایک تفصیلی جھلک دکھاتی

ہے، دیکھنے میں تو یہ کتاب مملکت آصفیہ کا انگریزی ترجمہ ہے لیکن ترجمے سے زیادہ تصنیف کا درجہ رکھتی ہے، اس کتاب میں ڈاکٹر شیلا راج نے تاریخ کے مضمون میں اپنی تحقیقی مہارت شامل کی، اور دکن سے متعلق تصاویر اور نقشہ جات کو بھی شامل کر دیا، چنانچہ تصاویر کے باب میں جامعہ عثمانیہ کی تصویر، آصف سابع کی مولانا ابوالکلام آزاد اور پنڈت نہرو سے ملاقات کی تصاویر، دیگر رفقائے سلطنت کی تصاویر اور محل کی اشیاء کی نادر تصاویر شامل

ہیں، جو خاص ڈاکٹر شیلا راج کا حسن انتخاب ہے، اسی طرح نقشہ جات میں 1947ء کے نقشہ میں آزاد ہندوستان کے درمیان ریاست حیدرآباد کے نقشے کو پیش کیا گیا اور مملکت آصفی کی حدوں کے ساتھ ساری ریاست کے علاقوں کا نقشہ شامل کیا گیا اور ایک شکل میں دربار میں بادشاہ اور وزرا اور دیگر عہدیداروں کے مناصب کا ذکر نقشے کے ذریعے کیا گیا۔ کتاب کے آخر میں کتابیات بھی دی گئیں کہ کن انگریزی کتابوں اور اردو کتابوں کی مدد سے یہ کتاب تیار کی گئی، مجموعی طور پر ڈاکٹر شیلا راج کی تصنیف (THE LEGACY OF THE NIZAMS) (سابق ریاست حیدرآباد کی تاریخ اور تہذیب کے بیان میں انگریزی میں ایک نادر کتاب ہے، یہ کتاب ہندوستان کی جانب سے انگریزی ادب میں ایک بیش قیمت اضافہ تصور کی جائے گی۔

بہ حیثیت مترجم ڈاکٹر شیلا راج کی خدمات کا عمومی جائزہ:

ڈاکٹر شیلا راج کی فارسی سے اردو میں ترجمہ شدہ دو کتابوں توشہ عاقبت اور شاہی شادی اور اردو سے انگریزی میں ترجمہ کردہ کتاب (THE LEGACY OF THE NIZAMS) کا جائزہ لینے کے بعد اندازہ ہوتا ہے کہ وہ ایک کامیاب ہمہ لسانی مترجم تھیں اور انہیں اردو فارسی اور انگریزی پر یکساں عبور تھا، انہوں نے عہد آصفی کے بعض اہم فن پاروں کو جو فارسی زبان میں تھے اردو میں منتقل کیا، ان کے یہ تراجم آصف جاہی تہذیب و تمدن کے تحفظ اور انہیں نئی نسل تک پہونچانے میں اہم کردار ادا کریں گے، ان تراجم سے پتہ چلتا

ہے کہ آصف جاہی دور گنگا جمنی تہذیب کا علمبردار تھا، اور مسلمان بادشاہوں کے دربار میں ہندو عہدیدار خدمات انجام دیتے تھے، ڈاکٹر شیلا راج کے جد اعلیٰ بنسی راجا کا گھر میں اس قدر عمل دخل تھا کہ وہ محل کی تمام تقاریب کے نگران تھے۔ توشہ عاقبت کے سفرناموں سے دکن کے علاقوں میں آصف جاہی سلاطین کی مقبولیت اور عزت کا پتہ چلتا ہے، اور مذہبی رواداری کی کئی مثالیں سامنے آتی ہیں۔ جنہیں موجودہ دور میں عام کرنا وقت کا اہم تقاضہ ہوسکتا ہے، اسی طرح دوسری ترجمہ شدہ کتاب شاہی شادی اور مملکت آصفیہ کے انگریزی ترجمے (THE LEGACY OF THE NIZAMS) سے بھی آصف جاہی دور کی تاریخ اور تہذیب وتمدن کا پتہ چلتا ہے، ڈاکٹر شیلا راج کی یہ تینوں ترجمہ شدہ کتابیں اردو اور انگریزی ادب میں ایک اہم اضافہ ہیں، اور ان سے حیدرآباد کے ماماضی کی تاریخ پر روشنی پڑتی ہے، ان کتابوں کی ترجمہ سے زیادہ تخلیقی اہمیت واضح ہوتی ہے، جس کے لئے ڈاکٹر شیلا راج کی خدمات کو خراج پیش کیا جانا چاہیئے۔

☆☆☆☆☆

......:حوالے:..........

(۱) اردو بنیادی نصاب بلاک 3 تا 5، ڈاکٹر بی آر امبیڈکر اوپن یونیورسٹی حیدرآباد، صفحہ نمبر 58

(۲) ترجمہ کا فن اور اس کی قسمیں، ترجمہ نگاری اور ابلاغیات، مولانا آزاد نیشنل اردو یونیورسٹی ص 8,7

(۳) ترجمہ اصول وتکنیک، کورس نمبر 413، یونیورسٹی آف حیدرآباد، ص 13

(۴) ترجمہ کی تعریف، ترجمہ اصول وتکنیک، حیدرآباد سنٹرل یونیورسٹی، ص 13

(۵) فن ترجمہ نگاری، خلیق انجم، ثمر آفسٹ پرنٹرز نئی دہلی ص 12

(۶) بلقیس لطیف، پیش لفظ، توشۂ عاقبت، ص، الف

(۷) ڈاکٹر شیلا راج، دیباچہ، توشۂ عاقبت، ص، د، ہ، و

(۸) ڈاکٹر شیلا راج، توشہ عاقبت، دیباچہ، ص، ح، ط، ی

(۹) ڈاکٹر شیلا راج، توشۂ عاقبت، صفحہ نمبر ز

(۱۰) ڈاکٹر شیلا راج، توشۂ عاقبت، صفحہ نمبر ح، ط

(۱۱) راجہ گردھاری پرشاد باقیؔ، توشۂ عاقبت، صفحہ نمبر 6

(۱۲) راجہ گردھاری پرشاد باقیؔ، توشۂ عاقبت، صفحہ نمبر ۹

(۱۳) راجہ گردھاری پرشاد باقیؔ، توشۂ عاقبت، صفحہ نمبر ۱۳

(۱۴) راجہ گردھاری پرشاد باقیؔ، توشہ عاقبت، صفحہ نمبر ۲۶

(۱۵) راجہ گردھاری پرشاد باقیؔ، توشۂ عاقبت، صفحہ نمبر ۳۲، ۳۳

(۱۶) راجہ گردھاری پرشاد باقیؔ، توشۂ عاقبت، صفحہ نمبر ۴۵

(۱۷) راجہ گردھاری پرشاد باقیؔ، توشۂ عاقبت، صفحہ نمبر ۴۶

(۱۸) راجہ گردھاری پرشاد باقیؔ، توشۂ عاقبت، صفحہ نمبر ۸۰۔۸۳

(۱۹) ڈاکٹر شیلا راج۔ توشہ عاقبت، ص، ۸۸۔۸۹

(۲۰) راجہ گردھاری پرشاد باقی، توشۂ عاقبت، صفحہ نمبر ۱۰۵

(۲۱) عبدالمحمود۔ تقریظ، شاہی شادی از ڈاکٹر شیلا راج، ص۔ ۱

(۲۲) عابد علی خان۔ پیش لفظ شاہی شادی از، ڈاکٹر شیلا راج۔ ص۔ ۲۔ ۳

(۲۳) ڈاکٹر شیلا راج، شاہی شادی، ایچ ای ایچ دی نظامس ٹرسٹ حیدرآباد 1991ء۔ ص4

(۲۴) ڈاکٹر شیلا راج۔، دیباچہ، شاہی شادی۔ ص۔ ۵۔ ۶۔ ۷

(۲۵) ڈاکٹر شیلا راج، شاہی شادی، ایچ ای ایچ دی نظامس ٹرسٹ حیدرآباد 1991ء۔ ص6-5

(۲۶) ڈاکٹر شیلا راج، شاہی شادی، ص۔ ۸، ۹

(۲۷) ڈاکٹر شیلا راج، شاہی شادی، ص۔ ۴۱، ۴۲

(۲۸) ڈاکٹر شیلا راج، شاہی شادی، ایچ ای ایچ دی نظامس ٹرسٹ حیدرآباد 1991ء۔ ص61

(۲۹) ڈاکٹر شیلا راج (THE LEGACY OF THE NIZAMS) ص۔ ۱۳۔ ۱۴
حیدرآباد ۲۰۰۲ء

(۳۰) اقبال مظفر احمد، معتمد نظامس اردو ٹرسٹ (THE LEGACY OF THE NIZAMS
ص (VI-XVII

(۳۱) ڈاکٹر شیلا راج، (THE LEGACY OF THE NIZAMS) ص XI-XII

(۳۲) پروفیسر ستیہ نارائن سنگھ، (THE LEGACY OF THE NIZAMS) ص XIX

(۳۳) ترجمہ ڈاکٹر شیلا راج، (THE LEGACY OF THE NIZAMS) ص 78-79

(۳۴) THE LEGACY OF THE NIZAMS ص۔ 87-88

(۳۵) ڈاکٹر شیلا راج (THE LEGACY OF THE NIZAMS) ص۔ 134

(۳۶) ڈاکٹر شیلا راج (THE LEGACY OF THE NIZAMS) ص۔ 198-199

(۳۷) ڈاکٹر شیلا راج، (THE LEGACY OF THE NIZAMS) ص۔ 203

(۳۸) ڈاکٹر شیلا راج،(THE LEGACY OF THE NIZAMS) ص 212-213

(۳۹) عظمت عبدالقیوم خاں، مضمون چوڑیاں، مملکت آصفیہ،کراچی پاکستان فروری 1978ء،ص۔107,108

(۴۰) ڈاکٹر شیلا راج، THE LEGACY OF THE NIZAMS مترجمہ ڈاکٹر شیلا راج،ص۔280-291

باب ششم

ڈاکٹر شیلا راج بہ حیثیت مضمون نگار

باب ششم

ڈاکٹر شیلا راج بہ حیثیت مضمون نگار:

ڈاکٹر شیلا راج نہ صرف ترجمہ نگار تھیں بلکہ وہ ایک ممتاز مورخ، مرتب، مصنفہ، مقررہ اور ایک بہترین مضمون نگار بھی تھیں، وہ نہ صرف علوم وفنون کی ماہر تھیں بلکہ ان کے قلم میں ایسی تاثیر تھی کہ وہ جو بھی لکھتیں وہ ایک مستند تحریر بن جاتی اور اسے قارئین بہت پسند فرماتے، ڈاکٹر شیلا راج نے مملکت آصفیہ کے متعلق متعدد مضامین تحریر کئے جو اکثر حیدرآباد کے روزناموں ''سیاست'' اور ''دکن کرانیکل'' میں شائع ہوتے رہے ہیں۔ اردو اخبارات میں ان کے جملہ 21 مضامین اور انگریزی اخبارات میں 5 سے زائد مضامین شائع ہو چکے ہیں۔ انہوں نے مختلف سمیناروں میں اپنے 22 مقالے پیش کئے، ڈاکٹر شیلا راج کو نہ صرف اردو بلکہ انگریزی، تلگو، فارسی اور ہندی زبانوں پر عبور حاصل تھا، وہ نہ صرف ایک بہترین مقررہ تھیں بلکہ وہ ایک بہترین مضمون نگار بھی تھی جب کبھی بھی، وہ کوئی مضمون تحریر کرتیں تو مختلف کتابوں کے حوالے ضرور درج کرتیں اور ہر مضمون کی تکمیل کے بعد امدادی کتب کی فہرست بھی شامل تحریر کرتیں، ڈاکٹر شیلا راج کو مضمون نگاری سے دلچسپی طالب علمی کے زمانے سے رہی ہے، ان کا پہلا مضمون ''مرزا غالب'' کے عنوان سے 17 رجولائی 1966ء کو روزنامہ سیاست حیدرآباد میں شائع ہوا، انہوں نے اردو کے ساتھ ساتھ انگریزی زبان میں بھی مضامین لکھے ہیں، وہ ایک ادبی شخصیت تھیں، ڈاکٹر شیلا راج کے اکثر مضامین آصف جاہی حکمرانوں کے متعلق ہیں، انہوں نے آصفجاہی عہد اور ہندو مسلم اتحاد کو اپنی تحریر کا موضوع بنایا اور وہ ہندو مسلم اتحاد پر بہت زیادہ زور دیتی

تھیں، ڈاکٹر شیلا راج نے بحیثیت تاریخ داں حیدرآباد دکن کی تاریخ کو عالمی سطح پر اپنی تحریروں کے ذریعہ پہنچایا اور اپنی الگ پہچان بنائی، ان کی تحریریں مستند ومعتبر ہوتی تھیں، یہاں پر ڈاکٹر شیلا راج کے اردو، انگریزی مضامین اور مختلف جامعات اور اداروں میں پیش کردہ تحقیقی مقالات کی تفصیلات پیش کی جارہی ہیں۔

اردو اخبارات میں شائع شدہ مضامین کی فہرست:

سلسلہ نشان	عناوین	اخبار/رسائل	تاریخ اشاعت
(۱)	مرزا غالب	روزنامہ سیاست حیدرآباد	17/جولائی 1966ء
(۲)	جگر مرادآبادی	روزنامہ سیاست حیدرآباد	یکم/اگست 1966ء
(۳)	نواب سروقارالامرا بہادر	روزنامہ سیاست حیدرآباد	یکم/نومبر 1982ء
(۴)	حیدرآباد کی تہذیب	روزنامہ سیاست حیدرآباد	31/مارچ 1983ء
(۵)	دودھ میں سیاست	روزنامہ ہندوستان بمبئی	11/فروری 1984ء
(۶)	ڈاکٹر کورین کی ناقابل فراموش خدمات	روزنامہ ہندوستان بمبئی	یکم/فروری 1984ء
(۷)	دہلی میں ملکہ معظمہ کا دربار	روزنامہ سیاست حیدرآباد	22/جولائی 1985ء
(۸)	حیدرآباد میں گذشتہ تین سو سال میں بارش کیلئے دعائیں	روزنامہ سیاست حیدرآباد	21/جولائی 1986ء
(۹)	نواب عمادالملک	روزنامہ سیاست حیدرآباد	6/اکتوبر 1986ء
(۱۰)	راجہ شیوراج دھرم ونت بہادر	روزنامہ سیاست حیدرآباد	6/ڈسمبر 1987ء
(۱۱)	زیور	روزنامہ سیاست حیدرآباد	11/جولائی 1993ء
(۱۲)	قصر فلک نما	روزنامہ سیاست حیدرآباد	28/اگست 1994ء
(۱۳)	پرانی حویلی	روزنامہ سیاست حیدرآباد	8/اکتوبر 1994ء
(۱۴)	کنگ کوٹھی	روزنامہ سیاست حیدرآباد	9/اکتوبر 1994ء
(۱۵)	ہندو مسلم روایات کا امین (قسط اول)	روزنامہ منصف حیدرآباد	19/نومبر 1998ء
(۱۶)	ہندو مسلم روایات کا امین (قسط دوم)	روزنامہ منصف حیدرآباد	26/نومبر 1998ء
(۱۷)	ہندو مسلم روایات کا امین (قسط سوم)	روزنامہ منصف حیدرآباد	3/ڈسمبر 1998ء
(۱۸)	مذہبی رواداری دور آصف جاہ سادس	ماہنامہ سب رس حیدرآباد	نومبر 1989ء
(۱۹)	تبصرہ بہادر یار جنگ نمبر	روزنامہ سیاست حیدرآباد	1983ء
(۲۰)	حیدرآباد کا پائیگاہ خاندان (قسط اول)		غیر مطبوعہ
(۲۱)	تاریخ خاندان پائیگا آسماں جاہی (قسط دوم)		غیر مطبوعہ

ڈاکٹر شیلا راج کے روزنامہ سیاست حیدرآباد کے سیاست فورم میں شائع شدہ مراسلے

سلسلہ نشان	عناوین	اخبار/رسائل	تاریخ اشاعت
(۱)	حیدرآباد پر کتابیں ندارد	روزنامہ سیاست حیدرآباد	8/ستمبر 1991ء
(۲)	ہندو مسلم ہیں ایک، غیر کہاں	....	13/ڈسمبر 1992ء
(۳)	پدم بھوشن حضرت ستیو مادھوراؤ پگڑی۔۔۔		20/نومبر 1994ء
(۴)	حیدرآبادی تہذیب کو کمزور کرنے کے ذمہ دار کون؟		....../مارچ 1995ء
(۵)	دہلی میں حوالہ، اے پی دیوالہ	......	14/اپریل 1996ء

انگریزی اخبارات میں شائع شدہ مضامین

سلسلہ نشان	عناوین	اخبار/رسائل	تاریخ اشاعت
(۱)	ایک عظیم انسان	روزنامہ دکن کرانیکل حیدرآباد	oct 11,1981
(۲)	ایک فنکارانہ تاریخی عمارت	روزنامہ دکن کرانیکل حیدرآباد	sep 12 1982
(۳)	ہر دالعزیز حکمران	روزنامہ دکن کرانیکل حیدرآباد	oct 10, 1982
(۴)	نظامِ دور حکومت میں فرقہ وارانہ امن	روزنامہ دکن کرانیکل حیدرآباد	sep 6,1983
(۵)	ان کا برتاو یادگار تھا	روزنامہ دکن کرانیکل حیدرآباد	jan 8, 1984

اردو و انگریزی کے مختلف سمیناروں و لیکچرس میں ڈاکٹر شیلا راج کے پیش کردہ مقالے:

(۱) ''آر ایس شرما بحیثیت تاریخ داں'' کے عنوان سے SNDT ویمنس یونیورسٹی بمبئی میں 1977ء کو منعقد UGC کے ورک شاپ میں ڈاکٹر شیلا راج نے اپنا مقالہ پیش کیا۔

(۲) ''انیسویں صدی کے دوسرے نصف حصہ میں سماج اور حیدرآباد'' کے عنوان سے انڈین ہسٹری کانگریس ڈسمبر 1978ء حیدرآباد میں منعقد اجلاس میں ڈاکٹر شیلا راج نے اپنا مقالہ پیش

کیا۔

(۳)''انیسویں صدی کے دوسرے نصف حصہ میں حیدرآباد میں تعلیم کا فروغ'' کے عنوان سے 40ویں انڈین ہسٹری کانگریس دسمبر

1979ء والٹر میں منعقدہ اجلاس میں ڈاکٹر شیلا راج نے اپنا مقالہ پیش کیا۔

(۴)''انیسویں صدی کے دوسرے نصف حصہ میں حیدرآباد میں ترسیل کا فروغ'' کے عنوان سے SNDT ویمنس یونیورسٹی 1979ء میں منعقدہ UGC کے ورکشاپ میں ڈاکٹر شیلا راج نے اپنا مقالہ پیش کیا۔

(۵)''انیسویں صدی کے دوسرے نصف حصہ میں حیدرآباد میں قحط زدہ تباہی'' کے عنوان سے ڈاکٹر شیلا راج کا مقالہ'' کواٹرلی رویو آف ہسٹوریکل اسٹیڈیس کلکتہ جلد نمبر XXXVI (3).No میں شائع ہوا۔

(۶)''انیسویں صدی کے دوسرے نصف حصہ میں حیدرآباد میں تعلیم وسماج کے فروغ میں خواتین کا حصہ'' کے عنوان سے یہ مقالہ، مضامین انڈین ہسٹری اینڈ کلچرل کے تحت سالانہ منعقد ہونے والے انڈین ہسٹری اینڈ کلچرل سوسائٹی نے جنوری 1986ء میں نئی دہلی سے شائع کیا۔

(۷)''انیسویں صدی کے دوسرے نصف حصہ میں حیدرآباد میں ہندو مسلم یکجہتی'' کے عنوان سے یہ مقالہ کواٹرلی رویو آف ہسٹوریکل اسٹیڈیس کلکتہ کے شمارے میں شائع ہوا۔

(۸)''مذہبی رواداری اور نظام ششم'' کے عنوان سے یہ مقالہ پربھنی مہاراشٹرا میں بہادر یار جنگ تقاریب 17-16 / جنوری 1988ء کو منعقدہ پروگرام میں پیش کیا گیا۔ مابعد ماہنامہ سب رس، رسالہ ادارہ ادبیات اردو حیدرآباد سے نومبر 1983ء میں شائع ہوا۔

(۹)''انیسویں صدی کے آخر اور بیسویں صدی کے پہلے نصف حصہ میں گجرات میں تعلیم نسواں کا فروغ'' کے عنوان سے یہ مقالہ ہسٹری آف ویمن ان انڈیا کے 24 تا 26 / مارچ 1988ء کو

منعقدمنی بین ناناوتی ویمنس کالج ممبئی کے سمینار میں ڈاکٹر شیلا راج نے پیش کیا۔

(۱۰) ''تاریخ میں تحقیق کے نئے زاویے'' کے عنوان سے یہ مقالہ SNDT ویمنس یونیورسٹی کے کالج آف آرٹس بمبئی میں 28/مارچ 1988ء اور 2/اپریل 1988ء کے سمینار میں ڈاکٹر شیلا راج نے پیش کیا۔

(۱۱) ''کرشن پرشاد اور سالار جنگ سوم کی میراث'' کے عنوان سے یہ مقالہ 10 تا 12/مارچ 1989ء میں ''حیدرآباد ریاست کے آخری حصہ میں آصف جاہیوں کا کردار'' کے زیر عنوان منعقدہ سمینار میں ڈاکٹر شیلا راج نے اپنا مقالہ پیش کیا۔

(۱۲) ''حیدرآباد 1908ء کی طغیانی کا انجام'' کے عنوان سے 15ویں سالانہ کانفرنس انڈین ہسٹری اینڈ کلچرل سوسائٹی کی جانب سے 16 تا 18/ڈسمبر 1991ء کو بھوپال میں منعقدہ سمینار میں ڈاکٹر شیلا راج نے اپنا مقالہ پیش کیا۔

(۱۳) ''ریاست حیدرآباد کے عہد میں ہندو مسلم روایات'' کے عنوان سے 13/ستمبر 1998ء کو حیدرآباد میں ٹیپو سلطان ریسرچ سنٹر کی جانب سے منعقد سمینار میں ڈاکٹر شیلا راج نے اپنا مقالہ پیش کیا۔

(۱۴) ''1911-1948 کے دوران ریاست حیدرآباد میں تعلیم کی ترقی'' کے عنوان سے اسلامک کلچرل انگلش کوارٹرلی کی 75ویں خصوصی سالانہ اشاعت جلد نمبر LXXVII2 حیدرآباد اپریل 2002 میں ڈاکٹر شیلا راج کا مقالہ شائع ہوا۔

(۱۵) ''نظام ہفتم کے دور میں ترسیل کا فروغ'' کے عنوان سے ڈاکٹر شیلا راج نے 30-31/اکتوبر 2000ء کو ڈپارٹمنٹ آف اسلامک اسٹیڈیز عثمانیہ یونیورسٹی حیدرآباد میں منعقدہ سمینار کے موقع پر اپنا مقالہ پیش کیا۔

(۱۶) ''مذہبی روایات اور نواب میر محبوب علی خان آصف جاہ سادس'' کے عنوان سے

28/اپریل 2007 ءکوابوالکلام آزاداورینٹل ریسرچ انسٹی ٹیوٹ حیدرآباد کے سمینار میں ڈاکٹر شیلا راج نے اپنا مقالہ پیش کیا۔

(۱۷)''مذہبی روایات اورنواب میرعثمان علی خان آصف جاہ سابع'' کےعنوان سے 20/مئی 2007ءکوابوالکلام آزاداورینٹل ریسرچ انسٹی ٹیوٹ حیدرآباد کی جانب سے منعقدہ سمینار میں ڈاکٹر شیلاراج نےاپنامقالہ پیش کیا۔

(۱۸)''آصف جاہی حکمران اور ہندومسلم روایات'' کے عنوان سے ڈاکٹر شیلا راج نے 17/جون 2007ءکوابوالکلام آزاداورینٹل ریسرچ انسٹی ٹیوٹ حیدرآباد کی جانب سے منعقد سمینار میں اپنامقالہ پیش کیا۔

(۱۹)''سیکولرازم اور میرعثمان علی خان نظام سابع'' کے عنوان سے میرعثمان علی خان کی 125 ویں یوم پیدائش کی تقریب کے موقع پرمنعقدمیموریل لکچر 16/جولائی 2007ءکوحیدرآباد میں اپنا مقالہ پیش کیا جونظام جوبلی پویلین ٹرسٹ پرانی حویلی حیدرآباد میں منعقد ہواتھا۔

(۲۰)''1724-1948دکن میں شہری و دیہی عوام کی معاشی زندگی'' کےعنوان سے ابوالکلام آزاراورینٹل ریسرچ انسٹی ٹیوٹ حیدرآباد کی جانب سے شائع کردہ کتاب دکن کی تاریخ جدید کی دوسری جلد میں ڈاکٹر شیلا راج کا مقالہ شائع ہوا۔

(۲۱)''انیسویں صدی کے نصف حصہ میں حیدرآباد میں تعلیم کا فروغ'' کےعنوان سے ڈاکٹر شیلا راج کا یہ مقالہ انسٹی ٹیوٹ آف ہسٹوریکل اسٹیڈیز کلکتہ کے کواٹرلی رویو میں 1986ء میں شائع ہوا۔

(۲۲)''مذاہب اورتہذیب کی مطابقت اورہمارا مقصد'' کےعنوان سے ڈاکٹر شیلا راج نے اپنا مقالہ پیش کیا۔

ڈاکٹر شیلا راج کے مضامین کا تنقیدی جائزہ:

ڈاکٹر شیلا راج کے تحقیقی مقالات اور مضامین کی فہرست گذشتہ صفحات میں دی گئی ہے، جن کی تعداد تقریباً 40 سے زائد ہوگی یہ مضامین اردو اور انگریزی زبانوں میں تحریر کی گئے ہیں، جن میں دو مضامین غیر مطبوعہ اور باقی مضامین مختلف اخبارات ورسائل اور سمیناروں میں پیش کئے جاچکے ہیں، ڈاکٹر شیلا راج کے منتخبہ مضامین کا تنقیدی جائزہ ذیل میں پیش کیا جارہا ہے۔

مضمون : اردو نثر کی ایک صنف مضمون نگاری بھی ہے، کسی بھی عنوان پر معلومات کو اکٹھا کرکے اس کے ذیلی موضوعات پر روشنی ڈالتے ہوئے دلچسپ اور جامع مواد کو ترتیب تسلسل اور روانی کے ساتھ پیش کرنا دراصل مضمون کہلاتا ہے، مضمون میں ادب، سائنس، مذہب، ٹکنالوجی، سیاست، سماج غرض ہر موضوع پر خیالات کا اظہار کیا جاسکتا ہے، اردو ادب میں مضمون نویسی کی ابتداء انیسویں صدی کے ابتداء میں ہوئی، سرسید احمد خاں اور ان کے رفقاء نے مضمون نگاری کی روایت کو فروغ دیا، صحافت کے ذریعہ سے اردو مضمون نویسی کو مقبولیت حاصل ہوئی، عصر حاضر میں نثری ادب میں مضمون نویسی کو سب سے زیادہ اہمیت حاصل ہے۔

ڈاکٹر شیلا راج نے اپنی ساری زندگی صرف اور صرف تحقیق وتخلیق میں ہی صرف کی، انہوں نے بیشتر تصانیف کا ترجمہ کیا اور دیگر تصانیف کو تالیف بھی کیا ہے، مختلف ادبی سمیناروں میں اپنے مقالات کو پیش کرنے کا شرف بھی حاصل کیا ہے۔ انہوں نے اہم موضوعات پر ہی قلم اٹھایا ہے بلکہ وہ جس موضوع کے متعلق محسوس کرتیں کہ مجھے اس پر تحقیق کرنا ہے یا لکھنا ہے، تب ہی وہ اس موضوع کو منتخب کرتیں اور ساتھ ہی قلم اٹھاتیں اور جو لکھتیں وہ تحقیق وتنقید کے اصولوں کو اختیار کرکے مستند کتابوں کے حوالوں کے ساتھ ہی ضبط تحریر میں لاتی تھیں،

ڈاکٹر شیلا راج کی شخصیت علمی و تحقیقی رہی ہے، قدرت نے انہیں تصنیف و تالیف کا فن خصوصی طور پر عطا کیا تھا۔ انہیں متعدد زبانوں پر عبور حاصل تھا، انہوں نے فارسی سے اردو، اردو سے انگریزی اور انگریزی سے اردو کی کتابوں کا ترجمہ کیا ہے، ساتھ ہی ایسے مضامین تحریر کئے ہیں کہ ہمیں ان کے مطالعہ سے ڈاکٹر شیلا راج کی شخصیت کا علم ہوتا ہے۔

اپنی زبان میں تحریر کرنا کوئی کمال نہیں بلکہ دیگر زبانوں پر عبور رکھنا اور انہیں ضبط تحریر میں لانا کمال ہے، ڈاکٹر شیلا راج کا تعلق ہندو مذہب سے تھا۔

ان کا خاندان کائستھ خاندان کہلاتا ہے، جو ریاست حیدرآباد (دکن) کے دربار سے وابستہ رہا ہے، ڈاکٹر شیلا راج نے اردو زبان میں بہترین مضامین کو قلمبند کیا جو ملک کے مختلف اخبارات و رسائل میں وقفہ وقفہ سے شائع ہوتے رہے ہیں۔

ڈاکٹر شیلا راج کے مضامین کے عنوانات پر ہی نظر ڈالنے سے اس بات کا بخوبی اندازہ ہوجاتا ہے کہ وہ موضوع کے اندر ایک نیا پہلو تلاش کرتی ہیں اور محنت و توجہ سے اپنے موضوع کا انتخاب کرتی ہیں اور مضمون کو بہتر طور پر ضبط تحریر میں لاتی ہیں، ڈاکٹر شیلا راج کا جو تحریری سرمایہ مضامین کی شکل میں ہے، ان میں مرزا غالبؔ اور جگر مرادآبادی کی شخصیات اور آصف جاہی دور کے حکمران اور حیدرآباد کی تہذیب و ثقافت اور حیدرآباد کے شاہی محلات پر بھرپور روشنی ڈالی گئی۔

☆مضمون ''مرزا غالبؔ'':

ڈاکٹر شیلا راج کا پہلا مضمون ''مرزا غالب'' کے عنوان سے 17/جولائی 1966ء کو روزنامہ سیاست حیدرآباد میں شائع ہوا، اپنے موضوع کے اعتبار سے ڈاکٹر شیلا راج کا ایک اہم اور سب سے پہلا مضمون ہے، اس مضمون میں انہوں نے مرزا غالبؔ کی شخصیت کا تعارف پیش کیا ہے، انہوں نے اپنے مضمون کا آغاز علامہ اقبالؔ کے اس شعر سے کیا ہے۔

ہزاروں سال نرگس اپنی بے نوری پہ روتی ہے

بڑی مشکل سے ہوتا ہے چمن میں دیدہ ور پیدا

اقبالؔ کا یہ شعر واضح کرتا ہے کہ غالبؔ جیسا شاعر صدیوں میں ایک بار پیدا ہوتا ہے۔اردو زبان اپنی ترقی کی سمت بڑی تیز رفتار کے ساتھ آگے بڑھنے لگی، غالبؔ کی پیدائش سے قبل اردو ادب میں کئی بڑے بڑے شعراء گذرے ہیں، جن میں ولیؔ، سوداؔ، میرؔ اور ذوقؔ وغیرہ قابل ذکر ہیں، ان کے بعد غالبؔ جیسا شاعر ہندوستان کی سرزمین پر پیدا ہوا، ڈاکٹر شیلا راج نے مرزا غالبؔ کی اردو ادب میں اہمیت کو واضح کرنے کے لئے رشید احمد صدیقی کا اقتباس درج کیا ہے، جس میں رشید احمد صدیقی نے ''غالبؔ کو غزل کی تقدیر متعین کرنے والا شاعر'' قرار دیا ہے، ڈاکٹر شیلا راج نے اپنے مضمون میں بعض احباب کی جانب سے غالبؔ کو زوال آمدہ تمدن کی یادگار قرار دینے پر اعتراض کیا ہے، وہ کہتی ہیں کہ ''مرزا غالبؔ زوال آمدہ تمدن کی یادگار نہیں تھے بلکہ مغلیہ عہد کی تہذیب زوال آمدہ تمدن کی یادگار تھی''۔ڈاکٹر شیلا راج

اپنے مضمون میں مرزا غالبؔ کے اردو شاعری میں مقام کو متعین کرتے ہوئے بیان کرتی ہیں کہ:''غالبؔ کا مقام اردو شاعری میں بہت بلند ہے، ان کے معاصرین اور مابعد شعراء نے بھی ان کی بلند پایہ شاعری کا اعتراف کیا ہے، غالب نے اردو شاعری کو نئے مزاج سے روشناس کروایا، نیازؔ فتح پوری کا کہنا ہے کہ ''غالب بڑے انقلابی شاعر تھے'' اس حقیقت سے انکار نہیں کیا جاسکتا کیونکہ انہوں نے اسلوب شاعری بدلنے کے لئے اظہار بیان کے ایسے نئے نئے زاویے پیدا کئے جن کی تازگی آج بھی بدستور قائم ہے۔''

ڈاکٹر شیلا راج نے اس مضمون میں مرزا غالبؔ کی شاعری کو تین ادوار میں تقسیم کیا ہے، وہ لکھتی ہیں کہ

''پہلے دور میں غالب کی غزلوں میں تشبیہیں، فارسی بندشیں اور غیر مانوس

الفاظ کی بہتات ملے گی اور دوسرے دور میں زبان کافی صاف ہوگئی تھی اور فارسی بندشوں اور محاورات میں بھی کمی آ گئی تھی اور تیسرے دور میں غالبؔ کو بہت زیادہ شہرت حاصل ہوئی، ان کا کلام سادگی ،سلاست وروانی ، نازک خیالی، جدت ،تخیل وغیرہ شعری محاسن سے لبریز ہے جوفن شاعری کی جان ہے دراصل غالبؔ کوان سب چیزوں نے ہی شعرائے اردو کی اولین صف میں جگہ دی۔'' ا

ڈاکٹر شیلا راج مرزا غالبؔ کے کلام کی خصوصیت کو واضح طور پر بیان کرتے ہوئے لکھتی ہیں کہ:

''غالبؔ کا کلام کئی خصوصیات کا حامل ہے، پہلی خصوصیت جدت پسندی ہے،جس نے فرسودہ سے فرسودہ اور پامال سے پامال مضامین کو نئے ڈھنگ سے سنوارا ہے، اس جدت طرازی کی وجہ سے بعض اشعار میں معمہ کی سی صورت پیدا ہوگئی ہے،جدت الفاظ وغیرہ نے ان کے کلام کو تصنع اور بدمزگی سے پاک کردیا ہے،شاعری کی دوسری خصوصیت نظرفریب طرز تحریر ہے وہ اپنے کلام میں کسی چیز کا تفصیلی ذکرنہیں کرتے ، انہوں نے کبھی دوسروں کے رنگ کونہیں اپنایا ان کی شخصیت بڑی انفرادیت پسند تھی، وہ اپنے آپ کو عام لوگوں سے علیحدہ رکھتے تھے۔ ہر بات میں علیحدگی پسند تھے، غالباًان کی ابتدائی مشکل پسندی اسی علیحدگی پسندی کا نتیجہ تھی ،یہی وجہ ہے کہ ان کے کلام کا لطف عام دماغ نہیں اٹھا سکتے۔'' ۲

ڈاکٹر شیلا راج کا یہ پہلا مضمون ہے لیکن انہوں نے اپنے مضمون میں غالبؔ کے کلام کی خصوصیت پر بھرپور روشنی ڈالی اور واضح طور پر ان کے کلام کی خوبیوں کو بیان کیا ہے، وہ

مرزا غالبؔ کے کلام پر تبصرہ کرتے ہوئے بیان کرتی ہے کہ مرزا کا کلام ان کی دلی جذبات کا آئینہ ہے، انہوں نے اپنے دلی جذبات اور کیفیات بڑی عمدگی سے پیش کئے ہیں۔

ڈاکٹر شیلا راج نے مرزا غالبؔ کے کلام میں اس زمانے کے حالات اور غالبؔ پر ان کے اثرات کا بغور مطالعہ کیا اور اپنے احساسات کو بیان کرتے ہوئے رقم طراز ہیں:

''غالب بھی اپنے عہد کے مصائب و آلام کا مزہ چکھے ہوئے تھے، اسی وجہ سے ان کے کلام میں ایک خاص درد واثر ہے، غدر کے ہنگاموں کا یہ بھی شکار ہوئے۔ ان پر بھی مصیبتوں کا پہاڑ ٹوٹ پڑا، وہ معاشی اور مالی مصائب میں الجھ کر رہ گئے، حالات کے اعتدال پر آنے تک عہد رفتہ کی تمام رنگینیاں خواب فراموش ہوگئی تھیں اور غالبؔ ان کی یاد میں سراپا حسرت بن گئے تھے، انہوں نے اپنے اشعار میں غم والم کے نالے ناامیدی دنیا سے بیزاری جیسی کیفیات کی عکاسی بہت ہی عمدہ اور موثر طریقہ سے کی ہے۔'' ۳

مرزا غالبؔ کی شخصیت اور کلام پر بہت سارے مضامین لکھے جاچکے ہیں۔ لیکن اپنے اس مضمون میں ڈاکٹر شیلا راج نے اپنی فنکاری کا ثبوت دیتے ہوئے اچھوتے انداز سے مرزا کے کلام کی خصوصیت اور اردو شاعری میں غالبؔ کی انفرادیت اور ان کے فلسفہ کو بیان کیا ہے چنانچہ وہ لکھتی ہیں:

''غالبؔ بڑے فلسفی شاعر تھے ان کے یہاں حقائق فلسفہ کی عمدہ مثالیں ملیں گی، حقائق فلسفہ کے علاوہ ان کی شاعری میں جذبات نگاری کے مرقع بھی ملیں گے، جانکاہ مصائب، دلگداز تکلیفیں، ناقابل برداشت مصیبتیں جن سے ہم زندگی میں دوچار رہتے ہیں، نہایت پر اثر اور درد انگیز طریقے سے کھینچے گئے ہیں۔'' ۴

غرض یہ کہ ڈاکٹر شیلا راج نے اپنے اس تحقیقی مضمون میں مرزا غالبؔ کی شخصیت اور کلام کا تجزیہ کیا اور کلام کی خصوصیت کو اپنے مضمون میں واضح کیا، مضمون کے اختتام پر ڈاکٹر شیلا راج نے رشید احمد صدیقی کے اس مشہور اقتباس کو نقل کیا ہے:

> ''مجھ سے اگر یہ پوچھا جائے کہ ہندوستان کو مغلیہ سلطنت نے کیا دیا تو میں بے تکلف یہ تین نام لوں گا ، غالبؔ اردو اور تاج محل یہ ہندوستان کی تہذیبی پیداوار ہیں اور سوائے ہندوستان کے کہیں اور ظہور نہیں پا سکتے تھے، ان تینوں میں ہندوستان کے صوری اور معنوی امتیازات جھلکتے ہیں۔'' ۵

ڈاکٹر شیلا راج نے اپنے اس مضمون میں جہاں بھی تنقیدی خیالات کا اظہار کیا ہے، اس سے ان کی تاثراتی تنقید جھلکتی ہے، انہوں نے غالبؔ کے کلام اور شخصیت کا تجزیہ ایک تجربے کار نقاد کی طرح کیا، اور اپنی تحریر سے غالبؔ شناسی میں مدد کی۔

......:مضمون جگرؔ مراد آبادی

جگر مراد آبادی ڈاکٹر شیلا راج کا دوسرا مضمون ہے، یہ یکم راگست 1966ء کو روزنامہ سیاست حیدرآباد میں شائع ہوا، دراصل یہ مضمون جگر مراد آبادی کے حالات زندگی ،شخصیت اور شاعری پر لکھا گیا ہے، جگر مراد آبادی کے عنوان سے ڈاکٹر شیلا راج کا یہ ایک اہم مضمون ہے، جس میں ڈاکٹر شیلا راج نے جگر مراد آبادی کی شاعری کی اہمیت پر روشنی ڈالی ہے، جگر مراد آبادی کے فن کا مطالعہ کرتے ہوئے ڈاکٹر شیلا راج نے ان کے کلام کی جملہ خصوصیات کا احاطہ کرنے کی کوشش کی ہے، جگر مراد آبادی کے کلام کی خصوصیات میں ان کا سادہ سلیس انداز بیان، تصورات ، برجستگی

، جمالیاتی احساس اور کلام کی روانی کی تعریف بیان کی ، ڈاکٹر شیلا راج جگر کے کلام کی خصوصیات پر روشنی ڈالتے ہوئے رقم طراز ہیں:

''جگر خالص غزل گو شاعر ہیں، انہوں نے اپنے ہم عصر شعراء کی طرح غزل کے میدان سے ہٹ کر نظم گوئی کو نہیں اپنایا۔ اگر چہ کہ انہوں نے چند نظمیں کہی ہیں لیکن وہ غزلیات کے مقابلہ میں بلند پایہ نہیں ہیں، اگر چہ کہ غزل کا میدان نظم کی بہ نسبت تنگ ہے لیکن اس کے باوجود ہمیں جگر کے یہاں اعلیٰ پایہ کی غزلیں ملتی ہیں، جگر نے اپنے نازک ترین احساسات کو شعر کا جامہ پہنا کر بڑی عمدہ غزلیں پیش کی ہیں۔'' ۶

آگے لکھتی ہیں:

''ان کی غزلیں حسن و محبت کی جیتی جاگتی تصویریں ہیں، انہیں ہر وہ شئے عزیز ہے جس کو ان کا محبوب عزیز سمجھے، چنانچہ وہ ہر چیز اس طرح پیش کرتے ہیں۔'' ے

وہ ہزار دشمنِ جاں سہی مجھے غیر پھر بھی عزیز ہے
جسے خاکِ پا تری چھوگئی وہ برا بھی ہوتو برا نہیں ہے

ڈاکٹر شیلا راج کے مطابق جگر کے کلام کی خوبی ان کی رنگین مزاجی ہے، جو ان کے شاعری کی جان ہے اور ان کے اشعار قلبی واردات کا آئینہ بھی ہیں، جگر مرادآبادی کے کلام میں ہمیں صوفیانہ انداز بیان اور غم و درد کا احساس نمایاں طور پر نظر آئے گا، جو ان کے کلام کو اور بھی اثر دار بنادیتا ہے ، ڈاکٹر شیلا راج نے جگر کی غزلوں میں موسیقی اور رنگینی کی نشاندہی کی ہے انہوں نے لکھا ہے:

''جگر کی غزلوں میں موسیقی اور ہم آہنگی ملے گی، ان کی بعض غزلیں رنگین اشعار ، سرشاری و سرمستی کا بہترین نمونہ ہیں۔''

نظر ملا کے میرے پاس آ کے لوٹ لیا
نظر ملی تھی کہ بس مسکرا کے لوٹ لیا
شباب حسن کا حسنِ شباب دیکھ لیا
اچھال اچھال کے جام شراب دیکھ لیا (۸)

جگر مرادآبادی کی شاعری کا حسین ترین دور 1930ء تا 1940ء کا رہا، اسی دور میں جگر نے اپنی اہم ترین غزلیں کہیں جو شعلہ طور، آتش گل اور شکستِ توبہ میں شامل ہیں۔

ڈاکٹر شیلا راج اردو ادب کی ممتاز ادیبہ تھیں، انہوں نے شعر وادب کا گہرا مطالعہ کیا تھا، وہ شاعری کے مختلف رویوں اور رجحانات سے بھی واقف تھیں، انہوں نے اپنے اس مضمون میں جگر مرادآبادی کے فن شاعری پر بھرپور روشنی ڈالی ہے اور ساتھ ہی ان کی غزلوں کے محاسن ومعائب بھی بیان کئے ہیں، جگر کی ایک غزل جو شکستِ توبہ میں شامل ہے کے متعلق ڈاکٹر شیلا راج رقم طراز ہیں:

''یہ غزل ان کے منفرد اسلوب بیان اور والہانہ مستی کی بہترین مثال ہے اس میں ان کا اپنا مخصوص رنگ ہے اور مجازی عشق کی واردات ہے، یہ وہ زمانہ تھا جب انہیں داغ اور اصغر کے صوفیانہ خیالات سے آزاد ہو کر اپنی انفرادیت اور شخصیت کو اجاگر کرنے کا موقع ملا تھا، جگر کے اشعار پر کیف وسرور آور ہیں ان کے محسوسات لطیف اور ان کی غزلیں حسن ومحبت کی جیتی جاگتی تصویریں ہیں۔ سادگی ان کے کلام کا اصلی جوہر ہے۔ 9''

ڈاکٹر شیلا راج نے جگر مرادآبادی کو محاکات کا بادشاہ قرار دیا ہے، انہوں نے جگر کی شاعری کے مختلف ادوار کو بھی بیان کیا ہے اور ساتھ ہی جگر کے کلام کی خامیوں اور غلطیوں کے بارے میں بھی چند سطور رقم کی ہیں جس میں مختلف ماہرین کی رائے کو بھی شامل کیا ہے چند سطور

ملاحظہ ہوں:

''اختر تلہری کی رائے یہ ہے کہ جگر ایک غلط گو شاعر تھے، ان کے مجموعہ شعلہ طور میں صرف ونحو کی غلطیاں ہیں، ان کے یہاں عروض کی غلطیاں بھی پائی جاتی ہیں اور بعض جگہوں پر الفاظ بھی غلط استعمال کئے ہیں، حبیب احمد صدیقی کا خیال ہے کہ جگر کے کلام میں معنوی غلطیاں بھی ملتی ہیں اور شکست ناروا کا عیب بھی پایا جاتا ہے۔ [10]

مندرجہ بالا اقتباس میں ڈاکٹر شیلا راج نے جگر کے کلام کے معائب کو مختلف احباب کی رائے کے ذریعہ ثابت کرنے کی کوشش کی ہے، غرض یہ کہ ڈاکٹر شیلا راج نے اپنے اس مضمون میں جگر کی شاعری کے متعلق اہم پہلوؤں کو اجاگر کرنے کی کوشش کی ہے اور ساتھ ہی خامیوں کو بھی بیان کیا ہے، بحثیت مجموعی ڈاکٹر شیلا راج کا یہ مضمون جگر کی شخصیت اور شاعری کا احاطہ کرتا ہے، جس سے ہمیں مضمون نگار کی قابلیت اور ان کی تحقیقی وتنقیدی خوبیوں کا اندازہ ہوتا ہے۔

نواب سروقار الامراء بهادر:

ڈاکٹر شیلا راج نے اپنے مضامین صرف ادبی شخصیتوں کے متعلق ہی نہیں لکھے بلکہ حیدرآباد کے امراء، تہذیب وتمدن اور تاریخ پر بھی رقم کئے ہیں، ڈاکٹر شیلا راج کے مضامین روزنامہ سیاست حیدرآباد میں شائع ہوتے رہے ہیں، انہوں نے مستقل مضمون نگاری نہیں کی بلکہ وقتاً فوقتاً اہم موضوعات پر ہی اپنے مضامین رقم کئے ہیں، اس لئے ان کے مضامین میں ہمیں تنوع نظر آتا ہے، وہ اپنے مضامین میں موضوع کے مختلف پہلوؤں کو پیش نظر رکھتی ہیں۔

نواب سروقار الامراء بہادر کے عنوان پر ڈاکٹر شیلا راج کا یہ مضمون یکم نومبر 1982ء کو روزنامہ سیاست حیدرآباد میں شائع ہوا، جس میں انہوں نے ریاست حیدرآباد کے امیر نواب

محمد افضل الدین خاں بہادر سکندر جنگ اقبال الدولہ کی شخصیت اور خدمات کو اپنے قلم کا موضوع بنایا ہے۔

ڈاکٹر شیلا راج نواب سر وقارالامراء بہادر کی شخصیت وخدمات کے متعلق رقم طراز ہیں:

''وقارالامراء بہادر کی شخصیت گونا گوں خصوصیات کی مالک تھی اخلاق و مروت میں بے مثال تھے، اپنے دشمن کی غلطیوں کونظر انداز کرنا ان کے اعلیٰ اخلاق کی ترجمانی کرتا ہے، مہمان نواز، غریب پرور اور نہایت نیک آدمی تھے آپ کونسل آف اسٹیٹ کے رکن تھے، سر آسماں جہاں بہادر کی غیر حاضری میں آپ نے خدمات وزارت بھی انجام دیں، بعد میں 1894ء میں مستقل مدارالمہام مقرر کئے گئے، اس عہدہ جلیلہ پر آپ آٹھ سال تک فائز رہے۔ آپ کا عہد وزارت علمی ترقی کے لئے ہمیشہ یادرہے گا، مدرسہ انجینئرنگ کا قیام، علوم وفنون تدوین علوم، لیجیسلیٹیو کونسل بغرض وضع آئین وقوانین لاء کلاسس اور کتب خانہ آصفیہ کا قیام آپ کے عہد کے قابل ذکر کارہائے نمایاں ہیں۔'' [11]

ڈاکٹر شیلا راج نے سر وقارالامراء بہادر کی شخصیت اور کارناموں پر مفصل روشنی ڈالی ہے، وہ ایک ادیبہ کے ساتھ ساتھ دکن کی پہلی خاتون تاریخ دان تھیں جنہوں نے نہ صرف ادب کے میدان میں اپنے قلم کو حرکت دی بلکہ تاریخ کے میدان میں بھی بیش بہا تحریریں رقم کی ہیں، انہیں دکن سے خصوصی محبت اور لگاؤ تھا، انہوں نے ممبئی میں رہتے ہوئے ممبئی کی یونیورسٹی سے حیدرآباد کے سماجی معاشی اور تہذیبی روایات پر ڈاکٹریٹ کی ڈگری حاصل کی ہے، ڈاکٹر شیلا راج نے اپنے مضمون میں نواب سر وقارالامراء بہادر کے ایک عظیم کارنامہ کو اجاگر کیا ہے وہ لکھتی ہیں:

''خاص طور پر فلک نما پیالیس فن تعمیر اور آراستگی کا بہترین اور لاجواب نمونہ ہے اور آپ کی خوش سلیقگی کا آئینہ دار ہے، اس تاریخ عمارت کا شمار نہ صرف حیدرآباد بلکہ ہندوستان کی عالیشان عمارتوں میں ہوتا ہے، اس کی تعمیر اور آرائش وزیبائش پر 1891-1884ء تک تخمینہ چالیس لاکھ روپیئے کا صرفہ ہوا، پردے، فرنیچر کے کورس اور سجاوٹ کے لئے فرانس سے ننوں کو بلوایا گیا۔ آہنی سیڑھیوں کے درمیانی فاصلہ کا نقص آپ کی دوربین نگاہوں سے پوشیدہ نہ رہا، اس نقص کو دور کرنے کے لئے ماہرین کو بمبئی سے طلب کیا گیا، آپ نے بذات خود قالین پردے فرنیچر فانوس اور دیگر آرائشی اشیاء کا انتخاب کیا اور بیرون ملک سے درآمد کیا۔''

ڈاکٹر شیلا راج نے نواب سر وقارالامراء بہادر کی صلاحیتوں کا تفصیل سے ذکر کیا ہے اور آگے بیان کرتی ہیں کہ:

''وقارالامراء جیسی خوش سلیقہ اور باذوق شخصیت کا نام اس وقت تک زندہ جاوید رہے گا، جب تک کہ فلک نما پیالیس اور آپ کی جاگیر وقارآباد قائم ہیں۔'' ۱۲

اس مضمون میں ڈاکٹر شیلا راج نے نواب سر وقارالامراء بہادر کی شخصی خوبیوں اور نظم و نسق کی صلاحیتوں وفن تعمیر میں ان کی خدمت کو مفصل انداز میں بیان کیا ہے، مضمون کے مطالعہ سے ایک طرف تو نواب سر وقارالامراء بہادر کی ہمہ جہت شخصیت کا اندازہ ہوتا ہے، ساتھ ہی مضمون نگار کی تخلیقی و تحقیقی خصوصیتوں سے واقفیت بھی ہوتی ہے کہ انہوں نے اس اہم ترین عنوان پر پُر مغز تحریر کو تخلیق کیا ہے۔

حیدرآباد کی تہذیب:۔

ڈاکٹر شیلا راج بذات خود قومی یکجہتی کی علمبردار تھیں، انہوں نے اپنے قلم کے ذریعہ

''شاہان آصفیہ کی ہندو مسلم روایات'' تصنیف تحریر کی ہے جس کو بہت زیادہ مقبولیت حاصل ہوئی اور جس کے دیگر زبانوں میں بھی ترجمے بھی کئے جارہے ہیں، ڈاکٹر شیلا راج ایک مستند محقق ہیں، انہوں نے اپنا تحقیقی مقالہ ''حیدرآباد کی سماجی معاشی اور تہذیبی تاریخ'' کے متعلق لکھا ہے۔

ڈاکٹر شیلا راج نے حیدرآباد کی تہذیب کے موضوع پر ایک اہم مضمون تحریر کیا جو کہ 31 / مارچ 1983ء کو روزنامہ سیاست حیدرآباد میں شائع ہوا، اس مضمون میں قومی یکجہتی کے تصور کو پیش کیا گیا جبکہ موجودہ دور میں ہر طرف فرقہ پرستی کا بیج بویا جارہا ہے اور یہ دور تہذیبوں کی کشاکش کا دور ہے، ڈاکٹر شیلا راج ریاست حیدرآباد اور آصف جاہی حکمرانوں کے قومی یکجہتی کے فروغ کے متعلق رقم طراز ہیں:

''آصف جاہی فرماں رواؤں کی حکمت عملی نے بھی حیدرآبادی تہذیب کو پھلنے پھولنے میں بڑی مدد دی ان کی مذہبی رواداری نے صلح وآشتی کے جذبہ کو تقویت دی اور مسلم غیر مسلم رعایا کے فرق کو مٹادیا بھائی چارگی کے رشتہ کو اور مضبوط بنانے کے لئے مختلف مذاہب کے مذہبی اداروں کو مالی امداد دی گئی وزیر اعظم کے عہدے پر ہندو اور مسلمان دونوں ہی فائز رہے مختلف مذاہب کے تہوار اور تقاریب میں بھی قدیم حیدرآباد ایک سنگم بنا ہوا تھا۔'' ١٣

ڈاکٹر شیلا راج نے اس مضمون میں تفصیل سے مختلف تہواروں کا تذکرہ کیا ہے اور ساتھ ہی تہواروں میں شریک آصف جاہ ششم محبوب علی خاں بہادر، آسماں جاہ بہادر، مہاراجہ کشن پرشاد و دیگر امراء کا تذکرہ کیا کہ وہ کس طرح ان تہواروں کے موقع پر حصہ لیتے تھے اور عقیدت سے ان کو منایا کرتے تھے، ڈاکٹر شیلا راج نے اپنے اس مضمون میں دکن میں اردو کو سرکاری زبان کے طور پر رائج کرنے کے بارے میں لکھا ہے:

''ابتداً ہندو اور مسلمان دونوں نے فارسی میں طبع آزمائی کی، لیکن 1884ء

کے بعد زبان اردو کو پرورش دینے کی پرزور کوششیں ہوئیں اور سرکاری زبان فارسی کی جگہ اردو کو بہ حیثیت سرکاری زبان رائج کرنے کی زوردار تحریک پیش کی گئی ،نواب میر محبوب علی خاں بہادر اور نواب عثمان علی خاں بہادر دونوں نے علم وادب کی سرپرستی کی بڑے بڑے شعراء اور ادیب اس دربار سے وابستہ رہے، دونوں کو شاعری سے خاص لگاؤ تھا،اس طرح حیدرآباد میں اردو کے فروغ میں ہندو اور مسلمان دونوں کا برابر کا ہاتھ رہااور آصف جاہی حکمرانوں نے جو اس زبان کی خدمت کی وہ ضرب المثل بن گئی۔'' [۱۴]

غرض یہ کہ ڈاکٹر شیلا راج نے اپنے اس مضمون میں حیدرآباد کی اتحاد و یکجہتی پر مشتمل تہذیب کو مفصل انداز میں بیان کیا ہے اور یہاں کی تہذیب وثقافت کی انفرادیت کو پیش کیا ہے ،حیدرآباد کی قومی یکجہتی ہر زمانے میں مثالی رہی ہے اور ڈاکٹر شیلا راج کے اس طرح کے مضامین ہر زمانے میں ملک میں قومی یکجہتی کے فروغ میں معاون ثابت ہو سکتے ہیں۔

نواب عماد الملک:

ڈاکٹر شیلا راج نے اپنا یہ مضمون جناب ادریس حسن لطیف گورنر مہاراشٹرا کی بیگم بلقیس حسن لطیف کی خواہش پر رقم کیا تھا جو 6/اکتوبر 1986ء کو روزنامہ سیاست حیدرآباد میں شائع ہوا۔

ڈاکٹر شیلا راج نے اپنے اس مضمون میں نواب عماد الملک کی شخصیت اور کارناموں کو تفصیل سے بیان کیا ہے اور ساتھ ہی ان کی علمی میدان میں کی جانے والی کوششوں کو سراہا اور ان کی خصوصی صلاحیتوں کو اپنے اس مضمون میں پیش کیا ہے۔

ڈاکٹر شیلا راج نواب عماد الملک کی خوبیوں اور ابتدائی تعلیم اعلیٰ تعلیم سے متعلق رقم طراز ہیں:

''خود دار، راست باز، اصولوں کے پکے، وفادار، خیر خواہ، سخی، کشادہ دل

،ملنسار، نیک بخت، خلیق ومہربان، روشن خیال اور محبِّ وطن سید حسین نے سادات کرام بلگرام کے ایک معزز گھرانے میں 1842ء میں اپنی آنکھیں کھولیں۔ ابتدائی تعلیم والد ماجد سید زین الدین حسین خاں ڈپٹی کلکٹر ومجسٹریٹ بہادر اور ایک فاضل مولوی کی زیر نگرانی ہوئی، اپنی قابلیت سے کلکتہ کے LAMARTINIECRE کالج جو صرف انگریز طالب علموں کے لئے مخصوص تھا، داخلہ حاصل کیا اور پرزیڈنسی کالج سے آپ نے گریجویشن امتیازی طریقہ پر تکمیل کیا۔'' ۱۵

ڈاکٹر شیلا راج نے بحیثیت محقق اپنے اس مضمون میں وقارالملک سے متعلق بہت ہی اہم اطلاعات فراہم کیں ہیں اور ساتھ ہی ان کی علمی خدمات کے متعلق اہم معلومات کو اس مضمون میں شامل کیا ہے۔

ڈاکٹر شیلا راج نے لکھا ہے کہ اودھ کے چیف کمشنر Gen. L. Barrow نے سالار جنگ سے سید حسین کا تعارف کروایا اور ان کی صلاحیتوں اور قابلیتوں کی تعریف بیان کی، سالار جنگ نے سید حسین (عمادالملک) کو حیدرآباد آنے کی دعوت دی لکھنو سے سید حسین نے حیدرآباد کا سفر طئے کیا، سید حسین (عمادالملک) کی ملازمت کی ابتداء سالار جنگ کے پرائیوٹ سکریٹری اور معتمد صیغہ متفرقات (جس میں سررشتہ تعلیم اور دوسری شاخیں تھیں) سے ہوئی۔

ڈاکٹر شیلا راج نے اپنے اس مضمون میں نواب عمادالملک کی حیدرآباد آمد اور مختلف عہدوں پر تقرر کی تفصیلات کو بیان کیا ہے اور وہ آگے بیان کرتی ہیں:

''1887ء میں مسٹر آسماں جاہ بہادر کے دور وزارت عظمیٰ میں آپ ناظم تعلیمات کے عہدے پر فائز ہوئے، اس وقت آپ کے سامنے دو اہم مسائل

تھے، ایک تو بچوں کی بنیادی تعلیم جو آصف جاہی حکومت کے قیام کے بعد سے عدم توجہ کا شکار رہی، دوسرے اعلیٰ طبقہ کے بچوں میں تعلیم سے عدم دلچسپی، اس رجحان کو روکنے کے لئے اور ان بچوں میں تعلیمی ذوق پیدا کرنے کی غرض سے ڈاکٹر راگھوناتھ چٹوپادھیائے کی زیر نگرانی مدرسہ اعزاء کی بنیاد رکھی، مسلم لڑکیوں کی تعلیم پر خاص طور پر توجہ دی، ان کے لئے ایک اسکول کھولا جو شاید ہندوستان میں اپنی نوعیت کا پہلا اسکول تھا، جہاں پردہ کا خاص انتظام تھا۔'' ۱۶

ڈاکٹر شیلا راج نے نواب عمادالملک کی تعلیمی خدمات پر مفصل انداز سے روشنی ڈالی اور ان کی شخصیت کے ذریعہ تعلیمی شعبہ میں ہونے والی انقلابی تبدیلیوں کو بیان کیا ہے۔ ڈاکٹر شیلا راج نے نواب عمادالملک کی ادبی خدمات کے متعلق لکھا ہے:

''آپ کے قلم نے یہ ثابت کردیا کہ آپ ایک نامور ادیب بھی تھے آپ کی کتابوں میں قابل ذکر (۱) Historical and Description Sketch of H.E.H. theNzam's Dominion (۲) سوانح عمری سالار جنگ اول (۳) رسالہ مخزن الفائد (۴) رسائل عمادالملک (۵) تقاریر ایڈریس اور نظمیں (۶) ترجمہ قرآن ہیں۔ 1886ء میں آپ نے دائرۃ المعارف کی بنیاد رکھی۔ اس ادارے کے قیام کا مقصد قیمتی اور نایاب عربی کتابوں کو محفوظ رکھنا اور ان کو دوبارہ طبع کروانا تھا، 1887ء میں آصفیہ لائبریری قائم کی گئی۔ 1896ء میں ولی عہد میر عثمان علی خاں کے اتالیق مقرر ہوئے۔'' ۱۷

ڈاکٹر شیلا راج نے اس مضمون میں نواب عمادالملک کی مختلف ذمہ داریوں کا تذکرہ

کیا ہے اور ساتھ ہی مختلف خطابوں سے نوازے جانے کی تفصیلات بھی فراہم کی ہیں ۔ ڈاکٹر شیلا راج اپنے مضمون کے آخر میں نواب عماد الملک کی تعلیمی خدمات پر عطا کی گئی ڈگری کے متعلق رقمطراز ہیں:

''ملک کی تعلیمی ترقی میں آپ کی خدمات کا اعتراف کرتے ہوئے عثمانیہ یونیورسٹی نے اپنے پہلے کنویکشن میں جو 1924ء میں منعقد ہوا، ڈاکٹر آف لاء کی ڈگری عطا کی ، بحیثیت مجموعی ڈاکٹر شیلا راج کا یہ مضمون بہت ہی دلچسپ اور نقص سے پاک ہے جس کے مطالعہ سے ہمیں نواب عماد الملک کی تعلیمی جدوجہد سے متعلق آگہی ملتی ہے اس مضمون کے مطالعہ سے مضمون نگار کی قابلیت کی داد دینی پڑے گی ۔''

راجہ شیوراج دھرم ونت بہادر:

یہ مضمون ڈاکٹر شیلا راج کے اہم مضامین میں سے ایک ہے جو کہ 6/ڈسمبر 1987ء کو روزنامہ سیاست حیدرآباد میں شائع ہوا، ڈاکٹر شیلا راج نے مسلم امراء کی شخصیتوں پر اپنے مضامین رقم کیے ہیں ۔ ساتھ ہی ہندو شخصیتوں پر بھی اپنا قلم چلایا ہے جو ان کی قومی یکجہتی کے سلسلہ میں کی جانے والی کوششوں میں سے ہے، ڈاکٹر شیلا راج قومی یکجہتی کی علمبردار اور گنگا جمنی تہذیب کی پرستار تھیں، انہوں نے حیدرآباد کی تعمیر میں نمایاں رول ادا کرنے والی شخصیت راجہ شیوراج دھرم ونت بہادر کی سوانح اور خدمات کو اپنے مضمون کا عنوان بنایا ہے، ڈاکٹر شیلا راج ، راجہ شیوراج دھرم ونت بہادر کے مضمون میں ان کے متعلق تفصیلات میں ان کی پیدائش ، ان کے خاندان کی تفصیلات اور ابتدائی تعلیم و ملازمت کے معلومات فراہم کیں ہیں وہ لکھتی ہیں کہ

''آپ کو حکمران بادشاہوں کی آنکھ اور کان کہا جاتا تھا۔ آپ کا شمار معدودے چند افراد میں سے تھا، جنہیں دربار میں نشست کا شرف حاصل تھا۔

امراء اور والی سمستان آپ ہی کے توسط سے بارگاہ حضور پرنور اور مدارالمہام پیش ہوا کرتے تھے۔ حسب الحکم اعلیٰ حضرت اور مدارالمہام کی خواہش پر معزز امرائے حیدرآباد کے خانگی مقدمات کے تصفیہ کے لئے آپ ثالث مقرر ہوئے، بیرون ملک سے حیدرآباد آنے والے شاہی مہمان حکومت برطانیہ کے نمائندے امراء ورؤسا اور دوسرے معزز مہمانوں کی مہمان نوازی کا انتظام کرنے کی ذمہ داری آپ کو حاصل تھی۔" ۱۸

ڈاکٹر شیلا راج نے دھرم ونت بہادر کی تعلیمی خدمات کو اپنے اس مضمون میں تفصیل سے بیان کیا ہے اور تعلیم کے متعلق ان کے نظریہ کو بھی پیش کیا ہے وہ اس طرح رقمطراز ہیں:

"تعلیمی مسائل سے آپ کو گہری دلچسپی تھی، اپنی جاگیرات اور حیدرآباد شہر میں متعدد اسکولس کے قیام کا سہرا آپ ہی کے سر ہے، حضور پرنور کی مسند نشینی کے موقع پر اپنی جاگیر میں آپ نے ایک مدرسہ قائم کیا آپ کی رہائش گاہ (جو آج بھی مال والا پیالیس کے نام سے مشہور ہے) سے کچھ فاصلہ پر ہے، آپ نے دھرم ونت ہائی اسکول قائم کیا، جہاں سنسکرت، فارسی، اردو اور انگریزی کی تعلیم دی جاتی تھی، آج بھی آپ کی قائم کردہ یادگار موجود ہے، اس کے علاوہ دھرم پرچارک پاٹھ شالہ قائم کی جس میں وید، علم نجوم وشاستر کی پڑھائی ہوتی تھی، آپ کا عقیدہ تھا کہ بنیادی تعلیم بلا معاوضہ ہونی چاہئے لہٰذا آپ کے قائم کردہ اسکولس میں طلباء سے فیس نہیں لی جاتی تھی۔" ۱۹

غرض یہ کہ ڈاکٹر شیلا راج کا یہ مضمون راجہ شیوراج دھرم ونت بہادر کی تعلیمی خدمات کی عکاسی کرتا ہے اور ساتھ ہی قومی یکجہتی کے تصور کی جھلک بھی نظر آتی ہے، انہوں نے اپنے مضمون میں ہندو مسلم اتحاد کی مثالیں بھی پیش کی ہیں اور دھرم ونت بہادر کی خوبیوں اور

خصوصیات کو آنے والی نسلوں کو نشان راہ بنانے کا مشورہ دیا ہے،ڈاکٹر شیلا راج نے اپنے اس مضمون میں راجہ شیوراج دھرم ونت بہادر کی ہندو مسلم اتحاد اور مذہبی امور کی انجام دہی کو بیان کیا ہے اور ساتھ ہی اسلامی امورِ خیر سے ان کی دلچسپی کو بیان کرتے ہوئے رقمطراز ہیں:

''دھرم ونت بہادر کو اپنی مذہبی رسومات کے علاوہ اسلامی امور خیر میں بھی گہری دلچسپی تھی ،سالانہ یازدہم شریف کی نیاز ہوا کرتی تھی ،عشرہ شریف میں آپ کی دیوڑھی میں علم وتعزیے بٹھائے جاتے تھے ،مرثیہ خواں اور عزادار کو آپ کے یہاں سے الاؤنس دیا جاتا تھا۔ [۲۰]

قصر فلک نما:

ڈاکٹر شیلا راج کو ادب کے ساتھ ساتھ تاریخ کے مضمون میں بھی دلچسپی تھی ،انہوں نے ایک طرف تو ادبی مضامین رقم کئے ۔ وہیں دوسری طرف تاریخی مضامین بھی تحریر کئے ،اپنی تصانیف میں انہوں نے ادبی وشعری مجموعوں کو مرتب کیا ہے اور ساتھ ہی تاریخی تصانیف کے ذریعہ سے ایک تاریخ داں ہونے کا احساس بھی دلایا ہے ،قصر فلک نما بھی ڈاکٹر شیلا راج کا ایک اہم تاریخی مضمون ہے ،جس میں انہوں نے خاندان پائیگاہ کی خدمات کو بیان کیا ہے اور فلک نما پیالیس کی عمارت اور فرنیچر و دیگر آرائش وزیبائش کے متعلق معلومات فراہم کی ہیں ،ڈاکٹر شیلا راج اپنے مضمون میں خاندان پائیگاہ کا ذکر کرتے ہوئے لکھتی ہیں:

''خاندان پائیگاہ اپنی طمطراق ،داد و دہش ،مہمان نوازی ،علمی سرپرستی اور خوش سلیقگی کے لئے مشہور ہے ۔ امرائے پائیگاہ میں سرآسماں جاہ اور بالخصوص سروقارالامراء جیسی باذوق اور خوش سلیقہ ہستیاں بہت کم نظر آئیں گی ۔ سرآسمان جاہ نے ایک بار نواب میر محبوب علی خاں آصف جاہ سادس کی دعوت کا اہتمام کیا۔ اس دعوت کی عجیب وغریب بات یہ تھی کہ آپ نے ایک خاص چبوترہ شہ

نشین کی طرز کا بنوایا تھا اور اس پر ایک قیمتی قالین بچھا دیا گیا تھا، بعد اختتام دعوت آپ نے عرض کیا کہ شہ نشین اشرفیوں سے بنایا گیا ہے، یہ نذر میری طرف سے آپ کے پیش خدمت ہے، اسے قبول فرمائیے۔'' ۲۱

ڈاکٹر شیلا راج نے اپنے اس مضمون میں میر محبوب علی خان آصف سادس کی چہل سالہ سالگرہ کے جشن کے متعلق تفصیلات فراہم کی ہیں اور فلک نما پیالیس کے فرنیچر اور خصوصی پلنگ سے متعلق معلومات فراہم کی ہیں، ڈاکٹر شیلا راج محل کی آراستگی اور آرائش کے متعلق رقم طراز ہیں:

''قصر فلک نما فن تعمیر اور آراستگی کا بہترین اور لاجواب نمونہ ہے جو وقار الامراء بہادر کی خوش سلیقگی اور ان کے ذوق کا آئینہ دار ہے، اس تاریخی عمارت کی تعمیر آرائش وزیبائش پر لاکھوں روپیہ صرف ہوا، اس کا طرز تعمیر اٹالین ہے۔ اس کی آرائش یوروپین ڈھنگ سے ہوئی ہے۔، اس کی آرائش وزیبائش میں استعمال ہونے والی ہر چیز وقار الامراء کی انتخاب کردہ ہے، اس عمارت کی خاص خوبی یہ ہے کہ ہر کمرے کی Ceiling اس کے فرنیچر، دیواروں اور فرش سے میل کھاتی ہوئی ہے، اس کے فرنیچر کے ہر ٹکڑے پر "VO" وقار الامراء کے نام کا Motif ہے۔'' ۲۲

ڈاکٹر شیلا راج نے اس مضمون میں ایک طرف خاندان پائیگاہ کا تذکرہ کیا اور دوسری طرف محل کی تعمیر سے متعلق لکھا اور وقار الامراء کی تعمیرات کی خوبیوں کو بیان کیا ہے لیکن محل کی تعمیر اور اغراض کو واضح نہیں کیا ہے، اس عنوان کے تحت مزید معلومات فراہم کی جاتیں تو مضمون کا مقصد پورا ہوتا ہے۔

پرانی حویلی:

ڈاکٹر شیلا راج کا یہ مضمون 8/اکتوبر 1994ء میں روزنامہ سیاست حیدرآباد میں شائع ہوا، جس میں انہوں نے پرانی حویلی کی تعمیر اوراس کی اہمیت کو بیان کیا ہے، یہ ایک تاریخی عمارت ہے، جہاں پر تین آصف جاہی فرمانرواؤں کی پیدائش ہوئی۔

ڈاکٹر شیلا راج حیدرآباد کی تہذیب اور بھائی چارگی اور قومی یکجہتی سے متعلق رقمطراز ہیں:

''شہر حیدرآباد مختلف تہذیبوں کا سنگم ہے، اس کی اپنی کشادہ سڑکیں، تاریخی عمارتیں، شاہی محلات، دلکش باغات پرکشش آب وہوا، تہذیب وشائستگی، مہمان نوازی، یگانگت اور بھائی چارگی نے حیدرآباد کو ایک عجیب وغریب شہر کا درجہ دیا ہے، یہ سینکڑوں دلچسپیاں اس شہر کی تاریخ، تمدن، معاشرت اور قدیم روایات صرف ایک تاریخ داں کے لئے ہی دلچسپی کا باعث نہیں بلکہ عام آدمی بھی ان گوناں گوں دلچسپیوں سے لطف اندوز ہوتا ہے۔'' ۲۳

اپنے اس مضمون میں ڈاکٹر شیلا راج نے ایک طرف حیدرآباد کی ملی جلی گنگا جمنی تہذیب کو بیان کیا ہے، وہیں یہ مفروضہ بھی پیش کیا ہے کہ پرانی حویلی کس نے تعمیر کی اور یہ کس کی رہائش گاہ تھی۔

ڈاکٹر شیلا راج نے پرانی حویلی سے متعلق مختلف مفروضے بیان کئے ہیں، وہ لکھتی ہیں:

''(ا) اس حویلی کے متعلق یہ کہا جاتا ہے کہ یہ رکن الدولہ کی حویلی تھی جو حضرت غفران مآب میر نظام علی خان آصف جاہ ثانی 1763-1803ء کے دیوان تھے، (۲) اس حویلی سے مشیر الملک اور سعود جاہ کا بھی تعلق رہا جو وکیل مطلق تھے، اس حویلی کو مشیر الملک نے جہاں پرور بیگم کے جہیز میں دیا تھا جو سکندر جاہ بہادر سے منسوب تھیں، (۳) ڈاکٹر زور اور نصیر الدین ہاشمی کے

بیان کے مطابق یہ قطب شاہی پیشوا حضرت میر مومن صاحب کا محل تھا جو
دولت خانہ عالی یعنی سلطان محمد قلی قطب شاہ کے شاہی محل کے ساتھ تعمیر
کیا گیا تھا۔(۴) The Chronology of Modern
Hyderabad کے مطابق یہ محل نظام علی خاں آصف جاہ ثانی کا تعمیر کردہ
ہے۔" ۲۴

ان نظریات کے مطالعہ سے ہمیں یہ معلوم ہوتا ہے کہ آصف جاہ نے یہ محل تعمیر کروایا اور یہیں پر وہ قیام پذیر رہے، ڈاکٹر شیلا راج آگے بیان کرتی ہیں کہ::

"پرانی حویلی کو اس بات کا شرف حاصل رہا ہے کہ آخری تین آصف جاہی فرمانرواؤں کی پیدائش یہیں ہوئی، یعنی افضل الدولہ کے علاوہ میر محبوب علی خاں اور میر عثمان علی خاں کی ولادت یہیں ہوئی، حضرت غفران مکان میر محبوب علی خاں آصف جاہ سادس 1911-1869ء کی یہ حویلی بہت ہی پسندیدہ رہائش گاہ تھی، پرانی حویلی باہر سے دیکھنے والے کو ایک معمولی سا مکان لگے گی لیکن اندر اس کی آرائش وزیبائش دیکھنے والے کو دنگ کر دیتی ہے۔" ۲۵

ڈاکٹر شیلا راج نے اس مضمون میں پرانی حویلی سے متعلق تمام ہی معلومات کو اکٹھا کیا ہے اور اس حویلی کی تاریخی اہمیت کو بیان کیا ہے، آصف جاہی حکمرانوں نے کس طرح اس عمارت کو استعمال میں لایا اور زیبائش تزئین وآرائش کے متعلق لکھا ہے، آخر میں اس تاریخی یادگار کو قومی اثاثہ قرار دیتے ہوئے اس کو آثار قدیمہ میں شامل کرنے اور اس عمارت کو کھنڈروں میں تبدیل ہونے سے بچانے کے لئے محکمہ آثار قدیمہ کے رول کو ضروری قرار دیا ہے۔

کنگ کوٹھی:

ڈاکٹر شیلا راج کا یہ مضمون کنگ کوٹھی پہلی بار 9/اکتوبر 1994ء میں روزنامہ

سیاست حیدرآباد میں شائع ہوا، دوسری بار یہی مضمون ڈاکٹر شیلا راج کے انتقال کے بعد یعنی 2008ء میں شائع ہوا، تاریخی اعتبار سے ڈاکٹر شیلا راج کا یہ مضمون اہمیت کا حامل ہے اور اپنے اندر بہت ساری معلومات لئے ہوئے ہے، ڈاکٹر شیلا راج نے 1966ء سے مضمون نگاری کا آغاز کیا تھا، جس کے بعد متعدد مضامین مختلف اخبارات میں شائع ہوتے رہے ہیں، اس مضمون کی خصوصیت یہ ہے کہ اس کی اہمیت کی بنیاد پر یہ دوبارہ شائع ہوا، جس سے اندازہ ہوتا ہے کہ ڈاکٹر شیلا راج نے پورے انہاک کے ساتھ اس مضمون کو رقم کیا تھا۔ ڈاکٹر شیلا راج کنگ کوٹھی کے متعلق لکھتی ہیں:

> ''قصر کنگ کوٹھی مبارک سلطنت آصفیہ کے آخری تاجدار ہز اگزائٹڈ ہائی نس حضور نظام نواب میر عثمان علی خاں بہادر آصف جاہ سابع کی قیامگاہ تھی۔ کنگ کوٹھی کو غفران مکان سید محبوب علی خاں آصف جاہ سادس نے اپنے ولی عہد سلطنت میر عثمان علی خاں اوران کی دولہن کی قیام کے لئے انتخاب کیا تھا، میر عثمان علی خاں نے اس کوٹھی میں سولہ سال کی عمر سے قیام کیا اوراپنی دور حکمرانی کا تمام حصہ اسی میں گذارا، قصر کنگ کوٹھی دراصل محمد کمال خاں کے ذوق کا نمونہ ہے۔'' ۲۶

ڈاکٹر شیلا راج اس مضمون میں محمد کمال خان کے متعلق تفصیل سے لکھا ہے جنہوں نے یہ کوٹھی تعمیر کروائی تھی اور کوٹھی کی اراضی اور رقبہ کے متعلق بھی لکھا ہے لیکن وہ اس کوٹھی کی سنہ تعمیر کو معلوم نہ کرسکیں، اس لئے انہوں نے یہاں سنہ تعمیر درج نہیں کیا، انہوں نے مزید لکھا ہے کہ اس محل کے متعلق مصنفین کے خیالات الگ الگ ہیں، ڈاکٹر شیلا راج آگے بیان کرتی ہیں:

> ''میر عثمان علی خاں کے دور حکمرانی میں بعدازاں کنگ کوٹھی کے احاطہ میں

کئی اور عمارتیں تعمیر کی گئیں جیسے نذری باغ اور عثمان مینشن ، کنگ کوٹھی کے احاطہ کی دیواریں بلند کر دی گئیں۔'' ۲۷

ڈاکٹر شیلا راج نے کوٹھی کے اندر تعمیرات کا تذکرہ اپنے اس مضمون میں کیا ہے ساتھ ہی انہوں نے جودی مسجد کے متعلق لکھا ہے، موٹر خانے کی عمارت اور موٹر گاڑیوں کی تفصیلات بھی انہوں نے فراہم کی ہیں، جس سے اندازہ ہوتا ہے کہ ڈاکٹر شیلا راج نے اس مضمون کو رقم کرنے کے لئے کافی محنت صرف کی، وہ لکھتی ہیں:

''اس کوٹھی کو اس بات کا شرف اور فخر حاصل رہا ہے کہ یہ دنیا کے متمول رئیس شخص اور ان کے افراد خاندان کی رہائش گاہ تھی، آپ کو ہیروں کو پرکھنے میں مہارت حاصل تھی اس کوٹھی میں ایک Strong Room موجود تھا، جہاں جواہرات رکھے جاتے تھے، کنگ کوٹھی کی اہمیت اس لئے بھی ہے کہ یہاں کئی اہم مسائل بھی حل کئے گئے کیونکہ آپ کا دور حکمرانی یہیں گذرا۔ ۲۸

بہر حال ڈاکٹر شیلا راج نے اس مضمون میں اپنے کمال فن کا جلوہ دکھایا ہے۔ انہوں نے تحقیقی انداز کو اختیار کرتے ہوئے اس مضمون کو رقم کیا ہے، ڈاکٹر شیلا راج کے مضامین میں اس مضمون کو خاص اہمیت حاصل ہے۔

سابق حیدرآباد ہندو مسلم روایات کا امین:

ڈاکٹر شیلا راج دکنی تہذیب کی نمائندہ تھیں، انہوں نے اپنی تصنیف و تالیف کے ذریعہ بیش بہا کتابوں کو رقم کیا ہے، ان کی ایک شہرہ آفاق تصنیف ''شاہانِ آصفیہ کی رواداری اور ہندو مسلم روایات'' کو غیر معمولی اہمیت حاصل ہے، اگر وہ کچھ بھی نہ لکھتیں اور صرف شاہانِ آصفیہ کی رواداری اور ہندو مسلم روایات لکھتیں تو اس ایک تصنیف کی بنیاد پر ہی وہ ادب کے میدان میں پہچانی جاتیں اور شہرت کی منزلیں طئے کرتیں کیونکہ موجودہ دور میں فرقہ پرستی

فسطائیت کو فروغ حاصل ہو رہا ہے، ایسے میں قومی یکجہتی کے تصور کو فروغ دینا وقت کی اہم ضرورت ہے، ڈاکٹر شیلا راج بھی اپنے قلم کے ذریعہ مسلم حکمرانوں کی روایات کو منظر عام پر لائی ہیں، ڈاکٹر شیلا راج کا یہ مضمون ''سابق حیدرآباد ہندو مسلم روایات کا امین'' بھی دراصل قومی یکجہتی اور اتحاد و اتفاق کے مقصد سے رقم کیا گیا ہے، یہ مضمون روزنامہ منصف میں قسط وار شائع ہوا، پہلی قسط 19 رنومبر 1998ء، دوسری قسط 26 رنومبر 1998ء، تیسری قسط 3 رڈسمبر 1998ء میں شائع ہوئے، ڈاکٹر شیلا راج قومی یکجہتی کے تصور کے متعلق رقم طراز ہیں:

''شہر حیدرآباد کو تہذیب اور قومی یکجہتی کے اعتبار سے ہندوستان کی تمدنی تاریخ میں ممتاز اور نمایاں جگہ حاصل رہی ہے، یہ زرخیز و شاداب خطہ زمانہ قدیم سے ہی مختلف قوموں کی آماجگاہ بنا رہا، یہ منفرد تہذیب تھی جو ہم آہنگی ،فکری اتحاد، ایثار و رواداری کے باعث پروان چڑھی تھی، اس تہذیب کی تشکیل میں معاشرے کے ساتھ ساتھ ریاست حیدرآباد نے بھی اہم کردار نبھایا تھا کیونکہ جہاں مختلف مذاہب زبان رنگ و نسل کے لوگ رہا کرتے تھے انہیں ایک مضبوط رشتہ اتحاد میں باندھنے کا کام صرف ریاست اور اس کے سربراہ ہی کر سکتے تھے، انہوں نے بلا تخصیص مذہب و ملت حکومت کی اور ہندو مسلمان کے فرق کو مٹا دیا۔ ۲۹

ڈاکٹر شیلا راج نے اس اہم موضوع کو اختیار کرتے ہوئے نہ صرف آصف جاہی حکمرانوں کی ہندو مسلم روایات کو بیان کیا ہے بلکہ حیدرآبادی تہذیب و تمدن گنگا جمنی تہذیب کے نقوش کو بھی نمایاں طور پر پیش کیا ہے، وہ آگے بیان کرتی ہیں:

''جغرافیائی ،سیاسی، معاشی عناصر کے علاوہ حیدرآباد کی تہذیب کی تشکیل اور اس کی بقاء اور ارتقاء میں یہاں کی مشترکہ تاریخ کا بڑا حصہ رہا، ہندو

مسلمانوں کے باہمی اتحاد، اعتماد، میل جول، بھائی چارگی، مذہبی رواداری، ایک دوسرے سے پیار ومحبت، ایثار واخلاص کا نتیجہ ہے کہ حیدرآبادی تہذیب میں، زبان، ادب، رہن سہن، عادات واطوار، طرز تعمیر، رسوم ورواج اور آداب واخلاق میں یکسانیت نظر آتی ہے جو ہندوستان کے کسی اور حصہ میں نہیں پائی جاتی ہے، منصب دار، صوفیائے کرام اور شعراء وادیبوں کا بھی حیدرآبادی تہذیب پر بہت گہرا اور دیرپا اثر رہا۔'' ۳۰

ڈاکٹر شیلا راج نے اس مضمون میں حیدرآبادی تہذیب میں لوگوں کے لباس کا استعمال، غذا کا استعمال، خواتین کے زیورات پر مفصل انداز سے معلومات فراہم کی ہیں۔ مضمون کے مطالعہ سے اندازہ ہوتا ہے کہ یہ ایک تاریخی مضمون ہی نہیں بلکہ کسی تہذیب پر کی گئی تحقیق کا آئینہ دار ہے، ڈاکٹر شیلا راج کے اس مضمون کی جتنی تعریف کی جائے کم ہے۔ ڈاکٹر شیلا راج حیدرآبادی تہذیب کے رسم ورواج کے متعلق لکھتی ہیں:

''سابق حیدرآباد کے ہندو اور مسلمانوں میں شادی بیاہ کے رسم و رواج جیسے منگنی، گھوڑا جوڑا، رتجگہ، منجہ، مہندی، چوتھی، شب گشت وبازگشت وغیرہ ملتے جلتے تھے، اگرچہ کہ یہ رسم و رواج ہندو ہیں لیکن آپسی میل جول اور بھائی چارگی کی باعث جب ایک تہذیب دوسرے پر اثر انداز ہوتی ہے تو مسلمانوں نے ان رسومات کو اپنا لیا۔'' ۳۱

ڈاکٹر شیلا راج آگے لکھتی ہیں:

''حیدرآبادی سلام کی خاص نوعیت ہے، اس وجہ سے بہت مشہور ہے یہاں شاہی آداب کا بہت لحاظ رکھا جاتا تھا اور ان پر پابندی سے عمل ہوتا تھا، شاہی دربار میں بادشاہ کے روبرو خمیدہ ہوکر ہاتھ کو نیچے اور اوپر لے جاکر سات، نو یا

گیارہ مرتبہ سلام کیا جاتا تھا، امراء و جاگیر دار خواص و عوام اور خواتین سب پر لازم تھا کہ اپنے سے عمر اور مرتبہ میں بڑوں کا احترام کریں۔'' ۳۲

ڈاکٹر شیلا راج نے اس اہم ترین موضوع پر حیدرآباد کی ساری تہذیب کو ہمارے سامنے آئینہ کی طرح عیاں کردیا، انہوں نے ہندو مسلمانوں کے تہوار اور رسم و رواج کے طور طریقوں کو بالکل سہل انداز میں پیش کیا ہے۔

وہ اپنے مضمون میں حیدرآباد کے محرم کی تقاریب کا ذکر کرتے ہوئے رقم طراز ہیں:

''تاریخ گواہ ہے، تمدنوں کے سنگم میں اس شہر کے آباد ہونے کے بعد سے یہاں کے امراء اور جاگیردار ہی نہیں بلکہ بلاتخصیص ہر طبقہ کے ہندو محرم کی تقاریب میں بڑی سرگرمی سے حصہ لیا کرتے تھے، محرم کا چاند نظر آتے ہی اپنے مسلمان بھائیوں کی طرح اپنی دیوڑھیوں میں علم اور تعزیئے ایستادہ کرتے تھے، مہاراجہ کشن پرشاد، راجہ راؤ رانبھا، راجہ شیوراج، راجہ رائے رایاں، بنسی راجہ اور دوسرے جاگیردار محرم کی تقاریب میں بہت بڑھ چڑھ کر حصہ لیتے تھے۔'' ۳۳

ڈاکٹر شیلا راج نے اس مضمون میں ایک طرف حیدرآبادی تہذیب اور کلچر کو پیش کرنے کی کوشش کی ہے، دوسری طرف انہوں نے حیدرآباد کی مشترکہ تہذیب کے متعلق مفصل انداز میں روشنی ڈالی ہے، ڈاکٹر شیلا راج نے اس مضمون میں زبان اور شعر وادب کے متعلق لکھا ہے:

''1884ء میں اردو کو سرکاری زبان کی حیثیت دی گئی، قطب شاہی دور سے ہندو اور مسلمانوں نے اردو زبان کے فروغ میں حصہ لیا، آصف جاہی دور میں آصف جاہی فرمانرواؤں نے علم وادب کی بے حد سرپرستی کی اور علم وادب

کی شمع کو کبھی بجھنے نہیں دیا، میر محبوب علی خاں اور میر عثمان علی خاں شاعر تھے، لہٰذا انہوں نے شاعری کی سرپرستی کی، دہلی، لکھنو رام پور کے بعد حیدرآباد علمی سرگرمیوں کا بڑا مرکز بن گیا تھا، داغؔ دہلوی، امیرؔ مینائی، جلیلؔ جیسے شاعر میر محبوب علی خاں اور میر عثمان علی خاں کے درباری شاعر تھے جنہوں نے اردو شاعری کی بہت خدمت کی۔" ۳۴

ڈاکٹر شیلا راج کا یہ مضمون ان کا ایک عظیم شاہکار ہے، اس مضمون نے ڈاکٹر شیلا راج کو ایک پہچان عطا کی اور ان کی قومی یکجہتی کے لئے کی جانے والی کوششوں میں یہ مضمون خاصی اہمیت کا حامل ہے، انہوں نے اس مضمون میں نہ صرف حیدرآبادی تہذیب سے متعلق لکھا ہے بلکہ آصف جاہی حکمرانوں کی مذہبی رواداری، اتحاد و بھائی چارگی اور قومی یکجہتی کے لئے کی جانے والی کوششوں کو بیان کیا ہے۔

ڈاکٹر شیلا راج کے انگریزی مضامین ایک جائزہ ڈاکٹر شیلا راج نے انگریزی میں کئی تحقیقی مضامین لکھے، جن کے موضوعات سماجی اور تاریخی نوعیت کے ہیں، انہوں نے یہ مضامین مختلف سمیناروں میں پیش کیے، اور یہ مضامین قومی و بین الاقوامی تحقیقی رسائل کی زینت بنے، ڈاکٹر شیلا راج بنیادی طور پر تاریخ کی طالبہ تھیں۔ اور انہوں نے نظام دور حکومت کی تاریخ کو اپنی تحقیق کا موضوع بنایا، ذیل میں ان کے چند منتخب مضامین کا تنقیدی جائزہ پیش کیا جا رہا ہے۔

آصف سابع میر عثمان علی خان کے دور میں سیکولرازم:

ڈاکٹر شیلا راج نے اس تحقیقی مضمون میں عمومی طور پر آصف جاہی سلاطین کی مذہبی رواداری کو پیش کیا، اور خاص طور سے آصف سابع کے دور میں روا رکھی جانے والی مذہبی رواداری کو پیش کیا، انہوں نے اپنے مضمون میں لکھا کہ آصف جاہی سلاطین نے مذہبی رواداری کو برتا، ان کا احساس تھا کہ تہذیب کی بقاء اسی وقت ممکن ہے جب کہ ہندوؤں اور مسلمانوں کے ما بین اختلافات کو دور کیا جائے، مہذب سماج میں شدت پسندی اور بنیاد پرستی کے لئے کوئی جگہ نہیں ہے، اور آصف جاہی سلاطین نے ایسے منصوبے بنائے جن سے مذہبی رواداری کے برقرار رکھنے میں مدد ملی، ڈاکٹر شیلا راج آصف جاہی سلاطین کی مذہبی رواداری کا عمومی ذکر کرنے کے بعد آصف سابع میر عثمان علی خان کی مذہبی رواداری کے بارے میں یوں رقم طراز ہیں:

ترجمہ: ''میر عثمان علی خان اپنے مذہب کے پکے پیرو کار تھے، لیکن انہوں نے اپنے عوام کے مختلف طبقات میں کبھی فرق نہیں کیا، کیونکہ آصف جاہی گھرانے کی روایت اس بات کی اجازت نہیں دیتی تھی، مذہبی رواداری کی برقراری میں آصف جاہی سلاطین نے مغل حکمران اکبر کی مذہبی رواداری کو اختیار کیا، ان کے دور حکومت میں ہندوؤں نے اس حد تک ترقی کی کہ وہ وزیر اعظم کے عہدے تک جا پہونچے، انیسویں صدی کے اوائل میں راجا چندو لال اور بعد میں مہاراجا کشن پرشاد بیسویں صدی میں ایک دہائی تک مملکت آصفیہ کے وزیر اعظم رہے، سابقہ ریاست حیدرآباد میں کئی ہندو جاگیر دار، منصب دار اور سمستھانوں کے راجا تھے، آصف سابع نے ان کے خاندانی

امور میں دلچسپی لی، آصف سابع کی جانب سے ریاست کی مساجد کے ساتھ ساتھ منادر اور دیگر مذہبی عبادت گاہوں کے انتظامات کے لئے مالی امداد دی جاتی تھی، گولی پورہ مندر، اومکار مندر، بالا جی مندر اور دیگر منادر کو امداد دی جاتی تھی، پجاریوں کو ماہانہ 50 روپے وظیفہ جاتا تھا، ہندوؤں کے مذہبی جذبات کی قدر کرتے ہوئے آصف سابع نے اپنے محل میں گاؤ ذبیحہ کو روک دیا تھا، انہوں نے شیعہ فرقے کے لئے بھی کئی فلاحی کام انجام دئے، امام باڑوں کے لئے رقومات کا انتظام کیا۔ سکھوں کے لئے گردوارے بنائے، ناندیڑ میں گردوارہ بنایا گیا، اور اس کے انتظامات کے لئے جاگیر مقرر کی گئی، آخر میں اس بات کا تذکرہ کرتی ہوں کہ میرے دادا خسر راجا گردھاری پرشاد محبوب نواز ونت عرف بنسی راجا نے نظام ششم کے دور میں کئی عہدوں پر خدمات انجام دیں۔'' ۳۵

ڈاکٹر شیلا راج نے اس مضمون میں مختلف حوالوں کے ذریعے اس بات کی وضاحت کی کہ دور آصفیہ میں مذہبی رواداری اور فرقہ وارانہ ہم آہنگی پائی جاتی تھی، اور یہ آصف سابع کے عہد میں کچھ زیادہ ہی تھی، ڈاکٹر شیلا راج نے دور آصفی کے فرامین' اور دیگر قلمی دستاویزات اور اس موضوع سے متعلق مواد کو استعمال کرتے ہوئے اپنا مضمون ترتیب دیا، ڈاکٹر شیلا راج کے اس مضمون کو ہندوستان میں قومی یکجہتی کے فروغ میں استعمال کیا جاسکتا ہے۔

انیسویں صدی کے دوسرے نصف میں حیدرآباد میں تعلیمی ترقی:

ڈاکٹر شیلا راج کا انگریزی میں تحریر کردہ ایک اور مضمون حیدرآباد سے متعلق ہے، اور انہوں نے اس مضمون میں دور آصفی میں حیدرآباد میں ہونے والی تعلیمی ترقی کو اپنا موضوع بنایا، مضمون کے آغاز میں ڈاکٹر شیلا راج نے لکھا کہ انیسویں صدی کے پہلے نصف تک بھی حیدرآباد میں تعلیم کے فروغ کا رجحان نہیں تھا، اور لوگوں میں یہ احساس پایا جاتا تھا کہ لوگ بغیر تعلیم حاصل کرے صرف ہنر سیکھ کر بھی بہتر زندگی گذار سکتے ہیں، تاہم دوسرے نصف میں سر سالار جنگ اول کے دور میں تعلیم کے فروغ کی طرف توجہ دی گئی، اور دارالعلوم کے نام سے علوم مشرقیہ کی تعلیم کا آغاز کیا گیا، جس میں 130 طلباء شریک ہوئے، عربی اور فارسی میڈیم میں تعلیم کا نظم تھا اور اردو، تلگو، انگریزی اور مراٹھی تعلیم کا بھی نظم تھا، یہ تعلیمی ادارہ 1854ء میں شروع کیا گیا، ڈاکٹر شیلا راج نے لکھا کہ بعد میں عیسائی مشنریز نے حیدرآباد میں تعلیم کے فروغ کے لئے کام کرنا شروع کیا۔ ڈاکٹر شیلا راج نے اس مضمون میں مختلف حوالوں کی مدد سے حیدرآباد میں انیسویں صدی کے اواخر میں تعلیم کے فروغ کی تفصیلات پیش کیں، چنانچہ وہ لکھتی ہیں:

> ترجمہ: ''1871-80 کی دہائی میں حیدرآباد میں دو خانگی مدارس مدرسہ عالیہ اور مدرسہ اعزا اعلی درجے کی جماعتوں کی تعلیم کے لئے شروع کئے گئے، ان مدارس میں طبقہ بالا کے بچے پڑھتے تھے۔ بعد میں حیدرآباد میں اسلامی علوم کے فروغ کی جانب توجہ کی گئی اور فضیلت جنگ بہادر کی ایما پر 1876ء میں دینی علوم کی عظیم درس گاہ جامعہ نظامیہ کا قیام عمل میں لایا گیا۔

جس میں جامعہ ازہر کے طور پر تعلیم دی جانے لگی، اسی طرح 1882ء میں مدرسہ دینیہ قائم کیا گیا، ڈاکٹر رگھوناتھ چٹوپادھیائے نے 1877ء میں چادر گھاٹ ہائی اسکول اور سٹی انگلش ہائی اسکول قائم کیا، 1895ء میں دارالاقامہ کے ساتھ آصفیہ ہائی اسکول قائم کیا گیا، نظام پنجم افضل الدولہ بہادر کے دور تک حیدرآباد میں لڑکیوں کی تعلیم کا کوئی نظم نہیں تھا، اس کی تین وجوہات تھیں، اول مسلمانوں کی اپنی لڑکیوں کی باہری تعلیم سے دوری، ہندوؤں میں لڑکیوں کی جلد شادی اور لڑکیوں کی تعلیم کے لئے تربیت یافتہ خاتون اساتذہ کی عدم دستیابی۔ تاہم نظام ششم کے سنہرے دور تعلیم میں لڑکیوں کے لئے زنانہ مدرسے کا قیام عمل میں آیا، کرسچین مشنریز نے خانگی طور پر سینٹ جارج گرامر اسکول اور ویلزلی اسکول قائم کیا، بعد میں حیدرآباد میں طبی تعلیم کے مدارس بھی قائم ہوئے" ۳۶

ڈاکٹر شیلا راج نے اپنے اس مضمون میں بھی دیگر مضامین کی طرح تاریخی حوالوں کے ذریعے موضوع سے متعلق اہم معلومات فراہم کی ہیں، اور حیدرآباد میں تعلیمی اداروں کے قیام اور تعلیم کی ترقی کی تفصیلات پیش کیں، ان کے اس مضمون سے اس بات پر روشنی پڑتی ہے کہ ہندوستان میں جہاں تعلیمی ترقی صفر کے برابر تھی، آصفی حکمرانوں نے مغرب کی اچھی روش کو اختیار کیا، اور لڑکوں کے علاوہ لڑکیوں کی تعلیم پر بھی خصوصی توجہ دی اور اردو کے ساتھ انگریزی تعلیم پر بھی توجہ دی۔

حیدر آباد۔1908ء کا سیلاب اور ما بعد حالات:

ڈاکٹر شیلا راج کا ایک اور تاریخی اور تحقیقی مضمون رود موسیٰ کی طغیانی سے متعلق ہے، جب کہ حیدر آباد میں موسیٰ ندی میں بھیانک طغیانی آئی تھی اور سیلاب کی وجہہ سے کئی لوگ مارے گئے تھے، اور لاکھوں گھر برباد ہوگئے تھے۔ ڈاکٹر شیلا راج لکھتی ہیں کہ حیدر آباد میں آفات سماوی سے تحفظ کے لئے احتیاطی اقدامات کئے گئے تھے، لیکن 28 سپٹمبر 1908ء کو موسیٰ ندی میں آئی طغیانی کا قہر اس قدر زیادہ تھا کہ انسانی کوششیں سب رائیگاں گئیں اور بہت سا جانی و مالی نقصان ہوا، ڈاکٹر شیلا راج طغیانی کی تفصیلات بیان کرتے ہوئے لکھتی ہیں:

ترجمہ: صرف ایک دن میں 17 انچ بارش ریکارڈ کی گئی، افضل گنج میں پانی کی سطح 11 فٹ بلند تھی۔ اور دیگر چند مقامات پر اس سے بھی زیادہ بلند تھی، پانی موسیٰ ندی کے دونوں کناروں سے اوپر بہنے لگا اور دونوں جانب شہر میں داخل ہوگیا۔ اور آدھے میل تک پہونچ گیا، مختلف محلوں میں پانی کی وجہہ سے مکانات گرنے لگے، جو محلے شدید متاثر ہوئے ان میں حسینی کنٹہ، صاحب گنج، محبوب شاہی، چار محل، گھانسی بازار، بابری الاوہ، انجیر باغ، دارالشفا، مستعید پورہ، کاروان، دھول پیٹ، خودی بازار، دال منڈی، ہمنت پور، ناصر جنگ چھلہ، کولسی واڑی وغیرہ شامل تھے، بہت سے علاقوں میں کاروباری اداروں کو نقصان پہونچا اور بہت سے مال اور اجناس خراب ہوئے، تین تا چار گھنٹے کے دوران ہی بہت بڑی تباہی مچ گئی، حکومت نے اس آفت سے نمٹنے کے لئے 10 دن کی چھٹی کا اعلان کیا، ایک سروے رپورٹ میں کہا گیا کہ طغیانی سے تین تا پانچ ہزار شہری ہلاک ہوئے، لاکھوں بے گھر ہوئے، اس وقت کے نظام میر محبوب علی خان اس قومی سانحے سے بے حد غمگین ہوئے، طغیانی کے تھمنے کے

فوری بعد راحت اور بچاؤ کی مہم تیز کر دی گئی۔ کشتیوں کی مدد سے زندہ بچ جانے والوں کو تلاش کیا گیا، عزیز مرزا اور لفٹننٹ وی بیلی کے زیر نگرانی تلاشی مہم میں شامل لوگوں نے کئی لوگوں کی جان بچائی۔ عوام کے عارضی ٹھکانے کے لئے شاہی محلات اور مکانات کے دروازے کھول دئے گئے۔ دس عوامی مطبخ قائم کئے گئے۔ جہاں دو ہفتے تک ذائد از پانچ لاکھ لوگوں کو مفت کھانا فراہم کیا گیا، مہاراجہ کشن پرشاد شاد وزیر اعظم نے ریلیف فنڈ میں بیس ہزار روپئے دئے، انہوں نے باز آباد کاری کے کاموں کی نگرانی کی، عوام کے لئے عارضی جھونپڑیاں تیار کی گئیں، حکومت کی جانب سے جاری ایک فرمان کے ذریعے ہندوستان بھر سے مالی امداد طلب کی گئی اور دو لاکھ روپئے کے چندے وصول کئے گئے، حکومت ہند نے بھی باز آباد کاری کے لئے رقمی امداد دی، جس سے متاثرین کی مدد کی گئی۔ ۳۷

ڈاکٹر شیلا راج نے اپنے اس مضمون میں بھی تاریخی حوالوں اور واقعات کی پیشکشی کے ساتھ موضوع سے متعلق مواد پیش کیا ہے، ان کے مضامین تحقیق کے اصولوں پر پورے اترتے ہیں، اعداد شمار اور درکار معلومات کے ساتھ وہ اپنے مضامین کو دلچسپ اور معلوماتی بناتی ہیں، اس طرح انگریزی زبان میں لکھے گئے ان کے مضامین نظام دور حکومت کے اہم تاریخی واقعات اور تہذیبی وسماجی زندگی کی عکاسی کرتے ہیں، ان مضامین کی زبان سادہ اور رواں ہے اور ان میں واقعات کی چاشنی پائی جاتی ہے، حیدرآباد کی تہذیبی وسماجی تاریخ کے حوالے سے یہ مضامین اہمیت کے حامل ہیں۔

(نو دریافت شدہ غیر مطبوعہ مضمون) حیدر آباد کا پائیگاہ خاندان

(قسط اول)

حیدر آباد کی تاریخ میں خاندان پائیگاہ کی بڑی اہمیت ہے، مملکت دکن کے پانچ بڑے علاقہ صرف خاص، دیوانی، پیشکاری اور سمستان کے علاوہ ایک علاقہ ایسا تھا جو پائیگاہ کہلاتا تھا، اس علاقہ کا تعلق امرائے پائیگاہ سے تھا درجہ کے اعتبار سے اس کا نمبر آصف جاہی بادشاہوں کے بعد آتا تھا، امرائے پائیگاہ کو شاہی خاندان سے ازدواجی تعلقات قائم کرنے کا اعزاز حاصل تھا۔ امرائے پائیگاہ اپنی وفاداری اور بے لوث خدمت کے لئے مشہور تھے۔ ہمدردی وسخاوت میں وہ اپنی مثال آپ تھے، انہوں نے صنعت وحرفت اور فنون لطیفہ کے مختلف شعبوں کی سرپرستی کی۔

لفظ ''پائیگاہ'' کے معنی ہیں ''طمطراق اور ذی مرتبت'۔ پائیگاہی امراؤں کی شان وشوکت، عیش وعشرت اور اعلیٰ مرتبت اس کی ترجمانی کرتی رہی، دراصل پائیگاہی خطابات عطا کرنا شاہانِ مغلیہ کا روایتی طریقہ تھا، بادشاہِ وقت کی جانب سے امراء کو نہ صرف اپنے خاندان کی پرورش بلکہ ساتھ ہی ساتھ ایک فوج کی تیاری اور نگہداشت کے لئے جاگیرات عطا کی جاتی تھیں، یہ جاگیر ایک سند کے ذریعہ عطا کی جاتی جس پر بادشاہ وقت کی مہر اور دستخط ثبت ہوا کرتی تھی۔

حیدر آباد میں ان عطیات کی ابتداء نواب نظام علی خان بہادر نظام دوم کے زمانے میں ہوئی، ابوالفتح خان تیغ جنگ کی کارگذاری اوران کی فوجی خدمت کے عوض انہیں ایک بڑی فوج کی کمان اوران کی نگہداشت کے لئے جاگیر عطا کی گئی، اس خاندان کے مورث اعلیٰ حضرت بابا شیخ فرید شکر گنج رحمہ اللہ علیہ تھے، یہ خاندان شاہانِ مغلیہ کے زمانے میں اودھ کے ایک مقام پر ہیر

پور میں آکر آباد ہوا، جہاں سے وہ آگرہ کے قریب شکوہ آباد نامی ایک مقام پر منتقل ہوا۔ اورنگ زیب عالمگیر کے زمانے میں اس خاندان کے ایک رکن دیوان شیخ محمد بہاؤالدین تعلقہ شکوہ آباد کی صدارت کے عہدہ پر ممتاز وسرفراز تھے، ان کے صاحبزادہ جن کا نام محمد ابوالخیر خان تھا مالوہ میں واقع ایک مقام منڈو میں سکونت پذیر تھے اور دربار دہلی سے منصب پاتے تھے، نظام الملک آصف جاہ اول کی خوشنودی نے انہیں ان کی رفاقت میں جگہ دی، آپ کے قیمتی مشوروں نے نظام الملک کو اور زیادہ گرویدہ بنادیا اوران کے دل میں ان کی جگہ اور زیادہ ہوتی گئی، یہاں تک کہ نظام الملک کی سفارش سے شیخ محمد ابوالخیر خاں کو دربار دہلی سے خطاب خانی وبہادری، دوہزار سوار اور پانچ ہزار پیادوں کی سپہ سالاری مرحمت ہوئی۔

ابوالخیر خاں نظام الملک آصف جاہ اول کے ہمراہ دکن تشریف لائے، جہاں انہیں مالوہ کا نائب صوبہ دار مقرر کیا گیا، کچھ دن بعد چار ہزار سوار اور دو ہزار پیادوں کی کمان ان کے سپرد کرنے کے علاوہ نوبت ونقارہ سے سرفرازی بخشی گئی، 1743ء میں نظام الملک بہادر نے آپ کو باپونائیک ایک مرہٹہ سردار کے مقابلہ میں روانہ کیا، اس موقع پر انہوں نے باکمال شجاعت و مردانگی سے مقابلہ کرتے ہوئے باپونائیک کو شکست دی، اس کامیابی کے بعد انہیں فوجدار خاندیس مقرر کیا گیا۔ بعہد نواب ناصر جنگ شہید آپ کو شمشیر بہادر کا خطاب عطا ہو۔ نواب صلابت جنگ کے عہد میں آپ کو پالکی و ماہی مراتب سے سرفرازی بخشی گئی، سرفرازی ماہی مراتب ایک ایسا نایاب مرتبہ تھا جو بادشاہ کی طرف سے امرائے عظام کو عطا کیا جاتا تھا، یہ سرفرازی صرف پائیگاہی امراء کے حصہ میں آئی۔ اس کے علاوہ خطاب امام جنگ اور دیگر اعزاز مع سپہ سالاری پانچ ہزار پیدل اور چار ہزار سوار سے سرفراز ہوئے۔

اس طرح خاندان پائیگاہ کی بنیاد رکھنے والے اس معزز بزرگ نے ایک شاندار اور کامیاب زندگی گذارنے کے بعد 1752ء میں اس دار جہاں فانی سے رحلت کی، آپ کے دو

صاحبزادے تھے۔محمد بہاؤ الدین خاں جواپنے والد کی حیات ہی میں کسی جنگ میں زخمی ہوکر انتقال فرما چکے تھے،دوسرے محمد ابوالفتح خاں بہادر جواپنے باپ کے جانشین مقرر ہوئے۔

ابوالفتح خاں تیغ جنگ بہادر کو بالحاظ وفاداری تیغ جنگ کے موروثی خطاب سے سرفراز کیا گیا تھا،نظام علی خاں بہادر کے دربار میں بہت جلدانہوں نے رسوخ حاصل کرلیا،جس کی وجہ سے ان پر ہمیشہ الطاف شاہانہ مبذول ہوتے رہے،نظام علی خاں کی مہربانی وعنایت سے نہ صرف ان کی منصب میں اضافہ ہوا بلکہ پانچ ہزار سوار اور تین ہزار سواروں کی کمان بھی ان کے سپرد ہوئی،اسکے علاوہ نشان،علم،پالکی جھاسردار،نالکی،نوبت ونقارہ،روشن چوکی اور شمس الدولہ اور شمس الامراء کے خطابات سے ممتاز ہوئے،آگے چل کر یہ خطابات خاندانی خطاب ہوگئے،نظام علی خاں نے ان کو منصب وزارت سرفراز کرنے کی خواہش ظاہر کی لیکن ہمیشہ آپ نے اس کے قبول کرنے سے انکار فرمایا اور فوجی خدمات کو ترجیح دی،اس صلہ میں انہیں پائیگاہ کے دس ہزار اور باقاعدہ کے چار ہزار فوج کی کمان عطا ہوئی،اس کی نگہداشت اور اخراجات کے طور پر تیس لاکھ روپیہ سالانہ کی جاگیر آپ کو عطا ہوئی،جو جاگیرات پائیگاہ کے نام سے موسوم تھیں پائیگاہ فوج کی بنیاد دراصل تیغ جنگ کے زمانے میں ہی ہوئی،بعد میں یہی پائیگاہ جاگیرات نواب فخرالدین خاں شمس الامراء دوم کی درخواست پر ایک سند کے ذریعہ دائمی جاگیرات قرار دی گئیں جو نہ صرف شمس الامراء دوم کو بلکہ ان کے جانشینوں کو ادائیگی چوتھ اور کسی قسم کی جوابدہی سے مستثنٰی کرتی تھیں۔

1786ء میں تیغ جنگ نے بمقام پانگل انتقال کیا،ان کے بعد ان کے اکلوتے صاحبزادے محمد فخرالدین خاں ان کے جانشین ہوئے،جواپنے والد کے انتقال کے وقت صغیرسن تھے،والد ماجد کی حیات ہی میں تمام موروثی خطابات جنگ،دولہ اور بہادر سے سرفراز ہوچکے تھے ،اس کے علاوہ بہاؤ الدین خاں،امام جنگ،خورشید الدولہ،خورشید الملک کے خطابات اور جاگیرات سے نوازے گئے،ان کے علاوہ نواب نظام علی خاں بہادر سے انہیں شمس الدولہ،

شمس الملک ، شمس الامراء، ابوالخیر خاں بہادر کے خطاب مرحمت ہوئے ،ساتھ ہی دس ہزاری منصب ، دس ہزار سوار ، ماہی و مراتب ،علم نقارہ، پالکی جھاسردار، عمارت دوہری جھاسردار، مورچھل، جواہرات مع تمامی محلات جس کا کل محاصل چالیس لاکھ تھا سرفراز ہوئے۔

1797ء میں ان پر خاص نوازشات وعنایات شاہی مبذول ہوئیں انہیں ایک نایاب اعزاز بخشا گیا،جس کی بدولت آپ خاندان شاہی سے وابستہ ہوگئے یعنی نواب نظام علی خاں بہادر نے اپنی صاحبزادی بشیر النساء بیگم کی شادی آپ سے کردی،اس طرح خاندان آصفیہ کے ساتھ پائیگاہ خاندان کا یہ پہلا رشتہ تھا۔

نواب نظام علی خاں بہادر کے علاوہ ان کے جانشین نواب سکندر جاہ بہادر اور نواب افضل الدولہ بہادر نے ہمیشہ ان پر نظر عنایت رکھی ، ان دونوں کرم فرماؤں نے ان تمام عنایات اور نوازشات کو نہ صرف بحال رکھا جو نواب نظام علی خاں کی عنایت کردی تھی بلکہ ان میں اضافہ کیا گیا،فخر الدین خاں بعد نواب ناصر الدولہ بہادر امیر کبیر کے خطاب سے سرفراز ہوئے۔

فخر الدین خان امیر کبیر بہادر نہایت ذکی الطبع علم دوست تھے جن کو علوم حکمت اور ریاضی سے بڑی دلچسپی تھی ،صبر ثقیل اور فن تعمیر میں بھی کمال رکھتے تھے،انہوں نے علوم وفنون کی سرپرستی کی ،تصنیف و تالیف اور تراجم کے ذریعہ انہوں نے علمی ذخیرہ میں بھی بہت کچھ اضافہ کیا۔ انگریزی اور عربی زبان کی کتابوں کا جو فارسی اور اردو زبان میں ترجمہ کیا گیا اس میں خود انہوں نے اہم حصہ لیا، ان میں شمس الہندسہ، ستہ شمسہ، رسالہ کرۃ الدرض، رسالہ جغرافیہ اور رسالہ کیمیاء قابل ذکر ہیں۔ سائنس میں بھی انہیں دلچسپی تھی ،انہوں نے کئی سائنس کی کتابوں کا انگریزی اور دوسری یوروپین زبانوں سے اردو اور فارسی زبان میں ترجمہ کیا۔انہوں نے اپنی ایک لیبارٹری قائم کی تھی جو کیمیاوی آلات سے لیس تھی، یہ تمام آلات انہوں نے انگلستان اور یوروپ سے بصرف زر کثیر منگوائے تھے قابل ذکر بات یہ تھی کہ ہر ایک آلہ کو استعمال کرنے کی

قابلیت ان میں تھی۔

وہ علم پرور تھے تعلیمی مسائل سے بھی ان کو خاص دلچسپی تھی، انہوں نے حیدرآباد میں پہلا مدرسہ اپنی دیوڑھی میں قائم کیا۔ جو مدرسہ فخریہ کے نام سے مشہور تھا، اس مدرسہ کی بنیاد انہوں نے ایسے وقت رکھی جب اہل حیدرآباد اور خاص کر اعلیٰ طبقہ میں تعلیم سے عدم دلچسپی پائی جاتی تھی، اس مدرسہ میں فارسی، عربی اور ریاضی کی تعلیم دی جاتی تھی۔ ان ہی کی بدولت ان کے چند خاص ملازمین نے فن طبابت کی تعلیم حاصل کی اور مشہور اطباء ہوئے۔

جیسا کے ابتداء میں ذکر کیا گیا ہے کہ آپ کو فن تعمیر سے بھی دلچسپی تھی۔ آپ کی تعمیر کردہ عمارت جہاں نما اسم بامسمیٰ تھی، اس کے علاوہ آپ نے متعدد عمارتیں تعمیر کروائیں۔ افضل محل، مہتاب محل اور آفتاب محل جو بعہد نواب افضل الدولہ بہادر آپ ہی کے زیر اہتمام ونگرانی میں تیار ہوئے، حیدرآباد میں مغربی طرز پر فوج کی آراستگی وقواعد کی ایجاد کا سہرا آپ ہی کے سر ہے۔

محمد فخر الدین خاں نے نواب ناصر الدولہ بہادر کی خواہش پر چھ ماہ تک امور وزارت کے کاموں کی انجام دہی کی، لیکن بوجہ کبرسنی اور ضعیفی اس سندیت سے مستعفی ہوگئے۔ 1862ء میں وہ اس دار فانی سے رخصت ہوئے، ان کے پانچ صاحبزادے اور تین صاحبزادیاں تھیں چونکہ تین صاحبزادوں کا انتقال عین حیات والد ماجد ہو چکا تھا پائیگاہ جاگیران کے باقی دو بیٹوں نواب محمد رشید الدین خاں اور نواب محمد رفیع الدین خان بہادر میں تقسیم ہوگئی، نواب محمد رفیع الدین خاں بہادر کی تعلیم وتربیت خاص کی گئی، جوانی ہی میں وہ نامور جنگ، عمدۃ الدولہ اور عمدۃ الملک کے خطابات سے سرفراز ہو چکے تھے، بعد وفات امیر کبیر اول آپ خاندانی خطابات امیر کبیر ثانی اور شمس الامراء ثالث کے خطابات مع لوازم اور مناسب کے سرفراز ہوئے، خاندانی لحاظ سے وہ نواب نظام علی خان کے خاص نواسے تھے۔ اس لئے آپ کا خاص طور پر اعزاز برٹش گورنمنٹ ور سرکار نظام میں تھا، بعہد نواب افضل الدولہ بہادر آپ کو وزارت اعلیٰ کے عہدہ کی

پیشکش کی گئی تھی ۔اس پیشکش کی وجہ سالار جنگ بہادر اور نواب افضل الدولہ بہادر کے تعلقات میں کشید گی تھی، لیکن نواب صاحب سالار جنگ کی قابلیت سے اچھی طرح واقف تھے۔ انہوں نے اس جفاکش وکارگذار وزیر کی جگہ لینے کے بجائے نظام اور وزیر میں مصالحت کی کوشش کی جس میں وہ کامیاب رہے۔

بعد وفات افضل الدولہ بہادر اور بوجہ کمسنی نواب میر محبوب علی خاں بہادر آپ کو کورنجیٹ مقرر کیا گیا، اس اہم ترین فرض کو انہوں نے اپنی زندگی تک بڑی خوبی وخوش اسلوبی سے نبھایا، دادودہش میں وہ اپنی مثال آپ تھے اپنے پیشرؤں سے پیچھے نہ تھے یہ دادودہش ایسی ہوتی کہ دینے اور لینے والے کے سوا کسی تیسرے کو خبر نہ ہوتی، آپ کو اولاد نہ ہونے کی وجہ سے اپنے بھائی نواب محمد سلطان الدین خاں کے بیٹوں کو یعنی اپنے خاص بھتیجوں نواب محمد وزیر الدین خاں ونواب محمد مظہر الدین خاں کی پرورش مثل اپنے خاص بیٹوں کے کی، ان دونوں کی تعلیم و تربیت اور پرداخت میں گہری دلچسپی لی، بعد میں یہی دونوں بھتیجے ان کے جانشین ہوئے اور جاگیرات ومناسب کے مالک ہوئے، نواب رشید الدین خاں بہادر نواب رفیع الدین خاں بہادر کے چھوٹے بھائی تھے، اپنے بھائی کی وفات کے بعد تمام خاندانی خطابات سے سرفراز ہوئے، وہ ابوالخیر خاں اقتدار الدولہ، اقتدار الملک، بہادر جنگ، شمس الدولہ، شمس الامراء رابع، امیر کبیر ثالث ہوئے ساتھ ہی کورنجیٹ بھی مقرر ہوئے۔

آپ نہایت نیک مزاج اور بلند حوصلہ تھے، آپ کی سخاوت مشہور تھی، بحیثیت کورنجیٹ انہوں نے اپنے ملک اور عوام کی بہت خدمت کی اس کے صلہ میں انہیں لاکھوں لوگوں کی پُرخلوص محبت اور عزت ملی، وہ فن آراستگی سے بخوبی واقف تھے۔انہوں نے اپنی رہائش گاہ کی آرائش و زیبائش اعلیٰ پیمانہ پر کی، جہاں کئی یوروپین ان کے مہمان ہوا کرے تھے، انہوں نے کئی اہم مقامات کا سفر کیا تھا، علمی مسائل سے دلچسپی میں وہ اپنے پیشرؤوں سے پیچھے نہ تھے، انہوں نے

''تاریخ رشید الدین خانی'' مرتب کرائی اور بعد طبع اس کی کئی جلدیں مفت تقسیم کی گئیں۔

نواب رشید الدین خان کے دو فرزند تھے، نواب سر خورشید جاہ بہادر اور نواب سر وقار الامراء بہادر جب 1881 ء میں آپ کا انتقال ہوا تو پائیگاہ جاگیرات کی مزید تقسیم ان دونوں صاحبزادوں میں ہوئی، اس طرح انیسویں صدی کے دوسرے دہے میں پائیگاہ جاگیرات تین حصوں میں منقسم ہوگئیں، (۱) پائیگاہ نواب سر آسمان جاہ بہادر (۲) پائیگاہ سر خورشید جاہ بہادر (۳) پائیگاہ سر وقار الامراء بہادر

مابا قی تین پائیگاہ جاگیرات کی تفصیل آئندہ قسط وار پیش کی جائے گی۔

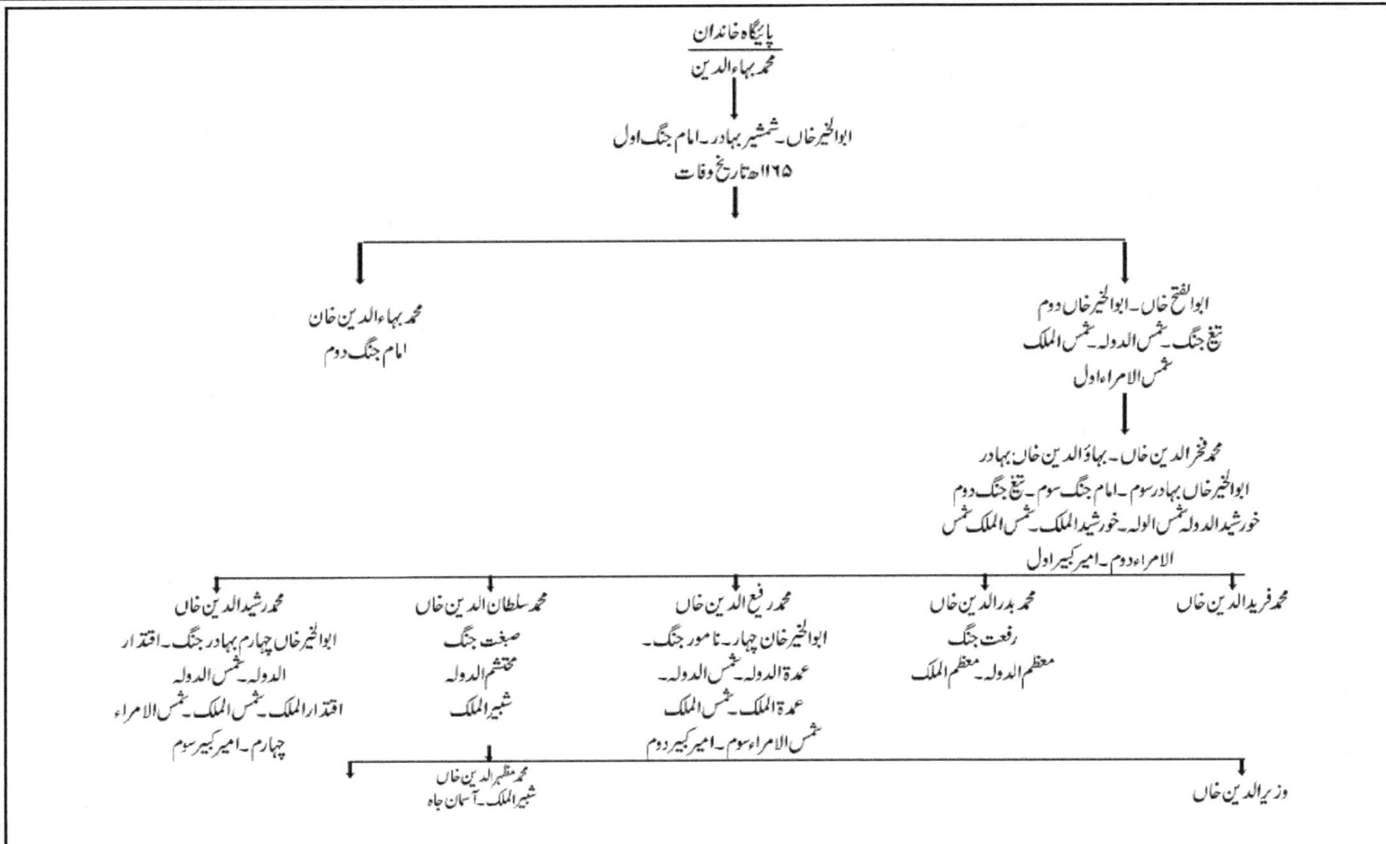
پائیگاہ خاندان
محمد بہاءالدین
ابوالخیر خاں۔شمشیر بہادر۔امام جنگ اول
۱۱۶۵ھ تاریخ وفات
ابوالفتح خاں۔ابوالخیر خاں دوم
تیغ جنگ۔شمس الدولہ۔شمس الملک
شمس الامراء اول
محمد بہاءالدین خان
امام جنگ دوم
محمد فخر الدین خاں۔بہاؤالدین خاں بہادر
ابوالخیر خاں بہادر سوم۔امام جنگ سوم۔تیغ جنگ دوم
خورشید الدولہ شمس الولہ۔خورشید الملک۔شمس الملک شمس
الامراء دوم۔امیر کبیر اول
محمد فریدالدین خاں
محمد بدرالدین خاں
رفعت جنگ
معظم الدولہ۔معظم الملک
محمد رفیع الدین خاں
ابوالخیر خان چہار۔نامور جنگ۔
عمدۃ الدولہ۔شمس الدولہ۔
عمدۃ الملک۔شمس الملک
شمس الامراء سوم۔امیر کبیر دوم
محمد سلطان الدین خاں
صبغت جنگ
محتشم الدولہ
شبیر الملک
محمد رشید الدین خاں
ابوالخیر خاں چہارم بہادر جنگ۔اقتدار
الدولہ۔شمس الدولہ
اقتدار الملک۔شمس الملک۔شمس الامراء
چہارم۔امیر کبیر سوم
وزیرالدین خاں
محمد مظہرالدین خاں
شبیر الملک۔آسمان جاہ

(نو دریافت شدہ غیر مطبوعہ مضمون) تاریخ خاندان پائیگاہ آسماں جاہی

(قسط دوم)

نواب محمد مظہر الدین خاں سر آسماں جاہ بہادر فرزند نواب سلطان الدین صبغت جنگ محتشام الدولہ، بشیر الملک کا سن پیدائش 1840ء تھا، آپ کا پورا نام بشمول خطابات ہز اکسیلنسی نواب رفعت جنگ، بشیر الدولہ، عمدۃ الملک دوم، عظیم الامراء، امیر کبیر اکبر سر آسمان جاہ بہادر کے سی آئی ای (نائٹ کمانڈر آف دی آرڈر آف دی انڈین امپائر) تھا، کمسنی میں باپ کا سایہ سر سے اٹھ جانے کی وجہ سے آپ کی پرورش اور تعلیم وتربیت اپنے چچا نواب محمد رفیع الدین خان سرۃ الملک کے سایۂ عاطفت میں ہوئی۔

نواب صاحب ممدوح نے آپ کی تعلیم وتربیت و پرداخت میں وہی دلچسپی لی جو کسی شخص کو اپنے خاص فرزندوں کی پرورش میں ہوتی ہے اپنے بھتیجے کو وہ اپنی منہ بولی اولاد سے زیادہ چاہتے تھے اور ہمیشہ ان کی فلاح و بہبود و تعلیم وتربیت میں کوشاں رہتے، آپ کی ابتدائی پرورش کی ذمہ داری آپ کی دادی بشیر النساء بیگم نے لی، جنہوں نے ان کو ہمیشہ اپنے پاس رکھا اور نہایت ناز ونعم سے پرورش کی، ابتدائی پرورش کے مراحل کی تکمیل کے بعد نواب رفیع الدین خاں نے آسماں جاہ کی تعلیم وتربیت اپنے زیر نگرانی کی، فارسی، عربی، انگریزی اور علوم ریاضیہ کی تعلیم نہایت عمدگی سے ہوئی، ہر زبان کی تعلیم کے لئے علیحدہ علیحدہ ماہر کامل استاد مقرر کئے گئے تھے۔ اس کے علاوہ لائق اور قابل استاد اور اتالیق مقرر کئے گئے تا کہ انہیں درباری تہذیب سے روشناس کرائیں، ساتھ ہی آپ کو شہسواری اور فنون سپہ گری کی بھی تعلیم دی گئی۔

نواب سر آسماں جاہ بہادر کی شاہی خاندان سے بھی رشتہ داری تھی، آپ نواب نظام علی

خاں بہادر نظام دوم کے پرنواسے تھے، یہ رشتہ اور بھی استوار ہوگیا جب آپ پرورش النساء بیگم صاحبہ صاحبزادی نواب افضل الدولہ بہادر اور ہمشیرہ نواب میر محبوب علی خاں بہادر سے ازدواجی رشتہ میں منسلک ہوگئے، یہ شادی سن 1869ء میں ہوئی، کہا جاتا ہے یہ شادی اس تکلف وتزک احتشام سے ہوئی کہ حیدرآباد میں اس سے قبل ایسی کوئی مثال نہیں ملتی، ایک طرف نواب رفیع الدین خاں نے اپنی دلی آرزو نکالنے میں کوئی کسر نہ رکھی اور دوسری جانب مختار الملک منجانب حضور پرنور نے بھی خاص اہتمام سے کام لیا تھا، اس شادی کے سلسلے میں راجہ گردھاری پرشاد باقی بنسی راجہ اپنی کتاب کنوز التواریخ میں یوں رقم طراز ہیں۔

''سن 1286ھ کے ماہ ذی الحجہ میں عفت اختر برج عظمت پرورش النساء بیگم صاحبزادی صاحبہ نواب افضل الدولہ بہادر مغفرت مکان کی شادی منجب آبادی مجب فرمائی۔ واجب الدعا خدیجہ دوران رابعہ زماں حضرت دلاورالنساء بیگم صاحبہ (دادی نواب میر محبوب علی خاں بہادر) مکرمہ ماجدہ صاحبزادی موصوفہ نواسہ شمس الدولہ بہادراورزادہ نواب رفیع خاں بہادر عمدۃ الملک شمس الامراء امیر کبیر ثالث سے انجام پائی۔

سالِ شادی بشیرالدولہ

گفت شادی بشارت اندوز (۱۲۸۶ھ)

''اس مبارک موقع پر ہزارہا مہمان دیوڑھی مبارک پر حاضر تھے، شادی کی تقاریب کثیر اخراجات سے کی گئیں، جن میں قیمتی جواہرات وجہیز کے جملہ لوازمات کی تیاری میرے ذریعہ ہوئی، تیاری دیگر لوازمات شادی وتقسیم طعام وملبوس امراء وخدام وداد ودہش بہ حکم حضرت دلاورالنساء بیگم صاحبہ میرے ہی ذریعہ انجام پائے، ساتھ ہی یہ حکم بھی تھا کہ ان تمام انتظامات کی انجام دہی کے لئے اسی تکلف اور پیمانے کو مدنظر رکھا جائے جو دوران شادی حسن النساء بیگم صاحبہ صاحبزادی کلاں نواب افضل الدولہ بہادر تکمیل کو پہنچے تھے۔''

اس شادی کی خوشی میں اعلیٰ حضرت کی جانب سے نواب صاحب کو بیش قیمت جواہرات سے سرفراز فرمایا گیا اور پانچویں جمعگی کی رسم بھی ادا کی گئی، شاہی خاندان سے خاندان پائیگاہ کی وابستگی کئی پشت سے چلی آرہی تھی، یہ خاندان نہ صرف خاندان شاہی سے ہمسرشتہ تھا بلکہ جان نثاری اور وفاداری میں بھی ہمیشہ پیش پیش رہا، 1869ء میں جب نواب افضل الدولہ بہادر کا انتقال ہوا، نواب میر محبوب علی خاں کم سن تھے، بوجہ کمسنی ایک ریجنسی کا قیام عمل میں آیا جس میں سالار جنگ اول ریجنٹ اور شمس الامراء بہادر کو ریجنٹ مقرر ہوئے، سلطنت کے چار اہم صیغوں کے لئے چار امراء عہدہ صدرالمہامی کے لئے نامزد کئے گئے، چنانچہ صیغہ عدالت کی صدر المہامی پر نواب آسماں جاہ بہادر کا انتخاب عمل میں آیا، لیکن اس عظیم والمرتبت شخصیت نے اس عہدہ کی انجام دہی کے عوض میں تنخواہ لینا گوارہ نہ کیا، اس طرح کی نظیر شاید ہی ہم کو ملے گی اور خاص کر موجودہ دور میں اس قسم کی نظیر ملنا ناممکنات میں سے ہے، جب تک وہ اس خدمت پر مامور رہے بلا ماہوار کام کیا، اس خدمت کو انہوں نے نہایت خوش اسلوبی سے انجام دیا

1875ء میں مختار الملک سالار جنگ اول کی غیر حاضری میں امورات ریاست وفرائض عہدہ جلیلہ مدارالمہامی بھی انجام دینے کا آپ کو موقع ملا، سالار جنگ کے ہمراہ وہ بیرون ممالک محروسہ سرکار عالی بھی جایا کرتے تھے، سالار جنگ اکثر معاملات میں آپ سے مشورہ کیا کرتے تھے۔

1883ء میں سالار جنگ کی بے وقت موت کے بعد جب کونسل آف ریجنسی قائم ہوئی تو آپ کو اس کا ایک رکن اعلیٰ بنایا گیا، اسی سال جب اعلیٰ حضرت نواب میر محبوب علی خاں کلکتہ کے سفر پر تشریف لے گئے تو آپ نے باکمال خوبی امور سلطنت کا انتظام کیا اور کونسل آف اسٹیٹ کی رکنیت سے بھی ممتاز ہوئے۔

1887ء میں ملکہ معظمہ قیصر ہند کی گولڈن جوبلی کی تقاریب منعقد ہوئیں، ان تقاریب

میں شرکت کے لئے اعلیٰ حضرت کی جانب سے آپ کا انتخاب عمل میں آیا، دوران تقاریب لندن آپ کو ریاست حیدرآباد کے عہدہ مدارالمہامی پر آپ کے انتخاب کا مژدہ ملا، اس جلیل القدر عہدہ پر آپ کا انتخاب لائق علی خاں سالار جنگ دوم مستعفی ہونے کی وجہ سے عمل میں آیا تھا، حیدرآباد پہنچنے کے بعد آپ نے اس عہدہ کا جائزہ لیا، 1887ء میں اظہار خوشنودی کے طور پر اعلیٰ حضرت کی جانب سے ایک عظیم الشان دربار خلوت مبارک میں منعقد کیا گیا جس میں کل امراء اور عمائدین شہر شریک تھے، دربار میں اعلیٰ حضرت نے بہ نفس نفیس تشریف لاکر نواب صاحب کی مستقل وزارت کا اعلان فرمایا، اس دربار میں آپ کو خلقت خاص غفرآن مآب نواب میر نظام علی خان بہادر آصف جاہ ثالث اور سات عدد وجواہر بیش بہاء جس میں سرپیچ، طرہ، ہار کینٹھی، بازوبند، سیج بند، دستبند شامل تھے، اپنے دست مبارک سے اعلیٰ حضرت نے آپ کو سرِ دربار مرحمت فرمایا۔ ع

اسد ہیبت رفعت جنگ — سپر حشمت ہژبر آہنگ

1305 — 1305

بشیر دولت صدر جہاں — مشیر سلطان شبیر دمان

1305 — 1305

تجربہ کار امیر کبیر — دیانت شعار والا گوہر

1305 — 1305

لاجواب امیر اعظم — نیک خوگرامی مشم

1305 — 1305

اس دربار کے تیسرے دن رزیڈنٹ وقت کی جانب سے بہت بڑا شاندار دربار رزیڈنسی میں منعقد ہوا، جس میں حضور نظام، دیگر امراء وعہدیداران اور افسران فوج شریک تھے۔ اس دربار میں

رز یڈنٹ مسٹر ہاول نے حضرت ملکہ معظّمہ قیصر ہند کی جانب سے نواب آسماں جاہ بہادر کو معزز تمغہ طبقہ اعظم نائٹ کمانڈر سلطنت ہند (کے سی آئی ای) کا عنایت فرمایا اور ساتھ ہی آپ کی عوامی خدمات کی ستائش کی گئی۔

عمدۃ الملک دستور	بندہ درگاہ حضور
1305	1305
دریائی فیض معالی پائیگاہ	سینٹ کمانڈر انڈین
1305	1305
امپائیر آسمان جاہ	دام ظلہ وحصار صبر
1305	1305
کہ از عنایت ملکہ صاحبہ	وفا گردید
1305	1305

ان سرفرازیوں کے اظہار مسرت کے طور پر سرکاری دفاتر و مدارس کو شہر اور اضلاع میں دو دن کی تعطیل کا حکم بذریعہ جریدہ اعلامیہ صادر فرمایا گیا، سر آسماں جاہ بہادر نے اپنے دور مدار المہامی میں رفاہ عام کے کاموں پر کافی توجہ کی، آپ کو زراعت اور تجارت سے بڑی دلچسپی تھی۔ چنانچہ آپ نے بصدارت نواب وقار الامراء آبپاشی ملک تلنگانہ کے لئے ایک مجلس کا تقرر فرمایا۔ جہاں پانی کی اشد ضرورت، بغیر پانی کی زراعت اور ذرائع آبپاشی مہیا کرنے دوسرے طریقوں کو پیش نظر رکھ کر کاشتکاروں کو سہولت کے لئے دس لاکھ سالانہ ان کاموں میں صرف کرے گئے۔ منصوبوں کو روبہ عمل لاکر ملک کو سیراب و شاداب کریں اور ساتھ ہی کاشتکاری میں اضافہ کر کے ملک کی پیداوار اور تجارت میں ترقی کرسکیں۔

ملک کی صنعت وحرفت کی ترقی میں بھی آپ نے کافی دلچسپی لی ،قلعہ گولکنڈہ میں شال باقی کا ایک کارخانہ قائم کیا گیا، جہاں ملک کے یتیم اور لاوارث بچوں کو شال باقی کا کام سکھایا جاتا تھا، پنجاب ودیگر ملکوں سے عمدہ کاریگر لائے گئے تاکہ وہ ان بچوں کوشال باقی کی تعلیم دیں اوراس کام میں ماہر بنائیں، ان کی اس کوشش کا نتیجہ یہ ہوا کہ تھوڑے ہی عرصہ میں اس کارخانہ میں شال وجامہ وار مثل کشمیر ولدھیانہ وغیرہ کے تیار ہونے لگے، ساتھ ہی کاریگروں کی ہمت افزائی کے لئے آپ نے خود بہ نفس نفیس اس کارخانہ کا معائنہ کیا۔کئی تھان شال وجامہ وار کے خریدے اور کام کرنے والوں کوایک ہزار روپیہ انعام مرحمت فرمایا۔آپ کے عہد کا یہ سب سے عظیم کارنامہ ہے جس کی مثال ان کے پیشرؤں میں نہیں ملتی ،ایسے تمام لاوارث بچے جن کا کوئی سر پرست نہ ہو، ان کوصنعت وحرفت کی تعلیم دے کراوراپنے پیروں پرآپ کھڑا ہوکراپنی روزی روٹی خودمہیا کرنا اورکسی کامحتاج نہ رہنا ایک قابل ستائش کارنامہ ہے، انسانی ہمدردی کی اس سے اچھی مثال اور کوئی نہیں ہوسکتی ۔(کاش ہمارے قومی رہنماجواپنے قومی خدمات اور لیڈری کا پرزورالفاظ میں دعویٰ کرتے ہیں وہ بھی ایسا کوئی کام انجام دیں اوران یتیم اورلاوارث معصوم بچوں کوغریبی کا شکار ہوکر بھیک مانگنے، چوری کرنے اوردوسرے جرائم کے مرتکب ہونے سے دوررکھیں۔)ورنگل میں اس غرض سے ایک مکان کا بندوبست کیا گیا تھاجہاں مختلف اضلاع سے ایسے تمام یتیم ولاوارث لڑکیوں کوجمع کیا جاتا اورانہیں لائق وفاضلہ استادنیوں کے زیرنگرانی ملکی زبان کی تعلیم دی جاتی اورسوزن موزت کا کام لیا جاتا، ان کے خوردونوش ولباس وغیرہ کا سب خرچ سرکار پرتھا،اس طرح ان یتیم ولاوارث لڑکےلڑکیوں کولونڈی یاغلام بننے محل یادیوڑھی میں طوائف بننے یا پھر کرسچن ہونے سے محفوظ رکھا گیا۔

اصلاح مصارف ریاست یا اور کسی وجہ سے جو اشخاص تخفیف میں آئے تھے ان کی ماموری پراحکام آپ ہی کے عہدوزارت میں صادر فرمائے گئے تھے،جس سے ظاہر ہوتا ہے کہ

آپ کی ذات مجسم خیر اور غرباء کی تکلیف سے آپ خود متاثر ہوتے تھے،آپ کو رعایا کے آرام و آسائش کا بہت خیال رہتا تھا چنانچہ آپ ہی کے زمانے میں حجاج کرام کی آسائش و آرام کا بندوبست ہوا۔آپ کے حکم سے انہیں آمدورفت کا ٹکٹ میسر ہوا اور ایک خاص جہاز کا سرکار عالی کی جانب سے بندوبست ہوا اور ایسے ملازمین سرکار جو سعی بیت اللہ کے خواہش مند ہوتے تھے انہیں چھ ماہ کی رخصت مع تنخواہ پیشگی حاصل کرنے کی سہولت تھی۔

1893ء میں جب بے موسم بارش سے ہزار ہا غریب لوگ بے گھر ہوگئے تو ان بے سروسامان و بے ناغاں غرباء کو اس قہر آسمانی سے تباہ ہوئے مکانات کی مرتب کے لئے نہ صرف سرکاری خزانے سے پانچ ہزار روپیئے دیا گیا بلکہ خود آسماں جاہ نے اپنے جیب خاص سے چار ہزار روپیہ مرحمت فرمایا،ہمیشہ خیرات کرتے مگر وہی شخص اس کا مستحق ہوتا جو اس کے قابل ہوتا۔ دوران قحط آپ نے کئی ہزار روپیہ کا اناج فاقہ کش غرباء میں تقسیم کرنے کا حکم دیا،آپ کے دور کی ایک اور اصلاح افسران فوج وسپاہ وجمعداران کی ہر ماہ باقاعدہ تقسیم تنخواہ ہے،کورٹ آف وارڈس کا قیام اور نابالغوں کی ملک واملاک وجاگیرات کی حفاظت قابل ذکر ہیں۔

تعلیم سے بھی آپ کو بہت دلچسپی تھی،چنانچہ آپ کے عہد میں اضلاع میں خاص طور پر مدارس کا قیام عمل میں آیا،جہاں لائق وقابل استادوں کا تقرر عمل میں آیا۔انسپکٹر وناظر کا تقرر عمل میں لایا گیا،جن کا کام یہ تھا کہ وہ ہمیشہ دورہ کرکے مدارس کا معائنہ کریں،متعدد اسکول لڑکیوں کی تعلیم کے لئے بھی کھولے گئے،اکثر معزز عہدیداروں اور افسران کے لڑکوں کو سرکاری خرچ پر اعلیٰ تعلیم کے لئے ولایت بھیجا گیا،ورنگل میں فن انجینئرنگ کی تعلیم کیلئے مدرسہ انجینئرنگ کھولا گیا۔ سرکار کی جانب سے تعلیمی ترقی کے لئے امداد صرف حکومت حیدرآباد تک ہی محدود نہیں تھی بلکہ علی گڑھ کالج اور ومدرسہ دیوبند وغیرہ بھی باقاعدہ ماہانہ امداد سرکار نظام کی جانب سے پایا کرتے تھے۔

صحت وتندرستی کے پیش نظر رعایا کو علاج معالجہ میں سہولت کی خاطر اضلاع میں کئی شفاخانجات کا قیام عمل میں لایا گیا، جہاں ڈاکٹر اور کمپاؤنڈروں کا تقرر کیا گیا، جدید چیچک بردار مقرر کئے گئے، بلدہ حیدرآباد میں بھی کئی شفاخانجات قائم کئے گئے، جہاں لیڈی ڈاکٹروں کا تقرر کیا گیا تاکہ عورتوں کو علاج میں آسانی ہو، چار شفاخانجات ایسے قائم کئے گئے جہاں یونانی طریقہ پر علاج کی سہولتیں مہیا کی گئی تھیں، ایک مدرسہ طب یونانی کی تعلیم کے لئے کھولا گیا۔ آپ کے عہد وزارت اعظمی کا اہم کارنامہ کلوروفارم کمیشن کے قیام کا ہے جس میں کلوروفارم کے اثرات پر متعدد تجربات کئے گئے تھے۔

وزارت اعظمی کے عہدے کے ساتھ ساتھ آپ نے اپنی خاص جاگیرات پائیگاہ کا انتظام بڑی خوبی وخوش اسلوبی سے انجام دیا، اولاً ان کی دیکھ بھال آپ کے سرپرست شمس الامراء امیر کبیر عمدۃ الملک کی زیرنگرانی ہوا کرتی تھی لیکن نواب ممدوح کے انتقال پر اس کی ذمہ داری آپ پر عائد ہوئی، آپ کے چچا کے انتقال پر اعلیٰ حضرت کی جانب سے تعزیتی پوشاک کے طور پر حضور پرنور نواب افضل الدولہ بہادر مغفرت مکان کا کہنہ ملبوس اور دوشالہ عطا فرمایا گیا۔ کل پائیگاہ جاگیرات کو دو ضلعوں میں تقسیم کر کے ہر ضلع کے لئے ایک تعلقدار اور ہر تعلقہ میں ایک تحصیلدار مقرر کیا گیا، تعلقداروں وتحصیلداروں کے منفعلہ مقدمات کی اپیل اور دیگر مقدمات کی نگرانی کے لئے بلدیہ میں دو اعلیٰ محکمہ معتمدی مالی وملکی وفوجی اور دوسرا معتمدی عدالت وکوتوالی قائم کیا گیا، حسب ضابطہ پیمائش وبندوبست کے لئے ایک محکمہ بندوبست قائم ہوا۔ دیگر ناجائز ٹیکس وپٹہ جات وغیرہ موقوف کر کے لوکل فنڈ جاری کیا گیا اس آمدنی کو رفاہ عام کے کاموں جیسے قیام مدارس وشفاخانجات کے لئے استعمال کیا گیا، قیدیوں کو صنعت وحرفت کا کام سکھانے کی ترغیب دی۔ انعام داران وطن داران کے حفظ حقوق کے لئے ایک محکمہ دریافت حقوق انعام داران مقرر کیا گیا۔ اس کے علاوہ فوج پائیگاہ کی درستگی کی جانب بھی توجہ کی گئی، جس میں جہاں نما

لاشبرز، ہاؤہیلہ باڈی گارڈ، انفنٹری بٹالین، باقاعدہ بریگیڈ ئیر اور فوج بے قاعدہ قابل ذکر ہیں۔

ان کاموں کے علاوہ آپ مجالس مواعظ وسماع وعزائم منعقد فرماتے اور نہایت مودبانہ شریک رہتے، نیازات واعراس میں سالانہ تقریباً ایک لاکھ روپیہ کا صرفہ تھا، سوائے ممالک محروسہ کے عرس شریف اجمیر شریف اکبرآباد وغیرہ میں خانقاہیں سرائیں تعمیر کروائیں، سب سے بڑا ارفاہ عام کا کام جو آپ نے کیا وہ تعمیر تالاب عمدہ ساگر ہے، جو ایک لاکھ روپیہ کے صرفہ سے تعمیر ہوا، جلپلی کے قریب واقع چھوٹے سے تالاب کو بصرف کثیر خرچ کے ایک جدید مستحکم و پائیدار تالاب تیار کرایا اور اس تالاب سے نلوں کے ذریعہ بلدیہ میں پانی لایا گیا اور ان جگہوں پر پہنچایا گیا، جہاں میر عالم اور حسین ساگر کا پانی پہنچانا دشوار اور غیر ممکن تھا۔

تعمیرات میں علاوہ اس کے 1297ھ میں تعمیر وترمیم بشیر باغ کی بھی شامل ہے، جو کئی لاکھ روپیہ کے صرفہ سے تیار ہوا، 1303ھ میں ایک بلند پہاڑی پر موسمیو ریمو کی قبر کے قریب ایک محل بنام آسمان گڈھ تعمیر کروایا، 1306ھ میں خود کی رہائش کے لئے ایک شاندار کوٹھی سرورنگر میں تعمیر کروائی اور آخر وقت تک وہیں قیام رہا۔

آپ کو شاہی مہمانوں جیسے ڈیوک آف کناٹ اور خود نظام میر محبوب علی خاں بہادر کی مہمان نوازی کا شرف حاصل رہا، آپ کو فوجی زندگی پسند تھی، چنانچہ افغانستان کی جنگ کے موقع پر آپ نے اپنی خدمات کی پیشکش مع فوج کے کی تھی، خود خاندانی سپاہی تھے، آپ نے اہل کمال کی قدردانی کی، آپ کے عہد میں بعض نامی گرامی علماء اور مصنفین کے نام دولت آصفیہ سے معقول وظائف مقرر ہوئے، آپ کو سیر وسیاحت کا بڑا شوق تھا، ممالک محروسہ سرکار عالی کے خاص خاص مقامات کا آپ نے دورہ کیا، اس کے علاوہ بمبئی، نیلگری، مدراس، کلکتہ، شملہ، مہابلیشور اور دوبار اجمیر شریف کی زیارت کو گئے تھے، ان میں سب سے زیادہ اہمیت آپ کے سفر لندن کی ہے، جب آپ نے سرکار نظام کے ایک نمائندہ کی حیثیت سے گولڈن جوبلی تقاریب

ملکہ معظمہ (قیصر ہند) میں شرکت کی تھی، شکار و گھوڑ سواری کا بھی بے انتہا شوق تھا، نشانہ اندازی کے فن میں بھی آپ کو کمال حاصل تھا۔

ایک اہم وقابل ذکر مثال جو آپ نے قائم کی وہ رواداری کے جذبہ کو برقرار رکھنا ہے، آپ نے بادشاہِ وقت کے نقش قدم پر چلتے ہوئے فرقہ وارانہ ہم آہنگی اور سیکولرازم کو قائم رکھنے کی ہر ممکن سعی کی، جس کا ثبوت بسنت اور تلسنکرانتری جیسے ہندو تیوہار ہیں، جنہیں وہ اسی اہتمام سے منایا کرتے جیسے کہ ایک ہندو منایا کرتا ہے، ہر سال بشیر باغ میں بسنت کا جلسہ منعقد ہوا کرتا تھا جس میں تمام امرائے عظام اور سمستان اور جاگیرداروں کو مدعو کیا جاتا تھا اور نہایت پر تکلف طعام کا انتظام کیا جاتا تھا، اس موقع پر مہمانوں کی نشست کے لئے ایک اسٹیج خوش اسلوبی کے ساتھ سجایا جاتا تھا، جس میں تمام مہمان رونق افروز ہوا کرتے تھے، بعدازاں تصویر کشی ہوتی تھی، ان تقاریب کے دوران ملازمین اور غرباء وغیرہ کو ملبوسات وغیرہ تقسیم کیا کرتے تھے۔

ناسازگار حالات نے اس ذی مرتبت انسان کو ۱۳۱۱ھ میں اپنے جلیل القدر عہدہ سے مستعفی ہونے پر مجبور کر دیا، خود غرض عناصر نے ان کے اطراف سازشوں کا جال بننا شروع کیا اور اعلیٰ حضرت، مدارالمہام کے تعلقات میں کشیدگی پیدا کرنے میں کامیابی حاصل کرلی، ان تجربہ کار آنکھوں نے موقع کی نزاکت کو اچھی طرح بھانپ لیا اور ان سازشوں کا شکار ہونے سے قبل ہی مستعفی ہو گئے۔

یوں تو آپ مرض ذیابیطس سے لاچار تھے ہی بعد میں آپ کو سرطان جیسے موذی مرض نے آگھیرا، بڑے حاذق طبیب اور ڈاکٹر معالج ہوئے، لیکن مرض بڑھتا گیا اور یہ آفتاب غم زوال پذیر ہوتا رہا بالآخر ۲ رمحرم ۱۳۱۶ھ (۱۸۹۸ء) کو آپ نے اس دارِ جہاں فانی سے رحلت کی۔ تمام محل سرورنگر ماتم کدہ بن گیا، رحلت کی خبر آن واحد میں تمام بلد میں مشہور ہوگئی اور آپ کی کوٹھی پر تعزیت کے لئے جوق در جوق لوگ آنے لگے، آپ کا جنازہ بوقت مغرب اٹھایا گیا، جنازہ کے

ہمراہ معززین شہر اور سرکاری عہدیدار تھے ،اس کے علاوہ آپ کے علاقہ کی کل فوج با قاعدہ و بے قاعدہ و گاڑیاں و گھوڑے وفیل خاصہ وعماری وغیرہ باوجود کثرت بارش کے جنازہ کے ہمراہ تھے، سرورنگر سے درگاہ حضرت برہنہ شاہ تک لوگوں کا اژدھام تھا،نواب وقارالامراء مدارالمہام سرکار عالی بھی شریک تھے، بوقت دفن فوج نے تین تلک بندوقوں کے سرکیں اور توپخانہ نواب صاحب مغفور سے آپ کی عمر کی تعداد کے مواقع توپیں سر کی گئیں۔

آپ کے اکلوتے خلف ارجمند محمد معین الدین خاں بہادر تھے ،آپ ۱۳۰۸ھ میں پیدا ہوئے اس چراغ کے روشن ہونے کی خوشی بڑی دھوم دھام سے منائی گئی ،جس کا سلسلہ کئی دن تک جاری رہا، ہزار ہا روپیہ محتاجوں اورمساکین میں تقسیم کیا گیا تھا،حکومت نظام نے اس خوشی میں تمام سرکاری دفاتر کو آدھے دن کی چھٹی دی ،ایک مبارک ساعت پر نوزائیدہ بچے کو قدیم دیوڑھی سے بشیر باغ پیالیس میں منتقل کیا گیا، بچہ کو بشیر باغ پیالیس تک ایک عالیشان سونے کے جھولے میں جلوس کی شکل میں لے جایا گیا،اس جلوس میں فوج نظام کا ایک حصہ فوج پائیگاہ، شاہی خاندان کے افراد، امرائے عظام، جاگیرداراوراہم سرکاری شخصیتیں شریک تھیں،شام میں تمام رونق افروز مہمانوں کا استقبال اعلیٰ پیمانے پر کیا گیا تھا، ناچ اور گانے کی محفل آراستہ کی گئی تھی۔

محمد معین الدین خاں بہادر کی تعلیم کے لئے ایک انگریز دایہ کا انتخاب کیا گیا تھا جو ہمیشہ آپ کی خدمت میں رہتی تھی ،چارسال کی عمر میں بسم اللہ خوانی ہوئی اور مشہور ومعروف استاد مقرر کئے گئے ،لیکن شومئ تقدیر نواب سرآسماں جاہ اپنے لڑکے کو چھوٹی سی ہی عمر میں چھوڑ کر چل بسے۔ آپ کی تعلیم وتربیت کی ساری ذمہ داری آپ کی والدہ ماجدہ صاحبزادی پرورش بیگم نے اپنی نگرانی میں کی ،ساتھ ہی وہ پائیگاہ جاگیرات کی دیکھ بھال بھی کیا کرتی تھی ،1905ء میں آپ کی والدہ کا انتقال ہوگیا اور پائیگاہ جاگیرات کی دیکھ بھال کی ذمہ داری ان پر عائد ہوئی۔

نواب میر محبوب علی خاں کے جشن چہل سالہ کے موقع پر آپ نے حضرت بابا شرف الدینؒ کی پہاڑی پر واقع ایک باغ جو آج کل جوبلی گارڈن کے نام سے جانا جاتا ہے، اعلیٰ حضرت کے حضور نذر کیا تھا، آپ نے اپنی ایک اور کوٹھی جو آسمان سدھ کے نام سے موسوم تھی، اعلیٰ حضرت میر عثمان علی خاں کو پیش کی تھی، بعد میں بشیر باغ پیالیس بھی حکومت نظام نے شاہی مہمانوں کے قیام کے لئے حاصل کرلیا۔

آپ کو 1918ء میں عنایت جنگ اور 1923ء میں نواب معین الدولہ کا خطاب عطا ہوا، آپ نے محکمہ صنعت وحرفت کے وزیر کی حیثیت سے خدمت انجام دی، وہ ایکزیکیٹو کونسل کے ممبر بھی تھے، کچھ دن وہ محکمہ فوج میں بھی خدمت انجام دیتے رہے، 1926ء میں وہ اس خدمت سے مستعفی ہوگئے، ایک فرمان کے ذریعہ پائیگائی جاگیرات جو چند مالی وجوہات کی بناء پر کورٹ آف وارڈس میں دے دی گئی تھیں، انہیں بحال کردی گئیں اور معین الدولہ بہادر کو امیر پائیگاہ آسمان جاہی نامزد کیا گیا۔

اپنے باپ کی طرح آپ نے بھی قومی کاموں میں دلچسپی لی، اور علیگڑھ کے محمڈن کالج کو دولاکھ روپیہ کا عطیہ دیا، اسی طرح کئی مقامی انجمنوں کی آپ نے مدد کی۔ وہ بہترین شہسوار اور قابل نشان باز تھے، پولو اور ریس سے آپ کو بے حد دلچسپی تھی، لیکن صحت نے ان کا ساتھ نہیں دیا، پچاس سال کی عمر میں ہی انہوں نے انتقال کیا۔

آپ کے پسماندگان میں نو لڑکے اور تین لڑکیاں تھیں، جن میں قابل ذکر ظہیر یار جنگ بڑے صاحبزادے تھے، وہ عثمانیہ یونیورسٹی کے گریجویٹ تھے اور عمدہ خوبیوں اور اعلیٰ اخلاق کے مالک آپ کی شادی بڑے تزک واحتشام سے نواب ولی الدولہ بہادر کی بڑی صاحبزادی سے انجام پائی، اس شادی کے موقع پر ہزاروں روپیہ خرچ کیا گیا، چونکہ نواب ولی الدولہ بہادر پائیگاہ خاندان سے ہی تعلق رکھتے تھے، چنانچہ اس مبارک موقع پر تینوں پائیگاہ خاندان کے افراد شریک تھے۔

جائزہ:

کتاب کے اس حصے میں ڈاکٹر شیلا راج کی مضمون نگاری کو پیش کیا گیا ہے جس میں ان کے ۲۱؍اردو مضامین اور ۵؍انگریزی مضامین سے چند منتخب مضامین کا تنقیدی جائزہ پیش کیا گیا ہے، ساتھ ہی ان کے مختلف اخبارات میں شائع شدہ مراسلوں کی تفصیلات ومختلف سمیناروں وریسرچ جرنلس میں پیش کئے گئے، مقالوں کی فہرست دی گئی ہے اور آخر میں ان کا ایک اہم مضمون خاندان پائیگاہ سے متعلق جو دو قسطوں میں لکھا گیا تھا، اس کو بھی اس تصنیف میں شامل کیا گیا، دراصل یہ مضامین دوران تحقیق ڈاکٹر شیلا راج کے علمی خزانہ سے دستیاب ہوئے تھے، یہ دو مضامین غیر مطبوعہ ہیں۔ڈاکٹر شیلا راج کے مضامین کے تجزیہ سے یہ بات سامنے آتی ہے کہ انہوں نے زیادہ تر مضامین آصف جاہی حکمرانوں، امراءاور حیدرآبادی تہذیب پر لکھے ہیں، جس سے یہ بات عیاں ہوجاتی ہے کہ ان کا رشتہ ریاست حیدرآباد سے اٹوٹ ہے اور وہ اس تہذیب کی بھی نمائندہ ہے، ان کے مضامین کے مطالعہ سے ان کی فکری رجحانات کا اندازہ ہوتا ہے بلکہ اس بات کی تصدیق بھی ہوجاتی ہے کہ وہ آصف جاہی دور پر ایک اتھاریٹی کی حیثیت رکھتی ہیں، بہر حال اردو ادب میں اس طرح کے کام کی دورحاضر میں بہت زیادہ اہمیت رہی ہے، قدیم تہذیبی روایات کو پیش کرنا بھی ایک اہم تحقیقی کام ہے، جس میں بڑی حد تک وہ کامیاب رہیں۔ااور انہوں نے اپنی تحقیق کے ذریعہ تاریخی حقائق کو منظر عام پر لا یا۔

......:حوالے:............

(۱)ڈاکٹر شیلا راج، مضمون، مرزا غالبؔ، روزنامہ سیاست حیدرآباد۔ 17/جولائی 1966ء
(۲)ڈاکٹر شیلا راج، مضمون، مرزا غالبؔ، روزنامہ سیاست حیدرآباد۔ 17/جولائی 1966ء
(۳)ڈاکٹر شیلا راج، مضمون، مرزا غالبؔ، روزنامہ سیاست حیدرآباد۔ 17/جولائی 1966ء
(۴)ڈاکٹر شیلا راج، مضمون، مرزا غالبؔ، روزنامہ سیاست حیدرآباد۔ 17/جولائی 1966ء
(۵)ڈاکٹر شیلا راج، مضمون، مرزا غالبؔ، روزنامہ سیاست حیدرآباد۔ 17/جولائی 1966ء
(۶) ڈاکٹر شیلا راج، مضمون، جگرؔ مرادآبادی، روزنامہ سیاست حیدرآباد۔ یکم اگست 1966ء ص۲
(۷) ڈاکٹر شیلا راج، مضمون، جگرؔ مرادآبادی، روزنامہ سیاست حیدرآباد۔ یکم اگست 1966ء ص۲
(۸) ڈاکٹر شیلا راج، مضمون، جگرؔ امرادآبادی روزنامہ سیاست حیدرآباد، یکم اگست 1966ء ص۲
(۹) ڈاکٹر شیلا راج، مضمون، جگرؔ مرادآبادی روزنامہ سیاست حیدرآباد، یکم اگست 1966ء ص۲
(۱۰)ڈاکٹر شیلا راج، مضمون، جگرؔ مرادآبادی روزنامہ سیاست حیدرآباد، یکم اگست 1966ء ص۲
(۱۱) ڈاکٹر شیلا راج، مضمون، نواب سر وقارالامراء بہادر، روزنامہ سیاست حیدرآباد، یکم/نومبر 1982ء
(۱۲) ڈاکٹر شیلا راج، مضمون، نواب سر وقارالامراء بہادر، روزنامہ سیاست حیدرآباد یکم/نومبر 1982ء
(۱۳)ڈاکٹر شیلا راج، مضمون، حیدرآباد کی تہذیب، روزنامہ سیاست حیدرآباد، 31/مارچ 1983ء
(۱۴)ڈاکٹر شیلا راج، مضمون، حیدرآباد کی تہذیب، روزنامہ سیاست حیدرآباد، 31/مارچ 1983ء
(۱۵) ڈاکٹر شیلا راج، مضمون، نواب عمادالملک، روزنامہ سیاست حیدرآباد، 6/اکتوبر 1986ء
(۱۶)ڈاکٹر شیلا راج، مضمون، نواب عمادالملک، روزنامہ سیاست حیدرآباد، 6/اکتوبر 1986ء
(۱۷)ڈاکٹر شیلا راج، مضمون، نواب عمادالملک، روزنامہ سیاست حیدرآباد، 6/اکتوبر 1986ء
(۱۸)ڈاکٹر شیلا راج، مضمون، راجہ شیوراج دھرم ونت بہادر، روزنامہ سیاست حیدرآباد 6/ڈسمبر 1987ء
(۱۹)ڈاکٹر شیلا راج، مضمون، راجہ شیوراج دھرم ونت بہادر، روزنامہ سیاست حیدرآباد 6/ڈسمبر 1987ء

(۲۰)ڈاکٹر شیلا راج، مضمون، راجہ شیوراج دھرم ونت بہادر، روزنامہ سیاست حیدرآباد 6/ڈسمبر 1987ء

(۲۱)ڈاکٹر شیلا راج، مضمون، قصر فلک نما، روزنامہ سیاست حیدرآباد، 28/اگست 1994ء

(۲۲)ڈاکٹر شیلا راج، مضمون، قصر فلک نما، روزنامہ سیاست حیدرآباد، 28/اگست 1994ء

(۲۳)ڈاکٹر شیلا راج، مضمون، پرانی حویلی روزنامہ سیاست حیدرآباد، 8/اکتوبر 1994ء

(۲۴)ڈاکٹر شیلا راج، مضمون، پرانی حویلی روزنامہ سیاست حیدرآباد، 8/اکتوبر 1994ء

(۲۵)ڈاکٹر شیلا راج، مضمون، پرانی حویلی، روزنامہ سیاست حیدرآباد، 8/اکتوبر 1994ء

(۲۶)ڈاکٹر شیلا راج، مضمون، کنگ کوٹھی، روزنامہ سیاست حیدرآباد، 9/اکتوبر 1994ء

(۲۷)اور(۲۸)ڈاکٹر شیلا راج، مضمون کنگ کوٹھی، روزنامہ سیاست حیدرآباد، 9/اکتوبر 1994ء

(۲۹)ڈاکٹر شیلا راج، مضمون، سابق حیدرآباد ہندو مسلم روایات کا امین، قسط اول روزنامہ منصف، 19/نومبر 1998ء

(۳۰)ڈاکٹر شیلا راج، مضمون، سابق حیدرآباد ہندو مسلم روایات کا امین، قسط اول روزنامہ منصف، 19/نومبر 1998ء

(۳۱)ڈاکٹر شیلا راج، مضمون، سابق حیدرآباد ہندو مسلم روایات کا امین، قسط دوم روزنامہ منصف، 26/نومبر 1998ء

(۳۲)ڈاکٹر شیلا راج، مضمون، سابق حیدرآباد ہندو مسلم روایات کا امین، قسط دوم روزنامہ منصف، 26/نومبر 1998ء

(۳۳)ڈاکٹر شیلا راج، مضمون، سابق حیدرآباد ہندو مسلم روایات کا امین، قسط سوم روزنامہ منصف، 3/ڈسمبر 1998ء

(۳۴)ڈاکٹر شیلا راج، مضمون، سابق حیدرآباد ہندو مسلم روایات کا امین، قسط سوم روزنامہ منصف، 3/ڈسمبر 1998ء

(۳۵)ڈاکٹر شیلا راج۔ مضمون، آصف سابع میر عثمان علی خان کے دور میں سیکولرازم۔ غیر مطبوعہ

(۳۶) ڈاکٹر شیلا راج، مضمون، انیسویں صدی کے دوسرے نصف میں حیدرآباد میں تعلیمی ترقی۔ غیر مطبوعہ

(۳۷) ڈاکٹر شیلا راج۔ مضمون، حیدرآباد، 1908ء کا سیلاب اور مابعد حالات۔ غیر مطبوعہ

باب ہفتم

آصف جاہی عہد اور ڈاکٹر شیلا راج

باب ہفتم

آصف جاہی عہد اور ڈاکٹر شیلا راج

ڈاکٹر شیلا راج تاریخ کی ریسرچ اسکالر تھیں، انہوں نے مختلف سمیناروں میں اپنے مقالات پیش کئے ہیں، جن کی تعداد تقریباً 22 ہے جو انگریزی میں لکھے گئے اور ساتھ ہی سمیناروں میں پڑھے بھی گئے، ان 22 مقالوں میں انہوں نے اکثر مقالے آصف جاہی حکمرانوں، حیدرآبادی تہذیب، حیدرآباد میں 1908ء میں آئی طغیانی، آصف جاہوں کے عہد میں ہندو مسلم روایات، ریاست حیدرآباد میں تعلیم کی ترقی، آصف سابع کے عہد میں ترسیل کا فروغ، حیدرآباد میں تعلیم کی ترقی، آصف سابع کے عہد میں ترسیل کا فروغ، حیدرآباد ریاست کے دیہی عوام کی معاشی زندگی اور حیدرآباد ریاست میں ہندو مسلم یکجہتی وغیرہ شامل ہیں، جس کے مطالعہ سے واقفیت ہوتی ہے کہ ڈاکٹر شیلا راج کا تعلق ریاست حیدرآباد کی کے دیہی عوام کی معاشی زندگی اور، حیدرآباد ریاست میں ہندو مسلم یکجہتی وغیرہ شامل ہیں، جس کے مطالعہ سے واقفیت ہوتی ہے کہ ڈاکٹر شیلا راج کا تعلق ریاست حیدرآباد سے والہانہ تھا، انہوں نے اپنی تحقیق کے ذریعہ یہ بات ثابت کی کہ آصف جاہی حکمران ہندو اور مسلمانوں کو اپنی دو آنکھ تصور کرتے تھے، انہوں نے یہ بات لفظی طور پر نہیں لکھی ہے، بلکہ عملی طور پر پیش کیا ہے، آصف جاہ اول نے جو وصیت نامہ اپنے بعد والے جانشینوں کے لئے لکھا تھا، اس میں یہ بات بھی شامل تھی کہ مذہبی رواداری کو ملحوظ رکھا جائے جس پر عمل کرتے ہوئے سب ہی حکمرانوں نے مذہبی رواداری کو برتا اور امن وامان کی فضاء کو ہمیشہ خوشگوار رکھا تھا۔ ڈاکٹر شیلا راج کی تحریروں سے آصف جاہی عہد کی

زندگی کے شب وروز سے پردہ اٹھتا ہے اور ہمیں اس دور کے حالات پڑھنے سے پتہ چلتا ہے کہ آج جس طرح دور آصفی کی تاریخ کوتو مروڑ کر پیش کیا جارہا ہے، وہ

غلط ہے اور حقائق کچھ اور ہی ہیں۔ڈاکٹر شیلا راج کی تحریروں میں دور آصفی کی جھلک دیکھنے قبل آیئے دیکھیں کہ دور آصفی کے نمایاں حالات کیا ہیں اور کن کن سلاطین نے کس دور میں کیا کارنامے انجام دئے تاکہ ہمیں پتہ چلے کہ ڈاکٹر شیلا راج نے دور آصفی کو جس انداز میں پیش کیا ،وہ کس حد تک درست ہے۔

تاریخ دکن :

شمالی ہندوستان میں دکن ایک زرخیز اور تہذیب وتمدن کا علاقہ ہے، یہاں کی سنگین عمارتوں کا سلسلہ سارے ہندوستان میں پھیلا اور دکن کے رسم ورواج، آداب، اخلاق سارے ہندوستان میں انفرادی حیثیت رکھتے ہیں، دکن کے علاقہ میں کئی قدیم قومیں آباد تھیں، علمی وادبی اعتبار سے علاقہ دکن اپنی منفرد پہچان رکھتا ہے۔

علاء الدین خلجی (1292ء) پہلا حکمران ہے، جس نے دکن پر حملہ کیا اور دیوگری پر قبضہ کرلیا، علاء الدین کے بعد سلطان محمد بن تغلق 1325ء نے دیوگری دکن کا نام دولت آباد رکھا، محمد بن تغلق نے دلی کے بجائے دولت آباد کو دارالسلطنت بنایا، دکن میں تغلق خاندان کی کمزوری کے بعد بہمنی سلطنت کا قیام عمل میں آیا، علاء الدین حسن کانگولی بہمنی نے پایہ تخت گلبرگہ کو قرار دیا اس کا نام حسن آباد رکھا گیا، بہمنی سلطنت حسن بہمنی سے کلیم اللہ بہمنی تک 1347ء سے 1529ء تک قائم رہی، سلطنت بہمنیہ کے خاتمہ پر دکن میں پانچ علیحدہ خود مختار سلطنتیں قائم ہوئیں

پانچ خود مختار سلطنتیں:

(۱) عماد شاہی دارالحکومت برار 1484ء تا 1582ء

(۲) برید شاہی دارالحکومت احمد نگر 1492ء تا 1595ء

(۳) نظام شاہی دارالحکومت احمد نگر 1490ء تا 1595ء

(۴) عادل شاہی دارالحکومت بیجاپور 1489ء تا 1686ء

(۵) قطب شاہی دارالحکومت گولکنڈہ 1512ء تا 1687ء[1]

قطب شاہی سلطنت جو گولکنڈہ میں 1512ء میں سلطان قلی قطب شاہ نے قائم کی اس سلطنت میں 7 حکمران گذرے ہیں، جن میں (۱) سلطان قلی قطب شاہ (۲) جمشید قطب شاہ (۳) ابراہیم قطب شاہ (۴) محمد قلی قطب شاہ (۵) سلطان محمد قطب شاہ (۶) سلطان عبداللہ قطب شاہ (۷) سلطان ابوالحسن تاناشاہ۔

سلطان قلی قطب شاہ نے 32 سال حکمرانی کی، وہ ایک نیک مزاج جفاکش اور شجاع بادشاہ تھا، جمشید قطب شاہ نے سات (۷) سال حکمرانی کی، ابراہیم قطب شاہ نے 31 سال حکمرانی کی، یہ سلطان قلی قطب شاہ کا چھٹا فرزند تھا، اس بادشاہ کے دور حکمرانی میں کئی اہم کارنامے انجام دیئے گئے جن میں قابل ذکر تالاب ابراہیم پٹنم، تالاب حسین ساگر، سنگین حصار قلعہ گولکنڈہ قدیم پل وغیرہ شامل ہیں، ابراہیم قطب شاہ بہادر جری، عادل اور رحم دل حکمراں تھا، دربار میں علماء فضلاء شعراء اور اہلِ کمال کا مجمع رہتا تھا، محمد قلی قطب شاہ دکن کے قدیم بادشاہوں میں اولالعزم فرماں روا گذرا ہے، محمد قلی قطب شاہ نے 32 سال حکمرانی کی، شہر حیدرآباد کو محمد قلی قطب شاہ نے ہی آباد کیا ہے، اسی حکمران نے 1591ء میں چار مینار تعمیر کروایا، سلطان محمد قطب شاہ جو کہ سلطان محمد قلی قطب شاہ کا بھتیجہ اور داماد تھا سلطان محمد قلی قطب شاہ کے بعد تخت نشین ہوا جس نے 21 سال حکمرانی کی، سلطان محمد قطب شاہ متقی اور پرہیز گار بادشاہ تھا، اس نے مکہ مسجد تعمیر کروائی۔ سلطان عبداللہ قطب شاہ، اس بادشاہ نے 42 سال حکمرانی کی، اس بادشاہ کے دور میں مغل حکمران شاہجہاں نے عالمگیر کو مقابلہ کیلئے روانہ کیا تھا، قطب شاہی سلطنت کا آخری حکمران سلطان ابوالحسن تاناشاہ تھا، اس نے 14 سال حکمرانی کی، ابوالحسن تاناشاہ، عبداللہ قطب

شاہ کا بھتیجہ اور داماد تھا۔

دکن میں آصف جاہی سلطنت کا قیام:

دہلی کی مغلیہ سلطنت کے زوال کے بعد مسلمانوں کی جو خود مختار ریاستیں قائم ہوئیں ان سب میں سب سے بڑی اور مضبوط و پائیدار مملکت حیدرآباد دکن کی مملکت آصفیہ تھی۔

''نظام الملک آصف جاہ اول کا سلسلہ نسب سترہ (۱۷) واسطوں سے شیخ الشیوخ حضرت شہاب الدین سہروردیؒ سے ہوتا ہوا بیسویں پشت میں خلیفہ اول حضرت ابوبکر صدیقؓ سے جاملتا ہے، نظام الملک کے جدامجد خواجہ عابد قلیچ خان بخارا کے ساکن تھے جو 1655ء میں بغرض حج وزیارت سمرقند سے ہندوستان آئے تھے تاکہ بندرگاہ سورت سے جہاز کے ذریعہ جدہ روانہ ہوں۔ ان کے علم وفضل کی شہرت شاہجہاں کو جب ملی تو اس نے شرف باریابی بخشا اور خلعت فاخرہ کے ساتھ ملازمت کی پیش کش کی جس کو انہوں نے فریضہ حج کی ادائی کے بعد قبول کرنے کا یقین دلایا اور جدہ روانہ ہوگئے، دوسال بعد خواجہ عابد ہندوستان واپس ہوئے تو یہاں کا سیاسی نقشہ بدلا ہوا تھا، انہوں نے شہزادہ اورنگ زیب کے لشکر میں داخل ہوکر باریابی کا شرف پایا اورنگ زیب نے شاہجہاں کو نظر بند کرکے اپنی بادشاہی کا اعلان کیا اور خواجہ عابد کو صدر کل کے عہدہ پر مامور کیا، 6 سال کے بعد انہیں اجمیر اور پھر ملتان کا صوبہ دار مقرر کیا، 1686ء میں ظفرآباد (بیدر) کے صوبے دار بنائے گئے۔ ۲

1687ء میں قلعہ گولکنڈہ کے محاصرے کے دوران زخمی ہوئے۔ تین دن زخمی حالت میں رہنے کے بعد 24 ربیع الاول 1098ھ مطابق 1687ء کو انتقال ہوا، قلعہ گولکنڈہ کے قریب موضع عطاپور میں تدفین عمل میں آئی۔

غازی الدین خان بہادر فیروز جنگ عرف شہاب الدین:۔

عابد قلیچ خان کے بڑے فرزند غازی الدین خان کا نکاح شاہجہاں کے وزیر سعد اللہ خاں کی صاحبزادی سے ہوا، جن کے بطن سے 11راگست 1671ء کو ایک لڑکا پیدا ہوا۔ بادشاہ نے اس کا نام میر قمر الدین رکھا جو آگے چل کر نظام الملک آصف جاہ اول کے نام سے مشہور ہوئے، میر کا اضافہ شہنشاہ کی طرف سے کیا گیا تھا، جو ان کی ماں کی سیدانی ہونے کی وجہ سے تھا۔

''شہاب الدین دربار اورنگ زیب میں اپنی وفاداری، بہادری اور قابلیت سے متعدد اعزاز حاصل کرتے چلے گئے، 1681ء میں بادشاہ نے خطاب خانی عطا کیا، 1682ء میں جنیر، رام سیج اور کونکن کے معرکوں میں غازی الدین خاں بہادر کا خطاب 1685ء میں غازی الدین خان نے مرہٹوں کے عظیم ترین مرکز قلعہ راہیر کی تسخیر میں شاندار کارنامے انجام دیئے تو بادشاہ نے سابقہ خطابات میں نہ صرف فیروز جنگ کے خطاب کا اضافہ کیا بلکہ ماہی ومراتب کا بھی اعزاز بخشا۔ ؎۳

بیجاپور کے محاصرے میں بھی شہاب الدین نے اہم رول ادا کیا جس پر شہزادہ اعظم نے فرط مسرت سے انہیں گلے لگالیا، بیجاپور فتح ہوگیا، اس فتح کی خوشی میں بادشاہ نے فیروز جنگ کو فرزند ارجمند کے خطاب سے سرفراز فرمایا، اس کے بعد فیروز جنگ نے ابراہیم گڑھ عرف اودگیر کا قلعہ بھی فتح کرلیا تو بادشاہ نے اودگیر کا نام فیروزگڑھ رکھ دیا، اس فیروزمندی کے بعد فیروز جنگ گولکنڈہ کے محاصرے میں عملی طور پر شاہی افواج کے سپہ سالار کی حیثیت میں شریک مہم رہے اور جب قلعہ فتح ہوگیا تو انہیں ہفت ہزاری کا منصب مل گیا، 1689ء میں بیجاپور میں طاعون پھیل گیا جس کی وجہ سے بعض لوگ گونگے اور بہرے ہوگئے، فیروز جنگ بھی اسی عارضے میں بصارت سے محروم ہوگئے، بعد میں فیروز جنگ کو بادشاہ نے برار کا صوبہ دار مقرر کیا جس پر وہ اورنگ زیب کی وفات تک سرفراز رہے، بعد میں شہزادہ معظم بہادر شاہ کے لقب کے

ساتھ تخت پر بیٹھا تو اس نے فیروز جنگ کو گجرات کا صوبہ دار مقرر کیا، جہاں انہوں نے 8 ؍ڈسمبر 1710ء کو انتقال کیا۔

مغفرت مآب نظام الملک میر قمر الدین خان آصف جاہ اول بانی مملکت آصفیہ (1724ء تا 1748ء):

میر قمر الدین خان 11 ؍اگست 1671ء کو پیدا ہوئے، 6 سال کی عمر میں بادشاہ نے منصب چارصدی ذات عطا کی، بیس سال کی عمر میں 1690ء بادشاہ نے چین قلیچ خان (بھمنی چھوٹی شمشیر) کا خطاب اور چار ہزاری منصب سے سرفراز کیا، 1702ء میں بیجاپور کرناٹک کے صوبہ دار بنائے گئے، 1707ء میں اورنگ زیب عالمگیر کا احمد نگر میں انتقال ہوا اور جنازہ وصیت کے مطابق خلد آباد لایا گیا تو چین قلیچ خان نے بیجاپور سے خلد آباد پہنچ کر بادشاہ کو سپرد خاک کیا اور اپنے ہاتھوں سے مٹی دی، اورنگ زیب کے انتقال پر اس کے بیٹوں میں خانہ جنگی شروع ہوگئی لیکن چین قلیچ خان اپنے والد کی طرح غیر جانبدار رہے، آگرہ کے قریب اعظم اور معظم میں جو لڑائی ہوئی اس میں اعظم مارا گیا معظم نے تخت نشین ہوکر شاہ عالم

بہادر شاہ اول کا لقب اختیار کیا، بہادر شاہ نے چین قلیچ خان کو خان دوران بہادر خان کے خطاب سے سرفراز فرمایا اور صوبہ داری اودھ اور فوجداری لکھنو پر مقرر کیا، تھوڑے دنوں تک انہوں نے اس عہدہ کو نبھایا اور بعد میں استعفیٰ پیش کردیا۔

''بہادر شاہ کے انتقال کے بعد اس کے بیٹوں میں جو خانہ جنگی ہوئی ان میں بھی چین قلیچ خان غیر جانبدار رہے، جب جہاں دادا شاہ تخت نشین ہوا تو اس نے بھی ان کو ملازمت کی پیش کش کی لیکن انہوں نے انکار کردیا، 11 ؍جنوری 1713ء کو جہاں دادشاہ اور بہادر شاہ کے پوتے

فرخ سیر میں جنگ ہوئی جس میں فرخ سیر کو مکمل فتح حاصل ہوئی، 17 رجنوری 1713ء کو فرخ سیر شہر دہلی میں داخل ہوا اور اپنی شہنشاہی کا اعلان کیا اور چین قلیچ خان کو نظام الملک فتح جنگ کے خطاب ہفت ہزاری منصب اور دکن کی صوبہ داری عطا کی، دکن کی صوبیداری صرف تین چار سال تک ہی رہی نظام الملک کو 1717ء میں مراد آباد کی فوجداری پر بھیج دیا گیا۔ [4]

بعد میں مراد آباد کی فوجداری سے معزول کردئے گئے، 1719ء میں فرخ سیر نے نظام الملک کو بہار کی صوبہ داری دی تھی مگر وہ مستقر کے بجائے دہلی میں ہی مقیم رہے، سیدوں نے فرخ سیر کا قتل کردیا اور رفیع الدرجات کو تخت نشینی عطا، کی کچھ دن بعد اپنے بڑے بھائی رفیع الدولہ کو تخت پر بٹھایا، 1719ء میں رفیع الدولہ کا انتقال ہوگیا، محمد شاہ کی تخت نشینی ہوئی، نظام الملک کو محمد شاہ نے 28 رجنوری 1722ء کو وزارت کی ذمہ داری عطا کی، انہوں نے عہدہ سنبھالنے کے بعد شاہی دربار کو سنوارنے اور نظم ونسق کو سدھارنے کی کوشش کی لیکن محمد شاہ کو یہ بات ناگوار گذری۔ نظام الملک نے دربار کا رنگ بدلا ہوا پاکر ناسازی طبع اور تبدیلی وآب وہوا اور سیر وشکار کے لئے رخصت لے کر دریائے گنگا کے کنارے شکار میں مصروف ہوگئے بادشاہ کو علم ہوچکا تھا کہ نظام الملک اب دہلی واپس نہ آئیں گے، چنانچہ ان کو پریشان کرنے کی غرض سے مبارز خان کو دکن کی صوبہ داری پر مقرر کردیا اور نظام الملک کو رقعہ بھیجا کہ اگر بادشاہ کی طرف سے انہیں کوئی رنج ہے تو خود آکر ان سے ملنے کو تیار ہے، نظام الملک کا بادشاہ پر سے اعتماد اٹھ گیا تھا۔

''یہاں ان کو اطلاع ملی کہ گجرات کی لڑائیوں نے ان کے چچا حامد خان کے خلاف شورش کردی ہے، نظام الملک نے بادشاہ کو لکھا کہ گجرات اور مالوے کی حالت ابتر ہے، اس لئے ان کا دکن جانا ضروری ہے، نظام لملک سرونج پہنچے ہی تھے کہ انہیں اطلاع ملی کہ بادشاہ نے مبارز خان کو دکن کا صوبہ دار بنادیا گیا ہے، نظام الملک اورنگ آباد کی طرف چل پڑے اور مبارز خان سے شکر کھیڑ کے مقام پر 11 راکتوبر 1724ء کوان کا زبردست مقابلہ ہوا، کشتوں کے پشتے لگ

گئے مبارز خان مارا گیا یہ فیصلہ کن جنگ دکن کی تاریخ میں بڑی اہمیت رکھتی ہے، کیونکہ عملی اعتبار سے یہ آصفیہ خاندان کی خودمختاری کی پہلی نشانی تھی، اس لحاظ سے سلطنت آصفیہ کی تاریخ تاسیس 23 رمحرم 1137ھ مطابق 11 راکتوبر 1724ء قرار پائی ہے۔'' ۵

نظام الملک کی مسلسل فیروز مندیاں محمد شاہ کے لئے پریشانی کا سبب بنتی جارہی تھیں۔شکر کھیڑ کی فتح اور مبارز خان کے خاتمہ کے بعد بادشاہ نے ازراہ تالیف ملک نظام الملک کو آصف جاہ کا خطاب اور منصب نہ ہزاری عطا کر کے اجازت دی کہ جب تک چاہیں دکن میں رہیں اور جب جی چاہے وکیل کی حیثیت سے دہلی آجائیں، آصف جاہ کا 4 رجمادی الثانی 1191ھ 1748ء کو برہان پور میں 79 سال کی عمر میں انتقال ہوا، آپ کو چھ بیٹے اور چھ لڑکیاں تھیں، موت سے قبل انہوں نے وصیت نامہ تحریر کروایا جو ناصر جنگ کے نام 17 فقرات پر مشتمل تھا، یہ وصیت نامہ سلطنت حیدرآباد کا دستوری اساسی تھا۔

اردو ویکی پیڈیا کے مطابق:

''نظام الملک نے جو وسیع ریاست قائم کی وہ دریائے نربدا سے راس کماری تک پھیلی ہوئی تھی اور مہاراشٹرا کے مغربی اور شمال مشرقی حصوں اور موجودہ کیرالا کے علاوہ یہ سارا علاقہ ان کے قبضے میں تھا، حیدرآباد اورنگ آباد، احمد نگر، بیجا پور، ترچنا پلی، تنجور، اور مدورا مملکت آصف جاہی کے مشہور شہر تھے، مملکت کا رقبہ تین لاکھ مربع میل سے کم نہ تھا، نظام الملک نے مغلیہ سلطنت کے بہت بڑے حصے کو مرہٹوں کی تباہ کاریوں سے محفوظ کردیا تھا اور ایک ایسے وقت میں جبکہ پورے برصغیر میں انتشار پھیلا ہوا تھا، انہوں نے دکن میں امن و امان کی فضاء قائم کی۔ ۶

نظام الدولہ میر احمد خان ناصر جنگ شہید: 1748ء تا 1750ء

نظام الدولہ میر احمد علی خان ناصر جنگ 26 ر فروری 1712ء میں پیدا ہوئے۔ ناصر جنگ کو عربی اور فارسی کے علاوہ سنسکرت میں بھی مہارت حاصل تھی، ناصر جنگ فارسی کے بہترین شاعر تھے، ان کے فارسی کے تین دیوان شائع ہوئے ہیں، نظام الملک آصف جاہ کے انتقال کے بعد ان کے دوسرے صاحبزادے نظام الدولہ میر احمد خان ناصر جنگ تخت نشین ہوئے۔

''آصف جاہ نے اپنے نواسے جن کو وہ بہت عزیز رکھتے تھے، میر ہدایت محی الدین سعد اللہ خان مظفر جنگ کو بالا گھاٹ کا ناظم اور بیجاپور کا صوبہ دار بنایا اور سراج الدولہ نواب انور الدین خان کو کرناٹک کا ناظم مقرر کیا تھا، نواب مظفر جنگ نے تخت و تاج کی ہوس میں اپنے ماموں، ناصر جنگ کے خلاف فرانسیسیوں سے مل کر جنگ کی اور ناکام ہوئے ناصر جنگ نے اپنے بھانجے مظفر جنگ کو معاف کردیا، کڑپہ کرنول اور شاہ نور کے نوابوں نے فرانسیسیوں کی سازش کا شکار ہوگئے، 16 ر ڈسمبر 1750ء قلعہ جنجی کے قریب (پانڈیچری) سے 40 میل کے فاصلہ پر جنگ میں نواب کڑپہ ہمت بہادر خان نے ناصر جنگ کو بندوق چلا کر شہید کر ڈالا'' ناصر جنگ کی لاش خلد آباد میں مرقد حضرت برہان الدین غریب کے احاطہ میں حضرت آصف جاہ اول کی قبر کے پاس دفن کی گئی۔'' ؎

ہدایت محی الدین خان مظفر جنگ 1750 تا 1751ء:

مظفر جنگ آصف جاہ اول کے نواسے اور ناصر جنگ کے بھانجے تھے۔ ناصر جنگ کی شہادت کے بعد فرانسیسیوں نے مظفر جنگ کی حکمرانی کا اعلان کردیا۔ مظفر جنگ کی حکمرانی 16 ر ڈسمبر 1750ء تا 13 ر فروری 1751ء تک ہی قائم رہی، دو ماہ بعد کڑپہ کرنول کے نوابوں نے انتقام کی خاطر (جو کہ ناصر جنگ کی دولت میں سے کچھ بھی انعام و اکرام نہ ملنے پر برہم تھے)

''رائچور کے مقام پر 13 رفروری 1751ء میں مظفر جنگ اور کڑپہ کرنول کے نوابوں میں مقابلہ ہوا اور ہمت بہادر خان کے ہاتھوں قتل ہوئے، جس نے ناصر جنگ کو شہید کیا تھا اور ہمت خاں بھی اس مقابلہ میں مارا گیا، مظفر جنگ کی بیوی نے جو اس لشکر میں موجود تھیں اپنے نوعمر بیٹے کو جانشین بنانے کا ارادہ ظاہر کیا، ناصر جنگ کے تمام ہی بھائی اس وقت موجود تھے، چنانچہ فرانسیسیوں نے آصف جاہ کے تیسرے بیٹے صلابت جنگ کو صمصام الدولہ کے مشورے سے مسند نشین کر دیا۔'' 8

آصف الدولہ سید محمد خان صلابت جنگ 1751ء تا 1762ء:

صلابت جنگ آصف جاہ اول کے تیسرے فرزند تھے، 1718ء میں پیدا ہوئے اور 1751ء میں مسند نشین ہوئے۔

''صلابت جنگ کا گیارہ سالہ دور انگریز، وفرانسیسی رسہ کشی اور مرہٹوں کی لوٹ مار کی وجہ سے بڑا نقصان دہ ثابت ہوا، جنگ اودگیر اور دوسری جنگوں میں بھی صلابت جنگ کو شکست برداشت کرنی پڑی، آصف جاہ اول نے جو علاقے چھوڑے تھے، اس میں ایک تہائی سے زیادہ علاقہ اس دور میں آصفی اقتدار سے نکل گیا تھا، ان بگڑتے ہوئے حالات کا میر نظام علی خان بغور مطالعہ کر رہے تھے، شاہ عالم بادشاہ کا فرمان وصول ہوا جس کی رو سے میر نظام علی خان کو آبائی مناسب وخطابات کے ساتھ صوبہ دار دکن مقرر کیا گیا تھا، آصف جاہ ثانی نے اپنے بڑے بھائی کو قلعہ بیدر میں قید کر ڈالا اور 1761ء کو اپنی جانشینی کا اعلان کر دیا اور امراء وعمائدین سے تحریریں قبول کیں۔ سوا سال بعد صلابت جنگ کا 1762ء میں انتقال ہو گیا۔ 9

غفران ماب میر نظام علی خان نظام الملک آصف جاہ ثانی 1762ء تا 1803ء:

میر نظام علی خان 1734ء میں تولد ہوئے، آپ آصف جاہ اول کے چوتھے بیٹے

تھے،28 سال کی عمر میں حکومت کی باگ ڈور سنبھالی اور 42 سال حکمرانی کی ان کی دور اندیشی اور فراست و جرأت نے سلطنت آصفیہ کو فنا ہونے سے بچالیا، نظام علی جاہ کا 41 سالہ طویل دور مملکت آصفیہ کی تاریخ میں کافی اہمیت کا حامل رہا ہے کیونکہ انہوں نے سلطنت آصفیہ کو استحکام بخشا۔

''میر نظام علی خان آصف جاہ ثانی کا یہ زبردست کارنامہ ہے کہ انہوں نے اپنے حسن تدبر سے دولت آصفیہ کو زوال سے بچایا اوراس کے وجود کو برقرار رکھا۔'' ۱۰

ایک دوسرا پہلو یہ بھی ہے کہ نظام علی خاں اور انگریزی فوجوں نے حیدر علی خان اور ٹیپو سلطان سے کئی لڑائیاں لڑیں اور انہیں شکست دی ،جس سے برصغیر میں اسلامی اقتدار کے لئے نا قابل تلافی نقصان پہنچا۔

اردو ویکی پیڈیا کے مطابق ''نظام علی خان کی مصلحت آمیز پالیسی نے اس کی جان بھی بچالی اور ریاست کو بھی محفوظ کرایا، 1799ء میں ٹیپو سلطان کی شہادت کے ساتھ انگریزوں کا سب سے طاقتور حریف ختم ہوگیا اور نظام علی خاں ان کے مقابلے میں بے بس ہوگیا، اس کی رہی سہی آزادی 1800ء میں ختم کردی گئی اب حیدرآباد برطانوی ہند کی ایک محکوم ریاست بن گئی۔'' ۱۱

6/ اگست 1803ء میں 72 سال کی عمر میں 41 سال حکمرانی کرنے کے بعد نظام الملک آصف جاہ ثانی کا انتقال ہوگیا، مکہ مسجد حیدرآباد میں ان کی والدہ عمدہ بیگم صاحبہ کے پہلو میں دفن ہوئے، آپ کو کل 8 صاحبزادے تھے

مغفرت منزل میر اکبر علی خاں سکندر جاہ آصف جاہ ثالث 1803ء تا 1829ء:

نظام علی خان کے انتقال کے بعد ان کے دوسرے فرزند میر اکبر علی خان سکندر جاہ مسند نشین ہوئے، طیبہ بیگم نواب میر اکبر علی خان سکندر جاہ کے دور حکومت سے متعلق رقم طراز ہیں:

''نواب میر اکبر علی خان سکندرہ جاہ کا دور حکومت افراتفری اور سیاسی پیچیدگیوں کا دور تھا، وہ میر نظام علی خان کے بڑے بیٹے تھے، ان کے دور کا اہم واقعہ مرہٹوں اور انگریزوں کی جنگ ہے جس میں سکندر جاہ نے انگریزوں کی مدد کی اور جس کے معاوضے میں دولت آباد کے علاقے واپس کر دیئے گئے لیکن مہاراجہ چندولال پیش کار کے ہاتھ مضبوط ہو گئے اور 30 سال تک ریاست میں اسی کا عمل دخل رہا، رزیڈنٹ رسل کی ریاستی اور فوجی معاملات میں مداخلت، انگریزوں سے چندولال کی رفاقت اور پامیر کمپنی سے سودی قرضے کا لین دین یہ وہ حالات تھے جن کے سبب ریاست حیدرآباد کی مالی اور انتظامی حالت بد سے بدتر ہوتی گئی اور ریاست کے خزانے پر بہت بار پڑتا رہا، سکندرآباد کا شہر ان ہی کی یادگار ہے۔'' [۱۲]

سکندر جاہ نے 62 سال کی عمر پائی اور چھبیس سال چھ ماہ چھ دن حکمرانی کی سکندر جاہ کے 9 صاحبزادے اور دس صاحبزادیاں تھیں، سب سے بڑے صاحبزادے نواب میر فرخندہ علی خان ناصر جنگ ناصر الدولہ آصف جاہ رابع ہیں۔

غفران منزل میر فرخندہ علی خان ناصر الدولہ آصف جاہ رابع 1829ء تا 1857ء:

میر فرخندہ علی خان 1792ء میں بیدر میں پیدا ہوئے، نواب سکندر جاہ مغفرت منزل کے بعد ان کے بڑے صاحبزادے نواب ناصر الدولہ تخت نشین ہوئے، طیبہ بیگم نواب ناصر الدولہ کے متعلق لکھتی ہیں:

''تخت نشین ہوتے ہی انہوں نے مکمل انتظامات کو بہتر بنانے کی کوشش کی رزیڈنسی کے اثرات کو کم کیا اور مہاراجہ چندولال کو مستعفی کر دیا جب انگریز گورنر جنرل ڈلہوزی نے بڑھتے ہوئے قرضے کے معاوضے اور فوجی اخراجات کے لئے چند اضلاع انگریزوں اکے حوالے کئے جانے کا مطالبہ کیا تو 1853ء کے معاہدے کی رو سے رائچور کا دوآبہ اور برار کا علاقہ عارضی پٹے پر انگریزوں کے حوالے کر دیا۔ ملک کے حصے بخرے ہو گئے تھے چھوٹی چھوٹی زمینات سرمایہ داروں اور عرب جمعداروں کے پاس رہن رکھی تھیں، مدارالمہام میر تراب علی خان سالار جنگ اول نے علاقوں کو بحال کروایا۔ [۱۳]

نواب ناصر الدولہ آصف جاہ رابع نے 21رمئی 1829ء تا 16رمئی 1857ء جملہ 28 سال حکمرانی کی، ناصر الدولہ کے دور حکومت کا ایک اہم کارنامہ یہ تھا کہ انہوں نے سختی کے ساتھ عوام کو یہ حکم صادر کیا تھا کہ انگریزوں کی کوئی چیز کو استعمال میں نہ لایا جائے بلکہ دیسی ساختہ شئے استعمال کی جانی چاہئے۔

''نواب ناصر الدولہ آصف جاہ رابع نے 1857ء کے پر آشوب زمانہ میں اٹھائیس برس کی حکومت کے بعد جبکہ ہندوستان کے مختلف حصوں پر غدر کی مہلک آگ سلگ رہی تھی انتقال فرمایا اور غفران منزل کے قلب سے اوراق تاریخ میں یاد کئے گئے، حضرت غفران منزل کے زمانہ حکومت میں نواب منیر الملک برائے نام وزیر کے علاوہ زیادہ تر مہاراجہ چندولال بہادر نواب سراج الملک بہادر مسند وزارت پر متمکن رہے۔ [۱۴]

ناصر الدولہ نے 28 سال حکومت کی 66 سال کی عمر میں 1857ء میں ان کا انتقال ہو گیا آپ کے دو فرزند تھے پہلے افضل الدولہ میر تہنیت علی خان اسد جنگ آصف جاہ خامس اور دوسرے روشن الدولہ میر جہانگیر علی خان جہانگیر جنگ۔

مغفرت مکان میر تہنیت علی خان افضل الدولہ آصف جاہ خامس

1857ء تا 1869ء:

میر تہنیت علی خان 11 ر اکتوبر 1827ء میں پیدا ہوئے، آصف جاہ رابع کے انتقال کے بعد 1857ء میں میر تہنیت علی خان آصف جاہ خامس تخت نشین ہوئے، ان کے تخت نشینی کے صرف چار دن بعد ہندوستان میں غدر واقع ہوگیا اور تحریک آزادی ہند کی جدوجہد کا شعلہ بھڑک پڑا۔

''اس پُرآشوب زمانہ میں جبکہ اندرون ملک اضطراب و بیرون حدود سخت پریشانی ہورہی تھی نواب افضل الدولہ بہادر بخطاب عالی آصف جاہ خامس رونق افروز تخت سلطنت ہوئے، یہ زمانہ نہایت سخت آزمائش کا تھا، تاہم نواب سالار جنگ کے ہاتھ میں زمام وزارت آتے ہی ملک میں ایک حد تک سکون ہوگیا تھا، اعتبار اور دبدبہ حکومت نمایاں تھا، مطالبات انگریزی فرو ہوگئے تھے انتظام و محاصل میں ترقی رونما تھی حکومت کا پہلا دن اور وزارت کا چوتھا سال تھا کہ ہندوستان میں غدر ہوگیا، 1857ء کے غدر کے زمانہ میں جو استقلال اور دور اندیشی اور وفاداری ریاست عالیہ کی طرف سے ظاہر ہوئی، وہ اس ملک اور گورنمنٹ کی نظروں میں ہمیشہ کے لئے بہت ممتاز رہی اور اسی وجہ سے نواب سالار جنگ کا نام اور اعزاز بینظیر امتیاز کے ساتھ اوراق تاریخی میں محفوظ ہوگیا۔'' [15]

آصف جاہ خامس نے جب حکومت سنبھالی تو انگریزوں نے نظم ونسق کے اصول مروج کیے آصف جاہ خامس، اپنے دور حکمرانی میں کئی اصلاحات لائے، جن میں عدالت، کوتوالی، طبابت، پٹہ، تعلیم اور صحت کے شعبے شامل ہیں، 1869ء میں افضل الدولہ آصف جاہ خامس کا انتقال ہوگیا جبکہ ان کی عمر صرف 42 سال تھی، انہوں نے بارہ سال حکمرانی کی اور مکہ مسجد میں دفن ہوئے۔

غفران مکان میر محبوب علی خان آصفجاہ سادس 1869ءتا1911ء:

میر محبوب علی خان 17/اگست 1866ء کو پیدا ہوئے ،افضل الدولہ آصف جاہ خامس کے انتقال کے بعد تخت نشین ہوئے جبکہ ان کی عمر صرف 2 سال 7 ماہ تھی۔

''1884ء میں میر محبوب علی خان وائسرائے ہند لارڈ ربن سے ملاقات کے لئے گئے اور انہیں حیدرآباد آنے کی دعوت دی، چند ماہ بعد ربن حیدرآباد آیا، یہ پہلا وائسرائے تھا جو حیدرآباد آیا تھا،6/ربیع الثانی 1301ھ 1884ء ایک بہت بڑا دربار منعقد ہوا،اس میں لارڈ ربن نے تخت نشینی کی رسم اجراء ادا کی اور حکومت کے کامل اختیارات جو نابالغی کی وجہ سے ایجنسی استعمال کررہی تھی، میر محبوب علی خان کو حاصل ہوگئے۔ 16

نواب میر محبوب علی خان کے دور میں حیدرآباد ریاست تعلیمی اور معاشی طور پر ترقی کرنے لگی اردو زبان کو سرکاری زبان کا درجہ حاصل ہوا،تعلیم کی ترقی پر توجہ مرکوز کی گئی اور صنعتوں کو فروغ حاصل ہوا۔

''ان کے عہد حکومت میں بڑے پیمانے پر اصلاحات ہوئیں قدیم محکمہ جات میں نئی روح پھونکی گئی اور نئے محکمہ جات قائم کئے گئے اور طرز حکومت میں حتی الامکان انقلاب پیدا کیا گیا،غفران مکان کا عہد اپنی آپ نظیر تھا۔آپ کی شاہانہ فیاضی، طمطراق، مہمان نوازی ،معارف پروری اور دوسری شاہانہ خصوصیات کی عام شہرت تھی۔'' 17

میر محبوب علی خان آصف جاہ سادس کا عہد حیدرآباد ریاست کی ترقی کا دور تھا۔ انہوں نے اپنے دور میں کئی اصلاحات لائیں اور مجلس وضع قوانین کا قیام بھی عمل میں لایا۔آصف جاہ سادس کی اصلاحات کا تذکرہ کرتے ہوئے طیبہ بیگم رقم طراز ہیں:

''محبوب علی خاں کے عہد میں بہت سی سیاسی اصلاحیں ہوئیں ،سکہ محبوبیہ جاری ہوا،

کیبینٹ کونسل اور لیجسلیٹیو کونسل کا قیام عمل میں آیا۔شفاخانے اور ٹاؤن ہال اور مدارس قائم ہوئے،مختلف محکموں کی اصلاح ہوئی اوران کی ترقیات کے ضمن میں مختلف اسکیمیں بنیں۔'' ۱۸

آصف جاہ سادس نے حیدرآباد ریاست میں تعلیم پر خصوصی توجہ دی اور کئی مدارس قائم کیے،جن میں اردو، مراٹھی، فارسی اور تلگو میڈیم اسکولس بھی شامل ہیں،آصف جاہ سادس کا ایک اوراہم کارنامہ یہ ہے کہ اردو زبان کو سرکاری زبان کی حیثیت سے رائج کیا گیا اور حکومت کے تمام محکموں میں اردو زبان کو لازم قرار دیا گیا۔

2/اگست 1911ء کوآصف جاہ سادس میر محبوب علی خاں کا انتقال ہوگیا،انہوں نے 1869ء تا1911ء42سال حکمرانی کی اور حیدرآباد ریاست کی ترقی میں ایک اہم رول ادا کیا۔

جنت مکان میر عثمان علی خان نظام الملک

آصف جاہ سابع 1911ءتا1948:

میر عثمان علی خان 5/اپریل1886ء کو پرانی حویلی حیدرآباد میں پیدا ہوئے،شاہی رواج کے مطابق کی ان تعلیم وتربیت کا خاص خیال رکھا گیااور انہوں نے مختلف علوم کی تعلیم حاصل کی،میر عثمان علی خان بچپن ہی سے ذہین اوراعلیٰ صلاحیتوں کے حامل تھے،اردو،عربی، فارسی اور انگریزی زبانوں پر زبردست دسترس رکھتے تھے، وہ ایک بہترین شاعر اور ادب نوازانسان تھے،شاعری میں عثمان تخلص کرتے تھے،ان کی شادی 1910ء میں نواب جہانگیر بہادر کی صاحبزادی اعجاز النساء سے ہوئی، 1911ء میں آصف سادس میر محبوب علی خاں کے انتقال کے بعد تخت نشین ہوئے میر عثمان علی خان بہادر آصف سابع کی حکمرانی 29/اگست 1911ء سے 17/ستمبر 1948ء تک قائم رہی یعنی انہوں نے 37سال حکمرانی کی ،ان کا دور مملکت آصفیہ کا سنہری اور بہترین دور تھا۔ان کے دور میں اردو زبان کو سرکاری

زبان کا درجہ حاصل تھا۔

پروفیسر مجید بیدار میر عثمان علی خاں کے عہد کے تعلیمی پس منظر کے متعلق یوں رقم طراز ہیں:

''میر عثمان علی خاں کی تخت نشینی 1911ء کے وقت ریاست حیدرآباد میں مدارس کی تعداد ایک ہزار کے قریب تھی اور جامعہ عثمانیہ کے قیام تک سرکاری مدارس کی تعداد ساڑھے چار ہزار ہوگئی اور جن میں تعلیم حاصل کرنے والے طلبہ کی تعداد تئیس لاکھ ستائیس ہزار تھی، جن کو اعلیٰ تعلیم سے فیضیاب کرنے کے لئے ایک جامعہ کی شدید ضرورت تھی اور یہ جامعہ عثمانیہ کی شکل میں مملکت آصفیہ کی اہم دین بن گئی۔'' 19

میر عثمان علی خان آصف سابع نے تعلیم کی ترقی پر خصوصی توجہ مرکوز کی تھی، یہی وجہ رہی کے انہیں کے دور حکمرانی میں ہندوستان کی عظیم الشان جامعہ ''جامعہ عثمانیہ'' کے نام سے 1918ء میں قائم ہوئی، جس کا افتتاح اگست 1919ء میں عمل میں آیا، آصف سابع میر عثمان علی خان نے بلالحاظ مذہب وملت مختلف کالجوں اور یونیورسٹیوں کو تعلیمی امداد سے نوازا جن میں قابل ذکر علی گڑھ مسلم یونیورسٹی، بنارس ہندو یونیورسٹی، اسلامیہ کالج پشاور، آندھرا یونیورسٹی، بھنڈارکر ریسرچ انسٹیٹیوٹ پونا، انڈین اکیڈیمی آف سائنس قابل ذکر ہیں، جس طرح سے میر عثمان علی خان نے علمی خدمات کو اپنے عہد میں فروغ دیا، اسی طرح انہوں نے ریاست کے انتظامات اور عوامی فلاح وبہبود کے عظیم کام بھی انجام دیئے، ریاست حیدرآباد ہندوستان کی ایک عظیم اور مثالی ریاست تھی، امن وسلامتی اور قومی یکجہتی کی وجہ سے بھی آصف سابع کا دور کافی اہمیت کا حامل رہا ہے۔

1357ھ میں ریاست حیدرآباد میں چند افسوسناک واقعات رونما ہوئے، اس پس منظر میں اعلیٰ حضرت مظفر الملک والمما لک فتح جنگ آصف جاہ سابع میر عثمان علی خان کا فرمان

ملاحظہ فرمائیں:

''مجھے افسوس ہے کہ آج کل ملک کی سیاسی فضاء بیرونی اثرات کے تحت جوخراب ہوگئی ہے، جس کی وجہ سے فریقین میں (یعنی مسلم ہندو) ہاتھاپائی ہوکر جن افراد کو زخم پہنچے ا،ن سے ہمدردی ہے مگراس کے ساتھ ہی یہ کہے بغیرنہیں رہ سکتا کہ جس ملک میں امن وامان نہیں، وہ ہرگز شاہراہ ترقی پر گامزن نہیں ہوسکتا اور نہ ایسی لغوحرکات سے کسی فریق کو کچھ فائدہ پہنچ سکتا ہے، بجز اس کے کہ جان و مال کا نقصان ہواور تعلقات باہم کشیدہ ہوکر بہ عوض آپس میں صلح وآشتی پیدا ہونے کا الٹی منافرت ومخالفت پیدا ہو،لہٰذا ہردوکو چاہئے کہ عقل سلیم سے کام لے کر درست طریقہ اختیار کریں،جس میں اس کی فلاح مضمر ہے۔'' ۲۰

آصف سابع نواب میر عثمان علی خان اپنے دور حکمرانی میں اردو ادب کی ترقی کے لئے مثالی کارنامے انجام دیئے، وہ ایک وسیع النظر حکمراں تھے،ان میں مذہبی رواداری کا جذبہ بدرجہ اتم تھا انہوں نے اپنی زندگی عوام کی فلاح و بہبود کے لئے وقف کردی تھی،24رفروری 1967ءکوان کا انتقال ہوا۔

آصف جاہی عہد اور ڈاکٹر شیلا راج

دورآصف جاہی سے وابستہ کائستھ خاندان نے بھی اپنی علمی وادبی کاوشوں کی بناپر نہ صرف شعروشاعری کی بلکہ اردوزبان وادب کے میدان میں بھی اپنی گرانقدر خدمات انجام دیں، جن میں راجہ گردھاری پرشاد باقیؔ، راجہ نرسنگ راج عالیؔ، راجہ محبوب راج محبوبؔ، رائے نرہرراج ساقیؔ، ڈاکٹر بھاسکرراج سکسینہ اورڈاکٹر شیلا راج نے نہ صرف شعروشاعری کی بلکہ ادب اور تاریخ کے میدان میں اپنی گراں قدر تخلیقات کو پیش کیا ہے۔ ڈاکٹر شیلا راج بحثیت تاریخ داں، مصنفہ اور مترجم ومحقق کے اردو ادب کے میدان میں اپنی انفرادی پہچان بنائی ہیں

انہوں نے متعدد مضامین کے ذریعہ آصف جاہی عہد اور حکمرانوں کی قومی یکجہتی اور رواداری کو پیش کیا ہے، انہوں نے دور آصفیہ کے کارناموں، بھائی چارہ اور تہذیب وتمدن کو اپنی تحریروں میں اجاگر کیا ہے ساتھ ہی آصف جاہی عہد کے کارناموں کو اجاگر کرنے میں اپنا نمایاں رول انجام ادا کیا ہے، انہوں نے اپنی تصانیف کے ذریعہ آصف جاہی عہد کے اہم امور اور رسم و رواج، تہذیب وتمدن، تعلیمی ترقی، مذہبی رواداری، معاشی ترقی، تعمیرات، ریلوے اور دیگر چیزوں کو مستند حوالوں اور تاریخی کتابوں کے ذریعہ عوام کے سامنے پیش کیا ہے، وہ آصفجاہوں پر ایک اتھاریٹی سمجھی جاتی تھیں۔

ڈاکٹر شیلا راج نے اردو زبان میں جملہ 21 مضامین تحریر کئے ہیں، جن میں اکثر مضامین حیدرآبادی تہذیب، حیدرآباد کی تاریخی عمارتیں، آصف جاہوں کی ہندو مسلم روداری، آصف جاہی دور کے وزراء اور شاہی خاندان وغیرہ قابل ذکر ہیں، جس سے اندازہ ہوتا ہے کہ انہوں نے آصف جاہی عہد کو اپنی تحریروں کے لئے منتخب کیا اور اس خصوص میں مطالعہ بھی کیا، جس سے یہ بات ظاہر ہے کہ وہ آصف جاہی عہد میں دلچسپی رکھتی تھیں۔

ڈاکٹر شیلا راج اپنے مضمون ''کنگ کوٹھی'' میں اس عمارت اور آصف سابع کے متعلق رقم طراز ہیں۔

''سقوط حیدرآباد کے بعد جب آزاد ہندوستان کے پہلے وزیراعظم کی حیثیت سے پنڈت جواہر لال نہرو حیدرآباد تشریف لائے تھے، آپ نے حضور پرنور سے درخواست کی تھی کہ ائیر پورٹ پر تشریف لانے کی زحمت نہ

کریں، ۔ چنانچہ ایسا ہی ہوا پنڈت نہرو نے حضور نظام سے کنگ کوٹھی میں ملاقات کی، اسی کنگ کوٹھی میں آپ نے مسلم لیگ کے لیڈر قائداعظم محمد علی جناح کو شرف ملاقات عطا کیا تھا، جمہوریہ ہند کے صدر کی حیثیت سے جب ڈاکٹر ذاکر حسین حیدرآباد تشریف لا کر حضور پُرنور سے ملاقات کو

گئے، کنگ کوٹھی میں ملاقات کے وقت صدر جمہوریہ ہند نے فرمایا کہ ''میری حیثیت صدر جمہوریہ ہند کے علاوہ دوسری نوعیت کی بھی ہے، میرے والد دربار آصفی کے نمک خوار رہے ہیں، میرے ضمیر نے گوارا نہ کیا کہ میں اعلیٰ حضرت کو استقبال کی زحمت دوں جبکہ بہ اعتبار پیدائش میں آپ کی رعایا کی حیثیت رکھتا ہوں۔'' [۲۱]

ڈاکٹر شیلا راج نے اپنے مضامین کو خالصتاً آصف جاہی عہد کے کارناموں اور تہذیبی ورثہ کو نمایاں کرنے میں استعمال کیا، وہ آصف جاہی عہد پر اتھاریٹی سمجھی جاتی تھیں، وہ ایک بہترین محقق تھیں، ان کی تحقیق کا عنوان ہی آصفی دور رہا ہے۔

ڈاکٹر شیلا راج نے انگریزی، اخبارات کے لئے 5 مضامین لکھے تھے جو بہت مقبول عام ہوئے، جن میں ''مقبول حکمران'' کے عنوان پر آصف سادس میر محبوب علی خاں کی شخصیت اور ان کے کارناموں کو بیان کیا گیا ہے، جو دکن کرانیکل میں 10/اکتوبر 1982ء میں شائع ہوا تھا، ایک اور مضمون ''سماجی امن نظام کے دور میں'' ہے، اس عنوان پر ڈاکٹر شیلا راج نے آصف سادس میر محبوب علی خان کے عہد حکمرانی میں سماجی امن وسلامتی، مذہبی رواداری اور قومی یکجہتی سے متعلق کئے جانے والے اقدامات کو بیان کیا ہے، یہ مضمون 6/فروری 1983ء میں دکن کرانیکل میں شائع ہوا تھا۔

اپنی تصنیف شاہانِ آصفیہ کی رواداری اور ہندومسلم روایات میں ڈاکٹر شیلا راج آصف سابع میر عثمان علی خاں کی رواداری سے متعلق لکھتی ہیں:

''میر عثمان علی خان آصف سابع ایک نیک دل، ہمدرد، فیاض، غرباء پرور، فریس، مدبر اور روادار انسان تھے، آپ کی ریاست حیدرآباد کی اپنی ایک بے مثال تہذیب تھی، ایک کلچر تھا اور اس کا اپنا نظام مملکت، آپ کی سلطنت میں ہندو بھی تھے، سکھ، عیسائی، پارسی اور مسلمان بھی تھے، اور سب شیر وشکر کی طرح رہتے تھے، نہ کبھی ہندو مسلم فساد ہوا نہ کبھی خون کی ندیاں بہیں، نہ

کبھی یہاں تعصب کو بڑھاوا دیا گیا، تمام رعایا آصف سابع کی رواداری کا دم بھرتی تھی۔ خود آصف سابع مساوات اور یکجہتی میں یقین رکھتے تھے اور سب کے ساتھ آپ کا یکساں سلوک تھا، 1935ء تک حیدرآباد ترقی کی راہ پر گامزن تھا۔'' ۲۲

ڈاکٹر شیلا راج کی تصانیف کی جملہ تعداد 8 ہے، جو تمام ہی کسی نہ کسی واسطے سے آصف جاہی عہد اور حکمرانوں سے متعلق ہیں، ان کی ان تصانیف میں ایک سفر نامہ ''توشۂ عاقبت'' فارسی کا ترجمہ ہے، جس میں راجہ گردھاری پرشاد باقؔی بنسی راجہ نے اعلیٰ حضرت میر محبوب علی خاں آصف سادس کے ساتھ کئے گئے سفروں کے حالات کو بیان کیا ہے جو تاریخی، ثقافتی اور سماجی اہمیت کے حامل ہیں، جس کا ترجمہ اردو میں ڈاکٹر شیلا راج نے کیا ہے۔

ڈاکٹر شیلا راج کی ایک اور تصنیف جو فارسی سے اردو میں ترجمہ کی گئی ہے ''شاہی شادی'' ہے، جس میں اعلیٰ حضرت حضور میر محبوب علی خان آصف سادس کی ہمشیرہ نجیب النساء بیگم کی شادی کی تمام رسومات اور روایات کا تفصیلی ذکر ملتا ہے، ڈاکٹر شیلا راج ایک ریسرچ اسکالر تھیں، انہوں نے Ph.D کا تحقیقی مقالہ آصف جاہی عہد سے متعلق ہی لکھا تھا، جس کا عنوان ''عہد وسطی سے عہد حاضر تک حیدرآباد کی معاشی وتہذیبی تاریخ 1869ء تا 1911ء ہے، دراصل یہ آصف جاہ سادس کا دور حکمرانی کا زمانہ تھا جس میں انہوں نے ریاست حیدرآباد کی سماجی، معاشی اور تہذیبی زندگی کے مختلف پہلوؤں کا جائزہ لیا ہے۔

ڈاکٹر شیلا راج نے ایک انگریزی تصنیف ''ایک عہد کی کہانی۔ حیدرآباد نظاموں کے دور میں 1828ء تا 1896ء'' کے عنوان پر لکھی ہے، جس میں راجہ گردھاری پرشاد باقؔی کے عہد میں حیدرآباد ریاست کے سیاسی، سماجی اور تہذیبی ومعاشی حالات کا احاطہ کیا گیا ہے، یہ باقؔی کی سوانح عمری ہے۔

ڈاکٹر شیلا راج کی تصنیف جو اردو سے انگریزی زبان میں ترجمہ ہے، جس کا عنوان

''مملکت آصفیہ'' ہے جس میں آصف جاہی سلطنت کے زرین عہد کے حالات کی مکمل عکاسی کی گئی ہے۔

ڈاکٹر شیلا راج کی ایک اور تصنیف ''شاہان آصفیہ کی رواداری اور ہندو مسلم روایات'' کے عنوان سے شائع ہوئی ہے، جس میں انہوں نے آصف جاہ سادس اور آصف جاہ سابع کی رواداریوں، وسیع النظری، روشن خیالی، دوراندیشی، محبت واخوت، ہندو مسلم اتحاد کو نمایاں انداز میں پیش کیا ہے، جو ایک قیمتی اثاثہ ہے، ڈاکٹر شیلا راج نے شاعری کے دو دیوان بھی مرتب کئے ہیں، ایک ''دیوان عالیؔ'' راجہ نرسنگ راج عالیؔ اور دوسرا ''دیوان محبوب راجہ محبوب راج محبوبؔ'' ان دو شاعروں کا تعلق بھی آصف جاہی دربار سے تھا۔ بہرحال ڈاکٹر شیلا راج کی تحریروں کا محور ہی آصف جاہی عہد رہا ہے، انہوں نے آصفی دور کے کارناموں کو اجاگر کرنے میں کوئی کسر باقی نہیں چھوڑی ہے، جس کا مقصد صرف اور صرف اصل حقائق کو عوام الناس کے سامنے پیش کرنا ہے کہ کس طرح آصف جاہی حکمرانوں نے اپنے دور حکمرانی میں تمام ہی مذاہب کا احترام کیا اور انہیں ایک نظر سے دیکھا، ساتھ ہی عوام سے ہمدردانہ برتاؤ روا رکھا اور ریاست کی ترقی کے لئے جدوجہد کی اور مذہبی رواداری کو ملحوظ رکھا۔ بحالت موجودہ ہمارے ملک میں ایسا معلوم ہوتا ہے کہ قومی یکجہتی کے استحکام، سماجی انصاف اور سیکولرازم کے تحفظ کے سلسلہ میں مختلف سیاسی جماعتوں کے دعوے سیاسی مفادات حاصلہ کے لئے کئے گئے، آزادی کے حصول کے بعد نصف صدی سے زائد طویل عرصہ گذر جانے کے باوجود فسطائی جارحیت پسند فاشسٹ عناصر نے فرقہ وارانہ ہم آہنگی اور سماجی انصاف، پاکیزہ خوشحالی سماجی انسانی اور اخلاقی اقدار کے نصب العین کی تکمیل کے خواب کو ابھی تک شرمندہ تعبیر ہونے نہیں دیا، ڈاکٹر شیلا راج کی بصیرت کا واضح ثبوت ان کی آصف جاہی حکمرانوں کے دور کا سماجی سیاسی اور ثقافتی حالات کا احاطہ کرنے والی تصانیف سے بخوبی مل سکتا ہے، انہوں نے اپنی تصانیف کے ذریعہ عہد آصفیہ کے بے مثال

کارناموں اور گنگا جمنی تہذیب کو پروان چڑھانے میں سلاطین دکن کے فقید المثال رول کو اجاگر کرتے ہوئے انسانی ضمیر کو بیدار کرنے کی قابل قدر کوششیں کی ہیں، جو اہل وطن کو دعوت فکر دے رہی ہیں۔

ڈاکٹر شیلا راج کی تصانیف کا بطور تاریخی حوالے استعمال:

ڈاکٹر شیلا راج حیدرآباد دکن کی ایک عظیم خاتون تاریخ داں تھیں، جنہوں نے مستند حوالوں کے ذریعہ اپنی تصانیف کو معتبر بنایا تھا، انہوں نے محنت شاقہ کے ذریعہ اپنا تحقیقی کام انجام دیا ہے، دور حاضر میں کئی ایک ایسے واقعات پیش آرہے ہیں کہ جس میں تاریخی اثاثہ کو بطور حوالہ استعمال کیا جارہا ہے، ڈاکٹر شیلا راج کی تصانیف کو حکومت کے معاملات میں بطور حوالے کے دو مثالیں پیش کی جارہی ہیں، جس کا مقصد آصف جاہی عہد اور ڈاکٹر شیلا راج کے تعلق کو واضح کرنا ہے۔

(۱) تلنگانہ کے مسئلہ پر سری کرشنا کمیٹی نے اپنی رپورٹ حکومت ہند کو پیش کی تھی، اس رپورٹ کے صفحہ نمبر 296 پر یہ بات کہی گئی ہے کہ ''آصف جاہوں نے تلنگانہ میں آبپاشی پراجیکٹس شروع نہیں کئے تھے،'' جس کا نوٹ لیتے ہوئے ڈاکٹر بھاسکر راؤ کیوریٹر HEH دی نظامس میوزیم حیدرآباد نے اپنے ایک بیان میں ڈاکٹر شیلا راج کی کتاب ''عہد وسطی سے عہد حاضر تک حیدرآباد کی سماجی، معاشی وتہذیبی تاریخ 1869ء تا 1911ء کا حوالہ دیتے ہوئے کہا کہ اس دور میں بڑی آبپاشی اسکیمیں شروع کی گئی تھیں، جن میں Benour اریگیشن پراجکٹ، محبوب نگر پراجیکٹ، راج کلوں پراجکٹ، موسیٰ پیٹ پراجیکٹ، سکناورم اور آصف نگر پراجیکٹس شامل ہیں، ان کی کتاب میں تنگا بھدرا ڈیم کا بھی تذکرہ کیا گیا ہے، (روزنامہ سیاست حیدرآباد، صفحہ نمبر ۱۰، یکم فروری ۲۰۱۱)

اس حوالے سے اندازہ ہوتا ہے کہ ڈاکٹر شیلا راج کا جو کام عہد آصفی پر رہا ہے وہ کتنا مستند اور معیاری تھا، اسی وجہ سے انہیں آصف جاہی دور پر اتھاریٹی سمجھا جاتا ہے۔ایک اور مثال جس سے آصف جاہی عہد اور ڈاکٹر شیلا راج کی اس سے گہرے لگاؤ کی تصدیق ہوتی ہے ، یہاں جس کو پیش کیا جارہا ہے۔

(۲) 5رجنوری 2004ء بروز پیر ہندوستان ٹائمز کی اطلاع کے مطابق وزیراعظم ہندوستان اٹل بہاری واجپئی نے مشورہ دیا تھا کہ پہلی جنگ آزادی 1857ء کی 150ویں سالگرہ ہندوستان، پاکستان اور بنگلہ دیش متحدہ طور پر منا سکتے ہیں جو کہ انگریزوں کے خلاف اعلان جنگ تھا،لیکن مسعود خان وزیر خارجہ پاکستان نے اس مشورہ کو رد کردیا، جو دینک بھاسکر ہندو روزنامہ 6رجنوری 2004ء کو شائع ہوا تھا،جس پر ونگ کمانڈر HKلال (ریٹائرڈ) جے پور نے اٹل بہاری واجپئی اور اے پی جے عبدالکلام صدر جمہوریہ ہند کو ایک مکتوب روانہ کیا کہ دراصل یہ پہلی جنگ آزادی نہیں تھی بلکہ انگریزوں کے خلاف مسلمانوں کا جہاد تھا،جس کے حوالے کے طور پر مختلف کتابوں کے حوالے دیئے گئے ،جن میں ڈاکٹر شیلا راج کی کتاب ''ایک عہد کی کہانی حیدرآباد نظاموں کے دور میں 96-1828ء'' حوالہ دیا گیا کہ یہ دراصل پہلی جنگ آزادی نہیں ہے اور اس کی 150 سالہ سالگرہ مسلمان نہیں منائیں گے، کیونکہ یہ ہندوستان میں پہلا اسلامی جہاد تھا اور اس مسئلہ پر تحقیق کے لئے ایک کمیٹی بنائی جائے اور واقعہ کو صحیح ہونے پر تاریخ کے نصاب میں اس کو داخل کرنے کا مطالبہ کیا گیا۔ 04

(لیٹر HKلال ونگ کمانڈر، جے پور 2004-1-14).

(ہندوستان ٹائمز جے پور صفحہ نمبر 7۔20-01-05)

ڈاکٹر شیلا راج کے سب سے بڑے کارنامے سے متعلق سید رفیع الدین قادری لکھتے ہیں:

''آپ کا سب سے بڑا کارنامہ آصف جاہی دور پر تحقیق اور اس دور کو موجودہ زمانے

میں روشناس کرانا ہے، ان کارہائے نمایاں کے لئے انہوں نے اپنی پوری زندگی وقف کردی، اس ضمن میں خواتین میں ان کا کوئی ثانی نہیں ہے تادم آخر وہ آصف جاہوں پر تحقیق کرتی رہیں، ان کی آخری غیر مطبوعہ معرکتہ الآراء کتاب Emergence of New era Mir Osman Ali Khan موجود ہے، انہوں نے سات ابواب بنائے تھے، جس میں سے تین مکمل کئے اور چار کا خاکہ تیار رکھا تھا، افسوس یہ کارنامہ ادھورا رہ گیا۔'' ۲۳؎

اپنی تصانیف کے باعث ڈاکٹر شیلا راج آصف جاہی حکمرانوں کے بارے میں اتھاریٹی سمجھی جاتی تھیں، انہوں نے عہد آصفیہ کے بارے میں تاریخی حقائق کو تفصیل سے پیش کیا ہے، ساتھ ہی آصف جاہی حکمرانوں کی انسانیت دوستی، رعایا پروری اور حسن انتظام ان کی تحقیق کا موضوع رہا ہے۔ ۲۳؎

ڈاکٹر شیلا راج کی تصنیف ''شاہی شادی'' جو کہ قدیم تہذیب وثقافت کی تاریخ ہے، جس میں آصف جاہی دور کی شادی کے رسوم و رواج کو بیان کیا گیا ہے، جس کے ذریعہ انہوں نے قدیم تہذیب وتمدن کے استحکام کے لئے اہم رول انجام دیا ہے۔ جس سے نئی نسل بھی قدیم تہذیب وتمدن سے واقف ہوسکتی ہے، دور حاضر میں تہذیب کے چراغ ٹمٹاتے ہوئے دکھائی دے رہے ہیں، ایسے میں انہوں نے قدیم تہذیب کو اپنی تصنیف میں پیش کر کے تہذیب و تمدن کی اقدار کو روشناس کروایا ہے۔

ڈاکٹر شیلا راج کے متعلق اپنے مضمون میں ڈاکٹر عسکری صفدر رقم طراز ہیں:

''ڈاکٹر شیلا راج بھی ایک مصنفہ ہیں، جنہیں عہد آصفیہ سے لگاؤ ہے، ان کی کتاب شاہان آصفیہ کی رواداری اور ہندو مسلم روایات ایک گرانقدر تصنیف ہے۔'' ۲۴؎

ڈاکٹر شیلا راج کی تصانیف میں ریاست حیدرآباد کی گنگا جمنی تہذیب کی عظیم تر خوبیوں کی خوبصورت عکاسی کی ہے، یہاں تک کہ تہذیب اور روایتی اقدار کو جاگیردارانہ ماحول

میں برقرار رکھنے میں ہندو اور مسلمانوں کے عمل کو بھی اجاگر کیا ہے، ان کی تصانیف ایک قابل قدر علمی کارنامہ ہے، ہندوستان کی کسی بھی ریاست میں وہاں کی لسانی تہذیبی، سیاسی اور معاشی صورتحال کو اجاگر کرنے کے لئے گرانقدر کوشش نہیں کی گئی۔

ڈاکٹر شیلا راج نے آصف جاہی عہد کے 200 سالہ دور حکمرانی میں ریاست حیدرآباد میں ہونے والی تبدیلیوں اور مختلف شعبوں بشمول تعلیمی، صنعتی اور، معاشی ترقیوں کیلئے حکومت کی جدوجہد کی عکاسی کی ہے، آصف جاہی عہد میں فرقہ وارانہ ہم آہنگی خوشحالی اور امن و سکون کا ماحول تھا، اس دور میں حیدرآباد کے جدید نظم ونسق کی سرگرمیوں اور دستوری تبدیلیوں سے اپنی تحریروں کے ذریعہ نئی نسل کو روشناس کروانے کی ایک کامیاب کوشش کی ہے، جس کی جتنی بھی تعریف کی جائے کم ہے۔

☆☆☆☆☆

حوالے:

(۱) مرتب ڈاکٹر عبدالحئی، مملکت آصفیہ، ص 77,78

(۲) مرتب ڈاکٹر عبدالحئی، مملکت آصفیہ، صفحہ 83,84

(۳) مرتب: ڈاکٹر عبدالحئی، مملکت آصفیہ، ص 85,86

(۴) مرتب ڈاکٹر عبدالحئی، مملکت آصفیہ،، ص 95,96

(۵) مرتب ڈاکٹر عبدالحئی، مملکت آصفیہ، ص 103

(۶) مملکت آصفیہ /http://urwikipedia.org/wiki

(۷) مملکت آصفیہ، مرتب ڈاکٹر عبدالحئی ص 118

(۸) مرتب، ڈاکٹر محمد عبدالحئی، مملکت آصفیہ، ص 121

(۹) مرتب، ڈاکٹر عبدالحئی، مملکت آصفیہ، ص 128,129

(۱۰) مرتب، ڈاکٹر عبدالحئی مملکت آصفیہ، ص 131

(۱۱) مملکت آصفیہ /http://urwikipedia.org/wiki

(۱۲) طیبہ بیگم، آصف سابع میر عثمان علی خان، ص 60

(۱۳) طیبہ بیگم، آصف سابع میر عثمان علی خان، ص 61,60

(۱۴) نواب اختریار جنگ، نواب فصاحت جنگ، تاریخ دکن، ص 490

(۱۵) نواب اختریار جنگ، نواب فصاحت جنگ، تاریخ دکن، ص 492

(۱۶) مرتب ڈاکٹر عبدالحئی، مملکت آصفیہ، ص 160

(۱۷) مرتب ڈاکٹر عبدالحئی، مملکت آصفیہ، ص 164

(۱۸) طیبہ بیگم، آصف سابع میر عثمان علی خان ص 63

(۱۹) پروفیسر مجید بیدار، جامعہ عثمانیہ کی خدمات تاریخ زبان وادب، ص 305,306

(۲۰) میر عثمان علی خان آصف سابع ،فرمان 1357ھ رسالہ اتحاد دکن عرف پیغام امن وامان ،ص 3

(۲۱) ڈاکٹر شیلا راج ،مضمون کنگ کوٹھی ،9/اکتوبر 1994ء

(۲۲) ڈاکٹر شیلا راج ،شاہانِ آصفیہ کی رواداری اور ہندو مسلم روایات 71,72

(۲۳) سید رفیع الدین قادری، مضمون ڈاکٹر شیلا راج ،تاریخ دکن کی تاریخ داں ، روزنامہ اعتماد 18-07-2011

(۲۴) ڈاکٹر عسکری صفدر، مضمون حیدرآباد کی معاصر خواتین ادیب، ماہنامہ قومی زبان اپریل 2013ء ص 20

☆☆☆☆☆

باب ہشتم

مشاہیر ادب کی آراء

باب ہشتم

مشاہیر ادب کی آراء

ڈاکٹر شیلا راج اپنی زندگی کے علمی، سماجی وتہذیبی سفر میں حیدرآباد اور بمبئی میں قیام پذیر رہیں۔اور اپنے آپ کو علمی و ادبی سرگرمیوں سے وابستہ رکھا اور مختلف محققین ،تاریخ داں ،نقاد، ادیبوں، شاعروں ادرانشوروں سے استفادہ کیا۔

ڈاکٹر شیلا راج کی مختلف تصانیف پر متعدد احباب نے مختلف اخبارات ورسائل میں تبصرے کئے اوران کی تحریروں کو سراہا ہے، چند احباب نے خطوط کے ذریعہ بھی ان کی تصانیف کو وقت کی اہم ضرورت قرار دیا ہے اوران کی تحریروں کی خوب پذیرائی کی ہے، اوراپنی قیمتی آراء سے نوازا، جن میں محترم عابد علی خاں، پروفیسر نظام الدین گوریکر، پرنس مفخم جاہ، پروفیسر مغنی تبسم، پروفیسر سلیمان اطہر جاوید، ذہانت علی بیگ، محترم زاہد علی خاں، رشید انصاری، ڈاکٹر داؤد اشرف، پروفیسر اشرف رفیع محمود بن محمد اور ڈاکٹر حبیب نثار وغیرہ جیسی مایہ ناز ہستیاں شامل ہیں۔

محترم عابد علی خان مرحوم سابقہ ایڈیٹر روزنامہ سیاست حیدرآباد نے ڈاکٹر شیلا راج کی ترجمہ کردہ تصنیف ''شاہی شادی'' سے متعلق لکھا ہے:

> ''شیلا راج صاحبہ قابل مبارکباد ہیں کہ انہوں نے فارسی کی اس انمول تصنیف کے کام کو اردو میں منتقل کر کے ایک بجھتی ہوئی شمع کی لو کو پھر سے روشن کرنے کی ایک کامیاب کوشش کی ہے۔'' [1]

محترم عابد علی خاں صاحب کے تاثرات سے اندازہ ہوتا ہے کہ ڈاکٹر شیلا راج نے شاہی شادی کا فارسی سے اردو میں ترجمہ کر کے واقعی ایک عظیم کارنامہ انجام دیا ہے، کیونکہ ''شاہی شادی'' میں سابق حیدرآباد ریاست اور مغلیہ طرز کی تہذیب کی شاندار عکاسی کی گئی ہے، جس سے نئی نسل کا واقف ہونا نہایت ہی ضروری امر ہے۔

<u>پروفیسر نظام الدین گوریکر</u> نے ڈاکٹر شیلا راج کی ترجمہ کردہ تصنیف پر تبصرہ کرتے ہوئے ان کی اس تصنیف کے ترجمہ کو اصل سے بڑھ کر قرار دیا ہے، وہ لکھتے ہیں:

> ''حیدرآباد کی سنجیدہ تعلیم یافتہ خاتون مسمی بہ ڈاکٹر شیلا راج نے ''شاہی شادی'' کو اردو کے قالب میں ڈھالا ہے ،ڈاکٹر شیلا راج کی یہ تالیف اگرچہ ترجمہ ہے، تاہم اصل سے بڑھ کر ہے اور اردو کے ذخیرے میں زبردست اضافہ کی حیثیت رکھتی ہے، امید کی جاتی ہے اس کی خوب پذیرائی ہوگی اور اس طرح ڈاکٹر راج کی محنت کی داد دی جائے گی۔''[۲]

پروفیسر گوریکر نے جس طرح سے ڈاکٹر شیلا راج کی ترجمہ کردہ تصنیف کو اصل سے زائد قرار دیا ہے، اس کی وجہ بھی یہی ہے کہ انہوں نے ترجمہ تو انجام دیا ہی ہے، لیکن صحیح انداز اور معتبر حوالوں کے ذریعہ اسے ایک تصنیف کا درجہ دیا ہے۔ ڈاکٹر شیلا راج قدیم حیدرآبادی تہذیب کی نمائندہ تھی ،انہوں نے دور حاضر میں ایک پل کا کام انجام دیا ہے کیونکہ سابقہ تہذیب کو نئی تہذیب سے روشناس کروایا ہے، جو ایک عظیم کارنامہ سے کم نہیں ہے۔

1984ء میں توشہ عاقبت کی رسم اجراء کے بعد محترم نرہر راج ساقی صاحب کو لکھے گئے ایک خط میں **<u>محترم عابد علی خاں صاحب مرحوم، سابق مدیر سیاست حیدرآباد</u>** نے قدیم تہذیب کو زمانہ حال کے نوجوانوں کے سامنے پیش کرنے کی اہمیت کو اجاگر کرتے ہوئے لکھا ہے:

''بزرگوں کو یاد کرنا اوران کے بلند پایہ اخلاق وتہذیب
کوزمانہ حال کے نوجوانوں کے سامنے پیش کرنا آج انتہائی
ضروری ہوگیا ہے، اسلاف کی خدمات ان کے کارنامے اور
ہماری روایات کو اگر محفوظ نہیں کیا گیا تو مستقبل میں شاید یہ
فراموش کردیئے جائیں، اسی لئے سیاست کی یہ کوشش رہی ہے
کہ ہماری تاریخ کے ان گوشوں کو پھر سے نمایاں کیا جائے ،
آپ ہمارے بزرگ ہیں شکریہ تو مجھے ادا کرنا چاہئے کہ عزیزی
شیلا راج کی وجہ سے ہم یہ سفرنامہ پیش کرسکے۔'' ۳

عابد علی خان صاحب کے اس اقتباس سے ڈاکٹر شیلا راج کے ترجمہ کردہ تہذیبی روایات پر مشتمل تصنیف کی اہمیت واضح ہوتی ہے، بزرگوں کے اخلاق و کردار کو نئی نسل میں منتقل کرنا بہت ہی اہم ذمہ داری اور ایک کارنامہ وخدمت ہے، جس کو ڈاکٹر شیلا راج نے بڑی خوبی کے ساتھ انجام دیا۔ ڈاکٹر شیلا راج کی ترجمہ کردہ تصنیف ''توشئہ عاقبت'' پر تبصرہ کرتے ہوئے ۔، **ذہانت علی بیگ** نے علاقہ دکن کے عوام کو اپنی بھولی ہوئی تہذیب یاد دلانے کی ڈاکٹر شیلا راج کی کوشش کو کامیاب قرار دیا، وہ لکھتے ہیں:

''راجہ گردھاری پرشاد باقی کے خاندان کی ایک خاتون
نے اپنے جد امجد کی یاد تازہ کرنے اور دکن والوں کو ان کی
بھولی ہوئی تہذیب وروایات یاد دلانے کے لئے بنسی راجہ
کے چند فارسی سفرناموں کو کتاب کی شکل میں شائع کروایا ہے
یہ خاتون ڈاکٹر شیلا راج ہیں۔'' ۴

ڈاکٹر شیلا راج کو فارسی ، اردو اور انگریزی زبان پر عبور تھا، انہوں نے ترجمہ نگاری پر

خاص توجہ مرکوز کی اور فارسی کی کتابوں کو اردو زبان میں منتقل کیا اور ترجمہ آسان اور سلیس اور ترجمہ نگاری کے اصولوں کو ملحوظ رکھتے ہوئے، تاریخی کارنامہ انجام دیا، ان کو ادب کے ساتھ ہی تاریخ سے کافی دلچسپی تھی، یہی وجہ رہی کہ انہوں نے قیمتی کتابوں کا ترجمہ بھی کیا اور شاعری کے مجموعوں کو بھی مرتب کیا اس سے ان کے زبانوں پر عبور کی تصدیق ہوئی ہے۔

<u>پرنس مفخم جاہ بہادر</u> نے ڈاکٹر شیلا راج کی تصنیف پر تبصرہ کرتے ہوئے ان کی تصنیف کو حیدرآباد کی تصویر قرار دیا ہے وہ رقم طراز ہیں:

> ''ڈاکٹر راج کی تصنیف ریاست حیدرآباد کی تصویر ایک سماجی معاشی اور تہذیبی تصویر ہے، یہ ایک نہیں بلکہ دو وجوہات کی وجہ سے بے حد قیمتی ہے ا، یک تو یہ کہ ہندوستان کے سابق والیان ریاست کی ابتدائی تاریخ کو انہوں نے اس وقت کے پیچیدہ اور پُرآشوب دور کو سمجھ کر تصویر کشی کی، ہماری ملکی تاریخ میں انہوں نے ہمارے تاریک ماضی کو روشن کیا ہے اور ایک ہندوستانی ریاست کے سیاسی و شخصی چوکھٹے پر خصوصی اور کارآمد توجہ کی ہے، اس موضوع پر اس طرح کے کام کی سخت ضرورت تھی اور ان کے کمال سلیقہ سے ڈاکٹر راج اپنی صلاحیتوں کے لئے ستائش کی مستحق ہیں۔'' ۵

بقول پرنس مفخم جاہ بہادر، ڈاکٹر شیلا راج نے ملکی تاریخ میں ہمارے تاریک ماضی کو روشن کیا ہے'' واقعی ڈاکٹر شیلا راج ہمارے لئے قابل مبارکباد ہیں کہ انہوں نے مسلمانوں کی سچی تصویر ملک کے عوام کے سامنے رکھی اور یہ بات واضح کی کہ مسلم حکمران قومی یکجہتی اور مذہبی رواداری کے پابند رہے، وہ دیگر مذاہب میں کوئی تفرقہ نہیں ڈالتے تھے، بلکہ ساری انسانیت کو

ایک ساتھ لے کر چلتے ہیں اور امن وامان کی برقراری کے لئے آخر وقت تک کوشش کرتے رہے، ڈاکٹر شیلا راج کی اہمیت ادب میں اس وجہ سے بھی زیادہ بڑھ جاتی ہے کہ وہ ہندو مذہب کے کائستھ خاندان سے تعلق رکھتی ہیں اور انہوں نے دکن کے مسلم حکمرانوں کے کارناموں کواجاگر کیا ہے، اس طرح انہوں نے حیدرآباد کی گنگا جمنی تہذیبی روایت کی ایک اچھی بنیاد ڈالی ہے، آج حیدرآباد کی مثالی تہذیب اور فرقہ وارانہ یکجہتی کوسب بھول چکے ہیں ایسے میں انہوں نے ہمیں اپنا ماضی یاددلانے کی کامیاب کوشش کی ہے، ضرورت اس بات کی ہے کہ ہم تاریخ کا مطالعہ کرتے ہوئے سابقہ ریاست حیدرآباد کے والیان کی مذہبی رواداری اور بھائی چارگی پر قائم رہتے ہوئے اپنی ریاست میں امن وامان قائم رکھیں۔

ڈاکٹر شیلا راج کی تحقیقی وشعرفہمی کی خصوصیات کوبھی اردو کے نقادوں اور مشاہیر نے قدر کی نگارہ سے دیکھا ہے۔

<u>پروفیسر سلیمان اطہر جاوید</u>، ڈاکٹر شیلا راج کی شعرفہمی سے متعلق لکھتے ہیں:

> ''یہ تو راجہ محبوب راج کی پڑپوت بہو ڈاکٹر شیلا راج کی شعرفہمی اور سخن دوستی کی داد دیجئے کہ انہوں نے کلام محبوب کی اشاعت کا بیڑہ اٹھایا اور ''دیوان محبوب'' کے بعنوان اس کی اشاعت عمل میں لائی، پروفیسر مغنی تبسم اور ڈاکٹر شیلا راج کی مضامین کی شمولیت سے ان کا کلام اور معنویت کا حامل ہوگیا'' ۶

پروفیسر سلیمان اطہر جاوید کے ان تعریفی وتوصیفی کلمات کی وجہہ سے ڈاکٹر شیلا راج کا اردو ادب میں اونچا مقام واضح ہوجاتا ہے، اردو ادب کی تاریخ میں ڈاکٹر شیلا راج کو اس لیے بھی یاد رکھا جائیگا کہ انہوں نے راجہ نرسنگ راج عالؔی اور راجہ محبوب راج محبوؔب کے کلام کو جو

بیاضوں میں محفوظ تھا، مرتب کر کے شائع کیا اور ادب کے خزانہ میں قیمتی اضافہ کیا ہے۔

اردو شعر وادب کے فروغ میں غیر مسلم شعرا اور ادیبوں نے گراں قدر خدمات انجام دی ہیں، جس کی ایک مثال ڈاکٹر شیلا راج ہیں، **رشید انصاری** نے اپنے مضمون ''ادب میں غیر مسلم کا کردار'' میں جو باتیں لکھی ہیں، اس سے ڈاکٹر شیلا راج کی اردو ادب میں اہمیت بڑھ جاتی ہے، رشید انصاری لکھتے ہیں:

> ''ماضی کی طرح آج بھی اردو زبان وادب کے فروغ میں غیر مسلم اہم کردار ادا کر رہے ہیں اور جو لوگ اردو کو صرف مسلمانوں کی زبان قرار دیتے ہیں، وہ دنیا کو گمراہ کرنے کی کوشش میں کامیاب نہیں ہوسکیں گے بشرطیکہ ڈاکٹر شیلا راج جیسے لوگ اردو کے قافلے میں شامل رہیں۔''

وہ آگے مزید لکھتے ہیں:

> ''ڈاکٹر شیلا راج کا دیباچہ جو بڑی محنت سے لکھا گیا ہے قابل مطالعہ ہے۔ روایتی ہندوستانی بہو کی طرح ڈاکٹر شیلا راج نے خود کو سسرال اور خاندان کے ورثے اور اعلیٰ روایات واقدار کا محافظ ثابت کرتے ہوئے محبوب راج محبوب کے کلام کو زیور طباعت سے آراستہ کر کے اس کے تحفظ کا سامان کیا ہے۔'' ؎

دور حاضر میں لوگ انگریزی زبان کو سیکھنے اور انگریزی میں تعلیم حاصل کرنے کو فخر محسوس کر رہے ہیں، ایک ایسے وقت میں اردو زبان وادب سے لوگوں کی دلچسپی کم ہوتی جارہی ہے ایک غیر مسلم ادیب کی اردو تصانیف سے یہ امید کی جارہی ہے کہ ابھی اردو کا مستقبل روشن ہے۔

ڈاکٹر داؤداشرف نے ڈاکٹر شیلا راج کو ایک ممتاز محقق اوران کی تصانیف کو اہم تحقیقی کتابیں قرار دیتے ہوئے لکھا ہے کہ:

''ممتاز محقق ڈاکٹر شیلا راج کے انیسویں اور بیسویں صدی کے حیدرآباد پر تحقیقی کام قابل قدر ہے، اس دور کے حیدرآباد پر ڈاکٹر شیلا راج کی کئی اہم انگریزی اور اردو تصانیف اور متعدد مقالے شائع ہو چکے ہیں، ان کی انگریزی کتاب Mediaevalism to Modernism بے حد اہم تحقیقی کتاب ہے۔'' 8

ڈاکٹر سید داؤداشرف کے اس اقتباس سے اندازہ ہوتا ہے کہ ڈاکٹر شیلا راج ایک ممتاز مورخ اور محقق خاتون تھیں، ان کا تحقیقی کام انتہائی معیاری اور قابل قدر تھا، انہوں نے تحقیق میں معیار کو قائم رکھا اور صحیح حق ادا کرنے کی کوشش کی ہے، ان کی تحقیقی تصنیف ''عہد وسطی سے عہد حاضر تک حیدرآباد کی سماجی، معاشی تہذیبی تاریخ'' ایک کارنامہ سے کم نہیں ہے، جو آصف سادس میر محبوب علی خاں کے دور حکمرانی 1869ء تا 1911ء کا احاطہ کرتی ہے۔

پروفیسر اشرف رفیع نے ڈاکٹر شیلا راج کو ایک اچھی استاد قرار دیا ہے اوران کے اردو ادب میں مقام کو متعین کرتے ہوئے کہا ہے کہ:

''شیلا راج اچھی استاد بھی تھیں، تاریخ اور اردو زبان وادب پر ان کی گہری نظر تھی، انہیں ہندو مسلم یکجہتی کا پیکر کہنا چاہئے، ایک ماہر تعلیم کی حیثیت سے انہوں نے زندگی بسر کی، وہ اردو ہندی فارسی اور انگریزی زبانوں سے واقف تھیں، انگریزی میں بھی ان کی کتابیں اور کئی مقالے موجود ہیں۔'' 9

پروفیسر اشرف رفیع نے ڈاکٹر شیلا راج کو ایک ماہر تعلیم قرار دیا ہے اوران کے مرتب کرد، دیوان، دیوان عالی کو شعری مجموعہ ہی نہیں، ایک تہذیبی اور تاریخی کارنامہ بھی کہا ہے۔

محمود بن محمد نے ڈاکٹر شیلا راج کو حیدرآبادی تہذیب کا نمونہ قرار دیا ہے، وہ اظہار خیال کرتے ہوئے فرماتے ہیں:

''ڈاکٹر شیلا راج حیدرآبادی تہذیب کا نمونہ تھیں، ایسے لوگ بڑی نعمت ہوتے ہیں، انہوں نے ایک عالم کی زندگی گذاری اور تاریخ وتحقیق کے لئے خود کو وقف کردیا، ڈاکٹر شیلا راج آج ہم میں نہیں لیکن تاریخ اور اردو ادب کو ان کی اتنی دین ہے کہ دنیائے شعروادب میں وہ ہمیشہ یاد رکھی جائیں گی۔'' ۱۰

محمود بن محمد صاحب کے الفاظ سے اس بات کی وضاحت ہوتی ہے کہ تاریخ اور اردو ادب کو ڈاکٹر شیلا راج نے اپنی تحریروں اور تصانیف کے ذریعہ بہت کچھ دیا ہے، جس کی وجہ سے انہیں تاریخ اور اردو ادب میں ہمیشہ یاد رکھا جائے گا۔

اردو ادب میں ڈاکٹر شیلا راج کا مقام متعین کرنے کے لئے مندرجہ بالا متن میں مختلف مشاہیر ادب کی رائے شامل کرتے ہوئے ڈاکٹر شیلا راج کی شخصیت اور تحریروں کو وقت کی اہم ضرورت اور اردو ادب کے خزانے میں قیمتی اضافہ ثابت کرنے کی کوشش کی گئی ہے، **ڈاکٹر حبیب نثار شعبۂ اردو حیدرآباد سنٹرل یونیورسٹی**، ڈاکٹر شیلا راج کی خدمات کو یوں خراج پیش کرتے ہیں:

''ڈاکٹر شیلا راج کا تعلق ایک قدیم کائستھ گھرانے سے ہے، ڈاکٹر شیلا راج نے اردو اور تاریخ میں ایم اے کیا ہے اور تاریخ میں ڈاکٹریٹ کی ڈگری حاصل کی ہے، اردو شعروادب کا اچھا ذوق رکھتی ہیں اسی وسیلہ سے اردو دنیا سے وابستہ تھیں، آپ کے اکثر و بیشتر مضامین دکن

تاریخ کے گمشدہ واقعات یا پھر حیدرآباد کی مشترکہ تہذیب اور یہاں کی روایات سے متعلق روزنامہ سیاست اور ماہنامہ سب رس میں شائع ہوئے ہیں، ڈاکٹر شیلا راج نے اردو میں ''توشۂ عاقبت، شاہی شادی، دیوان محبوبؔ، شاہان آصفیہ کی رواداری اور ہندو مسلم روایات'' جیسی تہذیبی کتابیں مرتب وشائع کی ہیں اورانہوں نے اپنے داداخسر کے اردو کلام کو یکجا کرتے ہوئے ''دیوان عالیؔ'' مرتب وشائع کیا ہے، جو حیدرآباد دکن کی تہذیبی روایات پر مشتمل کلام پر مبنی ہے۔ عصر حاضر کی فرقہ وارانہ عصبیت کے تناظر میں ڈاکٹر شیلا راج کی تصانیف مشترکہ تہذیب اور قومی یکجہتی کے شہ پاروں کی حیثیت رکھتے ہیں۔'' ۱۱

<u>پروفیسر مغنی تبسم</u> سابق معتمد عمومی ادارہ ادبیات اردو حیدرآباد ڈاکٹر شیلا راج کے مرتب کردہ دیوان محبوبؔ کی اہمیت سے متعلق لکھتے ہیں۔

''محبوبؔ راج کا کلام بیاضوں میں محفوظ ہے، اشاعت سے محروم رہنے کے سبب وہ سخن شناسوں کی نظر سے دور رہا، محترمہ شیلا راج صاحبہ نے اس کی اشاعت کا بیڑہ اٹھایا ہے، جب یہ دیوان شائع ہو کر سخن شناسوں تک پہنچے گا تو یقین ہے کہ اہل اردو اس کی قدر و قیمت سے آشنا ہوں گے اور اردو شاعری میں ان کو وہ مقام حاصل ہوگا جس کے وہ بجاطور پر مستحق ہیں'' ۱۲

<u>جناب زاہد علی خان</u> مدیر سیاست حیدرآباد نے ڈاکٹر شیلا راج کی جانب سے ادبی سرمایہ کو اردو حلقوں میں پیش کرنے سے متعلق رقمطراز ہیں۔

''میں ڈاکٹر شیلا راج کو دل کی گہرائیوں کے ساتھ مبارکباد دینا چاہتا ہوں کہ انہوں نے اردو کے اس قدر سرمائے کو کتابی شکل دی ہے، میں ذاتی طور پر ایسے لوگوں کی دل و جان سے قدر کرتا ہوں جو اپنے پرکھوں کے مقدس ورثے کے تحفظ میں مصروف رہا کرتے ہیں، مجھے یقین ہے کہ یہ کتاب ''دیوان عالیؔ'' ادبی حلقوں میں پذیرائی حاصل کر سکے گی۔'' ۱۳

جلال الدین اکبر نے اپنی تصنیف ''حیدرآبادی شعراء'' جو 2009ء میں شائع ہوئی ہے، کا انتساب ڈاکٹر شیلا راج کے نام معنون کیا ہے، جو اس طرح ہے۔

''اردو کی ایک عظیم محققہ قومی یکجہتی کی علمبردار ڈاکٹر شیلا راج کے نام جنھوں نے حیدرآباد کے اردو زبان کے دو بڑے شاعروں کا کلام ''دیوانِ محبوبؔ'' اور ''دیوان عالیؔ'' کے علاوہ ''شاہان آصفیہ کی رواداری اور ہندو مسلم روایات''، ''توشۂ عاقبت''، ''شاہی شادی'' زیور طباعت سے آراستہ کر کے علم وادب کے ذخیرے میں بہترین اضافہ کیا''۔[۱۲۸]

جائزہ:

اردو ادب اور تاریخ میں ڈاکٹر شیلا رراج کے تعاون اور انکی خدمات کو سمجھنے کیلئے یہ باب کافی اہمیت کا حامل ہے۔ چونکہ مشاہیرِ ادب کے ان زرین خیالات سے اس بات کی تائید ہوتی ہے کہ ڈاکٹر شیلا راج شعروادب کا اچھا ذوق رکھتی تھیں، انہیں مختلف زبانوں خاص کر اردو، فارسی اور انگریزی پر عبور حاصل تھا، انہوں نے ترجمہ نگاری کے میدان میں اپنی صلاحیتوں کا لوہا منوایا، انہوں نے اپنی تصانیف کے ذریعہ ادب کی بہترین خدمات انجام دیں، ساتھ ہی قومی یکجہتی کے درس نے انہیں اردو ادب کی منفرد شخصیت کا حامل بنادیا ہے۔ ڈاکٹر شیلا راج نے آصف جاہی عہد کی مذہبی رواداری کو اجاگر کرنا اپنی زندگی کا مقصد حیات بنالیا تھا، جن کی جتنی بھی تعریف کی جائے کم ہے وہ ایک روشن خیال ادیبہ تھیں۔، اردو ادب میں عہد آصفی کی تاریخ اور تہذیب کو یکجا کرتے ہوئے ڈاکٹر شیلا راج نے ایک اہم کارنامہ انجام دیا ہے۔ جس کے سبب اردو ادب کی تاریخ میں ان کا نام ہمیشہ یادرکھا جائے گا۔

☆☆☆☆☆

............: حوالے :............

(۱) عابد علی خاں، تبصرہ، روز نامہ سیاست حیدرآباد، 1984ء

(۲) پروفیسر نظام الدین گوریکر، تبصرہ: روزنامہ سیاست حیدرآباد، 8 نومبر 1993

(۳) عابد علی خاں، مدیر سیاست حیدرآباد' خط' 29/ڈسمبر 1984ء

(۴) ذہانت علی بیگ، تبصرہ روزنامہ سیاست حیدرآباد، 1984ء

(۵) نواب مفخم جاہ بہادر' تبصرہ' روزنامہ سیاست حیدرآباد، 1987ء

(۶) پروفیسر سلیمان اطہر جاوید، ادبی ڈائری ''دیوان محبوبؔ'' روزنامہ سیاست حیدرآباد، 27 جنوری 2007-

(۷) رشید انصاری 'تبصرہ' دیوان محبوبؔ (مجموعہ کلام) ماہنامہ سب رس حیدرآباد اگست 2007ء

(۸) ڈاکٹر سید داؤد اشرف، تبصرہ شاہان آصفیہ کی رواداری اور ہندو مسلم روایات، روزنامہ سیاست حیدرآباد 2010

(۹) پروفیسر اشرف رفیع، تبصرہ، دیوان عالیؔ، روزنامہ سیاست حیدرآباد-21 فروری 2009

(۱۰) محمود بن محمد، تبصرہ دیوان عالیؔ، روزنامہ حیدرآباد-21 فروری 2009

(۱۱) ڈاکٹر حبیب نثار تبصرہ، دیوان عالیؔ، روزنامہ سیاست حیدرآباد-16 مئی 2010

(۱۲) پروفیسر مغنی تبسم، دیوان محبوبؔ، مرتب، ڈاکٹر شیلا راج، ص8

(۱۳) زاہد علی خان مدیر سیاست، دیوان عالیؔ مرتب، ڈاکٹر شیلا راج۔ ص 7-8

(۱۴) جلال الدین اکبر، حیدرآبادی شعراء، 2009ء، ص۴

باب نہم

مجموعی جائزہ

باب نہم

مجموعی جائزہ

تصنیف ''ڈاکٹر شیلا راج تاریخی وادبی خدمات'' کے گذشتہ ابواب میں ڈاکٹر شیلا راج کے خاندانی پس منظر، حیات وشخصیت، تاریخی ادبی کارنامے، مرتبہ دیوان، ترجم نگار، مضمون نگاری، آصف جاہی عہد اور ڈاکٹر شیلا راج اور مشاہیر ادب کی آراء کو پیش کیا گیا، اوران کی تاریخی وادبی خدمات کے حوالے سے فنی جائزہ پیش کیا گیا ہے، اس جائزہ سے یہ اندازہ ہوتا ہے کہ ڈاکٹر شیلا راج کو ترجمہ نگاری، مضمون نگاری اور تاریخ نگاری پر قدرت حاصل تھی، ساتھ ہی انہیں شعرو شاعری سے لگاؤ تھا، جس کی وجہ سے آصف جاہی عہد کے دو معروف شعراء کے کلام کوانہوں نے مرتب کر کے ادبی حلقوں میں اس بیش قیمتی ادبی خزانہ کو متعارف کروایا، اور انہوں نے اپنی صلاحیتوں کو بھر پور طریقے سے استعمال کرتے ہوئے عہد آصفی سے متعلق یادوں کو محفوظ کر دیا۔ دنیا کے واقعات، حادثات اور سماجی زندگی مسلسل تاریخ کا حصہ بنتے رہتے ہیں، لیکن ایک وقت گذرنے کے بعد تاریخ کی اچھی باتوں کو محفوظ نہ کیا جائے تو وہ گمنامی کے اندھیروں میں چلی جاتی ہے اور آنے والا زمانہ ماضی کے شاہکار کارناموں سے استفادہ نہیں کر سکتا، حیدرآباد کی تاریخ میں عہد آصفی ہر لحاظ سے ایک تاریخی اور سنہرا دور تھا، اوراس دور کے کارنامے ضرور اس قابل تھے کہ انہیں تاریخ میں محفوظ کر لیا جائے، چنانچہ ڈاکٹر شیلا راج کی صورت میں اہل حیدرآباد کو ایک ایسا مورخ ملا جس نے عین حیدرآبادی تہذیبی روایات کے مطابق عہد آصفی کے واقعات، کارناموں اور دیگر تہذیبی وسماجی حالات کو اپنی تاریخ گوئی، مضمون نگاری اور ترجمہ

نگاری کے ذریعہ نہ صرف محفوظ کر دیا بلکہ اپنی تخلیقات کی شکل میں اسے آنے والی نسلوں کے لئے رہبری ورہنمائی کے قابل بھی بنادیا۔

ڈاکٹر شیلا راج علاقہ دکن کا ایک معتبر نام ہے، انہیں دکن کی پہلی تاریخ داں خاتون قرار دیا جاتا ہے، انھوں نے اپنی تصانیف کے ذریعہ ریاست حیدرآباد اور آصف جاہی حکمرانوں کے کارناموں کواجاگر کیا ہے، وہ ایک سیکولر مصنفہ تھیں، ان کا تعلق ہندو مذہب کے کائستھ خاندان سے تھا لیکن انہوں نے ایک مثال قائم کرتے ہوئے آصف جاہی حکمرانوں کی مذہبی رواداری کو کھول کھول کر بیان کیا، جس کی نہ صرف ہندوستان بلکہ بیرون ملک بھی ستائش کی گئی، کیونکہ دور حاضر میں فرقہ پرست طاقتیں مسلمانوں اور مسلم حکمرانوں کو بدنام کرنے کے درپے ہیں اور کہا یہ جارہاہے کہ اسلام تلوار کی زور سے پھیلا جبکہ ایسا نہیں ہے، مسلم حکمرانوں نے جہاں پر بھی حکومت کی ،وہاں عدل و انصاف امن وامان اور قومی یکجہتی اور بھائی چارگی کو قائم رکھا جس کی مثالیں تاریخ کے اوراق سے بھری پڑی ہیں، ڈاکٹر شیلا راج نے فرقہ پرستی اور ظلم وستم کے اس دور میں شاہان آصفیہ کی رواداری کو اپنی گرانقدر تصنیف ''شاہان آصفیہ کی رواداری اور ہندو مسلم روایت'' میں کئی مثالوں کے ذریعے پیش کیاہے، یہ کتاب اردو زبان میں لکھی گئی ہے، جس سے اردو ادب میں ان کو ایک معزز اور قابل قبول ادیبہ کے طور پر تسلیم کیا گیا ہے، ان کی اہمیت اس وجہ سے بھی ہے کہ انہوں نے اردو کے 20 سے زائد مضامین رقم کئے ہیں ،جس میں ادبی شخصیتیں ،تہذیبی روایات، آصف جاہی حکمران اور تاریخی عمارتیں قابل ذکر ہیں۔ ڈاکٹر شیلا راج کا ادب میں سب سے بڑا کارنامہ ترجمہ نگاری ہے، انہوں نے فارسی زبان کے سفر نامے کو اردو زبان کے قالب میں ڈھالا اور فارسی کے ایک رپورتاژ کو اردو زبان میں منتقل کیا ہے، ترجمہ نگاری ایک ایسا فن ہے، جس میں مترجم کو دونوں زبانوں پر عبور رکھنا پڑتا ہے، ساتھ ہی اپنے کام سے دلچسپی بھی ضروری ہے، دونوں زبانوں کی تہذیب سے واقفیت ایک ترجمہ کو حقیقت کے قریب لے جاتی

ہے،اور ڈاکٹر شیلا راج کو اردو اور انگریزی پر یکساں مہارت تھی۔ انہوں نے ترجمہ نگاری کے دوران اپنے خاندان کے قابل بزرگوں سے مشاورت بھی کی تھی۔ اس لئے ان کی ترجمہ شدہ کتابیں حقیقی اور معیاری لگتی ہیں۔ جو ڈاکٹر شیلا راج کا ایک اہم کارنامہ ہے۔

ڈاکٹر شیلا راج نے تاریخ کے مضمون میں پی ایچ ڈی کیا تھا، اس لئے انہیں فن تحقیق اور اس کی مبادیات سے بھی لگاؤ رہا، اور انہوں نے اپنے اس تجربے کو اردو شعر وادب کی کتابوں کی ترتیب وتدوین کے لئے استعمال کیا، چنانچہ انہوں نے شاعری کے دو دیوان کو مرتب کر کے یہ ثابت کر دیا ہے کہ وہ اردو زبان وادب پر مکمل عبور رکھتی ہیں، اور شعر وشاعری سے دلچسپی رکھتی ہے ساتھ ہی اس کے محاسن ومعائب پر دسترس رکھتی ہیں یہ وہ عظیم کارنامہ ہے جس کی بدولت ڈاکٹر شیلا راج کو ادب کی دنیا میں ہمیشہ ہمیشہ کے لئے یاد رکھا جائے گا۔

ڈاکٹر شیلا راج کی ادبی زندگی کا آغاز 17 رجولائی 1967ء کو مضمون ''مرزا غالبؔ'' کی اشاعت سے ہوتا ہے، جب کہ ان کا لکھا ہوا پہلا اردو مضمون روزنامہ سیاست حیدرآباد میں شائع ہوا تھا اور ان کے تخلیقی سفر کا اختتام ان کے انتقال سے قبل دیوان ''عالیؔ'' 2008ء کو مرتب کرنے کے بعد ہوا، ڈاکٹر شیلا راج کی تصنیف وتالیف کا سفر کم وبیش 40 برسوں پر مشتمل رہا جس میں انہوں نے کئی مضامین لکھے، ادبی سمیناروں میں اپنے مقالے پڑھے اور تصانیف کو شائع کیا اور ادب میں اپنے نام کو منوایا۔ اس طرح ہم کہہ سکتے ہیں کہ ڈاکٹر شیلا راج نے ادب اور زندگی کے کئی اتار چڑھاؤ دیکھے، آصف جاہی دور کو انہوں نے دیکھا اور اپنی تحریروں کے لئے اسی عنوان کو اپنا مقصد حیات بنالیا، اگر ہم ان کی مضمون نگاری، ترجمہ نگاری اور تصانیف کا جائزہ لیں تو یہ اندازہ ہوتا ہے کہ کہیں نہ کہیں ان کا تعلق آصف جاہی عہد اور حکمرانوں سے جڑ جاتا ہے۔ انہوں نے اپنی تحریروں کے ذریعہ سچ اور سچائی کو نمایاں کیا ہے حقیقت کو بیان کیا ہے، اچھائیوں کو اجاگر کیا ہے اور غلط باتوں سے دور رہتے ہو، صحیح حقائق کو اپنی تحقیق کے ذریعہ دنیا والوں کے

سامنے پہنچایا ہے، ڈاکٹر شیلا راج کی یہ خاصیت رہی کہ انہوں نے حقائق کی تلاش میں ہمیشہ اپنے آپ کو منہمک رکھا اور جو بھی بات بیان کی معتبر حوالوں کو پیش نظر رکھ کر بیان کی اور بغیر کسی حوالے کے کوئی بھی بات وہ تسلیم نہیں کرتی تھی ، وہ ایک اعلیٰ صلاحیتوں کی حامل محقق تھیں، انہوں نے شعری دیوانوں کو مرتب کر کے اپنے خاندان کے نام کو روشن کیا ہے۔

ڈاکٹر شیلا راج کا ابتدائی دور ادبی اعتبار سے کافی اہمیت کا حامل رہا ،جس میں انہوں نے مرزا غالبؔ اور جگر مرادآبادی جیسے عظیم پائے کے شاعروں پر مضامین لکھے، بعد کے دور میں ان کی دلچسپی تاریخ سے ہوگئی پھر بھی انہوں نے ادب سے اپنے لگاو کو برقرار رکھا اور رپورتاژ' سفر نامے کا ترجمہ اردو زبان میں انجام دیا، اپنی زندگی کے آخری ایام میں انہوں نے دیوان محبوبؔ اور دیوان عالیؔ مرتب کیا وہ چاہتی تھیں کہ مہاراجہ کشن پرشاد شادؔ کے مجموعہ کلام کو بھی مرتب کر کے شائع کریں لیکن ان کی زندگی نے وفا نہ کی اور وہ اپنے مالک حقیقی سے جا ملیں۔

☆☆☆☆☆

کتابیات

کتابیات

ڈاکٹر شیلا راج کی تصانیف:

(۱) ایک عہد کا مرقع (حیدرآباد نظاموں کے دور میں' 1896-1882)' (انگریزی) 'Portrat of An Era' ناشر رائے نرہر ی پرشاد چیارٹیبل ٹرسٹ' حیدرآباد' 2002

(۲) توشئہ عاقبت، (ترجمہ)' ناشر رائے نرہرراج ساقیؔ' حیدرآباد' 1984

(۳) دیوان عالیؔ (مجموعہ کلام راجہ نرسنگراج عالیؔ)' مرتب' ناشر رائے نر ہری پرشاد چیارٹیبل ٹرسٹ' حیدرآباد' 2008

(۴) دیوان محبوبؔ (مجموعہ کلام محبوب راج محبوبؔ)' مرتب' ناشر رائے نر ہری پرشاد چیارٹیبل ٹرسٹ' حیدرآباد' 2006

(۵) شاہانِ آصفیہ کی رواداری اور ہندو مسلم روایات' (اردو) ابوالکلام آزاد اورینٹل ریسرچ انسٹی ٹیوٹ، باغ عامہ حیدرآباد' 2007

(٦) شاہی شادی' (ترجمہ)' ناشر ایچ۔ای۔ایچ دی نظامس اردو ٹرسٹ حیدرآباد' 1991

(۷) عہد وسطیٰ سے عہد جدید تک حیدرآباد کی سماجی، معاشی اور تہذیبی تاریخ، (انگریزی) 'Mediaevalism To Modernism' پوپلر پرکاشن پرائیوٹ لمیٹڈ بمبئی۔ 1987

(۸) مملکتِ آصفیہ (ترجمہ) (THE LEGACY OF THE NIZAMS) (ناشر ایچ۔ای۔ایچ دی نظامس اردو ٹرسٹ حیدرآباد' 2002

(۹) دور اندیش حکمران میر عثمان علی خان' ایک نئے دور کا ظہور (غیر مطبوعہ)

دیگر تصانیف

(۱) بھاسکر راج (ڈاکٹر)' حیدرآباد کے ادبی رتن' مرتب' ناشر مکتبہ شعر وحکمت حیدرآباد' 2000

(۲) بھاسکر راج سکسینہ (ڈاکٹر) حیدرآباد کے بنسی راجہ' اسپیڈ پرنٹس حیدرآباد' 1995

(۳) پون کماری' راجہ گردھاری پرشاد باقیؔ کے خاندان کی ادبی خدمات' ناشر رائے نرہری پرشاد چیارٹیبل ٹرسٹ' حیدرآباد' 2009

(۴) ترجمہ اصول اور ٹکنیک، کورس نمبر 413 'یونیورسٹی آف حیدرآباد' 2005

(۵) ترجمہ نگاری اور ابلاغیات' چھٹا پرچہ ایم۔اے اردو سال دوم' مولانا آزاد نیشنل اردو یونیورسٹی حیدرآباد 2007

(۶) ترجمہ نگاری، اردو بنیادی نصاب بلاک 3,5 ڈاکٹر بی آر امبیڈکر اوپن یونیورسٹی حیدرآباد 2002'

(۷)' جلال الدین اکبر (مولف) حیدرآبادی شعراء' مطبوعہ ارد وکمپیوٹر سنٹر مادنا پیٹ حیدرآباد' 2009'

(۸) خلیق انجم' فن ترجمہ نگاری، ثمر آفسٹ پرنٹرز نئی دہلی، 1996

(۹) راجہ گردھاری پرشاد باقیؔ' تحقیقات سیاق باقیؔ'

(۱۰) رام بابو سکسینہ' تاریخ اردو ادب'' رام نارئن لال الہ آباد' 1927

(۱۱) سید بشیر احمد' حیدرآباد میں غیر مسلموں کی اردو خدمات' آندھرا پردیش اردو اکیڈمی حیدرآباد' 2004

(۱۲) سید داود اشرف' (ڈاکٹر) حاصلِ تحقیق' ناشر شگوفہ پبلی کیشنز حیدرآباد' 1992

(۱۳) سید محی الدین قادری زورؔ (ڈاکٹر) داستان ادب حیدرآباد' مطبوعہ طارق برقی پریس حیدرآباد۔ 1951

(۱۴)سید محی الدین قادری زورؔ (ڈاکٹر) مرقع سخن حصہ اول،اعظم اسٹیم پریس، حیدرآباد 1937
(۱۵)،طیبہ بیگم، آصف سابع میر عثمان علی خان اور ان کا عہد ،طباعت کمرشیل بک ڈپو حیدرآباد،2000
(۱۶) طیبہ بیگم، آصف سابع میر عثمان علی خاں بچوں کے لیئے،،قومی کونسل برائے فروغ اردو زبان نئی دہلی،2010
(۱۷)عابد انصاری (،مترجم) باغ رزاق، مطبوعہ اعجاز پرنٹنگ پریس حیدرآباد،1983
(۱۸)عبدالحئی (ڈاکٹر) مملکت آصفیہ، مرتب ڈاکٹر،ادارہ محبان دکن کراچی پاکستان،1978
(۱۹)عبدالغفار مدہولی، جامعہ کی کہانی، کوہ نور پریس حیدرآباد، 1965
(۲۰)عرشیہ جبین، (ڈاکٹر) شارب ردولوی، ڈاکٹر، مطبوعہ سلور لائن پرنٹرس، حیدرآباد، 2005
(۲۱) قمر رئیس (پروفیسر) ترجمہ کا فن اور روایت، مرتبہ پروفیسر، دہلی 1972
(۲۲)مانک راو وٹھل راؤ، بستان آصفیہ، مطبوعہ انوار الاسلام، ۱۳۲۷ھ
(۲۳)محمد افضل الدین اقبال (ڈاکٹر) ایڈیٹر، تاریخ اردو زبان وادب،،سنٹر فار ڈسٹنس ایجوکیشن عثمانیہ یونیورسٹی حیدرآباد،
(۲۴)مرزا ابوطالب اصفہانی، مترجم ڈاکٹر ثروت علی تاریخ آصفی، قومی کونسل برائے فروغ اردو زبان نئی دہلی، 2001
(۲۵)مصطفیٰ کمال (ڈاکٹر) حیدرآباد میں اردو کی ترقی،،ناشر شگوفہ پبلی کیشنز حیدرآباد،1990
(۲۶)میر عثمان علی خان آصف سابع، فرمان 1357ھ رسالہ اتحاد دکن عرف پیغام امن وامان، ناشر سید آل حسن نقوی، حیدرآباد، دکن
(۲۷)نجیبہ بیگم، راجہ گردھاری پرشاد باقیؔ شخصیت اور اردو شاعری، عثمانیہ یونیورسٹی حیدرآباد،1967

(۲۸) نرسنگ راج عالیؔ، درد باقی درد ساقی'' مطبوعہ سردار پریس، حیدرآباد، 1922

(۲۹) نرہر راج ساقیؔ، گلہائے صد رنگ، انجمن ترقی اردو کریم نگر 1964

(۳۰) نصیرالدین ہاشمی، دکن میں اردو، نسیم بک ڈپو لکھنؤ، 1963

(۳۱) نصیرالدین ہاشمی، دکنی ہندو اور اردو، قومی کونسل برائے فروغ اردو زبان نئی دہلی، 2001

(۳۲) نواب اختر یار جنگ اختر مینائی، ونواب فصاحت جنگ جلیل تاریخ دکن'' مطبوعہ دارالطبع سرکار عالی حیدرآباد دکن، ۱۳۴۸ھ

لغات

(۱) سیداے شیخ، مرتب، ربعہ اردو لغت، ناشر اسلامک بک سرویس نئی دہلی، 2007

(۲) قومی کونسل برائے فروغ اردو زبان، نئی دہلی، مختصر اردو لغت، 2009

(۳) مولوی فیروزالدین، جامع فیروزاللغات، ایجوکشنل پبلشنگ ہاوس نئی دہلی، 2004

(۴) مولوی سید احمد دہلوی، فرہنگِ آصفیہ ترقی اردو بیورو نئی دہلی، 1987

(۵) M Razaqul Haq/M Saqlain ,Practical Concise 21st. century Dictionary Educatonal Publishing House New Delhi 2007

(۶) Shanul Haq Haqqee ,oxford english to urdu dictionary,oxford 2003

(۷) https://translate.google.com/

ڈاکٹر شیلا راج کے مضامین ('اردو اخبارات سے)

(۱) پرانی حویلی، روزنامہ سیاست حیدرآباد، 8/اکتوبر 1994ء

(۲) تبصرہ' بہادر یار جنگ نمبر' روزنامہ سیاست حیدرآباد، 1983ء

(۳) جگر مرادآبادی، روزنامہ سیاست حیدرآباد۔ یکم اگست 1966ء

(۴) حیدرآباد کی تہذیب، روزنامہ سیاست حیدرآباد، 31/مارچ 1983

(۵) حیدرآباد میں گذشتہ تین سو سال میں بارش کے لئے دعائیں' روزنامہ سیاست حیدرآباد، 21/جولائی 1986ء

(۶) راجہ شیوراج دھرم ونت بہادر، روزنامہ سیاست حیدرآباد، 6/ڈسمبر 1987ء

(۷) زیور، روزنامہ سیاست حیدرآباد 11/جولائی 1993ء

(۸) دودھ میں سیاست' روزنامہ ہندوستان، بمبئی، 11/فروری 1984ء

(۹) دہلی میں ملکہ معظّمہ کا دربار، روزنامہ سیاست حیدرآباد، 22/جولائی 1985ء

(۱۰) ڈاکٹر کورین کی ناقابل فراموش خدمات، روزنامہ ہندوستان، بمبئی، یکم/فروری 1984ء

(۱۱) سابق حیدرآباد ہندو مسلم روایات کا امین، قسط اول روزنامہ منصف، 19/نومبر 1998ء

(۱۲) سابق حیدرآباد ہندو مسلم روایات کا امین، قسط دوم روزنامہ منصف، 26/نومبر 1998

(۱۳) سابق حیدرآباد ہندو مسلم روایات کا امین، قسط سوم روزنامہ منصف، 3/ڈسمبر 1998ء

(۱۴) قصر فلک نما، روزنامہ سیاست حیدرآباد، 28/اگست 1994ء

(۱۵) کنگ کوٹھی، روزنامہ سیاست حیدرآباد، 9/اکتوبر 1994ء

(۱۶) مرزا غالبؔ، روزنامہ سیاست حیدرآباد۔ 17/جولائی 1966ء

(۱۷) مذہبی رواداری دور آصف جاہ سادس، ماہنامہ سب رس، حیدرآباد نومبر 1989ء

(۱۸) نواب سر وقارالامراء بہادر، روزنامہ سیاست، حیدرآباد، یکم رنومبر 1982ء

(۱۹) نواب عمادالملک، روزنامہ سیاست حیدرآباد، 6را کتوبر 1986ء

ڈاکٹر شیلا راج کے مضامین (انگریزی اخبارات سے)

(۱) The Beloved Ruler, Deccan Chronical, hyd, oct 10, 1982

(۲) A Remarkable man,Deccan Chronical, hyd, oct 11,1981

(۳) An Artistic monument,Deccan Chronical, hyd, sep 12 1982

(۴) Communal Peace During The Nizams, Deccan Chronical, hyd, sep 6,1983

(۵) His Generosity Was legendary, Deccan Chronical, hyd,jan 8, 1984

اخبارات

(۱) روزنامہ اعتماد حیدرآباد، 7/مارچ 2011ء

(۲) روزنامہ اعتماد حیدرآباد، 18 جولائی 2011

(۳) روزنامہ سیاست حیدرآباد۔ مورخہ 8/نومبر 1993ء

(۴) روزنامہ سیاست حیدرآباد، 1984 ء

(۵) روزنامہ سیاست، حیدرآباد، 16 /مئی 2009ء

(۶) روزنامہ سیاست حیدرآباد، 12/فروری 1997ء

(۷) روزنامہ سیاست حیدرآباد، 27/جنوری 2007ء

(۸) روزنامہ سیاست حیدرآباد، 29/مارچ 2008

(۹) روزنامہ سیاست حیدرآباد، 1/ فروری 2011

(۱۰) روزنامہ سیاست حیدرآباد، 21/ فروری 2009/

(۱۱) روزنامہ سیاست حیدرآباد، 28/اپریل 2010

(۱۲) روزنامہ سیاست حیدرآباد، 14/ جولائی 2012

(۱۳) روزنامہ سیاست حیدرآباد، 19/ جولائی 2011

(۱۴) روزنامہ سیاست حیدرآباد، 26/اگست 2011

(۱۵) روزنامہ سیاست حیدرآباد، 14/اپریل 2012

(۱۶) روزنامہ سیاست حیدرآباد، 14/اپریل 2012

(۱۷) روزنامہ اعتماد حیدرآباد، 9/مئی 2011

(18) روزنامہ اعتماد حیدرآباد، 10/جون 2013

(۱۹) روزنامہ منصف حیدرآباد، 20 جولائی 2011

(۲۰) روزنامہ رہنمائے دکن حیدرآباد، 18/ جولائی 2012

رسائل

(۱) ماہنامہ اردو دنیا نئی دہلی، دسمبر 2011

(۲) ماہنامہ سب رس حیدرآباد نومبر 1989ء

(۳) ماہنامہ سب رس حیدرآباد، اگست 2007

(۴) ماہنامہ سب رس حیدرآباد 2009ء

(۵) ماہنامہ قومی زبان حیدرآباد، اکتوبر 2011

(۶) ماہنامہ قومی زبان حیدرآباد فروری 2012

(۷) ماہنامہ قومی زبان حیدرآباد مئی 2012

(۸) ماہنامہ قومی زبان حیدرآباد اپریل 2013

(۹) سہ ماہی ادبِ معلیٰ لاہور، جنوری تا مارچ 2013

خطوط

(۱) احتشام احمد خان، صدر ماس کمیونکیشن اینڈ جرنلزم، مولانا آزاد نیشنل اردو یونیورسٹی ، حیدرآباد، 21 اگست 2008

(2) سید یونس ایس۔اے عزیز، اورنگ آباد، 12 اپریل 2009

(۳) شباہت حسین (پروفیسر) مولانا آزاد لائبریری، علی گڑھ یونیورسٹی ، علی گڑھ 10 ڈسمبر 2009

(۴) شباہت حسین (پروفیسر) مولانا آزاد لائبریری، علی گڑھ یونیورسٹی ، علی گڑھ 25 جنوری 2010

(۵) فاتحہ محمد ملک (پروفیسر) نیشنل لینگویج اتھاریٹی، اسلام آباد پاکستان 30 اپریل 2007

(٦) مظہر ممتاز قریشی ،کراچی پاکستان 18 فروری 2010

شخصی انٹرویو:

(۱) ڈاکٹر ڈی۔آر۔ پرتاب، حیدرآباذ 17 جولائی 2011

(۲) ڈاکٹر نارئن راج، پنجہ گٹہ، حیدرآباد 20، اپریل 2011

(۳) ڈاکٹر نارئن راج، پنجہ گٹہ، حیدرآبادا 14 مئی 2011

(۴) ڈاکٹر نارئن راج، پنجہ گٹہ، حیدرآبادا 17 جولائی 2011

ویب سائٹس کے لنکس :

(۱) http://urwikipedia.org/wiki/مملکت آصفیہ

(۲) http://syedakbarindia.blogspot
.in/2010/07/book-review-maharaja-kishan-pershan.html

(۳) http://www.thehindu.com/today
s-paper/tp-national/srikrishna-report-faulted/article1138998

(۴) http://books.google.co.in/books/about/Mediaevalism_to_moder
nism.html?id=sN21AAAAIAAJ&redir_esc=y

(۵) books.google.co.in/books?isbn=8170551641

(۶) http://www.hindu.com/edu/20
08/09/29/stories/2008092950270300.htm

(۷) http://www.uohyd.
ac.in/index.php/teaching-and-evaluation/medals-honors

دانشوران
کی آراء
ڈاکٹر محمد عبدالعزیز سہیل
کے بارے میں

☆ علم وادب کے عبس زدہ ماحول میں محمد عبدالعزیز سہیل کی آمد، خوشبو کے ایک تازہ جھونکے کی طرح ہے۔انہوں نے نہایتِ قلیل عرصے میں اپنی ڈاکٹریٹ کی تکمیل بھی کی اور ساتھ ہی ساتھ ادب کے میدان میں اپنے رخشِ قلم کو سرپٹ بھی دوڑایا۔ان دنوں ان کا قلم تیزی سے رواں دواں ہے۔وہ جہاں ادبی وعلمی مضامین لکھ رہے ہیں، وہیں متعدد موضوعات کی کتابوں پر تبصرے اور تجزیے بھی کررہے ہیں۔

رہ گزارادب پر تیز گامی کے بجائے وہ جتنا ٹھہر ٹھہر کر چلیں گے، اپنی منزل سے قریب تر ہوتے جائینگے۔انکے روشن مستقبل کے قوی امکانات ہیں اوران سے کئی توقعات بھی وابستہ ہیں۔

ڈاکٹر محسن جلگانوی

اوراقِ ادب روزنامہ اعتماد حیدرآباد

☆ جواں سال ڈاکٹر عزیز سہیل کا شمار دنیائے علم وادب کے نگینوں میں ہوتا ہے،نثری مضامین میں انہیں کافی دسترس حاصل ہے،نہایت سلیس وجامع انداز میں نثر نگاری کرتے ہیں۔جو قابل تحسین ہے، یقیناً دورحاضر میں جواں سال قلمکاروں کی کمی ہے،ڈاکٹر عزیز سہیل کا وجود بڑی حد تک اس کمی کے احساس کو دور کرتا ہے،وہ ایک کہکشاں کی مانند روشنی بکھیر رہے ہیں۔

''ادبی نگینے''میں ان کے مضامین بڑی اہمیت وقدر کے حامل ہیں،آج ضرورت ہے کہ ایسے قلمکاروں کا وجود بڑھتا رہے اوراردو اپنے چاہنے والوں پرناز کرتی رہے۔

حلیم بابر

صدر بزم کہکشاں محبوب نگر

واردو اکیڈیمی ایوارڈ یافتہ شاعرگر شعراء آندھرا پردیش

☆ ضلع نظام آباد کی نئی نسل کے ادیبوں میں محمد عبدالعزیز سہیل منفرد مقام رکھتے ہیں۔ انکی پہلی تصنیف ''ادبی نگینے'' حالیہ دنوں منظر عام پر آئی ہے۔ اردو کی ادبی سرگرمیوں میں نمایاں حصہ ادا کر رہے ہیں۔ ان کے مضامین و تبصرے اردو کے مختلف رسائل اور اخبارات میں مسلسل شائع ہو رہے ہیں۔ جن کو دیکھنے سے اندازہ ہوتا ہے کہ محمد عبدالعزیز سہیل کو لکھنے اور پڑھنے کا ایک جنون ہے۔ امید کے وہ اپنی جستجو، محنت، لگن اور ہمت سے ادبی دنیا میں بہت جلد اچھا مقام بنائیں گے۔ ان سے مل کر ہمیشہ خوشی ہوتی ہے۔ دعا ہے اللہ انہیں کامیابیوں سے نوازے۔

جمیل نظام آبادی

مدیر گونج وریجنل مینیجر اردو اکیڈمی نظام آباد

☆ گذشتہ چند برسوں میں یہاں تحقیق و تنقید سے متعلق ادبی رجحان میں اضافہ ہوا ہے، ہمارے نوجوان جو ریاست کی مختلف یونیوسٹیوں سے ایم فل اور پی ایچ ڈی کر رہے ہیں، ان میں ڈاکٹر محمد عبدالعزیز سہیل بھی شامل ہیں۔ انہوں نے اپنے ادبی سفر کا آغاز بچوں کے ادبی رسائل ''التوحید'' اور ''بچوں کے غازی'' کی ادارت سے کیا ہے۔ ان کا پہلا تحقیقی مضمون ''صحافت کی ابتداء اور ہندوستان'' جو ماہنامہ ''رفیق منزل'' نئی دہلی میں شائع ہوا۔ اس کے بعد پے در پے ان کے تحقیقی و تنقیدی مضامین اور تبصرے ملک کے مختلف معیاری رسائل اور بین الاقوامی اخبارات میں شائع ہونے لگے۔

ڈاکٹر محمد عبدالعزیز سہیل کے مختلف مضامین کا پہلا مجموعہ ''ادبی نگینے'' اس سال 2014ء'' کو منظر عام پر آیا۔ اس مجموعہ مضامین کے مطالعہ سے اندازہ ہوتا ہے کہ ان کے اندر ایک سنجیدہ فکر اور تنقیدی بصیرت کا حامل ایک ناقد اور کامیاب محقق متحرک ہے۔

ڈاکٹر محمد عبدالقدیر مقدرؔ

مدیر ماہنامہ ''تمہید'' نظام آباد

☆ محمد عبدالعزیز سہیل میں بلا کی سادگی، شرافت اور جاذبیت ہے۔ وہ تحریکِ اسلامی سے وابستہ ہیں۔ نظام آباد کی ہر علمی وادبی محفل میں بڑھ چڑھ کر حصّہ لیتے ہیں۔ آجکل وہ ایم وی ایس گورنمنٹ ڈگری کالج محبوب نگر میں پیشۂ تدریس سے وابستہ ہیں۔ جب انھوں نے اپنا پہلا لکھا تبصرہ مجھے دکھایا تو تب ہی سے مجھے اندازہ ہوگیا تھا کہ یہ نوجوان اب رُکنے والا نہیں ہے۔ ان دو چار برسوں میں انھوں نے بے شمار تبصرے لکھے، کئی ایک مضامین قلمبند کیے۔ ویسے وہ پہلے سے ہی اصلاحی ادب کا نمائندہ رہے ہیں۔ انہوں نے نظام آباد سے ''ماہنامہ بچوں کا غازی'' جاری کیا، جو مقامی طور پر بہت مشہور ہوا، پھر ماہنامہ التوحید بھی جاری کیا۔ وہ نہ صرف ادارۂ ادب اسلامی نظام آباد کے خازن رہے ہیں بلکہ اردو اسکالرس ایسوسی ایشن کے معتمد بھی ہیں۔

ڈاکٹر سید فضل اللہ مکرم

چیر پرسن بورڈ آف اسٹیڈیز اورینٹل کالج عثمانیہ یونیورسٹی حیدرآباد

☆ یہ وہ نوجوان ہیں جو ادب کی روایت کی پاسداری کرتے ہیں۔ اور کمپیوٹر اور انٹرنیٹ کے ذریعے اردو کو اس کے عصری تقاضوں سے ہم آہنگ بھی کرتے ہیں۔ ریاست آندھرا پردیش کے ضلع نظام آباد کے ایک ایسے ہی اُبھرتے قلم کار، ادیب، مضمون نگار اور مبصر ڈاکٹر محمد عبدالعزیز سہیل ہیں۔ جنہوں نے عثمانیہ یونیورسٹی کے شعبہ اردو میں پروفیسر فاطمہ پروین کے زیرنگرانی اردو میں اردو میں ڈاکٹریٹ مکمل کی۔ اس کے علاوہ ملک و بیرون ملک اردو کے معیاری رسائل و اخبارات میں ادبی، تنقیدی و معلوماتی مضامین لکھ کر ادبی حلقوں میں اپنی شناخت بنا رہے ہیں۔ بہت ہی کم عرصے میں ان کی تخلیقات معیاری اردو رسائل پر عالمی اردو قارئین کے زیر مطالعہ ہیں۔

ڈاکٹر محمد اسلم فاروقی

صدر شعبہ اردو گری راج گورنمنٹ کالج نظام آباد

☆ ڈاکٹر عزیز سہیل اردو زبان کے ابھرتے ہوئے مبصر اور ادیب ہیں ،آپ نے نثری اصناف میں تبصرے، رپورتاژ، تحقیق اور تنقید میں خامہ فرسائی کی اور مقبولیت بھی حاصل ہوئی،ان کی تحریروں کا محور و مرکز تحقیق و تنقید ہوتا ہے،خدا کرے کے وہ مستقبل میں اردو زبان و ادب میں نمایاں مقام حاصل کریں۔اللہ کرے زورِ قلم اور بھی زیادہ۔

ڈاکٹر محمد ناظم علی

پرنسپل گورنمنٹ ڈگری کالج موڑتاڑ واکیڈیمی سینٹ ممبر تلنگانہ یونیورسٹی نظام آباد

☆ ڈاکٹر عزیز سہیل اردو کی نئی نسل کے پختہ قلمکار اور محقق ہیں جن کے مضامین اور تبصرے ملک کے معتبر رسائل و اخبارات میں شایع ہو رہے ہیں ۔موصوف میں تبصرے لکھنے کی بہترین صلاحیت بطور خاص موجود ہے۔ انھوں نے ڈاکٹریٹ کے لیے 'ڈاکٹر شیلا راج کی حیات وادبی خدمات' پر مقالہ تحریر کیا ہے جو کتابی شکل میں پیش کیا جا رہا ہے۔ اس موقع پر نیک تمنائیں پیش کرنے کے ساتھ میں امید کرتا ہوں کہ عزیز سہیل کی تحریریں ادب میں ایک خاص مقام پیدا کریں گی ۔

ڈاکٹر عابد معز

حیدرآباد

☆ نظام آباد (تلنگانہ) کے نوجوان ریسرچ اسکالر ڈاکٹر محمد عبدالعزیز سہیل کو بلاشبہ قلم و زباں پر عبور حاصل ہے۔خاص طور پر مختلف موضوعاتی کتب پر ان کے تبصرے اور تجزیاتی مضامین لائق مطالعہ ہوتے ہیں۔راقم الحروف کے آن لائن روزنامہ نیوز پورٹل "تعمیر نیوز" کے لیے ارسال کردہ ان کے تجزیاتی وتبصرہ جاتی مضامین کی کثیر التعداد بین الاقوامی ریڈرشپ کے ذریعے بھی ان کے قلم کے زورِ بیاں کا اظہار ہوتا ہے۔

ڈاکٹر سہیل اس لحاظ سے بھی قابل تعریف ہیں کہ انٹرنیٹ اور سوشل میڈیا کا بخوبی علم رکھتے ہیں اوراس کی اہمیت وافادیت کے قائل ہونے کے ساتھ ساتھ اس ذریعہ ابلاغ کے موثر استعمال کے بھی حامی ہیں۔ یہی سبب ہے کہ جہاں وہ اپنے تحقیقی مضامین اخبار و رسائل میں اشاعت کیلئے روانہ کرتے ہیں تو اس بات کا بھی بھرپور خیال رکھتے ہیں کہ ایسی یونیکوڈ ویب سائٹ پر بھی ان کی تحقیق شامل رہے جہاں سے انٹرنیٹ پر مضمون کے متن کو بآسانی سرچ کیا جا سکے۔آج کے گوگل تحقیقی دور میں جتنے بھی اردوداں محققین نے اس جانب سنجیدگی سے توجہ کی ہے ،ان میں ڈاکٹر سہیل کا بھی شمار ہوتا ہے۔

سید مکرم نیاز

مدیراعلیٰ - آن لائن روزنامہ نیوز پورٹل "تعمیر نیوز"

☆ ادب کے اس سلسلہ کو آگے بڑھانے میں اوراس کو اپنی لگن ،محنت ،جستجو اور صلاحیتوں سے پروان چڑھانے میں ایک جانا پہچانا نام ڈاکٹر عبدالعزیز سہیل کا بھی ہے۔سہیل نے نہایت ہی کم وقت میں اپنی فکرانگیز وعمدہ تحریروں سے (جن میں تبصرے، جائزے،مضامین، رپورتاژ وغیرہ سب ہی شامل ہیں) اپنی ایک منفرد پہچان بنائی ہے۔انہوں نے اپنے نام کے ساتھ ساتھ ضلع نظام آباد کے نام کو بھی وہاں وہاں تک پہنچایا ہے جہاں جہاں اردادب کے قاری موجود ہیں۔حال ہی میں عبدالعزیز سہیل کو عثمانیہ یونیورسٹی نے ان کے پی ایچ ڈی کے تحقیقی مقالے''ڈاکٹر شیلا راج حیات اورادبی خدمات'' پرڈاکٹر آف فلاسفی کی ڈگری سے نوازا ہے۔ادبی نگینے عبدالعزیز سہیل کی پہلی کامیاب کوشش ہے۔

ڈاکٹر ضامنؔ علی حسرت

(ممتاز شاعروافسانہ نگار) نظام آباد

ریاست حیدرآباد کا پرچم

حیدرآباد اسٹیٹ 1909ء کا نقشہ

آصفجاہی حکمرانوں کے عہد کی تفصیلات

تصویر	خطاب	نام	پیدائش	دور حکومت	وفات
	نظام‌الملک آصف جاہ اول	میر قمر الدین خان	20 اگست 1671ء	31 جولائی 1720 تا 1 جون 1748ء	1748
	ناصر جنگ	میر احمد علی خان	26 فروری 1712ء	1 جون 1748ء تا 16 نسمبر 1750ء	16 دسمبر 1750ء
	مظفر جنگ	میر حدایت محی الدین سعداللہ خان	؟	16 دسمبر 1750ء تا 13 فروری 1751ء	13 فروری 1751ء
	صلابت جنگ	میر سعید محمد خان	24 نومبر 1718ء	13 فروری 1751ء تا 8 جولائی 1762ء	16 ستمبر 1763ء
	نظام‌الملک آصف جاہ دوم	میر نظام علی خان	7 مارچ 1734ء	8 جولائی 1762ء تا 6 اگست 1803ء	6 اگست 1803ء
	سکندر جاہ ،آصف جاہ تریہم	میر اکبر علی خان	11 نومبر 1768ء	6 اگست 1803ء تا 21 مئی 1829ء	21 مئی 1829ء
	ناصر الدولہ ،آصف جاہ چاربم	میر فرقندہ علی خان	25 اپریل 1794ء	21 مئی 1829ء تا 16 مئی 1857ء	16 مئی 1857ء
	افضل الدولہ ،آصف جاہ پنجم	میر تاھنیت علی خان	11 اکتوبر 1827ء	16 مئی 1857ء تا 26 فروری 1869ء	26 فروری 1869ء
	آصف جاہ شیشم	میر محبوب علی خان	17 اگست 1866ء	26 فروری 1869ء تا 29 اگست 1911ء	29 اگست 1911ء
	آصف جاہ ہفتم	میر عثمان علی خان	6 اپریل 1886ء	31 اگست 1911ء تا 1956ء	24 فروری 1967ء

ڈاکٹر شیلا راج......

☆ ممتاز محقق ڈاکٹر شیلا راج کے انیسویں اور بیسویں صدی کے حیدرآباد پر تحقیقی کام قابل قدر ہے،اس دور کے حیدرآباد پر ڈاکٹر شیلا راج کی کئی اہم انگریزی اور اردو تصانیف اور متعدد مقالے شائع ہو چکے ہیں، ان کی انگریزی کتاب Mediaevalism to Modernism بے حد اہم تحقیقی کتاب ہے۔''

ڈاکٹر سید داود اشرف

21 فروری 2009ء

☆ ''ماضی کی طرح آج بھی اردو زبان وادب کے فروغ میں غیر مسلم اہم کردار ادا کر رہے ہیں اور جو لوگ اردو کو صرف مسلمانوں کی زبان قرار دیتے ہیں، وہ دنیا کو گمراہ کرنے کی کوشش میں کامیاب نہیں ہو سکیں گے بشرطیکہ ڈاکٹر شیلا راج جیسے لوگ اردو کے قافلے میں شامل رہیں۔''

رشید انصاری

اگست 2007ء

ڈاکٹر شیلا راج کے بارے میں

ڈاکٹر شیلا راج اردو ادب اور تاریخ میں جامعہ عثمانیہ سے ماسٹرس کی ڈگریاں حاصل کر چکی ہیں۔ انہوں نے ویمنس یونیورسٹی ممبئی سے تاریخ میں ڈاکٹریٹ بھی کی۔ ضروری نہیں کہ تاریخ میں ایم اے اور پی ایچ ڈی کی ڈگری لینے والے مورخ بھی ہوں لیکن شیلا راج صاحبہ اپنے مزاج اور مذاق کے اعتبار سے بنیادی طور پر مورخ ہیں اور سلطنتِ آصفیہ سے جذباتی وابستگی رکھتی ہیں۔ انہوں نے آصف جاہی دورِ حکومت میں سماجی، معاشی، تہذیبی اور عام انتظامات کے بارے میں قابلِ قدر تحقیق کی ہے۔

ڈاکٹر شیلا راج کا کمال یہ ہے کہ انہوں نے شاہانِ آصفیہ کی رواداری کے واقعات کو ڈھونڈ ڈھونڈ کر نکالا۔ کئی مقامات پر تعجب ہوتا ہے کہ ان میں سے کئی باتوں سے ہم واقف نہیں۔ انہوں نے اس امر پر بھی روشنی ڈالی ہے کہ شاہانِ آصفیہ کی گھٹی ہی میں مذہبی رواداری اور بے تعصبی تھی۔ ڈاکٹر صاحبہ کے الفاظ میں نظام الملک آصف جاہ اول کا تاریخی وصیت نامہ جو دنیا کی اہم ترین سیاسی ودستاویز مانی جاتی ہے سترہ فقروں پر مشتمل ہے۔

پروفیسر سلیمان اطہر جاوید

(سابق صدر شعبہ اردو ایس وی یونیورسٹی تروپتی)

۲ رفروری ۲۰۰۸ء

ڈاکٹر شیلا راج کی تصنیف

"ڈاکٹر راج کی تصنیف ریاست حیدرآباد کی تصویر ایک سماجی معاشی اور تہذیبی تصویر ہے یہ ایک نہیں بلکہ دو وجوہات کی وجہ سے بے حد قیمتی ہے ایک تو یہ کہ ہندوستان کے سابق والیان ریاست کی ابتدائی تاریخ کو انہوں نے اس وقت کے پیچیدہ اور پُر آشوب دور کو سمجھ کر تصویر کشی کی، ہماری ملکی تاریخ میں انہوں نے ہمارے تاریک ماضی کو روشن کیا ہے اور ایک ہندوستانی ریاست کے سیاسی وشخصی چوکھٹے پر خصوصی اور کارآمد توجہ کی ہے۔ اس موضوع پر اس طرح کے کام کی سخت ضرورت تھی اور ان کے کمال سلیقہ سے ڈاکٹر راج اپنی صلاحیتوں کے لئے ستائش کی مستحق ہیں۔"

پرنس مفخم جاہ بہادر 1987ء